OPINIONES ACE...

Leo todo lo que escribe Chu_k Colson. Es uno d...
analistas culturales más brillantes de nuestr...
comete el error de pensar que la vida bue... ...a
apariencia, a sentirse bien, a tener ... ...na
proviene de ser y hacer lo buen... ...erá
transformado.

RICK WARREN
Autor de La Vida con Propósito

La vida está bajo ataque. Como persona cuadriplégica lo siento de
manera intensa. Ya sea cuando se le retira la sonda de alimentación
a una mujer con daño cerebral o se desintegra a un embrión
humano para utilizar sus células, el valor de la vida cae en picada.
¿Por qué? ¿Qué deberíamos hacer al respecto? En La Vida Buena,
Chuck Colson presenta argumentos coherentes y mesurados que
pueden ayudarnos a encontrar la línea y trazarla en la arena. Esta es
una lectura imprescindible para los que buscan los valores absolutos.

JONI EARECKSON TADA
Autora de Heaven [El Cielo]

Con una generación de servicio cristiano pionero que lo respalda,
Colson despliega aquí una diversidad de historias estratégicas,
incluso la de él, para mostrar de manera objetiva cómo, a pesar de
todo, una relación fiel con el Dios Salvador constituye la esencia de
la vida buena. Frente al escepticismo, al nihilismo, a la
desesperación silenciosa o ruidosa que caracterizan a nuestra época,
el autor logra su propósito con la fuerza irresistible e inspiradora
que esperamos de él. Este es un gran libro tanto para cristianos
como para no cristianos.

J. I. PACKER
Autor de Knowing God [Hacia el Conocimiento de Dios]

Una fórmula cinco estrellas para el enriquecimiento humano. Chuck Colson sabe cómo ayudar a las personas a desarrollarse. Su conocimiento surge de su inteligencia profunda, de su voluntad y de su sufrimiento.

CORNELIUS PLANTINGA, HIJO
Autor de Not the Way It's Supposed to Be [No de la Manera Que Se Supone Que Sea]

A partir de su propia experiencia y de la de otros, Chuck Colson presenta un argumento irrefutable sobre la vida buena, en un estilo que atrapará el interés de creyentes, de no creyentes y de lectores que no saben en qué creer.

RICHARD JOHN NEUHAUS
Autor de Death on a Friday [Muerte en un Viernes]

la VIDA BUENA

CHARLES COLSON

HAROLD FICKETT

 TYNDALE HOUSE PUBLISHERS, INC. CAROL STREAM, ILLINOIS

Visite la emocionante página de Tyndale en la red informática: www.tyndale.com

TYNDALE y la pluma del logotipo son marcas registradas de Tyndale House Publishers, Inc.

Título original: *The Good Life (Tyndale, 2005)*

La Vida Buena

© 2006 por Charles Colson. Todos los derechos reservados.

Fotografía de Charles Colson por Russ Busby. Todos los derechos reservados.

Fotografía de Harold Fickett cortesía de *The Wichita Eagle.*

Diseño: Jessie McGrath

Edición del inglés: Lynn Vanderzalm

Traducción al español: Adriana Powell y Omar Cabral

Edición del español: José Luis Riverón

Versículos bíblicos sin otra indicación han sido tomados de *La Nueva Versión Internacional* de la Biblia, © 1999 por la Sociedad Bíblica Internacional. Todos los derechos reservados.

Library of Congress Cataloging-in-Publication Data

Colson, Charles W.
[Good life. Spanish]
La vida buena / Charles Colson, Harold Fickett.
    p. cm.
Includes bibliographical references and index.
ISBN-13: 978-1-4143-1013-8 (sc : alk. paper)
ISBN-10: 1-4143-1013-7 (sc : alk. paper)
1. Christian life. 2. Success—Religious aspects—Christianity. I. Fickett, Harold. II. Title.
BV4501.3.C64818 2006
248.4—dc22   2006011160

Impreso en los Estados Unidos de América

Printed in the United States of America

11 10 09 08 07 06
6   5   4   3   2   1

DEDICADO A
WENDELL
CHRISTIAN
Y
EMILY

mis tres hijos, quienes han contribuido enormemente
a que mi vida sea una vida buena.

Este libro está dedicado con la ferviente plegaria
de que continúen en la incesante búsqueda de la verdad.

La función suprema de la razón es la de mostrarle al hombre que algunas cosas están más allá de la razón.

BLAS PASCAL, PENSAMIENTOS

CONTENIDO

VIVIR LA VIDA BUENA

LA VIDA BUENA

ESTE ES un libro acerca de la vida buena, no la que presentan en los comerciales de *Budweiser* o en el programa *Estilo de Vida de los Ricos y Famosos* o en *MTV*, sino la vida buena que usted y yo anhelamos vivir cuando reflexionamos sobre lo que realmente importa.

¿Qué hace que la vida merezca ser vivida? ¿Por qué estoy aquí? ¿Cuál es el propósito para el que vivo? ¿Cómo puedo darle significado a mi vida? Éstas son preguntas que todos nos hacemos; tanto en los momentos de crisis, como durante los sucesos cotidianos.

Para la mayoría de nosotros, la vida es desordenada y confusa, llena de paradojas. Despertamos en la noche preocupándonos por nuestros trabajos, por nuestros hijos o los mejores proyectos, que de repente se deshacen por causa de las presiones de vivir en un mundo altamente tecnificado y acelerado. Un día parece que tenemos todo bajo control, y al día siguiente somos aplastados por las circunstancias. Si no lo ha experimentado, por favor, escríbame, porque sería la primera persona que conozca que tenga una vida controlada.

Mientras estaba editando el borrador final de este manuscrito, tuve una experiencia reveladora que ilustra cómo este libro puede ayudarnos a comprender la vida y soportar sus frustraciones. Mi hija Emily y su hijo Max estaban en casa con Patty y conmigo para Navidad. Emily es padre y madre de un chico autista de catorce años. Los chicos autistas pueden ser cariñosos y maravillosos, pero demandan una atención especial por los problemas que tienen para comunicarse y para procesar la información que reciben. Especialmente necesitan orden y seguridad en su vida. Cuando Max llega a casa, inmediatamente revisa el armario de sus juguetes, escudriña los cuadros de la pared y prueba los artefactos. Si algo cambió desde su última visita, se muestra visiblemente molesto. Cualquier ruido fuera de lo común o cambio en la programación del día puede provocar la clase de berrinches comunes en los niños autistas. Es importante evitar estos "cortocircuitos", como los llama Emily. A los catorce años de Max, estos "cortocircuitos" pueden convertirse en ciclones.

He observado a Emily ayudar a Max en esos forcejeos. Una tarde tuvimos una visita inesperada y Max comenzó a fruncir el ceño y a agitarse. Dado que los chicos autistas pueden procesar mejor la información cuando la ven que cuando la escuchan, a menudo Emily hace uso de sus dones artísticos para ayudar a Max a ver sucesos mediante imágenes. Como ella había sentido el malestar de Max esa tarde, inmediatamente se sentó con él y comenzó a dibujar con trazos simples cada hecho en un recuadro, como si fuera una historieta, uno tras otro. Le estaba brindando a Max una explicación de los cambios que él había presenciado. Este hombre, el visitante, trabajaba con el abuelo. También era el amigo con quien a veces iba a pescar. ¿Ves el bote? ¿Ves el sol? Ahora sólo ha traído un regalo de Navidad. ¿Ves esta caja envuelta en papel de regalo y este gran moño?

Max se calmó. Las palabras y dibujos de Emily lo ayudaron a encontrar sentido de lo que estaba viendo y experimentando, de la misma manera en que un manual de instrucciones puede orientarnos sobre cómo armar una bicicleta o a insertar una tarjeta para gráficos en una computadora. Mientras más comprende Max, menos tiende a estar confundido y angustiado.

Mientras observaba a Emily, pensé: Desde luego. Ésto es lo que todos necesitamos: Un manual explicativo de cómo funcionan las cosas cuando nuestras propias habilidades cognoscitivas nos dejan perplejos y nuestras capacidades han llegado a su límite. Todos nosotros en algunas ocasiones somos como Max. No logramos entender qué le está pasando a nuestro mundo, por qué nos sentimos tensos y frustrados. Entonces hacemos nuestro propio berrinche. Murmuramos acerca de alguien o hacemos notar nuestra superioridad, nos embriagamos, o tenemos una aventura, salimos a gastar a lo loco con nuestras tarjetas de crédito, o irritamos a nuestro jefe hasta que se ve obligado a despedirnos. Nos enfrentamos a un mundo que no podemos entender ni manejar. Las muchas formas en que la gente actúa prueban qué enorme desafío es la vida.

Nuestra dificultad para entender cómo funciona el mundo y cómo encajamos nosotros en él ha sido agravada, yo creo, por las falsas expectativas que genera nuestra cultura. Somos como la gente que trata de subir en una escalera mecánica que baja. Nos quejamos, rezongamos y no llegamos a ninguna parte. El problema es que la cultura está empujando en una dirección, y no nos hemos dado cuenta de que es en la dirección equivocada. Cuando hacemos las preguntas básicas sobre nuestro propósito y sentido, recibimos respuestas mentirosas. Nuestros intentos por vivir según esas respuestas inevitablemente nos fastidian y nos dan miedo. Lo que necesitamos es buscar la verdadera imagen de cómo funciona realmente el mundo y lo que nosotros necesitamos para vivir bien. Espero que este libro lo ayude a lograrlo, tal como los dibujos de Emily, que cuadro por cuadro ayudan a Max a entender su mundo.

En las siguientes páginas investigaremos preguntas profundas, examinando la experiencia de la vida. No es un ejercicio abstracto. La manera en que respondamos a estas preguntas determinará cómo viviremos y cómo moriremos, y si nuestras vidas servirán para algo.

Hace casi treinta años, cuando recién estaba saliendo de la prisión, escribí un libro llamado *Nací de Nuevo*, que para mi sorpresa vendió millones de ejemplares y se publicó en cuarenta países. He vivido mucho más desde entonces. He ministrado a prisioneros de todo el mundo, he conocido a muchísima gente fascinante, he sido galardonado con premios y honores, y he aprendido de mi nieto autista y de muchos otros, de qué se trata la vida. En un sentido, *La Vida Buena* se parece a lo que escribí en *Nací de Nuevo*, pero con el beneficio de verlo a través de un espejo retrovisor. ¿Qué he aprendido a lo largo de una vida tumultuosa?

En un sentido ésta es una memoria temática: el resto de la historia después de *Nací de Nuevo*. Incluye reflexiones sobre mi propia vida; algunas alegres, otras dolorosas. Es un recuento de algunos momentos cruciales de mi vida y de las lecciones que aprendí de ellos. Espero que también refleje mi búsqueda personal de lo que todos queremos: Vivir una vida que valga la pena, una vida con sentido.

Por favor, no piense que este libro es la gran reseña de un estadista retirado que quiere impresionarlo con su sabiduría acumulada. No. Este es un libro para quienes están en la búsqueda. Buscadores de cualquier tipo, tengan o no alguna fe religiosa. Tal vez esto lo sorprenda. Todos los que me conocen saben que soy cristiano. Tengo convicciones profundamente arraigadas y es difícil que pueda ser un observador neutral. Pero estoy en la búsqueda también. Ésta me ha conducido al cristianismo y desde entonces me ha llevado a descubrir más plenamente la verdad que estamos destinados a conocer y a vivir.

La búsqueda que conduciré aquí será realizada, tanto como me sea posible, sin depender de alguna suposición previa o de convicciones sectarias. Tal vez esto moleste a mis amigos cristianos, pero creo que tiene sentido simplemente seguir adonde nos lleve la razón y la imaginación humana, hasta el punto en que no podamos avanzar más. Al final, veremos si la razón y la imaginación requieren que su alcance sea ampliado por medio de la fe. Quizá lo que podemos llamar sencillamente verdad humana no se conecte con la fe, pero tal vez sí lo haga.

———— •◦• ————

Blas Pascal, el gran filósofo y matemático francés, dijo una vez que sólo hay dos clases de personas en el mundo: Buscadores y no buscadores. O bien somos peregrinos en busca de respuestas para encontrarle sentido a nuestro mundo, o somos vagabundos que nos hemos desviado del camino hacia sendas de distracción o de desesperación, alienándonos a nosotros mismos de lo *maravilloso*. Si está leyendo este libro, probablemente sea un buscador. Eso es bueno. Estar vivo es buscar.

Si piensa que ya tiene buenas respuestas a las grandes preguntas, continúe leyendo de todas maneras. Este libro lo ayudará a comprender sus convicciones de una manera completamente nueva y a vivirlas más plenamente.

Las personas por las que siento la mayor compasión son las de la segunda categoría de Pascal: Las que no buscan. Darle la espalda a las grandes preguntas y dilemas de la vida es una tragedia, pues la búsqueda de sentido y verdad hace que la vida merezca ser vivida.

Muchas personas, particularmente los jóvenes, han sido persuadidas de que esa búsqueda es inútil. Se les ha dicho desde el jardín de infantes que la opinión de una persona es tan buena como la de cualquier otra, que cada persona debe escoger su propia verdad de una bandeja multicultural. Si la que ha elegido es desagradable, tome otra, y siga así; hasta que, a la manera de un consumidor, optamos por la verdad que más nos agrada. Creo que la desesperación de las Generaciones X, Y, y ahora la E, provienen de esa noción fundamental de que no existe tal cosa como la realidad o la verdad con *V* mayúscula.

Casi todas las películas nuevas que he visto últimamente muestran a un joven brillante, bien parecido y talentoso, que está tan triste que apenas puede levantar la cabeza. Me dan ganas de gritar: "¿Qué le pasa a este muchacho?" Entonces siento una profunda compasión porque su generación ha sido privada de la única cosa que hace que la vida sea un desafío impresionante: La verdad.

Muchos adultos se han desalentado en su entusiasmo juvenil en la búsqueda por una razón bastante diferente. Han chocado con la realidad demasiado a menudo, descubriendo que las promesas de los años '60 eran huecas. Tienen dudas acerca de las comodidades que han logrado en la vida, aunque se cuidan de admitir sus contradicciones frente a sus hijos ya crecidos.

Algunos, en la medida en que van envejeciendo, dejan tales preguntas de lado, aun menospreciando cualquier tipo de verdad como una fantasía poco práctica de la juventud. Para mí, las grandes preguntas son tan importantes y agudas ahora más que nunca. La edad avanzada tiene la ventaja de ver cómo han funcionado las respuestas sobre las que uno basó su vida. A medida que envejezco, me encuentro evaluando críticamente mi propia vida. ¿He vivido a la altura de mis expectativas? ¿Lo hice bien? ¿He usado mis dones al máximo de su potencialidad? Cuando ya no quede mucho tiempo por delante, usted también hará algunas evaluaciones. Se lo aseguro.

Pero una palabra de advertencia: La búsqueda de la verdad y el significado es un proceso de toda la vida. Si piensa que ya tiene todas las respuestas, puede llegar a ser insoportable y peligroso. Por eso es que todavía me considero un buscador. Tengo, como ya he dicho, convicciones apasionadas, pero estoy aún en un peregrinaje. Aprendo cosas nuevas cada día, como lo expresan los grandes versos de T. S. Eliot:

Los ancianos deben ser exploradores
aquí y allá, no importa dónde
aún debemos movernos
hacia otra intensidad
por una mayor unión, una más profunda comunión[1]

Por lo tanto, permítame invitarlo a ser parte de una conversación sobre lo que le da sentido a la vida. Juntos iremos a buscar "otra intensidad" y "una más profunda comunión" con la vida, una manera de vivir que haga a la vida realmente buena.

En la primera mitad del libro, veremos ejemplos de personas en busca de la vida buena. ¿Qué los lleva a las decisiones de vida que toman? ¿Dan resultado esas decisiones? En la segunda mitad del libro, miraremos más de cerca la búsqueda de la verdad. ¿Es la verdad algo que pueda conocerse? ¿Cómo influye en nuestra vida cotidiana? Mientras lo hacemos, tenga presente la pequeña parábola de Emily y Max. Lo que ella hace por Max, dibujando cuadros que lo ayudan a encontrar sentido a su mundo, es lo que yo deseo hacer por usted: Trazar dibujos literarios que le hagan ver la verdad de cómo funciona el mundo y cómo encajamos nosotros en él.

Al final, sin embargo, aun después de las mejores explicaciones, nos enfrentamos con un desafío adicional: ¿Somos capaces de vivir la vida buena? ¿Dónde podemos encontrar las fuerzas y la valentía que necesitamos? En los capítulos finales daré la única respuesta que conozco a esas preguntas, la única respuesta que tiene la prueba empírica para respaldarlas.

El método para examinar estas ideas cruciales será por medio de historias: algunas de mi propia vida, algunas de la vida de personas que todos conocemos; otras, de las películas; algunas otras de personas que han hecho historia. Consideradas en conjunto, espero que este mosaico de historias (algunas coloridas, algunas sombrías) lo ayudará a ver su propia historia y las creencias que conducen su búsqueda de significado, propósito y verdad.

La razón por la que este libro pone tanta atención en las historias de la vida no es simplemente porque proveen entretenimiento al leerlas, sino porque las experiencias humanas nos ayudan a comprometernos con la vida y a lidiar con ella de la mejor manera. No estoy contando historias sólo como ilustraciones de ideas; ellas también son arte y parte de la lucha. Pensar y vivir van juntos. Pensamos para saber cómo vivir, y al vivir, aprendemos qué es lo verdadero. La vida buena demanda unión entre estas dos ideas, la integridad de vida y pensamiento, la "profunda comunión" de la que habla el poeta.

Pensar y vivir van juntos. Pensamos para saber cómo vivir, y al vivir, aprendemos qué es lo verdadero.

Escribir este libro con mi talentoso colega de mucho tiempo, Harold Fickett, se volvió una verdadera aventura, en la que he captado ideas y llegado a conclusiones a las que nunca hubiera imaginado llegar de otra forma. Lo que he encontrado es emocionante. Compruébelo usted mismo. Es el camino para vivir la verdadera vida buena.

LA BÚSQUEDA

de la

VIDA BUENA

CAPÍTULO 1

LA PREGUNTA
INEVITABLE

UN ANCIANO camina a lo largo de un ancho sendero, a través de una alameda de flores. Tiene la cabeza cubierta de cabello gris, peinado en forma ondeada hacia un costado. Sus cejas abundantes apuntan hacia sus sienes. Usa una chaqueta azul claro sobre una camisa con una franja horizontal y los zapatos de suela crepe que le recomendó su médico. Su paso es rápido pero rígido, como si recién se hubiera levantado. Marcha concentrado y atento, como si estuviera buscando algo o a alguien.

Detrás de él lo sigue su familia. Su esposa es la que va más cerca, su hijo y su nuera un paso o dos más atrás, cargando en brazos a sus niños.

Los ojos del hombre muestran que por el momento no está pensando en su familia, aunque parece que al andar los arrastrara. Sus ojos están muy abiertos y a la vez fijos, invadidos por algo que sólo puede ser pánico. Su boca se mueve de tal manera que muestra que tiene el estómago en la garganta. Hacia la izquierda, la familia puede ver la curva de una larga playa, escuchar el murmullo de las olas y casi respirar el aroma del mar. Pero el hombre no mira ni a derecha ni a izquierda. Sigue tropezando en su avance, su cuerpo tenso pero decidido.

Cuando finalmente gira a su derecha, entra en un vasto espacio de césped cruzado por miles de cruces blancas que se extienden hasta el horizonte. Aquí y allá una estrella judía se suma a la procesión de signos que contrastan fuertemente contra la hierba verde. El paso del anciano se acelera mientras camina a través del vasto cementerio. Su familia lucha por mantenerse a su lado.

La marcha decidida de James Ryan finalmente se detiene enfrente de una cruz en particular. Los contornos de sus ojos están enrojecidos. Se los limpia con manos temblorosas, se suena fuertemente la nariz, trata nuevamente de respirar. Aquí está la cruz de su capitán, el nombre, la fecha: Capitán John W. Miller, 13 de junio de 1944.

Respira ruidosamente por la nariz, tiene los ojos humedecidos y se muerde el labio. Casi se ahoga luchando por respirar el aire denso. Sus rodillas se doblan y se arrodilla frente a la cruz, con un gran peso sobre sus hombros. En ese momento, su esposa se ubica a su izquierda y su hijo a la derecha. Él les está agradecido de que estén allí, pero no pueden ayudarlo con lo que necesita hacer ahora.

Murmura que está bien y ellos retroceden unos pasos, dejándolo con esos pensamientos que le pesan más de lo que puede soportar.

Recién entonces se da cuenta de que lo que ha estado esperando, y a la vez temiendo, es una transacción. Una especie de intercambio. Para él, esta visita al Cementerio Norteamericano de Normandía no es un paseo turístico, es un acto con sentido profundo. Aún ahora no podría decir por qué. No obstante, la emoción que lo ha embargado le confirma que lo es.

Lo que sea que deba pasar encierra la pregunta que lo ha perseguido durante toda su vida. La impronunciable pregunta que lo ha traído hasta aquí. Puede percibirla en cada recuerdo y no solamente en los buenos.

Ahora que está mirando la tumba de su capitán Ryan, tiene que hacer esa pregunta.

—•◦•—

Décadas antes, el 6 de junio de 1944, el capitán Miller y sus hombres habían arribado a Omaha Beach, un horror del que James Ryan, como integrante de la unidad aérea 101, había sido eximido. Su unidad había sido lanzada a Normandía la noche anterior del ataque marítimo. Luego se enteró por los relatos de sus compañeros y por los noticieros del cine cómo había sido el Día D. Aunque los alemanes no esperaban el ataque en el lugar que Eisenhower había elegido, el asalto aéreo no los había hecho ceder ni un ápice en sus posiciones, y cuando la infantería desembarcó de las lanchas Higgins sobre la playa, los hombres fueron como patos en un estanque para la maquinaria bélica del enemigo. Muchos de ellos, sentados en sus posiciones para desembarcar, nunca tuvieron la posibilidad de moverse de sus asientos mientras los alemanes abrían fuego. Los que saltaron a los costados de las embarcaciones para nadar y acercarse a la costa sólo pudieron aferrarse a las puertas belgas y a los erizos de hierro (aparatos defensivos con forma de ganchos diseminados en hileras a lo largo de la playa de piedras para impedir el avance de los tanques).

La tropa de asalto avanzó como sucesivas olas, mientras los hombres caían a derecha y a izquierda a cada paso. No sólo eran alcanzados por el fuego de las ametralladoras, sino también por la artillería. Los cuerpos volaban con las explosiones. Los heridos levantaban los brazos y caminaban unos metros más hacia la muerte. Las olas que llegaban a la playa estaban teñidas de sangre y pasaban sobre los muertos que yacían diseminados.

El capitán Miller y algunos de su compañía lograron llegar hasta el malecón. Aunque la mitad de los primeros hombres que llegaron a la playa fueron muertos en combate, los demás atravesaron la primera línea de la defensa alemana.

Poco después de aquel infernal Día D, se le asignó al capitán Miller y a un pelotón de siete hombres la misión de encontrar al paracaidista James Ryan y llevarlo a casa, sano y salvo. El jefe de personal del ejército, general George C. Marshall, en persona, emitió la orden de que el soldado James Ryan fuera retirado del escenario de guerra. Los dos hermanos mayores de Ryan habían muerto en el gran ataque, y un tercer hermano, en un combate en Nueva Guinea. Marshall pensó que tres hijos eran suficiente contribución a la guerra por parte de cualquier madre.

El capitán Miller y su brigada hallaron a Ryan con un remanente del 506, compañía Baker, quienes tenían órdenes de proteger un puente en el margen lejano de un río. Se le había ordenado a la compañía mantener el puente a cualquier costo, o como última alternativa, volarlo. Cuando el capitán Miller y su brigada llegaron para llevar al soldado a casa, Ryan se negó a abandonar a su compañía. Miller le preguntó a Ryan qué se suponía que le dirían a su madre cuando ella recibiera otro ataúd envuelto con la bandera norteamericana. Ryan respondió: "Puede decirle que cuando me encontró estaba con los únicos hermanos que me han quedado. Y que yo no estaba dispuesto a abandonarlos. Creo que ella lo entenderá".[1]

Miller y su pelotón le dijeron con enojo que ya habían perdido a dos hombres en el intento de encontrarlo. Finalmente Miller decidió que harían suya la batalla de Ryan para intentar llevarlo a salvo a casa.

Pronto llegaron los alemanes, casi toda una compañía de hombres, dos tanques Panzer y dos Tigers. Los norteamericanos atrajeron a los Panzers hacia la calle principal del pueblo, donde les habían preparado una emboscada eficaz. Lo único que Ryan tenía permitido hacer era arrojar proyectiles de mortero como si fueran granadas de mano. El capitán Miller nunca dejó que Ryan se apartara de su lado, protegiendo al soldado a cada paso.

Aún así, un tanque envió al francotirador a la eternidad. Otro soldado murió en un combate mano a mano, con el corazón atravesado por un cuchillo. A pesar de su ingenio, el pelotón no pudo resistir a una fuerza tan poderosa, y los hombres emprendieron una retirada estratégica hacia el otro lado del puente. En la retirada, uno de los sargentos fue herido y se desplomó.

El capitán Miller recibió un disparo debajo de las costillas mientras forcejeaba por sujetar los cables de un dispositivo de detonación. Luego, una explosión de artillería lo golpeó hasta dejarlo casi inconsciente. Perdida toda esperanza, el capitán Miller comenzó a disparar directo al tanque que avanzaba hacia a él.

De repente, desde el aire, los aviones aullaron sobre ellos e hicieron volar en pedazos a los tanques enemigos, desbaratando a la tropa. Minutos más tarde llegaron los refuerzos aliados.

Del pelotón que había venido a rescatar a Ryan, sólo dos hombres escaparon relativamente ilesos. Los otros habían muerto o agonizaban.

El capitán Miller yacía cerca del lugar donde había sido herido, desplomado contra el muro del puente. Ryan, angustiado, estuvo a solas con su protector en los últimos momentos antes de que éste muriera. Ryan observaba mientras el capitán luchaba en sus últimos instantes, con el pulmón atravesado por un disparo. El capitán apenas pudo tomar aire para gruñir: "James, haga que esto valga la pena".

----•◦•----

¿Fueron esas palabras del moribundo una orden final?

El soldado Ryan las tomó de esa manera.

Esos recuerdos golpean al envejecido James Ryan, quien se encuentra ahora mismo mirando la inscripción en la tumba de su comandante muerto. Le cuenta al capitán Miller que su familia está con él. Le confiesa que no estaba seguro de cómo se sentiría al venir al cementerio en este día. Quiere que el capitán Miller sepa que cada día de su vida ha pensado en la conversación que tuvieron en el puente, en las palabras de Miller antes de morir. Ryan ha intentado vivir una vida buena, y espera haberlo logrado. Al menos ante la mirada del capitán, Ryan confía en que haya valido la pena, que su vida haya sido digna del sacrificio del capitán Miller y de los demás hombres que dieron su vida por él.

Mientras Ryan murmura estos pensamientos, no puede dejar de preguntarse qué clase de vida, por buena que haya sido, podría valer el sacrificio de sus amigos. El anciano se pone de pie, pero no se siente liberado. La pregunta permanece sin respuesta.

Su esposa se le acerca de nuevo. Él la mira y le suplica.

—Dime que he llevado una vida buena.

Confundida por su pedido, ella responde con una pregunta.

—¿Qué?

Él tiene que saber la respuesta. Trata de formularla nuevamente.

—Dime que soy un buen hombre.

La pregunta la pone nerviosa, pero la seriedad con la que él habla, hace que le preste atención.

—Lo *eres* —le dice ella con gran dignidad.

La mujer vuelve hacia donde está el resto de la familia, cuyos movimientos indican que están listos para salir de allí.

Antes de unirse a ellos, James Ryan hace una venia y saluda a su camarada muerto. ¡Qué viejo y solemne soldado!

—•◦•—

¿Quién de nosotros puede ver esta escena de la magnífica película de Steven Spielberg, *El Rescate del Soldado Ryan,* sin hacerse la misma pregunta: ¿He vivido una vida buena?

¿Existe una manera apropiada de calcular la respuesta a esta pregunta? ¿Cómo definimos una vida buena? ¿Cuándo es *suficiente* el bien que hacemos? ¿Es nuestra vida merecedora del sacrificio de otros? La inevitable pregunta acerca de si hemos vivido una vida buena examina nuestro corazón.

No todos viven una vida tan dramática como la de Ryan. Aún así, esta pregunta sobre la vida buena, y otras similares, persigue a cada ser humano desde la más temprana edad. Algo inquieta nuestras entrañas y demanda respuestas a tantas preguntas. ¿Hay algún propósito en la vida? ¿Estamos solos en este universo o hay alguna fuerza (llamémosla destino, suerte o providencia) que guía nuestra existencia?

Por lo general, estas preguntas no se nos presentan con tanta claridad. Comúnmente, las más duras nos golpean en los momentos más difíciles. En medio de una tragedia o en una enfermedad grave, cuando nos enfrentamos a la violencia o a la injusticia, o luego de ver destrozados nuestros sueños personales nos lamentamos: "¿Por qué este mundo es un desastre? ¿Qué puedo hacer al respecto?"

Hay un misterio en estas eternas preguntas sobre la existencia humana. Dudo que cualquiera que haya visto *Rescatando al Soldado Ryan* o haya leído grandes piezas literarias como *Los Hermanos Karamazov* de Dostoievsky o *La Peste* de Camus haya dudado alguna vez de la importancia de tales preguntas. Tampoco quien se haya maravillado ante la belleza de la Vía Láctea o se haya sentado a llorar junto al cuerpo de un ser amado que ha muerto.

Lo que diferencia a los seres humanos de las demás criaturas es la conciencia: Nosotros sabemos que estamos vivos y que moriremos, y no podemos dejar de preguntarnos por qué la vida es de esta manera y qué significado tiene todo esto.

¿No es raro que todos comprendamos inmediatamente por qué para el soldado Ryan era imperioso vivir una vida honorable? ¿Creía que lográndolo sería digno del sacrificio de sus camaradas? Evidentemente así fue, y nosotros sentimos que era lo correcto. Pero ¿por qué se sentía él en deuda con ellos? ¿Por qué sentía que debía recompensar con sus actos aquella gesta de sus compañeros, como si realmente existiera una justicia ciega con una espada en una mano y una balanza en la otra? ¿Por qué la bondad debía ser el medio para pagar esa deuda? ¿Por qué no la venganza? ¿Por qué no asesinar a tantos nazis como le fuera posible? Porque de alguna manera eso no produce satisfacción. Si hay alguna forma de compensar un sacrificio, es sólo por medio del sacrificio, no de una masacre. Lo *sabemos*. Pero ¿*por qué* lo sabemos?

Una respuesta general reside en nuestra humanidad. Hacemos preguntas sobre significado y propósito porque somos humanos. Tenemos un sentido innato de la justicia y de nuestra propia necesidad de satisfacer las exigencias de la justicia. Las actitudes morales difieren de una cultura a otra. Sin embargo, tome a personas de una remota aldea de Papua, Nueva Guinea, que viven en la Edad de Piedra, y siéntelas a ver *Rescatando al Soldado Ryan*. Inmediatamente entenderán las cuestiones planteadas. Entenderán las preguntas de Ryan y su sentido de gratitud.

La palabra *debería* en las preguntas que surgen de la vida del soldado Ryan inmediatamente nos conducen a plantear cuestiones éticas. Implica que hay una variedad de respuestas a estas preguntas. Sugiere que algunas respuestas son mejores que otras, algunas son correctas mientras otras no lo son. Así que, ¿de dónde proviene este *debería*? ¿Qué significa que tengamos un sentido innato de estas cosas?

Como mínimo apunta a la noción de que vivimos en un universo moral, lo cual es una de las razones por la que los seres humanos, independientemente de su contexto, su condición económica o su lugar de nacimiento, son inexorablemente religiosos. Por lo menos, sabemos que hay alguien o algo a quien debemos nuestra existencia.

Nuestras preguntas también suponen que podemos elegir nuestras respuestas y actuar de acuerdo con las mismas. La libre voluntad humana, aunque condicionada, está asimilada a la manera en que funciona la mente humana.

Al comentar sobre los interrogantes de la vida, el juez del Tribunal Supremo de Justicia de los Estados Unidos, Anthony M. Kennedy, en el caso *Paternidad Planificada v Casey*, dijo: "La esencia de la libertad es el derecho de cada uno de definir el concepto propio de la existencia, del propósito, del universo y del misterio de la vida humana".[2] Kennedy afirmó que las creencias sobre estos asuntos nos definen como seres humanos. Somos lo que somos, el tipo de criaturas que nos vemos obligados a llegar a conclusiones personales sobre estas grandes preguntas. Aunque estoy en profundo desacuerdo con el fallo legal al que llegó el juez Kennedy a través de su observación, debo admitir que su resumen capta lo que nos hace humanos.[3]

Recuerdo cuando comencé a hacerme preguntas muy temprano en mi vida. Particularmente tengo recuerdos de una mañana de diciembre del año 1941. Mi familia clavada junto a la radio, escuchando con creciente ansiedad los informes de los ataques japoneses a Pearl Harbor. Yo tenía la certeza de que llegaríamos a luchar contra soldados japoneses u oficiales de las SS alemanas en las calles de nuestro apacible suburbio de Boston. Recuerdo haberle preguntado a mi padre: "¿Por qué tiene que haber una guerra, sangre derramada y muerte?" Él me contestó, erróneamente pienso ahora, que era todo parte de un proceso natural, como las hambrunas y las plagas que evitan la sobrepoblación.

Durante la guerra, organicé colectas de recaudación de fondos en mi escuela, incluso llegué a subastar mi preciado modelo de aeroplano de colección para reunir fondos para la guerra. Instintivamente sabía que se esperaba que yo hiciera mi parte para proteger nuestra libertad. Aunque tenía apenas doce años, quería que mi vida fuera útil.

También recuerdo estar de pie en nuestro patio muchas noches, con el mundo a mi alrededor inmerso en la oscuridad y las persianas que cubrían las ventanas del vecindario produciendo un apagón que nos protegía de los ataques aéreos. Observaba el deslumbrante despliegue de estrellas y me preguntaba cómo comenzó el universo, cómo culminaría y qué estaba haciendo yo aquí. Como estudiante, luchaba por comprender el concepto de infinito, lo que estaba más allá de las estrellas.

He continuado haciéndome esta clase de preguntas, especialmente durante momentos de tensión. Me las he hecho durante mi vida como oficial del gobierno, como esposo y padre, como un criminal condenado, y luego como líder cristiano. Muchas veces, en lo íntimo de mi conciencia, me he planteado las mismas preguntas que Ryan: *¿He sido un buen hombre? ¿He vivido una vida buena?* Algunas veces he dudado, otras veces estaba completamente seguro de que había fallado. Pero ¿adónde vamos a encontrar quién nos responda esas preguntas? ¿A quién se las haremos? ¿Quién puede decirnos la verdad acerca del valor de nuestra vida?

Si bien la búsqueda de las respuestas a tales preguntas puede ser ardua por momentos, aun desalentadora, la búsqueda de la verdad de la vida es la única cosa que vale la pena. La capacidad de continuar con esa búsqueda nos hace humanos. Emmanuel Mounier, el francés que inició el movimiento filosófico "personalista", escribe que la vida humana se caracteriza por una "inquietud divina". La falta de paz en nuestro corazón nos mueve a buscar el significado de la vida, una orden grabada en "almas inextinguibles".[4] El papa Juan Pablo II resume el asunto de una manera elegante: "Podemos definir al ser humano como *el que busca la verdad*".[5]

¿Cuál será la verdad de nuestra vida y nuestro destino? La mayoría quiere llegar a la tumba del capitán Miller (o a cualquier estrado del juicio que imagine), con cierta seguridad de que ha vivido una vida buena.

Sin embargo, ¿qué es una vida buena? ¿Cómo esta vida buena puede incorporar las respuestas a las grandes preguntas? ¿Cómo se puede vivir ese tipo de vida?

¿La he vivido?

¿La ha vivido usted?

CAPÍTULO 2

UNA VIDA DESTRUIDA

EL DOMINGO 13 de junio de 1971, el *New York Times* publicó un título secundario acerca de lo que luego sería una explosiva historia de primera plana: "Archivo Vietnam: Un estudio del Pentágono sigue la pista de tres décadas de la creciente participación de los Estados Unidos". El artículo escrito por Neil Sheehan, además de un análisis adicional de Hedrick Smith, informaba que en 1967, el entonces secretario de defensa Robert S. McNamara, había encargado un estudio secreto al Pentágono sobre la participación de los Estados Unidos en Vietnam desde el gobierno de Truman. El estudio, realizado por numerosos autores, abarcaba tres mil páginas a las que se habían agregado cuatro mil páginas adicionales de documentos oficiales.

El lector casual pudo haber considerado el estudio como un simple y árido relato histórico de los sucesos que rodearon a la completamente impopular guerra de Vietnam. Yo me desempeñaba como asesor especial del presidente Nixon, y para los que estábamos en el círculo íntimo del presidente, no era en absoluto un simple informe. El título era aterrador y un anticipo del desastre que sacudiría a la nación hasta sus cimientos y nos afectaría a todos de una manera que en ese momento no podíamos imaginar.

El informe completo, conocido como *Documentos del Pentágono*, brindó una mirada desde adentro acerca de la manera en la que el país se había enredado en una guerra que, en algún momento, le quitaría al pueblo la fe en el gobierno y lo conduciría a la actitud de cinismo y recriminación que hoy practicamos en la política. Pronto se supo que el

documento ultra secreto había sido robado del Departamento de
Defensa por uno de sus autores, Daniel Ellsberg, quien en 1969 lo
entregó a la Comisión de Relaciones Exteriores del Senado, y luego al
New York Times, al *Washington Post*, y a otros diecisiete periódicos varios
meses antes de que el *Times* comenzara a publicarlo.

Luego de los primeros artículos que presentaban las conclusiones
del estudio, el *Times* comenzó a publicar extractos de los documentos
ultra secretos, empezando con el informe de McNamara al presidente
Johnson sobre la situación en Saigón en 1963. Los informes confirma-
ban las peores sospechas de los norteamericanos: Que el gobierno siempre supo que tenía pocas posibilidades de éxito, que sus aliados
sudvietnamitas eran poco confiables y con frecuencia corruptos, y que
la estrategia de nuestro gobierno carecía de coherencia interna.

Esto contradecía abiertamente el permanente anuncio de buenas
noticias desde el frente de batalla que hacía el gobierno. La administración Johnson había declarado al pueblo que estábamos conquistando el
corazón y la mente de los vietnamitas. El recuento de los cadáveres indicaba que el enemigo sufría pérdidas cada vez mayores. Sin embargo, por
alguna razón, necesitábamos más y más soldados, hasta que medio
millón de norteamericanos se encontraron luchando en Vietnam.[1]

LA SALA ROOSEVELT, 14 DE JUNIO DE 1971

El lunes por la mañana, luego de que la historia fuera publicada en el
Times, los integrantes del gabinete del presidente Nixon nos encontramos, como de costumbre, a las ocho en punto en la sala Roosevelt del ala
oeste. El autoritario jefe de gabinete de Nixon, Bob Haldeman, presidió
la reunión. También asistió su mano derecha en política interna, John
Ehrlichman, y la cabeza extraoficial de política exterior, Henry Kissinger, quien era consejero de seguridad nacional. El secretario de prensa,
Ron Ziegler, lucía abatido a causa del bombardeo que ya había vivido
esa mañana de parte de la agresiva prensa. Yo estaba en la reunión, al
igual que Bill Timmins, el operador legislativo, y otras seis personas.
Con sólo ver la lúgubre expresión de Haldeman, nos dábamos cuenta de
que estábamos ante un serio problema.

La sala Roosevelt está en el epicentro de la Casa Blanca. La repisa
color crema de la chimenea domina el lado este de la sala y está flan-
queada por dos oscuras puertas de caoba colocadas en dos medios arcos.

La puerta de la derecha lleva directamente al salón Oval, cruzando el vestíbulo. Dos años antes, el presidente Nixon había redecorado esta sala de conferencias, transformando la "pecera" en la sala Roosevelt. En la pared norte están los bronces de los dos Roosevelt, Teddy y FDR. Sobre la repisa cuelga un cuadro de Theodore Roosevelt vestido con su uniforme de Jinete Rudo, montando un caballo. Sobre la misma repisa está el premio Nóbel de la Paz de Theodore Roosevelt, ganado en 1906 por su intervención en la disputa entre Rusia y Japón en 1905, el primer Nóbel de la Paz ganado por un norteamericano. La enorme mesa de conferencias estilo Chippendale está rodeada por sillas tapizadas en cuero decoradas con botones, que hacen un poco más confortables las largas reuniones.

Ya que la sala Roosevelt ocupa una parte del interior del ala oeste, la habitación carece de ventanas. A pesar de este mobiliario, la sala a veces se parece a un búnker de cemento, especialmente cuando sus ocupantes se sienten como en una batalla, tal como nos sentíamos en aquella mañana de junio.

La Casa Blanca era un sitio tenso en aquellos días. Las multitudes que protestaban la mantenían sitiada mientras marchaban del otro lado de las rejas, portando letreros que declaraban: "¡Asesinos!" y "Carniceros de la avenida Pensilvania". A menudo una mezcla de humo de marihuana y gas lacrimógeno flotaba en el aire cuando la policía, a veces con la ayuda del ejército, debía despejar un camino para los empleados de la Casa Blanca. Nos sentíamos recelosos en cuanto a lo que podría suceder ahora que los artículos y las primeras planas habían publicado los documentos secretos confirmando los peores temores de la gente.

Haldeman comenzó la reunión pasando por alto los preliminares de costumbre y encaró directamente la amenaza real planteada por la historia del *Times*.

—El Presidente quiere nuestro consejo —dijo Haldeman con tono sombrío—. Esta situación podría tener consecuencias nefastas.

—En primer lugar deberíamos arrestar al traidor que robó los documentos —sugirió alguien.

—El Senado está decidido a recortar los fondos de la guerra —dijo Timmins—. Ahora, tal vez los diputados se les unan. Tal vez el Presidente se vea obligado a arrastrarnos de regreso a casa con la cola entre las patas.

—O a desobedecer al Congreso. La posibilidad no deja de ser tentadora —agregó otro.

Como principal consejero político del Presidente, vi un rayo de esperanza en medio de la atmósfera de juicio final de aquel día.

—Esperen. Piensen un minuto —dije—. Todas estas cosas sucedieron durante el período de los presidentes demócratas. Por lo menos la mayor parte. Johnson es el único que realmente está en el caldero. Nosotros sólo estamos limpiando este lío. Tal vez deberíamos conseguir que la comisión de relaciones exteriores del Senado nos escuche.

Kissinger había llegado uno o dos minutos tarde y estaba sentado en el extremo de la mesa. Arrojó con violencia sobre la mesa una pila de carpetas.

—Ninguno de ustedes comprende —gritó. Tenía la cara totalmente roja. —No se puede guardar secretos en este gobierno y esto es una calamidad, una catástrofe. Esto lo arruinará todo, quiero decir *todo* lo que estamos tratando de hacer. No puede haber política exterior en este gobierno. ¡Esta filtración nos destruirá!

Había aprendido a leer a Henry, quien a menudo usaba hipérboles para comunicar su idea y dominar la escena. Actuaba como si tuviera al mundo en sus manos y la verdad es que a veces lo tenía. Esta vez contaba además con otros que estaban de su lado.

Kissinger dejó abierta la carpeta superior, haciendo circular tres páginas alrededor de la mesa.

—Miren esto —dijo él—. Son cables desde Australia, Gran Bretaña y Canadá, protestando por la publicación. Los documentos del estudio del Pentágono ponen en evidencia la manera en la que nos ayudaron. Contienen el tráfico de cables que podrían exponer a nuestro personal (agentes de la CIA y otros). Esto no puede continuar. El Presidente debe hacer algo para contrarrestarlo hoy mismo. Debe ser una acción contundente, tan contundente como sea posible.

El enojo de Henry se volvió contagioso. Todos, incluyéndome, comenzamos a denunciar a nuestros enemigos, externos e internos. Hacía mucho tiempo que la administración Nixon tenía problemas con la información que se filtraba. Yo había sido designado varias veces para encontrar por dónde se producían estas filtraciones, y sabía el daño que causaban. A medida que la reunión avanzaba, los hombres del Presidente dispararon ráfagas contra el enemigo que estaba entre nosotros. Reinaba la venganza y la recriminación. ¡Las filtraciones tenían que terminarse!

Los que estábamos reunidos en la sala Roosevelt aquella mañana nos dividimos, en parte debido al choque entre nuestras visiones idealistas y lo que demandaría alcanzar esos ideales. El presidente Nixon habló de lograr una "generación de paz". A pesar de lo que decían los detractores de su gobierno, él lo deseaba. Fue su sinceridad sobre esta meta lo que inicialmente me atrajo hacia él cuando lo conocí en la década del '50. Tal vez fuera su crianza cuáquera, pero él verdaderamente se preocupaba por la paz. Por eso los que formábamos parte de su equipo estábamos haciendo todo lo posible por hacer que esa visión se concretara. La esperanza de Nixon residía en un reordenamiento de los estados más poderosos del mundo; un nuevo equilibrio de poder que neutralizara las políticas agresivas de los soviéticos, y en alguna medida, las de los chinos.

Analizándolo ahora, sabemos que Nixon tuvo muchas fallas; pero aun sus más severos críticos están de acuerdo en que Nixon fue una mente brillante de la geopolítica. Entendió el tablero de ajedrez del mundo: De qué manera una medida diplomática en Yakarta podría repercutir en Addis Abeba. Él quería traer de regreso a las tropas de Vietnam, pero bajo condiciones que no hicieran que los Estados Unidos y el mundo occidental quedaran más vulnerables a las ambiciones expansionistas de los rusos y de los chinos.

En esa época, Kissinger estaba conduciendo múltiples negociaciones, tan delicadas que era necesario mantenerlas en secreto, incluso de nuestro propio Departamento de Estado. Había logrado establecer canales de contacto, lo cual significa que un funcionario superior del gobierno (usualmente alguien que trabaja directamente con la cabeza de Estado), contactaría al oficial superior de otro Estado, sin el conocimiento del cuerpo diplomático de ninguna de las dos naciones. Kissinger también estaba intentando avanzar en las negociaciones del Tratado Estratégico de Reducción de Armas, el Acuerdo SALT, que eventualmente haría retroceder el inminente cataclismo nuclear, y a la vez estaba comprometido en negociaciones secretas con los vietnamitas del Norte, que se hacían en París. Por último, estaba negociando la forma en la que Nixon haría su histórica visita a China. Me enteré de ésto sin darme cuenta. Una noche, el Presidente, Kissinger, Haldeman, Ehrlichman y yo, estábamos en el yate presidencial *Sequoia* y luego de un par de copas de su Burdeos favorito, Nixon comenzó a burlarse de mí por no haber podido conseguir que el Congreso aprobara un transporte supersónico para que él pudiera llegar a la China. Kissinger se puso pálido porque en ese momento estaba a punto de ir a Pakistán, desde donde volaría secretamente hacia Beijing a encontrarse con el líder Chou Enlai.

Las tres negociaciones estaban relacionadas. Si no llegábamos a un acuerdo satisfactorio con Vietnam del Norte, la U.R.S.S. (que los protegía) estaría menos dispuesta a aceptar las condiciones del Acuerdo SALT. Si no éramos capaces de arrancar concesiones a la Unión Soviética, los chinos estarían menos interesados en abrir sus puertas a occidente. Tenían sus propios conflictos con la Unión Soviética, principalmente disputas limítrofes que afectaban a muchos otros asuntos entre ellos. Cuanto más comprometiéramos a los soviéticos en relaciones bilaterales, más forzados se verían los chinos a abandonar sus políticas de aislamiento y a abrirse a occidente. Nos complacíamos, a la vez, por mantener a ambos gobiernos fuera de balance para evitar una alianza chino-soviética que pudiera llegar a dominar a occidente.

Entonces, cuando Kissinger explotó, me enteré de lo que estaba en juego. Ningún gobierno desea que sus intercambios diplomáticos extraoficiales sean expuestos. Cuando estas discusiones llegan a los medios, la gente reacciona impidiendo actuar al gobierno u obligándolo a intervenir anticipadamente.

Esa mañana, Kissinger evitó ocuparse de un segundo asunto que le provocaba ira y era aún más apremiante que el anterior. El Memorando número 1 del Estudio de la Seguridad Nacional, describía de qué manera se podía terminar rápidamente con la Guerra de Vietnam. Puntualizaba todas las opciones, incluso el uso de armas nucleares tácticas, las cuales serían usadas para volar los diques e inundar medio Vietnam del Norte. Esto habría precipitado el final de la guerra, pero el costo en vidas hubiera sido demasiado grande. Otras opciones incluían minar el puerto de Haiphong, bombardear Hanoi y el camino de Ho Chi Minh en el norte, opciones que luego se usaron.

La posibilidad de que ese estudio se publicara implicaba una gran cantidad de problemas. No queríamos que los vietnamitas del Norte, ni los chinos, ni los rusos, supieran de las medidas que finalmente decidiríamos emplear. La publicación del memo también endurecería las actitudes de Vietnam del Norte, haciendo más difíciles las negociaciones.

Por último, la publicación del estudio dañaría severamente la reputación de Henry Kissinger.

Afortunadamente, nadie publicó jamás el Memorando 1. Había sido entregado en forma anónima al senador Charles "Mac" Mathias, un liberal republicano de Maryland, y a la embajada rusa. Pero ambos, aunque por diferentes motivos, devolvieron el material a la administración.

Al reflexionar acerca de la reunión de ese 14 de junio, todavía estoy impresionado con la envergadura de la crisis, la cual creo que los historiadores han subestimado. Teníamos un temor real de que el gobierno de los Estados Unidos perdiera toda credibilidad. Si eso hubiera ocurrido, el Acuerdo SALT nunca se hubiera firmado, el presidente Nixon no hubiera viajado a China, y es muy posible que estuviéramos viviendo en un mundo más peligroso del que conocemos.

La reunión fue crucial, no sólo para el futuro de la presidencia de Nixon, sino también para mi vida. De ella salieron "los plomeros", una unidad especial de la Casa Blanca a la que se le asignó la tarea de detener las filtraciones. De los plomeros y de la imaginación salvaje de Howard Hunt y Gordon Liddy surgieron los micrófonos ocultos en el Comité Nacional Demócrata y la invasión al consultorio del psiquiatra de Daniel Ellsberg. Esa reunión en la sala Roosevelt llevó directamente al escándalo político conocido como *Watergate*, que derribó la presidencia de Richard Nixon.

Ese día, mientras pensaba en las consecuencias de los Documentos del Pentágono para Vietnam, mi preocupación y enojo iban en aumento. Deseaba el fin de la guerra de Vietnam tanto como cualquiera de los manifestantes en las calles. Mis dos hijos, Wendell y Chris, estaban llegando a la edad de ser llamados a las filas del ejército. Bill Maloney, un amigo que me había entusiasmado a que me uniera a los infantes de marina después de la universidad, estaba sirviendo en ese momento en Vietnam, piloteando misiones de rescate detrás de las líneas, expuesto noche y día a los disparos. John McCain, el hijo de mi amigo personal, el almirante Jack McCain, estaba prisionero en Hanoi. Yo deseaba que esos hombres regresaran a casa, sanos y salvos.

Los opositores a la guerra de Vietnam habían pensado que lo más probable era que la publicación de los Documentos del Pentágono haría terminar la guerra. En mi opinión, tendría el efecto contrario, o inspiraría más guerras donde mis hijos y mis amigos tendrían que pelear.

El doctor Daniel Ellsberg, el hombre que distribuyó los documentos a los medios, admitió públicamente de inmediato que lo había hecho y se convirtió instantáneamente en el héroe del movimiento antibélico. Hasta ese momento, yo nunca había escuchado hablar de Ellsberg. Cuando descubrí quién era, sólo sentí desdén y desprecio hacia él. Para mí, era un traidor que había robado documentos secretos en tiempos de guerra y los había entregado a los medios, poniendo en peligro a nuestras fuerzas militares en combate.

En los días que siguieron al 14 de junio, la administración exigió que la publicación de los documentos debía cesar, lo que se convirtió en un famoso caso de "censura previa", es decir, un intento oficial de suprimirlos antes de su publicación. Los aspectos legales fueron pronto motivo de discusión. Ellsberg había entregado copias del estudio del Pentágono a tantos periódicos que, uno tras otro, comenzaron a publicarlos, frustrando los esfuerzos del procurador general John Mitchell por obtener en los tribunales órdenes de restricción.

El Presidente me llamó a la Oficina Oval un día después de que se confirmara la ingerencia de Ellsberg. Caminando de un lado a otro frente a las puertas del Jardín de las Rosas, Nixon me dijo: "Quiero desenmascarar a Ellsberg, Chuck. Quiero que se sepa la verdad sobre él. No me interesa cómo lo hagas, pero hazlo. Le haremos saber al país qué clase de 'héroe' es este señor Ellsberg."

"Sí, señor, así lo haré", le contesté. Yo, el antiguo oficial de marina, estaba tan lleno de fuego por el encargo que, en ese momento, podría haberle hecho la venia.

No estaba seguro de cómo podría satisfacer la orden que el Presidente me había dado, pero sabía que tenía que obtener información sobre el doctor Ellsberg. Si conseguía una forma de procesarlo, lo haría procesar. Si encontraba una manera de minar su credibilidad, lo haría. No era un juego de niños ni la tarea política habitual. Había demasiado en juego. No estaba cumpliendo órdenes ciegamente; estaba eligiendo entre el bien y el mal.

Acudí al consejero de la Casa Blanca, John Dean, y le pedí que consiguiera el archivo del FBI sobre Daniel Ellsberg. El FBI compila un *dossier* enciclopédico de información de todos los que trabajan en puestos del gobierno tan delicados como el de Ellsberg. La Agencia entrevista a amigos, enemigos, esposas y ex esposas. Todo lo que se dice en esas entrevistas queda grabado, sea verdadero o no.

El archivo de Ellsberg contenía material personal muy humillante. Parecía ser el medio perfecto para cumplir con los deseos del Presidente. Si podíamos mostrar a la nación que Daniel Ellsberg estaba muy lejos de ser un héroe, su acción de haber entregado los Documentos del Pentágono se vería bajo una luz desfavorable. Aparecería como el traidor por el que yo lo había tomado, más que por el campeón del libre discurso y la honestidad del gobierno.

Invité a un periodista del *Detroit News* a mi despacho para darle información confidencial, es decir, información delicada que él podía usar siempre y cuando mantuviera discreción en cuanto a la fuente. Le mostré el archivo del FBI sobre el doctor Ellsberg. "¿Quiere saber quién es el tipo que está procurando destruir a Nixon y a nuestra política exterior?", le pregunté. "Lea esto".

Estaba convencido de que el robo de Ellsberg era un delito, pero nunca me había detenido a pensar si mis esfuerzos para detenerlo también lo eran. Como me di cuenta más tarde, al divulgar el informe sobre Ellsberg yo también estaba cometiendo un delito. En ningún momento lo había entendido. La "tranquila y pequeña voz de la conciencia" que normalmente nos advierte de nuestras peores acciones parecía estar de acuerdo. Me sentía completamente virtuoso, hasta idealista, por lo que estaba haciendo. Después de todo, estaba sirviendo a la causa de la paz y de la seguridad.

Quiero dejar en claro que mientras estuve en la Casa Blanca nunca hice nada que en ese momento considerara ilegal. Jamás habría puesto en riesgo, a sabiendas, mi licencia profesional por la que trabajé tan arduamente. Llegaba hasta el borde de la línea, pero si me daba cuenta de algo que estaba más allá de la misma (y hubo muchas de tales ocasiones), no lo hacía. Nunca pensé que fuera ilegal entregar a los periódicos información sobre alguien que había robado documentos. (En realidad, no lo era, hasta que yo me declaré culpable. El fiscal dijo que mi caso estableció un precedente.) El periodista no tenía la debida autorización del gobierno para ver los documentos, hecho que intencionalmente pasé por alto. Además, como declaré más tarde, el intento de afectar los derechos de un acusado es una obstrucción a la justicia.

Lo que me hundió, como analizaré en detalle más adelante, fue la manera ciega en que me justificaba a mí mismo. Pensaba que había construido un cerco moral alrededor de mis actos y que no *podía* cometer un acto inmoral, mucho menos un delito. Mi mecanismo de defensa contra la falta moral y legal me decía que no podía estar equivocado, a pesar de que en realidad había cometido un delito de gran magnitud.

Una vez que me detuve a reflexionar, supe muy dentro de mí que había traicionado mis principios. Por estar convencido de mi inocencia, desactivé todas las alarmas que pudieran haber hecho sonar una advertencia.

La ironía fue que el periodista del *Detroit News* nunca publicó el material que le suministré. Sin embargo, el *Copley Press* de todas maneras lo hizo, porque alguien del FBI entregó la misma información.

Por mi insistencia, el Presidente inició el juicio contra Ellsberg, tal como lo había recomendado el Departamento de Justicia. Ellsberg fue acusado el 28 de junio de 1971, dos semanas después de que aparecieran las primeras publicaciones, por posesión ilegal de documentación secreta del gobierno. El caso fue desestimado en abril de 1973, por mala conducta de parte del gobierno hacia Ellsberg, incluida la mía.

El caso Ellsberg, con la irrupción de los plomeros en el consultorio de su psiquiatra para incautar sus grabaciones, fue el tema central del gran escándalo conocido como Watergate, que estalló en junio de 1972, cuando algunos de estos mismos plomeros llevaron a cabo el robo a la oficina central del Comité Nacional de los Demócratas. El FBI y la oficina del procurador de los Estados Unidos comenzaron inmediatamente una investigación.

Yo no sabía nada sobre ese hecho y los fiscales me sobreseyeron. Pero el escándalo real en Watergate fue el encubrimiento, el intento de proteger al Presidente y a su equipo. Comenzó con modestos esfuerzos para despistar a los acusadores. En cuestión de meses me encontraba enredado en un gigantesco encubrimiento. En la primavera de 1974, las acusaciones llovieron en contra de varios de los que éramos asesores del Presidente.

En mayo de 1974, aunque anteriormente había rehusado a favorecerme con una condena más benévola a cambio de testificar en contra de Nixon, me di cuenta de que yo era culpable de interferir en el caso. Después de consultarlo con mis amigos íntimos, decidí declararme culpable del cargo simple de obstrucción a la justicia, por el cual recibí una condena de tres años.

Admití que había creado "un plan para obtener información difamatoria sobre Daniel Ellsberg, para calumniarlo y destruir su imagen pública y su credibilidad, . . . influir, obstruir y obstaculizar el curso y resultado del juicio a Ellsberg".

Mediante una profunda búsqueda interior, llegué a la conclusión de que ésta era la acusación, cuyas palabras elegí yo mismo. Por intentar entregar información comprometedora sobre Daniel Ellsberg, si bien no pude lograrlo, había estado procurando hacer imposible que recibiera un juicio justo. Como abogado, yo debería haber sabido que calumniarlo a través de la prensa provocaría prejuicios en la población y en todos los jurados posibles. Diariamente, Woodward y Bernstein me calumniaban a mí, así que yo sabía cómo se sentía.

---•◦•---

El 8 de julio de 1974, mi amigo Graham Purcell me llevó a un sórdido hotel de Baltimore, donde cuatro oficiales armados me recogieron y me llevaron a la prisión. El lugar de encuentro había sido acordado para evitar a la prensa, pero aún así, los medios nos persiguieron desde mi casa en McLean, Virginia, hasta Baltimore. Luego de darle un beso de despedida a mi esposa, me metieron en la parte trasera de un auto sin placas y me llevaron a una cárcel en una base del Ejército en Fort Holabird.

Mientras me trasladaban, me sentía casi sin emociones, completamente exhausto. Mi padre estaba enfermo (y finalmente murió un mes más tarde). Además había dejado a Patty con enormes responsabilidades que tendría que afrontar sola. Había pasado por el cernidor de la prensa nacional. Es verdad, había sentido un poco de alivio de que parte del suplicio había terminado. Y curiosamente, no tenía miedo. De hecho, camino a Baltimore, recuerdo haber ido preguntándome por qué no me sentía preocupado, aun sabiendo que muchas veces la vida de los altos funcionarios del gobierno se ve amenazada por otros presos resentidos. El día de mi llegada a Holabird sentía algo que se parecía a la paz. Sabía que tenía que hacerle frente para terminar con el asunto. Como antiguo infante de marina me imaginaba que podría arreglármelas en prisión. Aborrecía el ser alejado de mi familia, desde luego, y me sentía desgraciado. No sabía qué me deparaba el futuro, pero estaba listo para vivir en la prisión un día a la vez.

Fort Holabird me hacía recordar a un pueblo fantasma: Las ventanas de los edificios de ladrillo rojo y las barracas de madera verde cubiertas de hollín estaban cubiertas por tablas. Las lianas de maleza colgaban de todas las paredes. En medio de la base, que parecía desierta, había un cerco de metal de casi tres metros de altura, coronado por alambres de púas, que rodeaba a una de las construcciones de madera. Me sorprendió algo del alambrado de púa. Estaba inclinado hacia fuera, como si les pareciera más importante evitar que la gente entrara a que los reclusos salieran. Pronto descubrí por qué.

Holabird estaba llena de testigos prominentes, la mayoría de los cuales corría gran peligro porque eran "testigos del gobierno": Mafiosos que habían ingresado al programa de testigos protegidos y personajes clave de la droga que se las habían arreglado para canjear alegatos de inocencia por testificar en contra de sus jefes o de sus compañeros. Uno de los reclusos había asesinado a veintiocho personas. Algunos habían sido parte de la famosa Conexión francesa de drogas y otros habían presentado evidencias en contra de jueces. Aprendí que la mayoría de los hombres en Fort Holabird tenía acuerdos hechos fuera de la prisión, lo cual explicaba por qué los guardias estaban tan fuertemente armados y por qué el alambre de púas estaba orientado hacia afuera. Es extraño que corriéramos más riesgo por la gente de afuera que por la de adentro.

Holabird además albergaría a las principales figuras del caso Watergate, que testificarían ante los grandes jurados. Cuando recién llegué, solamente estaba Herb Kalmbach, el abogado personal del Presidente. Todavía faltaba que llegaran John Dean y Jeb Magruder.

El edificio de la prisión estaba muy lejos de parecerse a los majestuosos alrededores de la Casa Blanca. La pintura se descascaraba de las paredes mugrientas y las cañerías de vapor pasaban a lo largo del corredor por el centro del edificio, iluminado apenas por lamparillas de luz que colgaban cada cien metros.

El suboficial me llevó hasta la sala de control para tomarme las huellas digitales y fotografías, inventariar mis efectos personales, requisarme para comprobar si ingresaba drogas o contrabando, y llenar interminables formularios.

Después de completar mi proceso, me pusieron a cargo de Joe, un recluso de tez morena que hablaba inglés en forma entrecortada. Él me mostró mi celda: Un cubículo de tres metros por dos, metido debajo del alero del segundo piso. La habitación estaba amueblada con una cama de madera de arce, un armario estropeado y un pequeño escritorio de madera. La superficie del escritorio tenía *graffiti* de las generaciones anteriores que habían pasado por esta habitación: Desde jóvenes soldados del Ejército a prisioneros federales. La temperatura de la habitación llegaba casi a los cincuenta grados centígrados. Baltimore atravesaba el momento más caluroso del año.

Mientras estaba acostado en mi cama esa noche, intentando no tanto dormir como respirar en medio de un calor opresivo, no sentía miedo, al menos, no físicamente. Había estado en la marina y había pasado por casi todo tipo de circunstancias. Siempre había tenido resistencia; no estaba preocupado por el futuro ni por lo que haría con mi vida una vez que saliera de la prisión. Estaba seguro de que podría conseguir un buen trabajo en una empresa o recuperar mi licencia de abogado, por lo menos en algunas jurisdicciones. El simple hecho de pensar en cómo vivir los próximos tres años era difícil, por supuesto, pero más dolorosa era la separación de mi familia y la impotencia de no poder ayudarlos.

> *Lo más devastador de la cárcel fue pensar que nunca más podría hacer algo importante con mi vida.*

Para mí, lo más devastador de la cárcel fue pensar que nunca más podría hacer algo importante con mi vida. Siempre había sido un patriota. Por ello me había unido voluntariamente a los infantes de marina. Había ingresado a la política motivado por el idealismo, convencido de que yo podría hacer algo que valiera la pena por mi país. Cuando el Presidente me pidió que fuera su asesor, renuncié a mis ingresos de seis cifras (un montón de dinero en los '60) porque pensaba que tenía el deber de cumplir con ese servicio y mejorar el mundo. Ahora mi propio gobierno me había arrojado a la cárcel. Esa nube me seguiría por el resto de mi vida. Sería un ex convicto para siempre. Había conocido las alturas del poder y había ayudado a trazar la política de la nación más poderosa de la tierra. En el futuro ya no podría votar y mucho menos volver a la política, algo que amaba. Jamás cumpliría mis sueños.

Mi historia se había deshecho y no tenía ningún indicio de que alguna vez pudiera continuar. Mi futuro parecía aprisionado para toda

la vida. Es verdad que había pensado en el éxito en términos materiales:
Poder, dinero, fama, seguridad. Pero también había entendido el éxito
como el hacer cosas que beneficiaran la vida de las personas. ¿Cómo
podría lograrlo ahora? Siempre sería un hombre marcado, un ex convicto, un funcionario público que había caído en desgracia.

CAPÍTULO 3

LAS GRANDES
PARADOJAS

AL PARECER, la prisión fue una de las mejores cosas que me sucedieron en la vida. Por esa razón en el programa *60 Minutos* que se llevó a cabo cuando se cumplieron los veinte años del caso Watergate, le dije a un sorprendido Mike Wallace: "Le doy gracias a Dios por Watergate". La cárcel no sólo cambió radicalmente mi visión sobre la vida, sino que la experiencia me dio la única cosa que yo pensaba que nunca volvería a tener: Una oportunidad para servir a los demás de una manera significativa. En mi caso, ese servicio ha sido un ministerio a presos en todo el mundo.

Mi experiencia ilustra vívidamente que la paradoja reside en el centro mismo del misterio de la vida: Aquello por lo que nos esforzamos a menudo puede ser lo que menos necesitamos. Lo que más tememos, puede convertirse en nuestra mayor bendición.

G. K. Chesterton definió la paradoja como una "verdad que hace piruetas para llamar nuestra atención".[1] Es imposible buscar la vida buena sin tropezar con paradojas: Aparentes contradicciones que resultan ser verdaderas.

Mis primeras expectativas en la vida sin duda estaban tratando de llamar mi atención antes de que mi propia vida se arreglara. De esta manera descubrí la primera gran paradoja de la vida: *Por el sufrimiento y la derrota suelen llegar las victorias.*

El gran novelista del siglo XIX Fiodor Dostoievsky vivió esta paradoja de una manera inesperada y dramática. Enamorado de la utopía socialista francesa, el joven intelectual ruso asistió a una reunión que el zar consideró subversiva. Por eso, Dostoievsky fue condenado a ocho años de trabajos forzados. Después de estar un tiempo detenido, se enteró que su sentencia había sido cambiada a la de ejecución por medio de un pelotón de fusilamiento.

Un sombrío día de invierno, Dostoievsky y sus compañeros de prisión marcharon por la nieve hasta el paredón de fusilamiento. A medida que un oficial militar gritaba las sentencias de muerte, un sacerdote conducía a cada hombre hasta la plataforma, dándole oportunidad de besar la cruz que portaba el religioso.

Tres de los prisioneros fueron atados a un poste. Dostoievsky los observó, dándose cuenta de que él sería el próximo. Miraba a los soldados cuando les bajaban las capuchas para cubrirles los ojos. Le dio repulsión ver al escuadrón de fusilamiento levantar sus rifles, tomar puntería y alistarse para apretar el gatillo.

Congelado por el temor, Dostoievsky esperó unos instantes que le parecieron una eternidad. Los tambores comenzaron a tocar nuevamente. ¡Pero batían en retirada! Pasmado, observó que el escuadrón bajaba sus rifles y los soldados les quitaban las capuchas a los prisioneros. Sus vidas —y la de él— fueron perdonadas.[2]

Después de este incidente, Dostoievsky le escribió una carta a su hermano acerca del cambio que se había producido en él: "Cuando miro mi pasado, pienso cuánto tiempo he malgastado haciendo nada, cuánto tiempo perdí en futilidades, errores, pereza, incapacidad de vivir, qué poco había apreciado la vida, cuántas veces había pecado en contra de mi alma... y me sangra el corazón. *La vida es un regalo....* Ahora, he renacido de una nueva manera. ¡Hermano! Juro que no perderé la esperanza, y que mantendré puros mi alma y mi corazón. Renaceré para algo mejor. ¡Esa es mi esperanza y mi consuelo!"[3]

Los ocho sombríos años en la prisión de Siberia y el estar tan cerca de su ejecución le dieron a Dostoievsky un regalo extraordinario: La capacidad para ver la vida desde su final. Comprendió lo que realmente importa de una manera que la mayoría de nosotros no podemos hacerlo. Esta nueva visión lo preparó para escribir grandes novelas llenas de percepciones reveladoras sobre la condición humana y sobre la batalla entre el bien y el mal.

Las novelas de Dostoievsky ayudaron a que la fe cristiana sobrevi-
viera durante los setenta años de la represión soviética. Aleksandr Solzhenitsyn, el escritor disidente y ganador del
premio Nóbel, quien mostró en sus libros la
represión del *gulag* soviético, tomó muchos de
sus ejemplos de Dostoievsky. Por medio de
Solzhenitsyn y otros disidentes que valoraron
el trabajo de Dostoievsky, su sufrimiento

> *Por el sufrimiento y
> la derrota llega la
> victoria.*

resultó ser una fuerza indirecta pero poderosa para derrocar al malvado
régimen soviético. Por el sufrimiento y la derrota llega la victoria.

Esta paradoja fue tan evidente entonces como lo fue en la vida de
un norteamericano del siglo XX en Wall Street. Durante los estrepitosos
años veinte, William Wilson amasó una fortuna como corredor de
bolsa. Fue uno de los primeros en investigar personalmente a las compañías, yendo y viniendo en motocicleta a lo largo de la Costa Este, con su
esposa en el asiento lateral. Al borde de la quiebra, Wilson compró una
o dos acciones en compañías como General Electric y Alcoa; de este
modo podía considerarse accionista, alguien a quien la gerencia tenía la
obligación de tener en cuenta.[4] Los famosos especuladores Frank Shaw y
Joe Hirschhorn valoraban los informes de Wilson y comenzaron a pagar
generosas sumas por ellos. Le prestaron dinero para que él mismo
pudiera comprar algunas de las acciones que les recomendaba.

Pronto Wilson y su esposa compraron en Brooklyn dos apartamentos vecinos, con fachada de ladrillos rojos, y derribaron las paredes
que los dividían para lograr una residencia lujosa. Sin embargo, Bill
Wilson tenía un hábito mortal: Bebía demasiado. Este hábito consumió
todo lo que tenía y lo dejó lleno de deudas. Un médico de Nueva York le
dijo que si no dejaba de beber, pronto estaría muerto.

Pensando que sabía más que el médico, Bill Wilson no le hizo caso.
Fue a parar tres veces más al hospital, hasta que finalmente pidió ayuda.
"¡Si hay un Dios, que se muestre ahora mismo!", exclamó.[5]

La paz y el alivio que Bill Wilson experimentó súbitamente al invo-
car a Dios le dieron fuerzas para no volver a beber jamás. Junto con el doctor Robert Smith (el "Dr. Bob") fundaron Alcohólicos Anónimos, cuyos
principios incluyen la paradoja de que "tocar fondo" es la base para volver
a nacer. Como fruto de AA, millones de hombres y mujeres en todo el
mundo saben que por el sufrimiento y la derrota llega la victoria. Con

esto no pretendo sugerir un sistema de valores invertidos, ni que deberíamos consentir los errores personales para que produzcan algo bueno.

Mucha gente pasa por experiencias transformadoras que nada tienen que ver con comportamientos autodestructivos. Antes de casarse con el ex Beatle Paul McCartney, Heather Mills era una supermodelo británica. En un viaje para esquiar en la ex Yugoslavia, fue testigo de los primeros enfrentamientos en Croacia. Inmediatamente organizó una campaña para socorrer a las víctimas de la guerra. Luego, un accidente en Londres con un policía motorizado le produjo una herida que derivó en la amputación de una pierna por debajo de la rodilla. En lugar de amargarse y concentrarse en lo que había perdido, eligió un camino diferente. Le dijo a la prensa: "Algo bueno va a resultar de este accidente. Parece ser la manera en que el destino me muestra que hay algo más para mí".[6] Movilizada por la misma compasión que la había impulsado a responder a las víctimas de la guerra, Heather dedicó su energía a adquirir miembros ortopédicos para personas pobres. Junto con su esposo, Paul McCartney, lanzó una campaña en contra de las minas de guerra. Sus difíciles circunstancias le permitieron identificarse con la gente necesitada. Por el sufrimiento y la derrota llega la victoria.

¿Qué tienen en común estas experiencias? ¿Nos dicen que superar una crisis borra de una forma mágica nuestra debilidad? No lo creo. Dostoievsky, a pesar de sus votos de llevar una vida intachable, se volvió un jugador compulsivo. Bill Wilson sufrió de depresión hasta el final de su vida. En cuanto a mí, yo soy bastante diferente de lo que la gente imagina al leer mis libros.

Además, las circunstancias no nos afectan a todos de la misma manera. Una innumerable cantidad de personas va a la cárcel, sufre adicciones o presencia las atrocidades de la guerra, y sin embargo continúan siendo los mismos, o se vuelven aún más débiles. No hay ninguna virtud inherente en el hecho de ser sometido a juicio. El resultado depende de cómo elegimos actuar ante una crisis. No importa tanto lo que nos suceda en la vida, sino cómo reaccionamos.

Lo que estas experiencias sí tienen en común es el poder de abrir nuestros ojos a la *realidad*. Si usted no ha pasado por esa experiencia y es una persona de oración, pídala. Según he descubierto, la vida es infinitamente más rica a partir de ese momento, porque las crisis pueden mostrarnos quiénes somos realmente.

Cuando estuve en Australia hace varios años, me invitaron a hablar en el Club de Prensa Nacional, que tiene su almuerzo semanal en la capital, Canberra. El discurso y las preguntas fueron transmitidos en vivo a todo el país. Hablé durante veinte minutos sobre mis vivencias y contesté preguntas durante los siguientes treinta minutos. Si yo consideraba dura a la prensa norteamericana, era porque aún no conocía a la prensa australiana. Fue una sesión traumática. Cerca del final, un periodista de Adelaida, se puso de pie, levantó la mano y me dijo: "Señor Colson, usted es una persona que ha vivido dos vidas. Díganos en resumen lo que ha aprendido".

Miré el reloj y vi que me quedaban menos de treinta segundos. Buscando una respuesta rápida, simplemente repetí lo que Jesús dijo una vez: "El que quiera salvar su vida la perderá, pero el que pierda su vida por mi causa y por el evangelio, la salvará".

En ese momento la aguja del reloj marcó las dos de la tarde y quedamos fuera del aire. Me imaginaba a la gente rascándose la cabeza, desconcertados: "¿Qué les pasa a estos yankis que nos vienen a hablar con acertijos, eh?"

Tenemos que perder nuestra vida para salvarla.

He descubierto la verdad de una segunda gran paradoja: *Tenemos que perder nuestra vida para salvarla*. Perder la vida significa salirnos del camino. Este es un mensaje profundamente radical en la cultura popular actual, que ha producido una industria completa dedicada a enseñarnos cómo "encontrarnos a nosotros mismos". Pero la vida buena no se trata de encontrarse, sino de *perderse* a uno mismo. Una vez que hemos subordinado al yo, podemos descubrir una nueva identidad con otros y una nueva comprensión de cómo somos realmente.

Mi experiencia en la cárcel me ayudó a ver quién era yo. Cuando me trasladaron desde Fort Holabird a la prisión federal en la Base de la Fuerza Aérea Maxwell en Montgomery, Alabama, viví algunos momentos deprimentes. El lugar era lúgubre: Un edificio grande y antiguo, con habitaciones que tenían catres puestos en filas, separados por pocos centímetros. Todo era de un color beige empañado. Los pisos sucios, las frazadas, los vestuarios, todo era beige o de un marrón opaco. Cuando me asignaron el catre, saqué afuera el colchón y el cubrecama y los sacudí. Desparramé medio kilo de polvo al viento. Entre mis compañeros de prisión había de todo: Delincuentes de poca monta, lunáticos, estafadores, traficantes de drogas, asesinos y asaltantes.

Al tercer día en Maxwell llovió y el grupo de tareas al que me habían asignado (encargados de la limpieza de los pisos) quedó liberado de cumplir con el trabajo. Encontré un rincón libre en la sala para hacer un estudio tranquilo y estaba leyendo la Biblia cuando tropecé con un versículo que me golpeó con fuerza: Cristo se hizo hombre para no avergonzarse de llamarnos sus hermanos.[7]

Ese fue un momento de profunda comprensión para mí, una epifanía. De repente vi la vida de forma diferente. Los hombres alrededor de mí no eran "asesinos", "ladrones" y "narcotraficantes"; si Cristo no se avergonzaba de ellos, entonces eran mis hermanos, seres humanos como yo. Algunos de ellos habían hecho cosas terribles, seguramente, pero yo también las había hecho. Puedo tener ciertos talentos que la sociedad considera más elevados que los de aquellos hombres, pero esas cualidades me fueron regaladas al nacer. Las había cultivado, es verdad, pero también las había empleado mal una y otra vez. Me di cuenta de que cualquier cosa que me diferenciara de esos hombres, era sólo una diferencia de grado, no de clase. Todos éramos personas con dones y fallas, y yo no podía pretender que estaba calificado para juzgar a nadie. Si Jesús no se avergonzaba de mí, ¿quién era yo para apartarme de ellos? Me convertí en un convencido, ya no un *condenado*, que a los ojos de Dios tenía la fortuna de ser, igual que mis compañeros de cárcel, alguien de quien Jesús no se avergonzaba.

Dostoievsky tuvo una experiencia similar. En la prisión de Siberia, tuvo la bendición de una pródiga amistad con un campesino. Un día, estando en su dormitorio, el campesino miró a Dostoievsky con un inmenso afecto fraternal. Recordando el encuentro, Dostoievsky escribió: "Cuando salí de la dura cama y miré con atención a mi alrededor, de pronto sentí que podía mirar a esos desafortunados con ojos muy diferentes, y entonces, como *por un milagro*, todo el odio y el rencor desaparecieron de mi corazón".[8] Más tarde relató en *Diario de un Escritor* que había descubierto en sus contactos con otros presos, "una fusión fraternal en su común infortunio". Entonces dijo haberse dado cuenta de que él había sido "hecho igual a ellos, y hasta de un estrato inferior".[9]

Nunca entendí realmente a la gente hasta que estuve en aprietos. Hasta que perdí todo y acabé en la cárcel, nunca fui genuinamente comprensivo. Mi fracaso me permitió experimentar una compasión que no conocía. Al perder mi vida, comencé a tener relaciones más auténticas con los que me rodeaban, y a través de ellos, con la vida misma.

Cientos de personas me han dicho que cuando escucharon por primera vez sobre mi conversión al cristianismo y mi trabajo en las cárceles, dudaron y hasta fueron cínicos al respecto. Muchos pensaban que estaba intentando recuperar el favor de la sociedad, tratando de demostrar que en verdad era un buen tipo, no el hombre vil como me habían pintado en el caso Watergate. Otros pensaron que estaba haciendo un intento para volver a la política. Me reí cuando supe que la mitad de la gente creía eso. La otra mitad probablemente creía que me había vuelto loco.

La verdad es que en realidad no me importaba si la gente pensaba que estaba loco o si creían que estaba tratando de ganarme, solapadamente, la simpatía del público. Ya no era más un prisionero de las expectativas de los demás. Decidí hacer lo que consideraba correcto. Tenemos que perder nuestra vida para salvarla. Una paradoja desconcertante, pero es la experiencia más liberadora que se pueda imaginar.

Ésto me condujo al descubrimiento de una tercera gran paradoja: La libertad no radica en realizar las expectativas de los demás sino en seguir el llamado de nuestra vida. La

> *La libertad no radica en realizar las expectativas de los demás sino en seguir el llamado de nuestra vida.*

mayoría de nosotros piensa en la libertad como la ausencia de restricciones o la eliminación de responsabilidades. Pero no es así en absoluto. Cada uno de nosotros es llamado para determinado trabajo y nuestro gozo y realización final (sí, la libertad) surgirán de nuestra obediencia a esa misión.

Cuando recuperé la libertad el 31 de enero de 1975, esperaba terminar de escribir un libro que había comenzado en la cárcel y luego reiniciar mi práctica como abogado en Massachusetts. También me ofrecieron varias posibilidades de emprender negocios. Hasta el ex presidente Nixon me ofreció su ayuda. Un día me llamó desde su exilio en California y me recibió en su casa. Luego de unos cumplidos me dijo: "Sé que ahora estás comprometido en esta obra religiosa. Espero que no lo estés tomando como una carrera". Le respondí que no había tomado una decisión, que necesitaba un poco de tiempo para acomodarme a la vida fuera de la prisión. Él respondió: "Bueno, tú sabes, muchacho, tienes una habilidad enorme. Puedes llegar a la cima del mundo de los negocios y ganar millones. Sólo dime una palabra y llamaré a mis amigos. Sé que a Bob Abplanalp o Jack Mulcahy o a muchos otros les encantaría tener un tipo como tú. Sólo dímelo".

La de Nixon no fue la única llamada. Recibí otras también de antiguos clientes y amigos. Pero a lo largo de ese período encontré que no me atraía ninguno de los ofrecimientos que antes me hubieran resultado tentadores. No podía sacarme de la cabeza a los hombres que había conocido en la prisión. Estaba descubriendo que la libertad no depende tanto de estar dentro o fuera de una cárcel, como de vivir libre de falsas expectativas.

Una de las vivencias en la prisión que me obsesionaba sucedió una noche que estaba escribiéndole una carta a Patty en uno de los salones de reunión, ubicado al final de los dormitorios. Muchos de los otros reclusos estaban apiñados alrededor del ruidoso televisor o jugando a las cartas. Ya había observado antes a un afroamericano alto y a veces iracundo, que en alguna medida era un líder. Archie también manejaba la ley entre los internos. De repente (ignoro qué fue lo que lo provocó), se puso de pie.

—¡Oye, Colson! ¿Qué vas a hacer por nosotros cuando salgas de la prisión? —dijo en voz alta. Me sobresalté.

—Archie —pensé por un momento y le respondí—, no me olvidaré de ustedes cuando salga de aquí.

Archie tomó la baraja de cartas en sus manos y las arrojó. Se desparramaron en forma de abanico y alguna de ellas rodaron haciendo volteretas hacia el piso.

—Ah, eso es lo que ustedes los grandes dicen siempre, pero luego se olvidan de los tipos insignificantes como nosotros.

En los meses posteriores a haber salido en libertad, con frecuencia pensaba sobre los comentarios de Archie. Paulatinamente me quedó claro que había estado en la prisión con un propósito. Me había encontrado con personas sin esperanza, que no tenían a nadie que se interesara por ellos. Algunos pasaban muchos años en la prisión sin recibir una sola visita. Ellos necesitaban un defensor.

Me llevó un año y medio lidiar con la decisión, pero en el verano de 1976 Patty y yo nos dimos cuenta de que mi llamado era para ayudar a los presos. Así que, paradójicamente, de mi experiencia en la cárcel surgió un desafío que resultó ser más satisfactorio que cualquier otra cosa que hubiera podido imaginar. La libertad radica en responder a nuestro llamado.

Un mejor ejemplo de esta paradoja en el trabajo es evidente en la vida de mi preciosa hija, de la que ya tuvieron una descripción al comienzo de este libro. Emily siempre fue una hija maravillosa, aun durante esos años de rebeldía adolescente. Siempre me sentí sumamente orgulloso de ella. Al terminar la universidad, se casó con un hombre que tenía un trabajo estupendo. Yo veía surgir la vida perfecta de mi hija, con un feliz matrimonio, éxito en los negocios, una familia firme en la iglesia, y niños. Pero después del nacimiento de Max, su hijo autista, la vida de la pareja cambió. La presión que sufrió su matrimonio hizo que terminara en el divorcio. Cuando sucedió esto, Emily quedó paralizada por el miedo. Y yo caí en una profunda depresión, afligido por el giro que había tomado su vida.

Sin embargo, Emily resistió y continúa haciéndolo. Ella ha luchado cada palmo del camino por conseguir fondos especiales para la educación de Max. Ha pasado por todas las agonías que las madres solas enfrentan al criar a un niño bajo circunstancias particularmente desafiantes.

Lo que le ha pasado a Emily en ese proceso, no obstante, es verdaderamente extraordinario. Es una persona radiante, llena de gozo y entusiasmo, y con un carácter fuerte como el hierro. Su fe se ha profundizado de tal manera que, a veces, me siento avergonzado de mí mismo. Aunque es una talentosa artista y escritora, dedica casi toda su vida a su hijo. Durante estos años, jamás la escuché quejarse; al contrario: Siempre está hablando de la dicha de criar a Max, que en verdad es un chico maravilloso. Cuando ella describe su vida, dice que le ha sido confiada una caja con el diamante de la esperanza. La caja no luce demasiado atractiva, pero cuando la abres, ves la belleza más deslumbrante adentro.

La historia de Emily no es solamente otro ejemplo de alguien que se ha sobrepuesto a la adversidad. Ilustra cómo una persona puede encontrar verdadero gozo en su llamado, aun cuando ese llamado sea el resultado de circunstancias difíciles. El llamado no tiene que ser llegar a la cima de una carrera empresarial ni ser la mujer más glamorosa de la fiesta. Puede implicar cambiarle los pañales a un niño grande o atender a alguien que apenas puede realizar unas pocas cosas, pero sí es capaz de brindar su amor. La libertad radica en responder a nuestro llamado.

La idea de que nuestro llamado pueda ser algo poco atractivo al principio y no ofrezca mucho estatus, tal vez nos haga retroceder. La búsqueda de la vida buena, como lo discutiremos en este libro, a menudo presenta exigencias que son a la vez contrarias a la intuición y a la cultura.

Con esto llegamos a la cuarta gran paradoja: *Debemos comprender el mal que existe en nosotros antes de que realmente podamos abrazar la vida buena.* A menos que entendamos nuestra tendencia a hacer lo malo, nunca tendremos la capacidad de hacer lo correcto.

Debemos comprender el mal que existe en nosotros antes de que realmente podamos abrazar la vida buena.

Aun cuando sabemos qué es lo correcto, algo en nosotros, una fuerza obstinada, se resiste a hacerlo. Esto quedó reflejado en una fuerte escena de la vieja película basada en el clásico de Tolstoy, *La Guerra y la Paz*. En el film vemos las grandes guerras napoleónicas a través de la mirada de Pierre, un personaje particularmente desdichado. Para él las cosas van mal. En un momento fascinante de la película, dándose cuenta de sus propias incapacidades, Pierre mira hacia el cielo, sacude los puños y dice: "¿Por qué sé lo que está bien, pero hago lo que está mal?"[10] Y si me guío por mi experiencia, él podría haber agregado: "y cuando hago lo que está mal, jamás lo admito".

Esta paradoja plantea lo que para mucha gente es una idea ofensiva: Que en esencia somos personas caídas, que el pecado original nos predispone a obrar erróneamente. Es demasiado pronto en nuestro recorrido para examinar esta proposición, pero basta decir que sería una completa falta de consideración de la realidad sostener que no existe tal cosa como el pecado. Sólo necesitamos mirar a nuestro alrededor el desfile de los horrores que nos confrontan cada día desde los titulares de la mañana.

¿Por qué sabemos lo que está bien pero hacemos lo incorrecto? ¿Por qué tenemos tanta dificultad para reconocer el bien y actuar en su favor?

He pensado muchísimo acerca de esto en cuanto a mi propia vida. Fui bien educado y preparado como abogado. Trabajé duro en mi profesión y creía que tenía excelentes códigos éticos. Si usted me hubiese preguntado en 1969 si distinguía el bien del mal, y si tenía la fuerza de voluntad como para hacer lo correcto, me habría sentido ofendido. ¡Claro que lo sabía! Mi papá me había dado serias lecciones sobre la verdad, sobre decir la verdad, y sobre el bien y el mal.

Sin embargo, en el momento crucial, aunque sabía qué era lo correcto, hice lo malo. Luego pasé dos años tratando de justificar lo que había hecho. Es difícil hacer lo correcto, pero asumir la propia responsabilidad por no haberlo hecho es aún más difícil.

Reconocer quiénes somos tal vez sea el beneficio más grande que recibimos de un importante fracaso personal. Las personas que están lidiando con adicciones o intentando reconstruir su vida luego de salir de la prisión, saben que no son inocentes; saben que son parte de lo que está mal en el mundo. Y créase o no, todos lo somos.

Lamentablemente, mucha gente vive negándolo. Uno de los hechos poco tomados en cuenta respecto a la administración Nixon, que a mi parecer tuvo mucho que ver con el escándalo Watergate, es que muchos de los asesores de primer nivel en la Casa Blanca pertenecían a la Ciencia Cristiana. Entre otros, el jefe de gabinete, Bob Haldeman, y el ministro del interior, John Ehrlichman. No estoy poniendo en tela de juicio las creencias de nadie; como dije al principio, todos estamos en la búsqueda. He conocido a personas de la Ciencia Cristiana que llevaban una vida muy decente y honrada. No obstante, hay una gran falla en su sistema de creencias: Consideran que el mal es una ilusión, que no hay pecado ni maldad, que el mal simplemente no es real a menos que le permitamos invadir nuestra mente.

La debilidad de esta premisa se hizo muy evidente en una entrevista que uno de los plomeros dio al *Christian Science Sentinel* treinta años después del caso Watergate. Egil Krogh, luego de explicar qué leyes había quebrantado y los delitos por los cuales había sido declarado culpable, dijo: "La verdad es que nunca fui realmente culpable. Lo que la experiencia humana muestra es que yo había pasado por esta circunstancia: Trabajar para Nixon, y vivir todo esto. . . . Pero se mantiene el concepto fundamental de que mi inocencia jamás fue afectada. Para decirlo con claridad y sinceramente, y para hacer lo mejor que está a mi alcance en el contexto humano, lo que ocurrió fue que mi inocencia se volvió más límpida a medida que viví todo esto. Gracias a que era consciente de mi inocencia, fui capaz de dar los pasos necesarios para asumir la responsabilidad por mis actos. . . . Mi naturaleza espiritual nunca cambió".[11]

Podemos hallar la vida buena sólo cuando entendemos que no somos buenos.

¿Puede ser inocente la culpa? Si no podemos aceptar nuestro fracaso y pecado, nunca podremos escapar de él. Paradójicamente, podemos hallar la vida buena sólo cuando entendemos que no somos buenos. Negar el mal siempre redunda en tragedia, en nuestra propia vida y en la comunidad en general. Necesitamos comprender el mal en nosotros mismos antes de poder abrazar el bien.

Comprender las paradojas de la vida es la clave para encontrar y vivir la vida buena. Si no entendemos esas paradojas, no estaremos preparados para enfrentar los reveses. Y entonces las cosas y las circunstancias nos harán perder el rumbo. Nos sentiremos como si estuviéramos ascendiendo por una escalera mecánica que desciende.

Tenemos que aprender de qué manera puede llegar la victoria a partir del sufrimiento y del fracaso, y cómo es que perdemos la vida cuando intentamos salvarla. Si queremos ser libres tenemos que responder a nuestro llamado, y para poder abrazar el bien debemos reconocer nuestra propia maldad. Estas verdades contradictorias son contraintuitivas, y son decididamente contraculturales. Y son más sabias de lo que podemos imaginar.

CAPÍTULO 4

UNA FIESTA
AGRADABLE, CON MUCHA
GENTE SIMPÁTICA

EL 28 de octubre de 2003, un jurado del Tribunal Supremo de Manhattan vio un vídeo casero de la fiesta del cuadragésimo cumpleaños que L. Dennis Kozlowski dio para su segunda esposa, Karen. La fiesta, celebrada en la isla de Cerdeña, cercana a Italia, costó más de dos millones cien mil dólares (veintiocho mil dólares por invitado). El asistente del fiscal de distrito, Ken Chalifoux, presentó el vídeo como parte de la evidencia de uno de los más grandes escándalos empresariales conocidos. Kozlowski, el antiguo director ejecutivo (*CEO* en inglés) del Grupo Tyco International, y Mark Swartz, ex director de finanzas (*CFO* en inglés) de Tyco, fueron acusados de gran estafa y corrupción empresarial presuntamente por robar seiscientos millones de dólares a Tyco.[1]

El festejo del cumpleaños incluía alrededor de una semana dedicada a actividades que culminaron con una fiesta junto a la piscina del Hotel Cala di Volpe. Mientras los Kozlowski y sus invitados estaban reunidos, mujeres jóvenes vestidas con togas y tocados adornados con joyas arrojaban pétalos de rosas a sus pies. Modelos masculinos vestidos como soldados y gladiadores también estaban allí para dar una mano, o un descarado abrazo.

A lo largo de la noche, el cantante pop Jimmy Buffet presentó un espectáculo por el que cobró doscientos cincuenta mil dólares. Mientras Buffett cantaba el *hit* "Brown Eyed Girl" de Van Morrison, Dennis Kozlowski bailó como un loco. El momento culminante de la fiesta fue un espectáculo de luces láser en honor a Karen, una torta de cumpleaños que estalló como parte de la celebración y una escultura de hielo réplica del David de Miguel Ángel que adornaba una fuente que vertía vodka Stolichnaya.

El ballet junto a la piscina fue la producción más lujosa de la noche. Primero llegaron las ninfas acuáticas con vestidos llamativos; luego, con el acompañamiento de tambores, fisioculturistas vestidos como centauros alados se abalanzaron sobre las ninfas. Caminaban alrededor de la piscina, acariciando tanto a las ninfas como al público. Entonces las deidades, masculinas y femeninas, interpretaron un *pas de deux*: Una danza para celebrar la juventud, la belleza y el erotismo, sus propios poderes divinos.

———•———

El fiscal presentó el vídeo como muestra de uno de los muchos excesos a los que Kozlowski se dedicaba mientras cometía fraudes en contra de su propia compañía y de los accionistas. Kozlowski costeó la mitad de la cuenta de la fiesta, pero hizo pagar a Tyco la otra mitad, aunque no se habían realizado negocios durante la celebración que duró un fin de semana. El motivo que dio Kozlowski para justificar su proceder fue que, ya que la mitad de los invitados a la fiesta eran empleados de Tyco, la empresa debía financiar parte de su costo. El gobierno no tuvo la misma opinión.

Un presunto hurto por seiscientos millones de dólares hace que el Gran Aasalto al Tren postal parezca un robo de supermercado. La cifra es inconcebible para nuestra imaginación, particularmente cuando uno considera la compensación de quinientos millones de dólares que Tyco *autorizó* entregarle a L. Dennis Kozlowski por los diez años de servicios como director ejecutivo de la empresa. ¿Cómo cometieron Kozlowski y Swartz este delito? ¿Y por qué razón?

Detrás de estas dos preguntas se esconde una más profunda, la de la identidad: ¿Quién haría una cosa así?

L. Dennis Kozlowski creció en la zona pobre de Newark, Nueva Jersey. Su familia nunca tuvo dinero suficiente como para comprar una casa; su padre trabajaba como investigador privado. Dennis tuvo que trabajar para poder estudiar en la Universidad Seton Hall. Se especializó en contabilidad, con un promedio de ocho. Sus notas bajas se debían más a la falta de tiempo y de concentración que a su falta de capacidad.

Además de sus estudios y el trabajo fuera de la universidad, se había unido a dos clubes de estudiantes.

En 1975, Kozlowski conoció a Joseph Gaziano, el presidente y director ejecutivo de los Laboratorios Tyco de Exeter, New Hampshire, fundado en 1960 como laboratorio de investigaciones científicas. Tyco Internacional es a menudo confundida con la filial productora de plásticos para juguetes Mattel por tener un nombre similar. Mediante fusiones y adquisiciones, en los años '70 Tyco se había convertido en un gran grupo de empresas.

Gaziano, especialista en negociaciones difíciles, era un hombre enorme de apetitos similares: Tenía un avión privado, un helicóptero y tres viviendas lujosas. Contrató a Kozlowski para trabajar en Tyco como especialista en reestructuración, transformando a las compañías que Gaziano había adquirido en verdaderos centros de ganancia.

A comienzos de los ochenta, cuando Tyco comenzó a tener problemas financieros, John F. Fort III ocupó el lugar de Gaziano. Era su polo opuesto. Fort, un hombre frugal y circunspecto, oriundo de New England, se deshizo del avión privado de la empresa y comenzó a volar en clase económica. Además prohibió extravagancias tales como el uso particular de los autos de la compañía y el pago para ser miembro de clubes de campo. Fort le dijo a Wall Street: "La razón por la que estamos en este mundo es para aumentar la participación en las ganancias".[2]

Kozlowski demostró que podía combinar los movimientos audaces de Gaziano con la ideología equilibrada de Fort. Redujo los sueldos al mínimo. Sin embargo, cada gerente podía ganar sobresueldos sustanciales si alcanzaban o superaban las expectativas proyectadas; compensaciones mucho mayores que bajo el sistema anterior. Despedía a gerentes por bajo rendimiento, y a veces los ponía en ridículo. Todos los años, Kozlowski daba un banquete en el cual otorgaba premios tanto al mejor gerente de almacén como al peor. El premio al peor gerente era un suplicio para todos. "Era un verdadero bochorno observar al tipo al que se le acercaba", dice R. Jerry Conklin, antiguo ejecutivo de Grinnell. "Era como su sentencia de muerte".[3]

Kozlowski fue ascendido por los directivos de Tyco en 1987 y nombrado presidente y director operativo dos años más tarde. John Fort se alejó en 1992, cuando Kozlowski se convirtió en director ejecutivo.

Kozlowski ya estaba disfrutando de los frutos de su labor. Aun antes de ascender, ya se había mudado con su esposa Angie y sus dos hijitas a una casa de novecientos mil dólares en la elegante área de North Hampton, en la costa de New Hampshire. Parecía ser la familia perfecta. Pero tan pronto como Kozlowski llegó a la cima, su matrimonio comenzó a derrumbarse. A comienzos de 1990 conoció a Karen Lee Mayo, una rubia escultural, quien también estaba casada. Luego ella se convirtió en su segunda esposa, pero eso apenas calmó la promiscuidad de Kozlowski, ya que se sabe que ha tenido muchas otras aventuras.

Cuando Kozlowski llegó a ser director ejecutivo, se movió rápidamente para resolver el punto más vulnerable de Tyco. El grupo parecía muy diversificado, pero el ochenta por ciento de los negocios de la compañía provenían del negocio de bienes raíces, un rubro demasiado fluctuante. Cuando las construcciones comerciales disminuyeran, las rentas de Tyco podrían caer como piedras.

Kozlowski propuso que Tyco incorporara un rubro que la gente necesita tanto en los buenos como en los malos tiempos: El cuidado de la salud. Se ocupó de adquirir Kendall International, fabricantes de insumos médicos desechables. La adquisición resultó ser una enorme ganancia. Kendall pronto pasó a ser el corazón del Grupo Tyco de Cuidados Médicos y mediante adquisiciones posteriores, llegó a ser la segunda compañía proveedora de dispositivos para atención médica de Estados Unidos, después de Johnson & Johnson. En 1995, la compra duplicó la renta de Tyco y sus acciones se dispararon. La compañía elevó el sueldo de Kozlowski a dos millones cien mil dólares y lo premió con un gran paquete accionario, bajo un nuevo plan de propiedad de acciones limitadas.

Un componente importante en el estilo gerencial de Kozlowski consistía en contratar y promover a personas como él. Buscaba hombres inteligentes, pobres y con hambre de riqueza. Luego del negocio Kendall, Kozlowski designó a Mark Swartz, su asesor en fusiones y adquisiciones, como gerente principal de finanzas. Swartz no había pertenecido a alguna de las ocho universidades más prestigiosas de los Estados Unidos ni tenía una maestría en administración de negocios, pero había sido capaz de obtener un informe clave sobre las finanzas de Kendall en veinticuatro horas.

Además de promover gente del tipo que se veía pobre y hambrienta, Kozlowski mantenía un pequeño séquito de personas que lo veneraban. La lealtad de ellos lo protegió de las sospechas por un largo, muy largo tiempo. Kozlowski le hacía la misma proposición a cualquiera que trabajara con él: Usted puede ser más rico de lo que jamás haya imaginado o bien puede irse.

El éxito de Kozlowski en levantar la compañía por medio de fusiones y adquisiciones mantuvo tan satisfecha a la junta directiva, que lo dejaron solo y su estilo de dirigir mantuvo a todos leales y callados. A mediados de 1995, Kozlowski convenció a la junta de que Tyco tenía que mudar sus oficinas ejecutivas de Exeter, New Hampshire, a Manhattan. Tyco arrendó oficinas suntuosas en el 7 oeste de la calle 57, en el piso cuarenta y tres, con vista al Parque Central. La oficina personal de Kozlowski incluía baño privado y una cocina independiente del tamaño de un apartamento.[4]

Con el cambio a Nueva York, la extravagancia de Kozlowski comenzó a manifestarse de verdad. Cuando el directorio de Tyco aprobó el plan de traslado para sus ejecutivos, Kozlowski y el director de recursos humanos se presentaron con un plan mucho más generoso, que incluía el alquiler de un apartamento en la Quinta Avenida a doscientos sesenta y cuatro mil dólares por año, desde 1997 al 2001. También compró, con un préstamo libre de intereses, un apartamento por valor de siete millones de dólares en la avenida Park. Luego se supo que Kozlowski devolvió 5.118.125 de dólares del préstamo y que se perdonó a sí mismo el saldo. En el 2001 compró un segundo apartamento, más extravagante aún, por dieciséis millones ochocientos mil dólares; gastó tres millones en mejoras a su propiedad y once más para amueblarlo.[5] A pesar de estos beneficios sibaríticos, Kozlowski sentía que no debía pagar impuestos, de manera que ordenó que fueran deducidos como "gastos brutos". Esto quiere decir que se otorgó a sí mismo una compensación adicional equivalente a su impuesto pasivo. Disfrutó de una completa exención impositiva.

En 1997, Kozlowski ganó 8.8 millones de dólares. En julio de ese mismo año recibió el beneficio de 3.3 millones en acciones. Esto hizo acrecentar su ingreso en 1998 a sesenta y siete millones. En 1999 alcanzó los ciento setenta millones, ubicándolo en el segundo lugar en las ganancias entre todos los directores ejecutivos.[6]

Sus ganancias legítimas como director ejecutivo, así de enormes como eran, no calmaron sus necesidades . . . o sus ansias de dinero. Kozlowski convirtió un programa de Tyco en un cajero automático. El programa *KEL*, de préstamos para empleados de Tyco, había sido designado para que los empleados pudieran conservar acciones de su propia compañía. Desde 1997 hasta el 2002, según la demanda de Tyco, Kozlowski tomó prestados 274.205.452 de dólares en préstamos KEL. Utilizó más de doscientos cuarenta y cinco millones de esa suma para fines distintos que sus obligaciones impositivas. Compró su yate de carrera *Endeavor* (a un costo de treinta millones); construyó y remodeló varias de sus residencias y gastó más de quince millones de dólares en obras de arte.

Una vez que Kozlowski hizo su transición de hombre de familia de North Hampton a operador de negocios en Nueva York, sus ansias de volar demandaron un mayor número de plataformas donde aterrizar. Además de sus apartamentos en Nueva York, compró casas en Nantucket, Massachusetts, y Beaver, Colorado. También quiso tener a sus amantes al alcance de la mano. Los testimonios en el juicio revelaron que la organizadora de eventos Bárbara Jacques y la secretaria Mary Murphy vivieron en apartamentos por cuenta de Tyco durante sus romances con el jefe. Kozlowski finalmente le dio a Bárbara Jacques un millón de dólares de fondos de Tyco, y Mary Murphy ganó setecientos sesenta y cinco mil dólares por un año de jugueteos amorosos. Ambas recibieron subvenciones, préstamos y generosos paquetes de indemnización.[7]

Los problemas de Kozlowski comenzaron en Tyco cuando presionó a la firma para adquirir su propia alcancía: Una compañía financiera conocida como el Grupo CIT. Muchos grupos económicos casi llegan a la quiebra por administrar sus propias financieras: Westinghouse, AT&T, ITT y Textron son algunos ejemplos notables.

De todas maneras, Kozlowski estaba entusiasmado con la idea de adquirir el Grupo CIT. Frank Walsh, uno de los directivos de Tyco, le presentó al jefe y director ejecutivo Albert R. Gamper. Esa reunión logró que Tyco comprara al Grupo CIT por más de 9 mil millones de dólares en junio del 2001.

Kozlowski le estaba agradecido a Walsh y dispuesto a pagarle veinte millones por servir como intermediario. Según Tyco, ambos acordaron ocultar este pago al directorio.

En la cumbre de su ambición tras el acuerdo con el Grupo CIT, Kozlowski contrató a una empresa de relaciones públicas y comenzó a promocionar su máximo anhelo: El deseo de perpetuar su fama. Comenzó a elogiarse a sí mismo como el empresario superestrella del siglo XXI. Quería ser recordado como "una combinación de lo que Jack Welch reunió en GE . . . y las ideas prácticas de Warren Buffet sobre cómo incrementar los dividendos de los accionistas".[8]

El 9 de enero de 2002, el directorio de Tyco se enteró del pago a Walsh por su participación en el acuerdo con CIT. Cuando el director de finanzas Swartz mencionó un pago adicional no autorizado en un giro irregular a la cuenta de un apoderado, sonó una campana de alarma. La junta confrontó a Walsh, pero este se negó a devolver el dinero y abandonó la directiva. Rápidamente Tyco demandó a Walsh para recuperar la suma.

Kozlowski se defendió ante la directiva admitiendo que el pago a Walsh había sido un error. Argumentó haber logrado reducir a la mitad la pretensión inicial de Walsh de cuarenta millones. Tyco contrató al estudio jurídico Boies, Shiller & Flexner para que investigara el pago a Walsh y cualquier otra irregularidad relacionada con sobornos.

Simultáneamente se iban acumulando problemas para Kozlowski en un lugar insospechado por completo. Irwin Nack, abogado investigador del superintendente del Departamento Bancario del Estado de Nueva York, comenzó a seguir la pista de una serie de transferencias irregulares. En poco tiempo se habían realizado una cantidad de giros bancarios de varios millones a la cuenta en Manhattan del vendedor de arte Alexander Apsis.[9]

Nack pensó que podía estar ante un caso de lavado de dinero. Detectó una transferencia de 3.95 millones procedente de una cuenta bancaria de Tyco en Pittsburgh. No tenía idea sobre Tyco e investigó su situación. Nack llamó a un amigo abogado, que le sugirió que las transacciones podían estar ligadas a evasión impositiva.

Después de que la oficina del fiscal de distrito pidiera legalmente los estados de cuenta y transferencias bancarias, se encontró con que Tyco estaba comprando obras de arte. Pero de acuerdo con el sumario del estado sobre Kozlowski, Tyco había pagado impuestos sólo sobre un millón de dólares por esas pinturas. Las compras hechas en Nueva York por personas no residentes y para usos fuera del estado, no están obligadas a pagar impuestos. El gobierno llegó a la conclusión de que Kozlowski estaba usando este subterfugio para estafar al estado de Nueva York, haciéndose enviar cuadros a las oficinas de Tyco en New Hampshire e inmediatamente regresándolas a sus apartamentos en Nueva York.

El presunto comportamiento de evasión de impuestos del director ejecutivo hizo que la oficina del fiscal de distrito analizara el cuadro completo de los gastos de Kozlowski. Finalmente, encontró los hechos que lo llevaron a acusar a Kozlowski y a Swartz de estafa por valor de seiscientos millones de dólares.[10]

Mientras la red de Kozlowski comenzaba a desarmarse, éste ideó una estrategia de escape. El 16 de enero de 2002 le propuso al directorio de Tyco dividir el grupo en cuatro partes y venderlo.

Sin embargo, Wall Street se horrorizó ante el precipitado plan de disolución. Los inversionistas temían que Tyco cayera en quiebra. El Grupo CIT fue excluido del mercado comercial de títulos y valores, una fuente importante de efectivo para los prestamistas. Entonces Tyco tuvo que pedir préstamos por más de trece mil millones para cubrir sus necesidades inmediatas.

Cuando los abogados de la investigación comenzaron a hacer preguntas sobre compensaciones a ejecutivos, se encontraron con respuestas que abrieron nuevas vías de sospecha. La caja de Pandora pronto quedó completamente expuesta. A principios de mayo, los fiscales de Nueva York solicitaron los registros relacionados con las compras de arte y las compensaciones de Kozlowski.

Mientras se descubrían estos datos, Kozlowski empezó a lucir el aspecto de hombre acorralado. Seguramente se dio cuenta de que su estrategia de escape había fallado. Para poder dividir la compañía, sería necesario traer grupos independientes de auditores que revisaran las finanzas de todas las subsidiarias de Tyco. La investigación no sólo descubriría su programa de sobornos, sino también los resultados devastadores de su estilo de dirigir.[11]

En abril, Kozlowski dio marcha atrás en el plan de desmembramiento, informando al público que sólo el Grupo CIT sería vendido. Tuvo que admitir que la adquisición del grupo había sido un error.[12]

Kozlowski intentó reponerse, manteniendo una actitud desafiante. Durante una entrevista con editores de *Business Week* a principios de mayo, insistió en que nunca renunciaría como director ejecutivo. Una semana más tarde, dio el discurso en la ceremonia de graduación en el Colegio San Anselmo, un pequeño colegio católico en Manchester, New Hampshire. "Mientras avancen en la vida", les dijo a los graduados, "tendrán que enfrentarse cada día con situaciones que pondrán a prueba su moral. Las preguntas se pondrán más duras y las consecuencias serán más severas. Piensen cuidadosamente y por su propio bien, hagan lo correcto, no lo más fácil".[13]

¿A tal punto había compartimentado su pensamiento que podía ensalzar la virtud mientras practicaba el latrocinio? ¿O cuando dijo "por su propio bien" se veía reflejado en la caída que sobrevendría?

El viernes 31 de mayo, finalmente, Kozlowski dio a conocer a la directiva que estaba a punto de ser acusado. La junta pidió su renuncia el siguiente domingo y Kozlowski la presentó sin decir una palabra. Dos días después, la televisión lo mostró caminando hacia la Corte para recibir los cargos de evasión de impuestos de los que fue acusado.

———————

¿Es Dennis Kozlowski sólo un monstruo codicioso y hambriento que excede nuestra comprensión lógica? ¿O hay en su historia algo en lo que todos podemos vernos reflejados?

La voracidad de Kozlowski sin duda era monstruosa, pero estaba originada en los mismos deseos que cualquiera de nosotros podría tener. Dennis Kozlowski procuraba alcanzar la misma meta que muchos persiguen. Le gustaba decir que el dinero es lo que te mantiene triunfador. De todas maneras, sería un error llegar a la conclusión de que fue solamente por amor al dinero que llegó hasta allí. Si lo hubiese sido, le habrían bastado los quinientos millones ganados legítimamente durante su ejercicio como director ejecutivo de Tyco.

Kozlowski estaba detrás de algo más que el dinero. Quería ser conocido, recordado como una mezcla del Jack Welch de GE y el famoso inversionista Warren Buffett. Quería ser el más grande y más celebrado hombre de negocios del siglo XXI. Deseaba ser reverenciado como un ícono de la cultura. La fortuna era su camino a la fama.

Sin embargo, ni siquiera la fama fue suficiente para satisfacer sus anhelos. A la fama, Kozlowski agregó la emoción de la trasgresión. Quería confeccionar sus propias reglas para luego anularlas y comenzar de nuevo cuando él quisiera, una característica tanto de sus aventuras amorosas como de sus relaciones comerciales. Quería hacer lo que se le antojara de la manera que deseara. Y quería ser aplaudido y venerado por ello.

¿Quién disfruta de semejantes privilegios?

Solamente los dioses.

La fiesta de cumpleaños en Cerdeña fue muy comentada por sus gestos exageradamente eróticos. Los comentaristas la describieron como una orgía romana. Su verdadera inspiración, sin embargo, no venía de Roma sino de Grecia; no de las fiestas de Calígula sino de la lujuria del Monte Olimpo. Bárbara Jaques, la ex amante que organizó la fiesta de cumpleaños, conocía bien al hombre que por un breve tiempo había sido suyo. Lo veía como un Dionisio borracho, la copa de vino en la mano, persiguiendo ninfas. Era el Descontrol encarnado. El suyo era el estilo de la vida buena de *Budweiser* traducido en su adecuado contexto mitológico. "Una fiesta agradable, con mucha gente simpática", como dijo Kozlowski sobre el acontecimiento, y por extensión, sobre su propia vida.

¿Quién no tiene una voz interna que declara: "Puedo hacer lo que me plazca, a mi manera y a mi ritmo, y además lograr que me adoren por hacerlo"?

Puedo hacerlo porque soy . . . un dios. "Quizá no *el* dios", como exclamaba Bill Murray en el personaje de *El Día de la Marmota*, "pero sin duda un dios".[14]

Lo que vemos en Dennis Kozlowski es simplemente el horror y la majestuosidad infernal de esa voz, *obteniendo su victoria*.

CAPÍTULO 5

COMPRANDO EL
SANTO GRIAL

LA HISTORIA de Dennis Kozlowski es una parábola verídica acerca de la vida buena concebida en términos de vino, mujeres y música, y el poder de disponer de más provisiones con sólo chasquear los dedos. Aunque la dimensión de sus apetitos resulta grotesca, lo exagerado de su personaje nos ayuda a ver con más facilidad nuestros anhelos personales tal cual son. Kozlowski quería ser rico. Creía que la riqueza le brindaría placeres ilimitados y que sus logros lo llevarían a la fama. A pesar de las consecuencias que acarrearía a los demás, el satisfacer sus propios deseos se convirtió en su obsesión. De este modo, fue un ejemplo del deseo estadounidense de autonomía personal, definida como una libertad sin restricciones, más la adrenalina extra de burlarse de la ley. Su meta fundamental se convirtió en vivir como se le antojaba, ser su propio dios.

Tal vez existan hombres santos, inmunes a estos cantos de sirena, pero yo no estoy entre ellos y dudo que usted lo esté. Aunque la historia de Kozlowski parezca osada, puedo sentirme identificado con él. Ambos provenimos de orígenes modestos. Mi visión de la vida estuvo particularmente influenciada por ver las colas para comprar pan durante la Depresión y juré que eso nunca me sucedería a mí.

Ambos hemos recorrido largos trechos hasta triunfar. Yo gané una beca universitaria y desde ese momento tomé la determinación de triunfar. Una noche, durante mi último año de estudios, conversábamos acerca del futuro con un amigo. Con la guerra de Corea en su apogeo, ambos iríamos de cabeza al servicio militar: Yo a la infantería de marina y mi amigo al Ejército. Cuando hablamos de lo que haríamos después del servicio, mi amigo dijo: "Yo quiero probar de todo. Quiero apuntar a lo más alto y conseguir lo que nunca tuve oportunidad de alcanzar en mi vida". Yo era aventurero por naturaleza y estuve de acuerdo con entusiasmo. Nos dimos la mano y dijimos: "Pegaremos alto, ganaremos diez mil dólares al año". En 1952 eso era un gran sueldo.

Después de salir de la marina, trepé la escalera estudiando abogacía de noche mientras trabajaba para un senador. Luego, cuando tenía sólo treinta años, fui cofundador de un estudio de abogados que llegaría a ser muy exitoso. Ocho años más tarde, estaba sentado en una oficina contigua a la del presidente de los Estados Unidos. Cumplí con la promesa que le había hecho a mi amigo.

Sin embargo, en la cima de mi poder, me encontré con que la supuesta buena vida era algo vacío y sin sentido.

Se me ocurrió que en la cumbre de la riqueza y la fama, Kozlowski, rodeado de ninfas escasas de ropa, con el vino y la música flotando en el aire, se habrá dado cuenta de que su vida también carecía de significado. ¿Qué hacer cuando la fiesta se termina?

En el fondo de nuestro corazón, todos comprendemos que tiene que haber algo más en la vida que el dinero y la fama. Tenemos que reconocer las falsificaciones como lo que son, como el oro de los tontos, no el deseo genuino de nuestra humanidad. Pero no es fácil lograrlo en una cultura que exalta el consumismo y el despilfarro.

—•—

En una sola generación, Estados Unidos experimentó la dramática transformación de una sociedad productora a una consumidora. Hace treinta años, medíamos nuestra economía de acuerdo con lo que producíamos. Las fábricas textiles daban trabajo a cientos de miles de personas en el sur y el principal problema de los grandes centros industriales era la contaminación que producían sus enormes chimeneas. Estados Unidos era el motor de la economía del mundo. Hoy medimos nuestra economía por lo que gastan los consumidores. Observe de qué manera hacen sus pronósticos los economistas a través de encuestas y cómo siguen de cerca las ventas navideñas.

En la transformación de la cultura productora a la consumista, hemos revertido por completo la ética protestante del trabajo, que alimentó el gran crecimiento económico del país en el siglo XIX. En el centro de la ética laboral estaba la creencia de que uno debía trabajar duro, ser austero, ahorrar y producir. Postergar las gratificaciones era una virtud.

Hoy día postergar una gratificación se considera como la negación de un derecho inherente que, para la mentalidad de mucha gente, está protegido constitucionalmente. Si no lo puede pagar, cómprelo a plazos. En el 2004, el total de las deudas de los consumidores alcanzó la suma record de 2.3 billones de dólares. Las deudas de tarjetas de crédito de la familia norteamericana promedio se incrementaron en un 53 por ciento de 1989 al 2001. Las quiebras personales ascendieron un 125 por ciento.[1] En términos anticuados, esto quiere decir que un montón de gente se ha acostumbrado a gastar más de lo que tiene.

El consumismo ha tenido un efecto poderosamente transformador, no sólo en los hábitos de las compras, sino también en las creencias y valores de los estadounidenses y de los europeos occidentales. La chica para la portada en la era del consumidor bien podría ser la joven estilista de Washington Jamie Gavigan, quien fuera retratada por el *Washington Post*.[2] Jamie trabaja nueve horas por día, cinco días a la semana, en un espacio reducido de una elegante peluquería. Sus clientes pagan 285 dólares y esperan hasta seis semanas para que Jamie les haga los reflejos en el cabello. Tiene un hermoso ingreso de seis cifras.

Destina su dinero a compras importantes. Cada año realiza un viaje a Nueva York durante el otoño, donde arrasa tiendas como Barney, Gucci, Louis Vuitton y su paraíso personal: La boutique de zapatos de Manolo Blahnik en la calle 54 oeste. Los Manolo Blahnik van desde 445 dólares por un par de zapatos chatos de gamuza, a más de 1.000 dólares por un par de botas. Jamie Gavigan tiene treinta y siete pares de Manolo Blahnik, los que le costaron, modestamente, más de veinte mil dólares. En una reciente excursión de compras, pagó novecientos dólares por una cartera de piel y mil setecientos por una cazadora recortada de Michael Kors. Jamie Gavigan gasta miles de dólares en cada incursión que hace a la Gran Manzana.

Las actitudes de súper compradores como Jamie están representadas por Christine Kelley Cimko, vicepresidenta de una firma de relaciones públicas, de cincuenta y un años. Ella habla del sentimiento de seguridad que le proporciona llenar su casa con objetos. Tiene asistentes de ventas asignados en tiendas como Neiman Marcus, Saks o Nordstrom, que procuran comunicarse con ella. "Hay un pequeño mundo que gira alrededor tuyo, con gente que prácticamente se dedica a cuidarte. Todos salen al encuentro de tus necesidades, y te consiguen el par de zapatos de tu número, o te aseguran que cuando llegue el bolso Chanel en color beige, te llamarán por teléfono para avisarte".[3] Su adquisición favorita es un bolso de mano Chanel en color dorado. "Este es mi tesoro . . . es mi Santo Grial".[4]

April Witt, autora del artículo sobre Jamie Gavigan y otros súper compradores, comenta: "El consumismo fue el ganador absoluto de las guerras ideológicas del siglo XX. Golpeó tanto a la religión como a la política, y se convirtió en el sentido de la vida de millones de norteamericanos: En su objetivo, su esfuerzo y la exaltación trascendental de sus existencias".[5]

James B. Twitchel, un teólogo de la sociedad de consumo, encuentra en la "epifanía del consumidor" una especie de salvación. "Es el sentimiento de alivio, de finalmente haberlo encontrado, de salvarse". Defiende el consumismo como un credo. "[Ir de compras] es por lo menos mucho más justo que los viejos sistemas donde se pertenecía a una clase desde el nacimiento y esa posición era en gran medida inmutable. El consumismo competitivo es mucho menos sangriento que las batallas épicas llevadas a cabo para declarar cuál era el dios más grande".[6]

Vemos al dinero como la llave que conduce al placer; y al placer, como la llave a la felicidad. Esta definición de felicidad se ha convertido en el *summum bonum,* la virtud norteamericana esencial. Como dijo un escritor: "Si no estás buscando dinero, ¿qué estás buscando? . . . La felicidad es la nueva meta".[7]

Esta creencia está tan arraigada en la cultura norteamericana que, hasta las personas más precavidas se confunden. Según un estudio reciente, más de la mitad de los cristianos evangélicos están de acuerdo con la siguiente afirmación: "El propósito de la vida es el deleite y la realización personal".[8]

———•◦•———

Pero ¿*funciona* el consumismo como credo? ¿Ser un empresario rico o un súper comprador puede hacernos felices? Esta pregunta me la hicieron, de manera levemente distinta, en una reunión en Hobe Sound, uno de los balnearios para millonarios en el estado de Florida. Una amiga que tenía una casa allí estaba dando una fiesta y me pidió que les hablara a sus invitados de mis experiencias .

Esa tarde al llegar, me encontré con una enorme carpa blanca sobre el extenso césped detrás de su majestuosa casa, cerca de la playa. Todo era extraordinariamente hermoso. A las cinco en punto, la gente comenzó a pasear por los alrededores, vestidos con sus mejores ropas. Después de los cócteles y de mi breve discurso, partirían a sus respectivos clubes, cenas y fiestas. Yo solía frecuentar reuniones de gente rica y poderosa; muchos, también entre los que habían asistido a la fiesta de mi amiga, mostraban ese aire de imaginar que Dios había creado el mundo deliberadamente para ellos y los de su clase.

Mientras el sol iba cayendo sobre Hobe Sound, yo hacía mis comentarios a una audiencia que, en su gran mayoría, escuchaba con una actitud indiferente. Por lo general, esas fiestas no incluyen discursos como éste, que importunan a la gente, y si sentían algún tipo de interés por lo que les estaba diciendo, lo último que harían sería admitirlo en público.

Cuando concluí mis comentarios, me saludaron con un aplauso respetuoso pero carente de entusiasmo. Por sugerencia de la anfitriona, pregunté si alguien tenía alguna pregunta. Unos pocos se interesaron sobre el caso Watergate, Nixon y la política. Nadie quiso saber sobre mi conversión o mi experiencia en la cárcel.

Luego de algunos minutos, la anfitriona se adelantó y compasivamente dijo: "Una pregunta más".

Un hombre, apoyado despreocupadamente contra uno de los postes de la carpa, con una copa de cóctel en la mano, hizo un ademán señalando el mar y dijo: "Señor Colson, como usted puede ver, todos nosotros vivimos una vida estupenda". Hobe Sound estaba lleno de yates grandes y elegantes. "Desde luego, ninguno de nosotros ha vivido como usted la experiencia de pasar de la Casa Blanca a la cárcel. ¿Qué podría decirle a personas como nosotros, que realmente no tenemos problemas en la vida?"

Por un momento lo miré fijamente y le respondí que aún no había conocido a nadie que no tuviera problemas y que si la gente en esa fiesta no los tenía, me gustaría preguntarles cómo lo habían logrado. Le dije que me daba cuenta de que el entorno era realmente regio y que los invitados obviamente poseían todo lo que se conocía como lo bueno de la vida. "Pero", le dije, "pongo en duda su premisa. Por ejemplo: ¿Qué se preguntará en su lecho de muerte, cuando sepa que todo está a punto de desaparecer?"

De pronto el hombre pareció quedar como aplastado, su expresión se arrugó y se llenó de pena. A continuación se produjo un silencio incómodo.

Me sentí agradecido cuando la anfitriona dio por finalizada la presentación, pero me pasé la hora siguiente escuchando sus desafortunados relatos sobre divorcios, disputas familiares, juicios, drogas, hijos rebeldes y problemas en sus trabajos. Nadie aceptó mi invitación de explicarles de qué manera sus vidas podían llegar a estar libres de tales problemas. Nadie bajo esa carpa vivía ese tipo de vida. La actitud de satisfacción era tan sólo una fachada.

Con los años, los estudios han confirmado el viejo refrán de que el dinero no puede comprar la felicidad, algo que la gente dice pero que en realidad no cree. Tome, por ejemplo, a los que se ganan la lotería, personas comunes como obreros, dueños de pequeños negocios y estudiantes. De repente, dan ese gran golpe que supera ampliamente sus modestas expectativas; de un momento a otro se convierten en millonarios. El mundo les pertenece, lo tienen a sus pies. En cada caso, cuando los periodistas investigan sus vidas, relatan cómo terminan en la cárcel, pierden su fortuna en grandes estafas o se vuelven alcohólicos.

Similar destino han tenido muchos de los sobrevivientes y héroes del famoso desastre minero de Somerset, Pennsylvania, en el 2002. Luego de que nueve mineros quedaran enterrados vivos, el pueblo y la nación esperaron ansiosamente mientras se organizaban los operativos de rescate. Bob Long, un topógrafo de 37 años, fue elegido para establecer con exactitud los lugares donde debían hacerse las perforaciones para permitir la entrada del aire. Si hubiera fallado, los mineros habrían muerto. Usando los instrumentos de topografía por satélite, Long encontró los puntos exactos. Cuando los nueve hombres fueron rescatados con vida, se convirtió en un héroe.

Después del rescate, sonaron las campanas de la iglesia y la gente alabó a Dios en agradecimiento. Sin embargo, pronto las cosas se echaron a perder. Cuando la prensa de todo el país acampó en el pueblo y convirtieron a esas personas comunes en celebridades de la noche a la mañana, comenzaron a ponerse caprichosos con los medios. Muchos de los mineros, entusiasmados por los cheques recibidos de los canales de televisión, como pago por los derechos para relatar sus historias, y adulados por todo el país, renunciaron a sus empleos.

Para Bob Long, héroe fugaz, hubo una película y un contrato televisivo, arreglados por un cheque de 150.000 dólares, que era mucho más dinero del que había visto en toda su vida.

Pronto hubo quienes se molestaron con Long. Algunos de los mineros rescatados sufrían depresión, pérdidas de memoria, migrañas e insomnio. Si la vida de Bob Long no había corrido peligro, ¿por qué le prestaban tanta atención a él?

Encontrarse de pronto con la riqueza, con la celebridad y con la ira y el resentimiento de la comunidad, llevaron a Long a su destrucción. Una tarde, cuando su esposa llegó a la casa, lo encontró durmiendo en el sofá. Al despertarlo, él se enfureció por no poder encontrar sus medias. Antes de que su esposa tomara conciencia de lo que estaba ocurriendo, Long salió de la casa y caminó hasta su camioneta Dodge, tomó su pistola Glock 9 mm, y se la colocó en la sien. Su esposa, que lo había seguido, gritó: "¡Por favor, no lo hagas!" Long apretó el gatillo y se suicidó ante los ojos de su horrorizada esposa.

La misma espiral destructiva puede atrapar a cualquiera de nosotros si nos obsesionamos con el dinero. Tiempo atrás visité a un viejo amigo a quien no había visto en diez años. David había comenzado sin nada; salió del servicio militar y trabajó en una fábrica. Aunque no había estudiado, poseía un sorprendente sentido del valor de las propiedades. Comenzó vendiendo inmuebles y en poco tiempo había amasado una fortuna. A menudo era generoso y hacía donaciones a distintos proyectos importantes. Estaba cerca de los ochenta años cuando lo visité en su hermosa casa frente a la playa en Florida.

Tomamos café en su terraza contemplando las bravías olas del mar. Una escena espectacular. Le pregunté a David qué estaba haciendo con su tiempo. "Trabajo en mis inversiones", me respondió. Le pregunté si viajaba, si hacía gimnasia o si tenía algún pasatiempo. Negó con la cabeza.

Estaba a punto de irme, cuando me invitó a conocer su oficina, ubicada en la parte trasera de la casa. Una habitación oscura con una pequeña ventana. En el centro había un escritorio gigantesco que alguna vez había estado en la oficina que David tenía en un rascacielos, desde donde podía mirar sus dominios en Atlanta. En medio del escritorio había una computadora rodeada por los papeles de sus inversiones.

—¿Pasas todo el día aquí? —le pregunté.

—Sí —me respondió asintiendo con la cabeza—, mientras los mercados estén abiertos.

Le pregunté por qué pasaba todo el día en una oficina tan oscura. Tenía fortuna como para vivir cómodamente y suficiente dinero como para darse todos los gustos que quisiera. Me dijo: "Tengo una meta: antes de morir, quiero duplicar mis bienes". Y por primera vez a lo largo de nuestra conversación, sonrió.

La respuesta de mi amigo me entristeció, a pesar de que me explicó que cuando muriera donaría todo su dinero a obras de caridad. ¿Eso significaba tener un propósito? ¿Eso era la felicidad?

Paradójicamente, el esfuerzo por conseguir posesiones y dinero, cosas que pensamos que nos darán placer y felicidad, en realidad despoja de significado a nuestra vida. Nos volvemos cínicos y groseros. La vida se vuelve banal. Nuestros más grandes pensamientos terminan resultando necedades, como en el caso de Jack Welch, un ex director ejecutivo de General Electric, quien consiguió la condición paradigmática que Kozlowski codiciaba. Welch acumuló acciones de General Electric para beneficio de sus accionistas y no por casualidad, para él mismo, y acumuló una cifra cercana a 500 millones de dólares.

Cuando Welch se retiró, General Electric le otorgó el libre uso del avión de la compañía y del apartamento en Nueva York, y una generosa jubilación. Era muy solicitado como orador y daba conferencias en la facultad de economía de Harvard y otros lugares. Era la figura perfecta del éxito norteamericano, al parecer sólo estropeada por dos fracasos matrimoniales.

Luego de que le practicaran una cirugía a corazón abierto, un periodista le preguntó si había vivido alguna epifanía durante su padecimiento. "No he gastado el suficiente dinero", respondió Welch.

Para alcanzarla, hizo la promesa de que nunca más se permitiría tomar un vino que costara menos de cien dólares.[9]

¡Qué imagen elocuente sobre la vacuidad del éxito material!

El dinero, por supuesto, no es una maldición. La Biblia dice que lo que contamina es el amor al dinero.[10] No hay nada malo en trabajar duro, ganarse la vida, acumular bienes, mejorar la vida de la familia, invertir para el futuro y de paso contribuir con el mundo que nos rodea. Todos queremos lograr para nuestros hijos mejores cosas que las que nosotros tuvimos cuando fuimos niños. Si tenemos éxito y nos las arreglamos para cubrir la deuda de la tarjeta de crédito, guardar algo para cuando nos jubilemos, hacer donaciones a quienes tienen necesidades y más aún, tener dinero disponible de nuestras ganancias, somos inusualmente bendecidos.

Tengo muchos amigos que han construido negocios y acumulado vastas fortunas. Sin embargo, he notado que los más felices son los que no se han dejado dominar por su riqueza. Uno de ellos es Dois Rosser, un íntimo amigo y vendedor de autos de Tidewater, Virginia. A la edad de sesenta y cinco años, cuando la mayoría de los hombres se retira, Dois inició un ministerio con sus propios fondos, construyendo templos alrededor de todo el mundo, desde Cuba a Vietnam y desde la India hasta el África. Casi veinte años después, Dois aún está volando de un continente al otro.

Luego de un viaje agotador, decidió que era hora de discutir sobre el futuro con su familia, así que reunió a su esposa, a sus tres hijas y a sus esposos durante un fin de semana. La primera noche Dois les anunció que estaba haciendo planes para su herencia y le dijo a cada una de sus hijas cuánto heredarían, a menos que prefirieran que donara todo a la fundación para continuar con su ministerio.

En una sola reunión tomaron la decisión. Las hijas y sus esposos estuvieron unánimemente de acuerdo en ofrendar todo el dinero a la construcción de templos.

Nadie podría decir jamás que Dois estaba obsesionado con el dinero o que era prisionero de esa obsesión. Disfrutó de crear una gran fortuna y gozó aún más dándosela a quienes lo necesitaban. Riqueza, poder y fama son recursos que pueden usarse para bien o para mal. Nuestra humanidad se rebaja sólo cuando los consideramos como fines en sí mismos.

———•◦•———

Cada vez hay más evidencia de que el materialismo no proporciona felicidad auténtica. Los norteamericanos disfrutan hoy de una prosperidad que ninguna otra sociedad ha tenido en la historia de la humanidad. Entonces, si el dinero produce placer, y el placer felicidad, deberíamos ser las personas más felices que han habitado este planeta.

Pero la verdad es que no lo somos. ¿Cómo es posible?

Esta es la pregunta que aborda el editor de New Republic, Gregg Easterbrook, en su provocativo libro *The Progress Paradox: How Life Gets Better While People Feel Worse* [*La Paradoja del Progreso: Cómo Mejora la Vida Mientras la Gente Se Siente Peor*]. Easterbrook revisa el progreso extraordinario logrado desde los tiempos de nuestros tatarabuelos. El promedio de expectativa de vida aumentó tremendamente, somos mucho más saludables y no tenemos la amenaza de temibles enfermedades como la polio y la viruela. El adulto norteamericano promedio tiene el doble del poder adquisitivo que tenían sus padres en 1960, y una calidad de vida enormemente mejor. [11] Deberíamos ser muy felices, concluye Easterbrook.

La vida es cada vez mejor, pero la gente se siente peor.

En una encuesta sobre la felicidad de las personas, los norteamericanos figuran en el puesto 16 entre la gente más feliz del mundo (los nigerianos ocupan el número uno). [12] Los encuestados dicen que el país va por mal camino, que a sus padres les iba mejor que a ellos, que la gente se siente muy presionada. Cada vez son más los que toman tranquilizantes. El número de personas clínicamente deprimidas se incrementó diez veces desde la Segunda Guerra Mundial. ¿Recuerda las paradojas de las que hablamos antes? Bien, aquí hay otra: La vida es cada vez mejor, pero la gente se siente peor.

Tal como lo demuestran algunas investigaciones fascinantes, en la raíz de esta paradoja está nuestra creencia equivocada acerca de qué nos hace feliz. En el 2003, el profesor de psicología de Harvard Daniel Gilbert y sus colegas, el doctor Tim Wilson de la Universidad de Virginia, el economista George Loewenstein de Carnegie Mellon, y el psicólogo y premio Nóbel en economía Daniel Kahneman de Princeton, llevaron a cabo un estudio para investigar lo que produce la felicidad. Su tarea era examinar la manera en que tomamos las decisiones para lograr nuestro bienestar, explorar qué creemos que nos hará felices y descubrir qué siente realmente la gente cuando logra sus objetivos. En resumen, la pregunta era: ¿En qué medida nuestras decisiones de la vida producen en nosotros las consecuencias emocionales que esperamos?

Sus resultados, publicados en un estupendo artículo de la *New York Times Magazine*, los hicieron preguntarse "si lo que alguna vez habían pensado acerca de las decisiones que tomaban en la vida y acerca de la felicidad, había sido quizás un poco ingenuo y, peor todavía, una gran equivocación".[13] Gilbert y sus colegas descubrieron que los seres humanos sobreestiman la intensidad y duración de las reacciones emocionales. Los investigadores presentan el ejemplo de creer que un auto de una marca costosa puede lograr que la vida sea perfecta. Una compra como esa resulta ser menos emocionante de lo que usted espera, y esa emoción dura menos tiempo del que imaginó. El problema, según Gilbert, no es que usted no pueda conseguir lo que quiere. Obtener lo que desea a menudo no produce la emoción que esperaba. Además, "es imposible *saber* siempre lo que quiere" porque sus deseos guardan poca relación con las cosas que verdaderamente nos llevan a la felicidad.[14]

Según los investigadores, una creciente base de datos apunta a la conclusión de que la suma de dinero acumulada por encima del nivel de bienestar de la clase media no ha tenido efecto sobre nuestra felicidad. Así como las adquisiciones materiales no producen felicidad, los investigadores han descubierto que la interacción social y las amistades sí brindan un placer más duradero.

¿Podemos llegar entonces a la conclusión de que nuestra naturaleza humana está configurada de determinada manera? Los investigadores ciertamente parecieran pensar eso, argumentando que el comportamiento sigue un patrón predecible. Por esto es fundamental para nosotros entender ese patrón, aquello a lo cual nos referiremos en este libro como el orden natural de la vida.

Todos reconocemos la batalla que se desarrolla en nuestro interior: Una parte de nuestra naturaleza entiende que la vida tiene un propósito más elevado, y la otra parte quiere consentir todos nuestros deseos. Queremos satisfacción inmediata. Las tentaciones nos presionan con fuerza en esta era del consumismo en la que la vida buena es constantemente retratada en términos de posesiones y bienes.

El problema es que, si cedemos ante nuestros deseos primarios, nos hundiremos cada vez más en la autoindulgencia y nos sentiremos peor acerca de nosotros mismos. Es como beber agua salada: Mientras más bebe, más sed tiene. Y si usted no entiende qué produce el sodio en el cuerpo humano, no será capaz de imaginarlo. Seguirá bebiendo, creyendo que beber más calmará su sed. En lugar de eso, por supuesto, morirá. Cuanto más tenemos, peor nos sentimos.

Nuestra tarea es someter a nuestra vil naturaleza y gobernarnos por lo que considero que intuitivamente sabemos es nuestra naturaleza ennoblecida. Por esto necesitamos redefinir, por nosotros y por nuestra cultura, qué es realmente la felicidad. No es el hedonismo o la autogratificación. La búsqueda de la felicidad, dijeron nuestros próceres en la Declaración de la Independencia, es un derecho otorgado por Dios. Pero la palabra *felicidad*, como ellos la utilizaban, ha sido despojada de su significado en nuestra cultura mercantilista. Lo que los próceres tenían en mente era el significado clásico del término, lo que los griegos llamaban *eudaimonia*, la vida virtuosa. Sólo podía lograrse mediante una conducta justa, decente, honorable, bienhechora. Esa es la definición y la comprensión de la felicidad que necesitamos restablecer.

> *La verdad es que la felicidad demanda mucho más y mucho menos que la suma total de nuestras posesiones y placeres.*

Piénselo. Por un momento póngase en el lugar de Kozlowski o de los otros ladrones que adquirieron lujosas posesiones. ¿Usted realmente cree que robar cien millones de dólares, vivir en palacios y beber vinos costosos, les dio paz? Todo eso pudo haber satisfecho la satisfacción sensual que demanda su naturaleza inferior, pero no creo que pudiera otorgarles un verdadero sentido de plenitud, de significado y de propósito.

La verdad es que la felicidad demanda mucho más y mucho menos que la suma total de nuestras posesiones y placeres. Lo que realmente anhelamos no es la riqueza sin límite. Lo que deseamos es un sentimiento de significado y de valor, de dignidad humana.

CAPÍTULO 6

RIÉNDOSE DE LA MUERTE

EN EL ATARDECER del 30 de agosto de 1966, Nien Cheng se sentó en la soledad de su estudio para leer *El Ascenso y la Caída del Tercer Reich*. Era una fría y húmeda noche en Shangai. El aroma de los árboles de magnolias entraba a través de las ventanas abiertas. La casa estaba excepcionalmente tranquila, como protegiéndose a sí misma de un cataclismo. A excepción de los dos sirvientes, Nien estaba sola. Su hija Meiping aún estaba en el Estudio Cinematográfico de Shangai, donde asistía a reuniones obligatorias de adoctrinamiento.[1]

Cerca de la medianoche, Nien oyó el estruendo de un camión que venía por la calle, luego se detuvo. Nien contuvo la respiración y esperó. Un instante después escuchó el timbre de la puerta sonar de manera insistente y gente que aporreaba la puerta externa, gritando consignas revolucionarias.

Finalmente la Guardia Roja había llegado.

Luego de pedirle a su sirviente Lao-tsé que abriera la puerta, Nien tomó una copia de la Constitución de la República Popular China. Su corazón latía deprisa, aunque sabía que por sobre todas las cosas debía mostrarse tranquila. Su temor sólo incitaría a los matones.

Una banda de unos treinta o cuarenta Guardias entró a empujones por la puerta. La mayoría de ellos eran muchachos entre quince y veinte años, respaldados por sus líderes, tres personas mayores.

El líder del grupo se acercó a Nien Cheng.

—Somos la Guardia Roja. ¡Venimos a tomar medidas revolucionarias contra usted! —le dijo. Nien Cheng levantó el ejemplar de la Constitución y lo miró a los ojos.

—Es anticonstitucional entrar en una propiedad privada sin una orden judicial —dijo ella.

El hombre le arrebató la Constitución y la arrojó al piso.

—La Constitución fue abolida. Es un documento escrito por los revisionistas del Partido Comunista. Sólo reconocemos los mandatos de nuestro Gran Líder, el Presidente Mao.

Uno de los guardias empuñó el bastón que llevaba e hizo añicos el espejo colgado sobre el arcón de madera que había en la entrada. Otro guardia puso en su lugar un cartel con una cita de Mao: "Cuando los enemigos armados son aniquilados, todavía quedan los enemigos desarmados. No debemos desestimar a estos enemigos".[2]

A continuación, los jóvenes guardias se precipitaron dentro de la casa, destrozando los muebles, tirando estantes de libros al suelo, haciendo tajos a valiosas pinturas de Lin Fengmian y Qi Baishi. Entregados al vandalismo, los ávidos estudiantes saquearon armarios y cajones, rompiendo la mayor parte de la ropa y mantelería de Nien Cheng. Dieron vuelta a los colchones de las camas y los cortaron en pedazos. Luego destruyeron sus discos. Continuaron con la despensa de alimentos, derramando harina, azúcar y comida enlatada sobre las prendas destrozadas. Rompieron varias botellas de vino sobre los despojos.

Cuando llegaron al tercer piso, donde Nien Cheng tenía la mayor parte de su colección de porcelana antigua, hicieron tal escándalo que sonaba como si la casa estuviera siendo no sólo saqueada sino también arrasada. Nien subió para ver qué sucedía y llegó a tiempo para ver a los intrusos sacando de sus cajas acolchadas, las piezas de su valiosa colección de porcelana. Un muchacho había colocado en una hilera un juego de cuatro copas de vino y comenzaba a saltar sobre la primera.

Nien se abalanzó sobre el pie del hombre. ¡Esas copas de vino tenían trescientos años! Lo tomó de la pierna mientras él la levantaba para destruir la siguiente copa. Ambos se desplomaron. El guardia se levantó y dio una dura patada a Nien en el pecho. El llanto de la mujer hizo que otros guardias vinieran a ver qué estaba pasando.

Nien trató de razonar con los guardias de manera conciliadora. "Su presencia en mi casa ya ha aumentado mi conciencia socialista. Fue un error de mi parte conservar todas estas cosas bellas y costosas para mí misma. El pueblo tiene derecho a tenerlas. Les suplico que se las lleven al Museo de Shangai".[3] Los estudiantes, que habían sido adoctrinados con la idea de que nada del pasado tenía valor, pensaron que Nien Cheng estaba tratando de engañarlos.

Particularmente le preocupaba una figura de porcelana blanca que representaba a la deidad de la misericordia, llamada Guanyin. Era el trabajo del famoso escultor Ming del siglo décimo séptimo, Chen Wei. El rostro níveo de la figura había sido tan bellamente trabajado por el artista que parecía estar viva.

Nien les dijo: "En uno de sus estandartes se lee: 'Larga vida a la Revolución mundial'. Si piensan llevar la bandera roja de nuestro gran líder el presidente Mao a todo el mundo, necesitarán dinero para lograrlo".[4] Su colección de porcelana antigua, les dijo, valía al menos un millón de yuans, casi un millón de dólares.

El mágico número de *un millón* hizo que los líderes del grupo hablaran con los jóvenes a su cargo. Finalmente los Guardias decidieron devolver la porcelana a sus cajas y dejar que sus jefes resolvieran qué hacer con ellas.

Al día siguiente, mientras la Guardia Roja aún ocupaba la casa de Nien Cheng, un representante del gobierno de la ciudad de Shangai apareció para explicar las consecuencias a largo plazo de las acciones revolucionarias. Le dijo a Nien que ella y su hija podrían ocupar dos habitaciones de la casa. Los restantes cuartos serían otorgados a otras familias. "No se les permitirá mantener un nivel de vida superior al promedio de los trabajadores", le dijo. "El propósito de la clase proletaria no es dañar su cuerpo. Nosotros queremos salvar su alma reformando su manera de pensar".[5]

Cuando los Guardias finalmente se fueron de la casa, Nien Cheng se encontró con que habían dejado un cartel en la puerta declarando que allí vivía una "espía extranjera". Aunque su condición de vida no era común en China, no era en absoluto una espía.

Nien Cheng venía de una familia adinerada y terrateniente. Había conocido a su esposo en Londres, mientras ambos eran estudiantes. En 1939 se casaron y regresaron a Chongqing, la capital de China durante la guerra. Su esposo llegó a ser oficial diplomático del gobierno de Chiang Kai-shek. En 1949, cuando Mao subió al poder y el Kuomintang huyó a Taiwán, el esposo de Nien era director en el Ministerio de Asuntos Exteriores en Shangai. Los Cheng no huyeron del país porque tenían la esperanza de que la policía comunista fuese moderada. El esposo de Nien colaboró con la transición de un gobierno a otro, sirviendo al nuevo alcalde de Shangai como consejero de asuntos externos.

Al año siguiente le permitieron dejar el gobierno para convertirse en gerente general de la empresa petrolera *Shell International* en Shangai. Mao necesitaba a Shell. Era la única petrolera de gran envergadura dispuesta a comerciar con China. Como consecuencia, los Cheng eran bien tratados por los oficiales del partido.

Cuando el esposo de Nien murió de cáncer en 1957, Shell envió a un gerente británico para reemplazarlo. El nuevo gerente necesitó que lo ayudaran en las sutilezas para tratar con los funcionarios chinos y la compañía le ofreció a Nien trabajar como consejera de la gerencia. Ella sirvió como enlace gerencial entre el sindicato de trabajadores de Shell y el supervisor del gobierno. Trabajó en ese puesto hasta la primavera de 1966, cuando Shell cerró su oficina en Shangai, luego de que el gobierno nacionalizara las propiedades de la compañía. Hasta los primeros días de la Revolución Cultural, Nien había trabajado para una firma capitalista con el consentimiento del gobierno chino.

La mentalidad colectivista del gobierno chino estaba en un estado de constante fluctuación, a veces favorecía a una facción y luego a otra. La Revolución Cultural de Mao se proponía asegurar la absoluta vigencia de su política y predominar sobre la del moderado Liu Shaoqi. Durante la Revolución Cultural, los miembros del partido lucharon por adecuarse a la política de Mao, o al menos, evitaban contradecirla. Las facciones del partido procuraban aumentar su propio poder demostrando que sus oponentes se habían asociado entre sí en contra de la política de Mao. Sus juegos de poder combinaban tácticas de división y conquista con acusaciones de asociación.

Los hombres fuertes estuvieron a punto de convertir a Nien Cheng en su chivo expiatorio o morir en el intento. Pensaban que podían usarla para desacreditar a sus oponentes. El saqueo a su vivienda fue sólo el primer paso.

Algunas semanas después de apoderarse de su casa, la Guardia Roja y algunos revolucionarios llevaron a Nien Cheng al edificio de una escuela para una "reunión de resistencia", que en realidad resultó ser un tribunal ilegal, repleto de miembros de la Guardia Roja y de antiguos revolucionarios. El acusador anunció a la gente congregada que la mujer pertenecía a una familia terrateniente, había estudiado en Inglaterra y se había casado con un hombre que había sido funcionario del Kuomintang, y también empleado de la petrolera Shell International. Argumentó que sus intereses estaban ligados con los de los capitalistas (en Shell todos dependían de ella), lo cual la convertía en una enemiga natural de Mao y de su Gran Revolución Cultural. Además, fundamentó el caso en la presunción de que Shell realizaba reuniones para la inteligencia británica, enviando agentes al interior de China bajo el pretexto de vender querosene a los campesinos. Esta mujer debía ser una destacada espía británica.

"Ha escuchado la evidencia en su contra", le dijo el acusador. "Su delito contra el pueblo chino es extremadamente grave. Sólo puede ser reformada si hace una confesión completa, relatándonos cómo conspiró junto con los imperialistas británicos en su plan de socavar al Gobierno Popular ¿Está dispuesta a confesar?"

La pregunta fue indignante para Nien. "Jamás hice nada en contra del pueblo chino", declaró. "La oficina de Shell estaba aquí porque el gobierno chino así lo quería. La orden para permitir su permanencia aquí fue emitida por el Consejo de Estado y firmado nada menos que por el Primer Ministro Chou Enlai".

En ese momento, todos en la habitación comenzaron a gritar: "¡Confiesa, confiesa!"

"¡No permitiremos ninguna clase de discusión con el enemigo!" vociferó el acusador. Los Guardias se agolparon alrededor de ella, amenazándola con sus puños. Tironearon de sus ropas y la escupieron. "Sucia espía", le gritaron. "Sucia perra cobarde. Te mataremos".[6]

Nien respondió en voz tan firme como le fue posible: "¡No soy culpable! No tengo nada que confesar".[7]

El 27 de septiembre de 1966, Nien Cheng fue llevada a la casa de detención número 1, donde estaban la mayoría de los prisioneros políticos importantes de Shangai. Para ese momento ya había sido separada de su hija desde hacía varias semanas. Meiping había sido confinada al "establo" de los Estudios Cinematográficos de Shangai, barrio de casas de detención para personas denunciadas como "enemigos de clase".

La primera visión del corredor de la prisión fue algo que Nien nunca olvidaría: Una larga hilera de puertas con pesados cerrojos y candados que se alejaban hacia un lugar incierto y sombrío.

Su celda era increíblemente asquerosa. Las paredes, alguna vez blanqueadas, estaban amarillentas y manchadas de polvo. Una única lamparita desnuda colgaba del cielo raso. El húmedo piso de cemento tenía manchas de moho y en un rincón había un inodoro de cemento. La única luz provenía de una pequeña ventana protegida por barrotes de hierro. Cuando pudo abrirla, una lluvia de polvo y restos de pintura descascarada le cayó encima. El cuarto sólo tenía tres estrechas camas de tablas de madera, una contra la pared y las otras dos en forma de litera. La puerta hacia el corredor era sólida, a excepción de la contraventana a través de la cual le servían la comida y otros artículos de necesidad.

Tomó los pocos trozos de papel higiénico que le habían dado e intentó quitar el polvo de la cama. Pensó que nunca lograría dormir en un lugar tan repugnante, por lo que pidió una escoba.

"Son más de las dos de la mañana", le gritó el guardia. "Váyase a dormir".[8]

Nien lo intentó, pero fue atacada por un enjambre de mosquitos. Estuvo despierta toda la noche, hasta que apagaron las luces cerca del amanecer y el primer rayo de sol entró por su pequeña ventana.

La primera comida de Nien fue servida en un recipiente de aluminio abollado. Se dio cuenta de que tendría que aprender a subsistir comiendo un arroz aguachento acompañado de unas pocas tiras de vegetales en conserva.

Poco después de su primera comida, pidió hablar con una persona a cargo, alguien que fuera capaz de informarle sobre su situación. Insistía en que había un error, que ella nunca había cometido un delito.

El guardia le respondió que seguramente era culpable. ¿Por qué traerían las autoridades a la casa de detención a una persona inocente?

Nien se mantuvo firme y dirigió su atención a asuntos más inmediatos. Tenía que hacer algo con la limpieza de su habitación. Volvió a pedir una escoba. El guardia le contestó que normalmente sólo les daban escobas a los prisioneros los domingos, pero como ella acababa de llegar, podría usar una.

A poco de ponerse a barrer, un guardia le pasó un trozo de papel a través del hueco de la puerta. Era un recibo por los cuatrocientos yuans que tenía al momento de ser arrestada, dinero que ella quería entregarle a su jardinero como último sueldo por sus servicios. Le informaron que había sido depositado para ella y que con él podría comprar cosas básicas para uso personal. De inmediato pidió una palangana, dos tazones esmaltados para comer y beber, un poco de hilo de coser, agujas, jabón, toallas, un cepillo y pasta dental, y un poco de papel higiénico.

El almuerzo fue nuevamente arroz hervido y repollo verde. Usando un poco del arroz, hizo una pasta para pegar el papel higiénico a lo largo del borde entre su cama y la pared polvorienta. La barrera contra la suciedad la hizo sentir mucho mejor. Usó parte del agua que le daban para limpiar su cuarto. Normalmente no se permitía ninguna alteración en el cuarto, por más pequeña que fuera. Para justificarse, citó a Mao: "Ser higiénico es glorioso, ser sucio es una vergüenza".[9] A su manera, Nien se adaptó físicamente al entorno.

Nien decidió nunca hacer una falsa confesión. Había visto a mucha gente, incluso a curtidos miembros del partido, hacer confesiones con la esperanza que de esa manera sus sufrimientos disminuyeran. Su postura firme ante lo que llegó a ser una persecución aún mayor es, a la vez, una maravilla y un profundo misterio.

"Cuando me llevaron a la casa de detención, no podía predecir mi futuro", escribiría más tarde Nien Cheng. "No tenía miedo. Confiaba en un Dios justo y misericordioso, y pensaba que Él me sacaría del abismo".[10]

Los interrogatorios formales a Nien Cheng en la casa de detención comenzaron pocos meses más tarde. La trasladaron al área trasera de la prisión, donde un gran cartel anunciaba: "Tratamiento indulgente para los que confiesen con franqueza. Castigos severos a los obcecados. Premios para quienes rindan servicios meritorios".[11]

Al principio, dos oficiales se ocuparon de su caso, un interrogador y un secretario que registraba todo lo que se decía. Durante el interrogatorio, Nien también había advertido una pequeña ventana a través de la cual alguien observaba a los oficiales, sin duda algún superior.

El interrogador a cargo anunció: "Esta es la casa de detención número 1, lugar de reclusión para prisioneros políticos. Este es el lugar donde los contrarrevolucionarios que han cometido delitos en contra del Gobierno Popular son encerrados e investigados".

—En ese caso —dijo Nien—, yo no debería haber sido traída aquí.

—Usted está encerrada aquí —continuó el interrogador—, precisamente porque ha cometido un delito contra el Gobierno Popular.

—Ha habido algún error —replicó Nien.

—El Gobierno Popular no comete errores.

—Usted es un representante del gobierno —continuó Nien—. No puede hacer acusaciones tan salvajes como esa.

—No es una acusación salvaje.

—Tendrá que darme alguna evidencia para probar lo que está diciendo.

—Desde luego que tenemos la evidencia —mintió el interrogador.

—Preséntela, entonces —dijo Nien sarcásticamente—. "No creo que pueda tener algún tipo de evidencia en mi contra . . . porque no creo que usted ni nadie pueda tener algo que sencillamente no existe".[12]

Nien y sus interrogadores discutieron durante años si el Gobierno Popular tenía alguna evidencia de que ella era espía. Le pidieron que escribiera una y otra vez su autobiografía, esperando atraparla en cualquier discrepancia. Le mencionaron su amistad con los diplomáticos británicos y con otros sospechosos de espionaje, cuyos cargos nunca habían podido probar.

La posición de Nien a lo largo de los interrogatorios estaba basada en un solo principio: "¿Acaso no puedo esperar justicia por parte del Gobierno Popular?"

—¡Justicia! ¿Qué es la justicia? —se burlaba su interrogador—. No es más que una palabra. Una palabra abstracta que no tiene un significado universal. Para las diferentes clases de personas, la justicia significa diferentes cosas. La clase capitalista considera perfectamente justo explotar a los trabajadores, mientras que los trabajadores lo consideran decididamente injusto. En todo caso, ¿quién es usted para exigir justicia? Cuando se sentaba en su casa con suficiente calefacción y afuera había gente temblando de frío en la nieve, ¿pensaba usted en la justicia?

—Usted está confundiendo justicia social con justicia legal —respondió Nien—. Puedo decirle que precisamente porque mi esposo y yo teníamos la esperanza de que el Gobierno Popular mejoraría las condiciones de vida en China fue que permanecimos aquí en lugar de irnos con el Kuomintang a Taiwán.

—En todo caso, no estamos interesados en conceptos abstractos de justicia. El ejército, la policía y el tribunal son instrumentos de represión usados por una clase en contra de la otra. No tienen nada que ver con la justicia. La celda que usted ocupa ahora recluyó a miembros del partido comunista durante el gobierno reaccionario del Kuomintang. Ahora, la dictadura del proletariado utiliza los mismos instrumentos de represión en contra de sus propios enemigos.[13]

Aún así, Nien estaba convencida de que una investigación meticulosa y honesta le haría justicia a su caso. Tan segura estaba de esto que le siguió el juego a sus oponentes. Un día le entregó la siguiente nota a su interrogador: "Soy una patriota china y ciudadana respetuosa de la ley. Nunca hice algo contra el Gobierno Popular. Si los investigadores pudieran encontrar a una sola persona en China de quien yo haya intentado obtener información de naturaleza confidencial, estoy preparada para aceptar la pena de muerte. Cuando termine la investigación de mi caso, cuando sea hallada completamente inocente, el Gobierno Popular deberá otorgarme una indemnización, incluso una nota de disculpas para ser publicada en los periódicos".[14]

En marzo de 1969, los revolucionarios montaron otra reunión para quebrantar a Nien. La llevaron desde la casa de detención a la escuela donde anteriormente había sido hostigada. Allí, frente a una audiencia de ex empleados de la Shell, la arrojaron al suelo con las manos esposadas. Durante los dos últimos años, el grupo de Shell había sido encarcelado en la escuela para ser "re-educado" en las enseñanzas de Mao.

La sala donde tuvo lugar la reunión estaba empapelada con grandes pancartas que denunciaban a Nien como espía. Uno a uno, sus antiguos colegas de Shell fueron forzados a acusarla de ser una agente británica. Por último, el jefe de la contabilidad de la firma, un hombre llamado Tao, "confesó" haber sido reclutado como espía para Inglaterra por el esposo de Nien. Acusó a Nien de ofrecerle un gran soborno para mantener en secreto las infames actividades de la empresa.

Afectada por la estupidez del espectáculo del juicio, Nien levantó la cabeza y se rió a carcajadas. Su risa resonó en el lugar y volvió a ella como un murmullo de risitas de parte de sus antiguos colegas. Sus carceleros rápidamente la levantaron y la llevaron a la casa de detención número 1.

Inmediatamente la sometieron a otro interrogatorio, reclamándole el haber osado reírse al ser acusada de una ofensa grave. "Si ustedes hacen una comedia, no esperen otra cosa que risas de la audiencia. Es la respuesta normal", argumentó Nien.[15]

———•◦•———

El Gobierno Popular no tenía pruebas o evidencias a su favor, pero tenía suficiente poder sobre la vida de Nien Cheng. Un día la llevaron a un interrogatorio donde cinco personas se apiñaron alrededor de ella. Guardias masculinos y femeninos la empujaban de uno al otro. "Ustedes son el perrito faldero de los imperialistas", les gritó Nien. "Ustedes son los sucios explotadores de los trabajadores y los campesinos".[16]

Un guardia la levantó de las solapas de la camisa y la arrojó contra la pared. Antes de que se desplomara, la tomó una vez más y la arrojó con mayor fuerza. Hizo esto una y otra vez.

Finalmente la dejaron caer sobre una silla. Los guardias continuaron dándole golpes y abofeteando su rostro. Le gritaban: "¿Vas a confesar? ¡Confiesa!".[17]

Como Nien se mantuvo en silencio, los guardias la esposaron otra vez. "Estas esposas son tu castigo por ser tan intransigente. Las usarás hasta que estés lista para confesar. Sólo entonces te las quitaremos. Si confiesas ahora, te las quitaremos ahora. Si lo haces mañana, será mañana. Si no lo haces hasta dentro de un año, tendrás que usarlas por un año. Y si no confiesas nunca, tendrás que usarlas hasta la tumba".[18]

Antes de sacarla de la habitación, una guardia femenina le ajustó más fuertemente las esposas. Dejó a Nien en una celda de tortura de 1,50 por 1,50 metros, sin ventanas. Allí pasó la noche sin dormir, mientras sus manos esposadas comenzaban a hincharse y a arderle furiosamente. Los guardias se acercaban en intervalos regulares para preguntarle si ya estaba decidida a confesar.

Luego de veinticuatro horas en la celda de tortura, Nien sufrió otro interrogatorio, donde sus acusadores le aseguraron que los bordes filosos de las esposas podían causarle daños permanentes a sus manos. "Estás afligida por tus manos", le decían. "Es lógico. Las manos son muy importantes para cualquiera, especialmente para una intelectual que debe usarlas para escribir. Deberías cuidarlas y no permitir que se lastimen. Puedes resolverlo muy fácilmente si confiesas".[19]

El guardia la trasladó a su celda común, pero no le quitó las esposas. Pronto comenzaron a lastimarle la piel hasta llegar casi a los huesos. Sólo conseguía un poco de alivio a la inflamación y el ardor apoyando las manos en una frazada doblada mientras trataba de dormir sentada. Por la mañana, la frazada quedaba cubierta de pus y sangre. La atacó una fiebre muy alta.

Las esposas también le impedían comer y beber. Solamente era capaz de tomar su alimento volcando un poco de arroz de su taza a una toalla y comiendo como un animal.

Los intentos de los guardias por obtener una confesión nunca cesaron. Sin embargo, sus apremios se volvieron más espaciados, a medida que las fuerzas de Nien decaían.

Un día, al recobrarse de un desmayo, se encontró con un grupo de guardias alrededor de ella. "¡Levántate, levántate!", le gritó uno de ellos. "¡Estás fingiendo morirte! No te dejaremos escapar".

La mente de Nien se aclaró un poco y descubrió que aunque sus manos aún estaban en su espalda, ya no tenían puestas las esposas.

"¡Levántate! ¡Levántate!", le gritó una guardia femenina.[20]

Nien había permanecido esposada durante once días.

—•—

La falta de calefacción en la celda de Nien durante el severo invierno la mandó al hospital en dos ocasiones con un cuadro de neumonía que los médicos creyeron le costaría la vida. La mísera dieta le provocó una enfermedad en las encías y hemorragias menstruales.

Sin embargo, ni la enfermedad ni la tortura eran tan dolorosas como la añoranza por su hija. ¿Qué había pasado con Meiping? Nien mantenía la esperanza de recibir alguna noticia de ella por medio de un envío; otros prisioneros usualmente recibían de sus familiares paquetes con artículos de aseo personal y para otras necesidades. Para ella nunca llegaron. Por un largo tiempo, Nien Cheng se convenció a sí misma de que, como ella había sido acusada de espionaje, su hija podía correr riesgo si se comunicaba con ella.

Para noviembre de 1971, las ropas que los guardias le habían otorgado cinco años atrás se habían desgastado. Nien solicitó ropa nueva. Necesitaba especialmente una nueva chaqueta acolchada pues había perdido casi todo el relleno. Las autoridades le prometieron que harían algo.

Un día, por fin, recibió un enorme paquete. Cuando lo desató, encontró la chaqueta acolchada, un abrigo forrado de lana, dos suéteres y el par de medias de lana que los Guardias le habían permitido guardar a Meiping la primera vez que saquearon su casa. También venía en el paquete el edredón acolchado de Meiping. Nien miró la chaqueta azul rayada con seda granate; la había comprado para su hija en 1966 y todavía lucía tan nueva como el día que la sacaron de la estantería.

Nien examinó frenéticamente cada prenda. Ninguna podía haber sido usada más de una temporada. No podía soportar la idea de que su hija había sufrido la pena máxima por parte de la Revolución Cultural. ¿Por qué otra razón estas ropas tenían tan poco uso?

Súbitamente sintió un impacto arrollador: Su hija había muerto. El pensamiento le llegó con tanta violencia que sus piernas comenzaron a temblar sin control. ¿Sus captores habían usado su necesidad de ropa para asestarle un golpe psicológico devastador? Si así era, lo habían logrado.

Llamó a los guardias, preguntándoles qué había pasado con Meiping. La guardia actuó como si nada ocurriera.

Nien volvió a llamar, pero esta vez nadie respondió a una llamada común de Nien. A lo largo de los días siguientes, Nien continuó llamando a un guardia tras otro. Pedía poder mandarle una carta a Meiping. Los guardias se negaban. Les pidió que al menos Meiping pudiera mandarle una tarjeta que dijera: "Viva el presidente Mao".

El guardia le respondió que los prisioneros no tenían permitido recibir mensajes de sus familiares.

La ansiedad sobre el destino de su hija era tan grande, que comenzó a consumirse. Empezó a delirar. La enviaron al hospital y aunque había perdido las ganas de vivir, sobrevivió. Regresó a la casa de detención justo antes de Navidad.

A lo largo de sus años en la cárcel, Nien Cheng había consagrado más y más de su tiempo a la oración. Aunque había crecido en un hogar budista tradicional, se había convertido al cristianismo durante la adolescencia. No podía permitir que los guardias la vieran orar, así que abría el libro de máximas de Mao (los únicos libros permitidos), y se inclinaba sobre el libro mientras dirigía sus pensamientos a Dios. En la oración buscó consuelo para su dolor. Sus plegarias le inspiraron recuerdos del amor que ella y su hija habían compartido y los momentos felices que vivieron juntas. "Cuanto más recordaba su vida", escribe Nien, "menos me detenía a pensar en su muerte".[21]

En febrero de 1972, el esmerado plan secreto del presidente Nixon dio resultado, a pesar de los Documentos del Pentágono y el *New York Times*. Visitó Beijing y fue el primer presidente norteamericano en hacerlo. Mientras los maoístas anunciaban la visita de Nixon como un gran logro de Mao y una derrota para el Kuomintang en Taiwán, la visita de Nixon tuvo un efecto moderador en la política china, tal como él lo esperaba. Fortaleció la posición de personajes como Chou Enlai y Deng Xiaoping, quienes preferían soluciones pragmáticas para los problemas de China, en lugar de la política de Mao y la anarquía continua.

De una manera extraña, la visita de Nixon tuvo un efecto sobre las rivalidades políticas que habían causado el arresto de Nien Cheng. La Revolución Cultural había sido para Mao el medio por el cual esperaba tomar el control sobre Liu Shaoqi, Chou Enlai y otros políticos moderados. Lo más probable era que uno de los partidarios más radicales de Mao hubiera ordenado el arresto de Nien Cheng.[22] Si ella "confesaba" ser una espía, entonces quedaría demostrado que la política llevada a cabo por los moderados de Shangai al autorizar la presencia de Shell era una locura. Los radicales y sus aliados podrían entonces reemplazar a los funcionarios que favorecían las políticas moderadas de Chou Enlai con los hombres que les eran leales.

La visita de Nixon ayudó a demostrar que las relaciones diplomáticas y comerciales con otras naciones eran beneficiosas para China. Y al coincidir Mao y Chou Enlai en cuanto a la conveniencia del comercio internacional, ya no valía la pena demostrar que la presencia de Shell en Shangai había sido un error. La diplomacia internacional convirtió a Nien Cheng en una marioneta inútil. De hecho, su continua persecución ahora era una vergüenza.

El 27 de marzo de 1973 un guardia ordenó a Nien que reuniera sus pertenencias y la condujo ante un oficial, quien le informó que su caso había sido aclarado. El Gobierno Popular había llegado a la conclusión de que su arresto estaba justificado porque ella había defendido al traidor Liu Shaoqi y porque una vez le había mencionado a la gente de Inglaterra la falta de pan en Shangai. Sin embargo, consideraban que durante los seis años y medio de su reclusión su actitud había mejorado. El Gobierno Popular había tomado la decisión de mostrarle a Nien "magnanimidad proletaria", absteniéndose de presentar cargos en su contra y permitiéndole abandonar la casa de detención.

—¿No tiene nada que decir? —le preguntó el funcionario—. ¿No se siente agradecida? ¿No le complace poder irse ahora como una persona libre?

Ella estaba tan furiosa que temblaba.

—No puedo aceptar su resolución —le contestó.

La verdad era tan importante para Nien Cheng, que exigió una disculpa completa en los periódicos de Shanghai y de Beijing. No abandonaría la prisión hasta que no le pidieran disculpas.

El funcionario se puso de pie.

—Jamás he visto a un prisionero que no quiera abandonar la casa de detención. Usted ha perdido la cabeza. De todos modos, el gobierno quiere que se vaya, y usted debe irse. Su familia ha estado esperándola desde muy temprano en la mañana.[23]

De pronto, el enojo de Nien desapareció, ante la esperanza de llegar a ver a su hija. ¿Meiping estaba esperándola afuera? Nien estaba dispuesta a marcharse sin recibir las disculpas y a dejar la cárcel inmediatamente con tal de ver a Meiping.

Al salir de la prisión Nien vio a una mujer joven esperando junto a un taxi azul. Pero era más baja que Meiping. Era su ahijada Hean.

Mientras Hean ayudaba a Nien Cheng a mudarse al apartamento de dos habitaciones que el gobierno le había asignado, muy a su pesar le explicaba lo que le habían comunicado los oficiales. Meiping se había "suicidado" poco después de que Nien fuera detenida. El gobierno aseguraba que Meiping había saltado desde una ventana del noveno piso de la Asociación de Atletas de Shangai.

Una vez que Nien Cheng tuvo la certeza de que su hija había muerto, quiso dejar China. No obstante, no emigraría antes de que se investigaran a fondo las circunstancias en que había ocurrido la muerte de Meiping y de que se hiciera justicia. Estaba convencida de que las chicas de diecinueve años llenas de vitalidad y energía no se arrojan desde un noveno piso.

Nien también se tomó un tiempo para recuperarse físicamente. Debido a la severa enfermedad de sus encías, tuvieron que extraerle todos los dientes. La dieta y el estrés de la prisión le habían causado un agudo desajuste hormonal que le provocaba hemorragias.

Lentamente y con toda calma investigó la muerte de Meiping. Sus enemigos aún la vigilaban. De todas maneras, pudo confirmar sus sospechas. Las ventanas del noveno piso del edificio de la Asociación de Atletas de Shangai eran sencillamente demasiado pequeñas como para que alguien pudiera saltar desde ellas. Con el tiempo, Nien averiguó que los interrogadores de Meiping habían intentado que denunciara a su madre como espía, entregándole evidencias de ello. Meiping se negó a hacerlo y los interrogadores comenzaron a torturarla. No era la intención matarla, pero como sucede en muchos casos, la tortura la llevó a la muerte.

Nien hizo la petición ante el gobierno de su indemnización (el equivalente en la China Comunista a una disculpa), y exigió una investigación completa sobre la muerte de Meiping. En noviembre de 1978, doce años y dos meses después de su detención, Nien fue oficialmente rehabilitada y declarada víctima de un arresto y persecución equivocados.

Poco tiempo después se le permitió al Estudio Cinematográfico de Shangai que llevara a cabo programas conmemorativos para sus miembros muertos como resultado de persecución. A la conmemoración de Meiping asistieron más de doscientas personas entre sus amigos y colegas artistas.

Mucho después se halló culpable de la muerte de Meiping a un hombre joven, que fue condenado, pero su sentencia quedó en suspenso. Los opositores políticos chinos se mantenían cautos y evitaban acumular nuevos registros que pudieran usarse más tarde en su contra.

Las relaciones entre China y los Estados Unidos jugaron un papel fundamental en el éxodo final de Nien. Mao murió en 1976 y los máximos responsables de la Revolución Cultural fueron encarcelados. Deng Xiaoping fue gradualmente tomando las riendas del gobierno, y los Estados Unidos consideraron a China como una nación muy favorable para el comercio. Las normas que regulaban esta condición estipulaban que las naciones debían permitir a sus ciudadanos viajar por motivos familiares.

Nien Cheng, con su voluntad y tenacidad indomables, argumentó con éxito que deberían permitirle visitar a sus dos hermanas en los Estados Unidos. No tenía nada que la retuviera en China porque cuando su porcelana antigua fue encontrada entre los objetos saqueados durante la Revolución Cultural, la había donado al Museo de Shangai.

De todas maneras, no podía llevarse nada a Estados Unidos, salvo su profundo sentido de dignidad y valor.

CAPÍTULO 7

MÁS IMPORTANTE
QUE LA VIDA MISMA

LAS HISTORIAS de Nien Cheng y Dennis Kozlowski parecen ser de mundos diferentes. Sin embargo, comparten una importante verdad: Ambas demuestran las consecuencias de la visión materialista del mundo. Kozlowski abrazó el materialismo; como a él le gustaba decir: "El dinero es lo que te mantiene triunfador". Los carceleros de Nien Cheng creían, con el mismo fervor, que el hombre sólo vive del pan. La diferencia entre Kozlowski y los maoístas era quién y cómo se conseguían las cosas, no la importancia de conseguirlas. Para los materialistas, la realidad empieza y termina con el dinero y el poder que genera. Como vemos a través de estos dos relatos, el materialismo es una perspectiva cerrada, mecánica y deshumanizante de la vida.

Los materialistas creen que lo que somos está determinado por lo que tenemos. La clase social de la cual venimos, nuestra educación o nuestro precio en el mercado laboral: Eso es lo que determina nuestro valor. Los Kozlowski del mundo (y los Kozlowski que tenemos dentro de nosotros) creen que ser rico y poderoso nos hace mejores que otros, al punto de creer que estamos por encima de la ley. Los comunistas simplifican la ecuación afirmando directamente que los poderosos *son* la ley.

Los occidentales a menudo hacen una distinción entre *estatus* y *valor*. La riqueza y el poder nos confieren privilegios que otros no tienen, y pueden convertir a cualquiera en una celebridad. Una persona triunfadora tiene *estatus* en nuestra sociedad. Pero no nos agrada pensar en él o en ella como alguien *mejor*.

¿O sí? El popular programa televisivo *American Idol* sugiere que sí lo hacemos. Nuestro Kozlowski interior cree que tener dinero, poder y fama demuestra que la persona *es* superior, alguien casi digno de adoración. Es más, algunos han sugerido que las celebridades de nuestro tiempo sustituyen a los dioses griegos. Tal vez pensemos que nuestra fascinación por las celebridades es sólo diversión, algo que no tomamos en serio, pero ¿cuántas personas adaptan su vida a lograr el estatus de las celebridades, y cuántas envidian a los que triunfan? Somos más propensos de lo que nos gusta admitir a considerar el valor humano en relación con la posición social.

Los pensamientos del marxista leninista Mao respaldan esta ecuación. Inclusive proclaman que la posición de la persona determina su experiencia como ser humano. Por esto los torturadores de Nien estaban tan asombrados por su capacidad de negarse a hacer una falsa confesión. Ahí estaba ella, el paradigma de los capitalistas decadentes. Los revolucionarios estaban seguros de que alguien que había disfrutado de sus privilegios no soportaría el confinamiento en una celda nauseabunda. Su espíritu se desmoronaría una vez que le quitaran el sostén material de su antigua vida.

Sin embargo, el valor de la vida de Nien Cheng no residía en lo que poseía. Nada en el pensamiento de Mao logró que sus captores lo comprendieran. Ella poseía una enérgica determinación de preservar su dignidad, una dignidad que ellos eran absolutamente incapaces de entender.

Tampoco el pensamiento de Kozlowski nos permite comprender a Nien Cheng. Ella no es un ídolo norteamericano, pero lo mejor que hay en nosotros la reconoce como la persona que nos gustaría ser.

Ambas historias retratan mundos que se han vuelto locos. ¿A los jóvenes revolucionarios el gobierno les da poder para presentarse y arruinar un hogar? ¿Es insuficiente una compensación de 500 millones de dólares por diez años? *Es una locura*, pensamos.

Los torturadores de Nien Cheng usaron todos los medios para llevarla a la locura. Sin embargo, una idea la mantuvo en su sano juicio. La misma idea que también puede preservarnos de la locura de Kozlowski. Nien Cheng creía en la verdad. Comprometiéndose con la verdad, nunca perdió su humanidad. Sus carceleros tenían poder para quitarle cualquier otra cosa, pero nunca podrían privarla de lo que ella sabía que era correcto.

Al abrazarse con fuerza a la verdad, Nien Cheng se mantuvo inmutable ante los horribles cambios de sus circunstancias. Nien demostró que podía reaccionar con total libertad en un entorno completamente distinto. Una vez más, vemos la gran verdad paradójica: Nuestro carácter no se define por las circunstancias, sino por nuestra reacción ante las mismas.

El apegarse a la verdad también le concedió a Nien la visión de que la justicia prevalecería y que, de ese modo, el bien triunfaría sobre el mal. Pudo ver al mal cara a cara y no parpadeó ni vaciló. Permaneció firme en su puesto, es más, agitando sus puños y riéndose de sus represores. Como queda claro de la experiencia de Nien Cheng, la adversidad no sólo no nos destruye, sino que puede fortalecernos si la contrarrestamos con nuestros principios.

En esto, Nien Cheng fue sostenida por su fe cristiana, la única entre las religiones del mundo que le da valor y significado al mal y al sufrimiento. La novelista inglesa Dorothy Sayers capturó la esencia de esa verdad: "A diferencia de la Ciencia Cristiana, que dice que el mal no existe, y del budismo, que define el bien como negarse a experimentar el mal, el cristianismo declara que la perfección se logra a través de los esfuerzos activos y positivos para lograr un bien real a partir de un mal real".[1] Esta es la esencia de lo que los cristianos llaman redención y subraya la paradoja que descubrimos antes: Debemos comprender el mal existente en nosotros antes de poder abrazar el bien.

En 1987 conocí a la señora Cheng en una cena ofrecida en su honor en Reston, Virginia, sede central del Ministerio a las Prisiones, el ministerio que fundé luego de salir de la cárcel. Entablamos relación poco tiempo después de que yo le escribiera, tras haber leído su extraordinario libro *Life and Death in Shanghai* [*Vida y Muerte en Shangai*], contándole de cuánta inspiración había sido para mí. Me escribió diciéndome que mi autobiografía, *Nací de Nuevo*, había sido el primer libro que le había dado su hermana cuando fue puesta en libertad. Compartimos por correspondencia muchas experiencias similares y esto nos condujo a la memorable velada en Virginia.

Nien Cheng es una mujer pequeña, de aspecto delicado; sólo las cicatrices de sus muñecas son evidencias de la brutalidad que vivió en la prisión. La tortura y las increíbles dificultades que enfrentó no afectaron su gracia y su apacible dignidad. Uno fácilmente podría imaginar a esta encantadora mujer sentada en su elegante sala en Shangai, rodeada de preciosas obras de arte, sirviendo té a sus visitantes.

A la cena en su honor asistieron más de una docena de senadores, funcionarios del gobierno y otros sesenta amigos del ministerio. Luego de la cena, la señora Cheng nos habló de sus experiencias. Expresó su oposición implacable al comunismo, que todavía tiene mucho poder en China, a pesar de sus reformas de mercado. Casi al final de sus comentarios, sonrió a la audiencia y dijo que esperaba ansiosamente la llegada de la próxima semana, el momento más emocionante de su vida, el día que había soñado mientras estaba en la prisión. Irguiendo su cuerpo de 1.55 metros, con la mirada brillante, anunció con orgullo que tenía una entrevista en el Tribunal del Distrito Federal para hacer el juramento como ciudadana de los Estados Unidos. Por un momento luchó para mantener la compostura, mientras la multitud de rudos veteranos de Washington la ovacionaba, muchos de ellos secándose las lágrimas.

Mientras escuchaba sus comentarios esa noche, mi aprecio por el carácter de la señora Cheng se profundizó. Lo notable era que estaba llena de un arrollador sentido de gratitud. En primer lugar, para con Dios. Le dio el mérito a su fe por sostenerla durante los siete años de maltrato en la prisión y la pérdida de su única hija. Y en segundo lugar, agradeció a los Estados Unidos por permanecer como baluarte de la libertad. Durante los momentos más oscuros de su vida, la sola existencia de nuestra nación le dio la esperanza de que algún día sería libre. Su gratitud fue la clave de su supervivencia y de su capacidad para vivir una vida plena después de años de encierro y de tortura.

La vida buena se hace realidad en nuestra capacidad para asirnos a la verdad y en nuestra dignidad humana.

La vida buena, como vemos en el ejemplo de Nien Cheng, no proviene de lujuriosas fiestas en Cerdeña o de otros placeres momentáneos. Y lo que es realmente importante, no se puede anular, ni siquiera en medio de la horrible adversidad. De hecho, a menudo encontramos verdadero significado y propósito en las penurias, cuando nos despojan de todas las distracciones de la vida moderna. La vida buena se hace realidad en nuestra capacidad para asirnos a la verdad y en nuestra dignidad humana.

Las posesiones y el estatus tienen tan poco que ver con el valor humano que una vida entera de pobreza no podría arrebatarnos nuestro sentido innato de dignidad. La mayoría de las personas más impresionantes que he conocido vive en la absoluta miseria.

Hace algunos años me di cuenta de que había fallado al no darles a mis hijos una educación adecuada sobre la vida. Sí, los había llevado de viaje, pero siempre alojándonos en buenos hoteles. Habían conocido varios de los lugares más importantes del mundo, incluso la Casa Blanca y el Palacio de Buckingham. Pero de pronto me sacudió el hecho de que, si bien habían conocido cómo viven unos pocos privilegiados, no tenían noción de cuánta gente en el mundo lucha en medio de la miseria.

Así que les pedí que me acompañaran a Lima, Perú, donde el Ministerio a las prisiones trabaja en una de las cárceles más duras del mundo y donde mi colega Mike Timmis dirige varios proyectos de microempresas para las personas más pobres entre los pobres.

Mis tres hijos no sabían qué les esperaba. Wendell y Chris estaban tranquilos, pero Emily empacó una funda de almohada limpia, porque no sabía dónde recostaría la cabeza por las noches y llevó consigo docenas de medicamentos para protegerse de las muchas bacterias.

Resultó ser uno de los mejores fines de semana que pasé con mis hijos. Visitamos cuatro prisiones, donde yo di conferencias y Emily, Wendell y Chris se abrazaron con extraños que aplaudían y agitaban sus Biblias. Hasta en aquellos lugares donde los olores putrefactos contaminaban el aire, mis hijos parecían contagiarse del entusiasmo espiritual de la gente. El temor a lo desconocido pronto fue reemplazado por un gozo auténtico.

Pero la experiencia más memorable fue nuestra visita a uno de los programas subsidiados. Como la mayoría de las grandes capitales en Latinoamérica, Lima se ha expandido rápidamente debido a la llegada de campesinos que construyen sus viviendas en las afueras de la ciudad. En cada metro cuadrado disponible de las áridas colinas que rodean a Lima, miles de ocupantes ilegales delimitan su espacio y comienzan a construir. Desde lejos, estos barrios tienen un aspecto opresivo y peligroso.

Sin embargo, al acercarse, uno descubre que los peruanos son expertos en construir sus viviendas con bloques de cemento ligero. Una cosa que sorprendió a mis hijos es que la mayoría de las casas no tiene techo. No ha llovido en Lima en cuarenta años y el clima es templado durante todo el año. ¿Por qué complicarse con el techo? La mayoría de los barrios no tiene alcantarillado ni agua potable, así que la municipalidad lleva agua a cada casa y la deposita en una cisterna cavada en la parte delantera. Las viviendas están en distintos estados de construcción continua; una vez que el primer piso de la casa está terminado, si los dueños tienen suficiente dinero, edifican el segundo. Todos pintan sus casas de diferentes colores, generalmente brillantes, y eso le da una variedad particular al barrio.

Mis hijos y yo conducimos a lo largo de muchos kilómetros por caminos polvorientos, con esas estructuras de viviendas rústicas a ambos lados de la carretera. Mike nos llevó a una comunidad construida literalmente en la cima de un basurero, un área que había sido rellenada y que inmediatamente comenzaron a habitar. Pasamos un rato con una familia que había recibido un préstamo de cien dólares del banco de proyectos y con el cual habían iniciado un próspero negocio de reciclaje. El hombre pasaba la mayor parte del día caminando por las calles del barrio, recogiendo botellas, pedazos de fierro y papeles, trayéndolos luego a su patio, donde los separaba en pilas. Los ataba en fajos y, una vez a la semana, los vendía para su reciclaje. Con ese negocio podía llevar una vida decente, alimentar y vestir a su familia, y enviar a sus niños a la escuela.

Mientras subíamos a su casa, caminamos a través de muchos montículos de basura y desperdicios en proceso de separación. El padre nos dio la bienvenida, limpiándose las manos con un trapo, pero al darse cuenta de que no quedaban limpias, nos ofreció su codo, el cual estrechamos con gusto.

También nos conmovió la calidez con que nos recibió esta familia. La casa era primitiva en su interior: El piso era de tierra, no tenían agua corriente y como inodoro, un agujero en el suelo. Esa pequeña habitación no sólo era el hogar del hombre y su esposa, sino también de sus hijas, yernos y nietos. Ciertamente estaban apretujados, aunque se veían felices, emocionados de recibirnos en su hogar. Emily había llevado su cámara fotográfica y se preparó para tomar una foto de las preciosas niñas de la familia. Antes de hacerlo, la madre levantó un dedo para indicar que debíamos esperar un momento y llevó a las niñas hasta la cisterna. Sacó un poco de agua y les lavó la cara, arreglándolas para la fotografía. Este pequeño gesto fue una inolvidable manifestación de legítimo orgullo por sus hijas, un signo de su infinito valor.

Ese día no vimos una pocilga. No vimos a esforzados peruanos descendientes de los incas golpeados por la pobreza. Vimos una familia que tenía el deseo de presentarse bien a sí mismos. Mostraban un sentido de dignidad y orden a pesar de vivir en circunstancias que muchos de nosotros ni siquiera podríamos imaginar. Estaban orgullosos de su casa, de su trabajo, de su capacidad de mantenerse y de su familia. Fue una lección sorprendente para el clan Colson.

Nuestra era consumista moderna se ha dejado engañar, creyendo que la vida consiste en satisfacer nuestras necesidades animales: Comer, beber, tener dinero, poder, sexo y ocio. Charles Malik, que fuera en una época subsecretario general de las Naciones Unidas, vio en qué medida se pasaba por alto las necesidades humanas reales. Discutiendo sobre la inclusión de la libertad de conciencia y religión en la Comisión por los Derechos Humanos de las Naciones Unidas, dijo: "Todos los que hacen hincapié en los derechos y las necesidades económicas básicas del hombre están influenciados en gran medida por su condición meramente animal . . . eso es materialismo, no importa de qué otra forma lo llamen. Pero a menos que la naturaleza propia del hombre, a menos que su mente y espíritu salgan a la luz, y sean protegidos y promovidos, la lucha por los derechos humanos es una farsa y una burla".[2]

Malik vio con claridad el gran peligro del materialismo: Le arrebata al individuo su sentido, su dignidad y valor, y de esa forma anula los fundamentos para la protección de los derechos humanos.

Algo en nuestro interior nos dice que los seres humanos sí gozan de un estatus y un valor únicos. Durante las largas y arduas audiencias después de que el presidente Reagan propusiera a Robert Bork como miembro del Tribunal Supremo, se produjo un debate sobre si estamos gobernados por una ley natural o si la Constitución es nuestra única guía. Bork argumentó enérgicamente que si bien puede haber cierta ley natural, los jueces están condicionados solamente por su interpretación de la Constitución.

En un punto de las audiencias, el senador liberal moderado de Delaware, Joseph Biden, retó a Bork. Normalmente son los conservadores, más que los liberales modernos, quienes respaldan el argumento de un orden natural. Pero Biden, en sus comentarios antes de interrogar a Bork, hizo una elegante declaración para las bases fundamentales de los derechos humanos: "Creo que mis derechos no provienen de la Constitución. Mis derechos no provienen de ningún gobierno. Mis derechos tampoco provienen de ninguna mayoría. Mis derechos existen porque yo existo. Me fueron otorgados a mí y a cada uno de mis conciudadanos por nuestro Creador, y representan la esencia de la dignidad humana".[3]

Por el solo hecho de existir tenemos significado y propósito. La comprensión de nuestra naturaleza humana supone dignidad y derechos. Esta verdad está escrita en nuestro corazón, como analizaremos luego.

Si meditamos sobre esto, nos daremos cuenta de que, bajo ciertas circunstancias, nuestra dignidad humana y nuestro propio respeto no sólo son más importantes que el placer y el estatus, sino más valiosos que la vida misma. Este concepto fue expresado de una manera vigorosa en *El Décimo Hombre*, una historia escrita por Graham Greene, y más tarde llevada al cine.

El escenario es una prisión nazi en Francia durante la Segunda Guerra Mundial. La Resistencia francesa en el pueblo local ha matado a tres personas: Un ayudante de campo, un sargento y una joven. Un oficial alemán viene al pabellón de los prisioneros para anunciar que fusilarán a uno de ellos por cada una de las víctimas locales. Los prisioneros deben elegir a tres de la compañía para ser ejecutados.

Después de un largo debate, deciden echarlo a la suerte, dibujando unas cruces en trozos de papel cortados de una vieja carta. A quienes les toquen al sacarlas, serán ejecutados. Luego ponen los papeles dentro de un zapato viejo.

Los prisioneros sacan por orden alfabético inverso, de la Z a la A, de acuerdo con sus apellidos. La tensión aumenta luego de que las dos primeras cruces ya han sido extraídas. La gente comienza a calcular las probabilidades de sacar la tercera cruz. Finalmente el zapato llega a Jean-Louis Chavel, un abogado adinerado. Quedan tres trozos de papel.

Escoge uno de ellos, lo devuelve sin mirar, toma otro, y descubre que el papel contiene la última cruz fatal.

Presa del pánico, el señor Chavel ofrece cien mil francos a cualquiera que esté dispuesto a tomar su lugar. Como nadie acepta su ofrecimiento, aumenta la cifra. Finalmente ofrece todo lo que tiene: Dinero, tierras y una gran casa en St. Jean de Brinac. Los demás prisioneros se sienten avergonzados por la cobardía de Chavel e insisten para que acepte su destino con valor.

Pero la oferta ha sido hecha y finalmente un hombre joven llamado Michel Mangeot la acepta. Lo desilusiona escuchar que la casa en St. Jean de Brinac no sea más moderna, pero le complace saber que les dejará una herencia a su madre y a su hermana. Su muerte será de alguna utilidad. Chavel y Mangeot pasan luego gran parte del tiempo que le queda al joven haciendo los arreglos para que los bienes sean transferidos a la familia de Mangeot luego de su ejecución.

A la mañana siguiente, Mangeot y los otros dos condenados son conducidos hacia el patio. Mientras resuenan los disparos del pelotón de fusilamiento, Chavel está sentado en el dormitorio, preguntándose en qué se ha convertido su vida.

Al finalizar la guerra, Chavel se vuelve una persona atormentada. No puede vivir con la culpa de su cobardía asesina y decide suicidarse. Pero antes de hacerlo, visita a la familia de Mangeot en su vieja casa en St. Jean de Brinac. Chavel se hace pasar por Jean-Louis Charlot, alguien que conoció a Michel y al sinvergüenza de Chavel en el campo de reclusión. Entra en su vieja casa como un mendigo buscando comida.

Inesperadamente, la hermana más pequeña de Mangeot siente pena por Chavel y lo invita a quedarse como sirviente de la familia. Sin embargo, su compasión tiene doble filo, porque el cobarde descubre que no sólo ha tomado la vida de Mangeot sino que, además, ha arrebatado la alegría de su hermana. Aunque la jovencita ahora vive en la riqueza, siente un odio implacable por ese tal Chavel. ¿Cómo pudo su hermano ser tan tonto como para no pensar que ella y su familia preferirían infinitamente su presencia en lugar de esta ruinosa fortuna?

A Chavel la vida le parece tan intolerable que, cuando un embaucador intenta conquistar a la muchacha, finalmente admite la verdad de lo que había hecho, a costa de su propia vida. En una escena final caótica, Chavel permite que el embaucador le dispare, a fin de impedir que

el hombre se aproveche de la familia una vez más. No lo dejará benefi-
ciarse de la hermana de Mangeot como alguna vez lo hizo él con su hermano. De ese modo, Chavel hace su último sacrificio, redimiéndose a sí
mismo, basado en lo que debería haber sabido todo el tiempo: Que ningún precio, no importa cuán grande sea, puede reemplazar una vida,
porque de ninguna manera se puede rebajar su infinito valor.

— • ◆ • —

El propósito de *La Vida Buena*, como explicamos anteriormente, es
buscar respuestas a las preguntas que nos afligen a todos: ¿Cómo desci-
framos el sentido de la vida? ¿Qué le da significado? ¿Cuál es la verdadera vida buena?

No alcanza con satisfacer solamente nuestros instintos físicos ni
consentir nuestros apetitos animales. Es más importante lo que afianza
nuestra dignidad innata y nuestro valor como seres humanos. Más
importante que la vida misma, como lo descubrió Chavel

¿Cómo se expresa entonces la dignidad humana? ¿En qué encuentra su plenitud y satisfacción? ¿Hacia dónde nos conduce esa dignidad?

CAPÍTULO 8

UNA VIDA
TRASCENDENTE

YA HE confesado que cuando estaba en la prisión mi mayor temor era que nunca pudiera volver a vivir una vida trascendente. Siempre había sido un idealista. Había ingresado a la política no solamente por el poder, sino por la oportunidad de concretar mis ideales.

Durante la Segunda Guerra Mundial, como estudiante, organicé una colecta de fondos que recaudó el dinero suficiente como para comprar un jeep para el ejército. Me inicié como voluntario en la política antes de que tuviera edad para votar. Estudié filosofía política y me empapé de los escritos de Burke y Locke. Me uní a los infantes de marina porque quería hacer algo que valiera la pena por mi país. Mi trabajo en la Casa Blanca no sólo representaba una gratificación personal, sino una oportunidad de lograr que la gente viviera mejor.

Ahora entiendo que mi preocupación en la cárcel era el resultado de confundir poder y fama con trascendencia. Vivir una vida trascendente no depende de los privilegios que acompañan a una alta posición, menos aún de la estima y del elogio de los demás. Vivir una vida que valga la pena consiste en aceptar nuestras tareas y responsabilidades, cualquiera sean éstas. La misma naturaleza del trabajo nos conecta con el orden moral y con el Dios que lo creó, un punto que analizaremos más adelante. El banco del taller, la mesa de la cocina, el escritorio con la

> *Vivir una vida que valga la pena consiste en aceptar nuestras tareas y responsabilidades, cualquiera sean éstas.*

computadora, o cualquier otro espacio de trabajo, es un altar. Existe un significado intrínseco en el trabajo bien realizado y cuando no captamos este hecho, nos convertimos en personas vacías.

Tuve que lidiar con esto en la prisión cuando no tenía otra cosa que hacer, más que las tareas serviles que me asignaban. Antes de ir a la cárcel, un amigo me regaló el libro de Dietrich Bonhoeffer *Letters and Papers from Prison* [*Cartas y Papeles desde la Prisión*]. Bonhoeffer fue un pastor y teólogo alemán que resistió valientemente a Hitler, pasó muchos años en prisión y más tarde fue martirizado y ejecutado por los nazis. Él temía que la vida anormal en la prisión comenzara a afectar sus hábitos, su disciplina y su mente. Durante tres años en la prisión Tegel en Berlín, Bonhoeffer siguió un régimen estricto. Se obligaba a levantarse todos los días a las cinco de la mañana para orar y leer la Biblia. Tomaba una ducha de agua fría para despertarse. Luego organizaba su día entre varios proyectos: Lectura, escritura y plegarias.

Cuando llegué a la cárcel, el asistente social que estaba encargado de mi caso me dijo: "Acostúmbrese, acéptelo. Usted ahora vive aquí. No piense en su casa". Leer a Bonhoeffer me convenció de hacer exactamente lo opuesto. Tenía que enfrentar tres años en prisión. Yo no quería "adaptarme a la cárcel". De manera que seguí el ejemplo de Bonhoeffer y me obligué a trabajar tan duramente como pudiera. Usaba el día completo para escribir, estudiar, hacer mi trabajo en el lavadero de la prisión, ejercitarme físicamente y ayudar a otros internos. Rara vez me permitía alguna distracción. Lo que más temía era estar sin hacer nada.

En la lavandería de la prisión, yo manejaba la lavadora y a mi lado, el ex directivo de la Asociación Médica Americana, atendía la secadora. Nuestra tarea consistía en poner las ropas adentro, sacarlas y luego colocarlas en unos recipientes para que los reclusos las retiraran al final del día. La parte más difícil del trabajo era precisamente ésa: Que no había nada difícil; la tarea nos mantenía ocupados sólo una de las ocho horas. El resto del tiempo uno podía pasarlo mirando girar las máquinas, pero yo lo usaba para leer y pensar cómo podría comenzar a vivir nuevamente. Lo irónico fue que mediante mi lectura confirmé el sentido de mi experiencia allí en la lavandería: Aprendí que cualquier tipo de trabajo puede ser trascendente y satisfactorio.

Veía que las horas vacías absorbían la vida de muchos de los reclusos. El entorno de sus literas estaba sucio y descuidado, ignoraban la mínima higiene, como guardar el cepillo de dientes y sus enseres de afeitar en un estuche limpio. Si les asignaban algún trabajo, perdían el tiempo hablando, normalmente acerca de su resentimiento contra los traidores, otros enemigos personales y "el sistema". Los que no tenían tareas asignadas pasaban la mayor parte del día en sus literas, medio aturdidos, tratando de evadirse en la vacuidad de sus pensamientos. Literalmente, se les iba la vida durmiendo.

Llegué a comprender cuán severo castigo es la cárcel. En tanto que la pena máxima que aplica la sociedad es quitar la vida de una persona, la sentencia a prisión le quita una parte de ella.

Recién cuando salí de allí y tomamos unas vacaciones con Patty, me di cuenta de qué manera había afectado mi vida el caso Watergate y la prisión. Por momentos me sorprendía siendo áspero con Patty, a menudo diciéndole bruscamente las cosas sin ningún motivo. Estaba física y emocionalmente exhausto. Cuando reflexioné acerca de mi estado mental, me di cuenta de que mi problema no era tanto el caso Watergate. Había crecido en el combate político a pesar de que todo el mundo me tenía entre ojos. Pero el esfuerzo por permanecer ocupado en cosas útiles, a pesar de la atmósfera aletargante de la cárcel, me había vencido. Lo más extenuante de la prisión había sido la inactividad forzada y la ansiedad que sentía por mi familia y mis amigos. Es un estado antinatural, que llega a ser abrumadoramente estresante. Había estado tan ansioso en la prisión, que la primera oportunidad de distensión fue demoledora.

Es posible superar circunstancias todavía más extremas en la prisión, como nos enseña Nien Cheng, y como pude ver en la vida de un hombre notablemente "exitoso", una mañana de Pascua en la penitenciaría de Parchman en Mississippi. Luego de hablarle a la población de la cárcel, visité el corredor de la muerte, como suelo hacer. Acostumbro ir celda por celda, hablando con aquellos que tienen ganas. Los reclusos en el corredor de la muerte son los intocables, los que no participan de la vida regular en la prisión ni pueden asistir a ninguno de los eventos. Estos prisioneros están desesperadamente solos, suspendidos en el tiempo, mientras esperan que culminen sus apelaciones y se fije la fecha de su ejecución.

Mientras me acercaba a una celda en ese día de Pascua, vi a un corpulento hombre afroamericano sentado en un escritorio sobre el que se apilaban Biblias y libros. Estaba concentrado en la lectura de un libro pero, cuando vio que me aproximaba, se acercó hacia los barrotes y me saludó con una gran sonrisa. Se presentó como Sam y con emoción me dijo que había leído todos mis libros y que había recibido mucho aliento mediante mi ministerio.

Comprobé que Sam, un firme cristiano, estaba usando ese tiempo en el corredor de la muerte para estudiar teología. "Cuando salga de aquí", dijo sonriendo y luego se detuvo por un momento, "es decir, si salgo de aquí . . . voy a predicar. Quiero ser un ministro, como usted".

Sam podía estar en el corredor de la muerte, confinado a una solitaria celda de dos por tres metros, y salir de esa celda sólo una hora al día para hacer gimnasia y bañarse, pero era más laborioso que muchas personas que conozco. Era como un abogado penalista preparándose para un gran alegato en el tribunal. Sabía exactamente qué quería lograr en la vida y se esforzaba con diligencia por conseguirlo.

Miré el interior de su celda y me di cuenta de que, a diferencia de los otros reclusos en el corredor de la muerte, él no tenía televisor. Yo sabía que a los prisioneros se les permitía comprar un aparato. Le dije: "Me he dado cuenta de que no tiene televisor. Me gustaría conseguirle uno".

"No, gracias, Chuck", respondió. "Realmente te lo agradezco, pero sabes, prefiero no tenerlo. Se pierde demasiado tiempo con esas cosas".

¿En el corredor de la muerte, contando las horas que te quedan para morir, procurando usar productivamente cada hora? Mientras me alejaba, mi compañero me dijo: "Está loco como para no aceptar ese ofrecimiento tuyo".

Miré a mi amigo: "Él es el cuerdo. Nosotros somos los locos". Sam estaba logrando su deseo de trascendencia, aun cuando los jueces decidieran condenarlo a muerte.

Tal vez le agrade saber que la apelación de Sam fue favorable. Salió del corredor de la muerte y regresó a la población general de la cárcel, donde sus lecturas de teología fueron bien aprovechadas, dando a conocer a otros sus convicciones. Murió de causas naturales en el año 2000. Aún tras las rejas, Sam vivió una vida con significado y trascendencia.

No es frecuente que escuchemos a la gente hablar sobre la realización del gran sueño norteamericano en términos de trabajo y responsabilidad, sino más bien lo opuesto. Cuando era un adolescente, pensaba que la meta era ascender desde mis modestos comienzos, ganar buen dinero y guardar lo suficiente para mi jubilación. Cuando cumpliera los mágicos sesenta y cinco años podría dejar mis responsabilidades laborales, hacer mi nidito en un paraíso soleado, jugar al golf e ir a pescar.

La vida de ocio no es sólo un sueño. La mayoría de las personas en el rico mundo occidental la consideran un derecho. Los contratos laborales generalmente garantizan a los trabajadores europeos seis semanas de vacaciones, además de nueve a doce días libres adicionales. Los europeos tienen su receso en agosto y las vacaciones son el momento más importante del año. El número de horas que trabajan los alemanes, franceses e ingleses ha disminuido a un ritmo constante. Aunque en Norteamérica se ha mantenido la ética del trabajo con más fuerza que en la mayor parte de Europa, los norteamericanos hablan cada vez más sobre el tiempo libre y el ocio como una manera de identificar niveles de calidad de vida.[1]

Yo vivo en una hermosa comunidad de retiro en Florida. He observado un desfile continuo de ejecutivos jubilados que compran condominios y chalet de tejas, dejan atrás el bullicio y las presiones de los negocios, toman sus bolsas de golf y salen a jugar a los campos. He visto cuán poco duran esos arranques iniciales de entusiasmo y libertad. En el mejor de los casos, seis meses.

En seguida comienzan a aburrirse. Un ex ejecutivo desilusionado le preguntó a un amigo: "¿Tengo que jugar al golf *todos los días*?" Los jubilados empiezan a sentir nostalgia por los días en que hacían cosas importantes, cuando otros los necesitaban.

He visto cuán aplastante puede ser la falta de estímulo laboral. Un amigo, que es una persona con habilidades, abandonó temprano la abogacía porque quería viajar con su esposa y disfrutar de sus cuatro casas. Tenía todo aquello para lo cual el sueño norteamericano dice que debemos vivir, pero carecía de algo trascendente para hacer. En el término de diez años lo vi deteriorarse mental, emocional y físicamente. Creo que el estrés de tratar de parecer normal en circunstancias en las que no tenía nada para dar, nada para satisfacer su deseo de trascendencia, lo fue deteriorando hasta destruirlo. Cuando las personas están ociosas, carecen de propósito y empiezan a corroerse como piezas de un artefacto sin uso.

He visitado a la suficiente cantidad de ancianos en centros de retiro (algunas personas los llaman "Mundo de ocio"), para darme cuenta de que si bien algunas de esas instalaciones son necesarias, no son en absoluto el paraíso. Algunos hombres retirados descubren que la meta de la vida no es el ocio sino mantenerse trabajando, a veces a los setenta, ochenta y noventa años. Morley Safer, corresponsal de *60 Minutos*, llevó su equipo de filmación a la empresa Vita Needle en Needham, Massachusetts, donde treinta y cinco personas ya jubiladas trabajan en una pequeña planta industrial.[2] Una de ellas es la nonagenaria Rosa Finnigan, quien aún trabaja treinta y siete horas por semana. Safer le preguntó por qué lo hace.

"Porque me moriría de aburrimiento sentada sin hacer nada", le dijo Rosa. "Además, me entumecería, mis dedos se atrofiarían. De ninguna manera; ya lo intenté y no me gusta".

Bill Frison llega a su trabajo a las seis en punto de la mañana, cinco días a la semana. Frison se jubiló a los sesenta y nueve años, pero se dio cuenta de que el retiro no era para él ni para su esposa. "Ella no estaba acostumbrada a tenerme en casa ocho horas más por día. Bueno, yo no encontraba suficientes cosas para hacer. . . ." Frison, que tiene ochenta y tres años, ha trabajado en la compañía durante catorce años.

El dueño de la empresa descubrió que los empleados más viejos son sumamente productivos, lo cual le permite a la compañía mantenerse extraordinariamente competitiva.

Luego Safer llevó su equipo por todo el país, buscando la misma historia. Descubrió a un peluquero de noventa y siete años en Manning, Carolina del Sur; a un alcalde de ochenta y siete años en Potsdam, Nueva York; y a un científico, Ray Crist, quien continúa trabajando nueve horas al día, cinco días a la semana, a la edad de ciento dos años. "¡Esto no es trabajo!", comenta el científico. "Esto es muy interesante. Mire, mire. Yo descubro lo que está pasando".

Una de las entrevistadas de Safer lo resume así. "La gente vive cada vez más. Y cada vez más gente se da cuenta de que el haber llegado a los sesenta o sesenta y cinco años, no quiere decir que estés al final del juego. . . . En el último año, el promedio de los jubilados miraba cuarenta y tres horas de televisión por semana, y para mucha gente, eso es una especie de páramo".

Si se les diera la oportunidad, mucha gente elegiría la vida de la empresa Vita Needle antes que retirarse a su casa. Lo que las personas muestran en el programa de Safer es que han descubierto que el trabajo las hace sentir realizadas. Refuerza el respeto por sí mismas y el sentido de autorrealización. El trabajo les permite responder a las demandas de la naturaleza humana.

Nuestra sociedad de consumo nos enseña que comprar y gozar de bienes materiales nos hará felices. Pero nuestra naturaleza en realidad establece una proposición completamente opuesta. Día tras día se nos dice que el trabajo es un mal necesario y que el ocio, es decir, liberarse del trabajo y de la tarea productiva, es el gran objetivo de la sociedad de consumo. Pero en nuestro interior sabemos que el ocio en sí mismo no satisface.

Si nuestra naturaleza anhela dignidad y respeto propio, tales necesidades sólo pueden satisfacerse cuando descubrimos nuestro propósito, el cual abarcará a nuestro trabajo y nuestras responsabilidades. Necesitamos usar nuestros dones y nuestra creatividad, ya sea en el trabajo o en el cuidado de nuestra familia (que es un *gran* trabajo). Hemos sido "ensamblados" para el trabajo y siempre hallaremos en él gran satisfacción.

Tal vez usted esté diciendo: "Eso está bien para usted, porque los escritores son creativos por naturaleza y su trabajo puede ser fascinante. Pero, ¿qué hay de la gente cuyos trabajos son serviles, duros y pesados?"

Howard Butt hijo, un hombre de negocios, cuenta la encantadora historia de un amigo que se detuvo en un taller para que le arreglaran un neumático. Observó al mecánico sacando la tapa con una barra de hierro, girando las tuercas con su llave para aflojarlas y montando la rueda en la máquina para sacar la cubierta. Con la guía del mecánico, la máquina sacó el neumático viejo y puso uno nuevo. En menos de diez minutos el mecánico había ajustado la última tuerca de la rueda reparada. Luego dijo, pero no al cliente sino como hablándole a la nueva rueda: "Ya está, otro buen trabajo hecho por mí". Butt dijo acerca del mecánico: "No era el cambiar una rueda lo que lo definía, sino el hacer bien un trabajo".[3]

Quien no haya tenido una experiencia similar, haciendo bien una tarea concreta, con el placer que eso da, de verdad tiene una pobre vida. La simple frase del mecánico: "Otro buen trabajo hecho por mí", expresa la conexión que todos sentimos con las cosas que se hacen verdaderamente bien en la vida mediante el trabajo.

Conozco el placer de trabajar en quehaceres rutinarios. Por mi amor a los automóviles, para mí, pasar un buen domingo es lavar y lustrar mi auto. Lavo meticulosamente la carrocería con agua y jabón, la enjuago y la seco con una gamuza. Luego distribuyo la cera y froto con fuerza hasta lograr un brillo reluciente. Cuando termino un sector, retrocedo unos pasos, lo miro y admiro, entonces sigo por otra parte y repito el proceso. Se gasta un montón de fuerza muscular lustrando el auto completo, pero me resulta extraordinariamente satisfactorio y cada parte es tan gratificante como escribir un buen capítulo de un libro. Cuando culmino mi trabajo, a menudo entro a la casa y traigo a Patty para que pueda admirarlo también. Camino alrededor del auto y lo miro desde diferentes ángulos para ver la belleza del auto brillando al sol.

Desde hace algunos años, tengo menos tiempo para dedicarle a los quehaceres de la casa y muy a menudo le pago a alguien para que lave y lustre el auto. Pero cuando lo hace otra persona, no camino alrededor del auto para examinarlo desde cada ángulo, ni llamo a mi esposa para que salga a mirarlo. No siento ninguna satisfacción personal por ese brillo.

¿No somos todos parecidos? ¿Acaso no disfrutamos de hacer algo bien, sea lo que sea? No todos somos compositores de grandes piezas musicales o arquitectos de hermosas construcciones, pero todos somos artesanos. Todos apreciamos hacer bien nuestro trabajo.

La novelista inglesa Dorothy Sayers a menudo escribía sobre el trabajo desde la perspectiva de la teología cristiana. Decía que el trabajo es "el ejercicio y función natural del hombre, criatura que fue hecha a la imagen del Creador".[4] Sayers lo sintetizó en esta contundente expresión: "El trabajo no es, ante todo, algo que uno hace para vivir, sino que uno vive para hacerlo".[5] El trabajo, sostenía Sayers, es el indicador de nuestra vida, y la verdadera satisfacción no reside tanto en el trabajo, como en la realización de la propia naturaleza y en la contemplación de la perfección de su trabajo.

Sostengo que una de las principales causas de infelicidad radica en que la sociedad nos dice una cosa pero nuestra verdadera naturaleza nos dicta otra distinta. En esas instancias somos, en el más amplio sentido de la palabra, disfuncionales. Lo importante, como veremos más adelante, es encontrar el orden natural, no sólo en nuestro trabajo, sino en cada área de la vida. Entonces, sin tomar en cuenta los mitos de la sociedad, adaptar nuestra vida a ese orden.

———•·•———

¿Qué hemos aprendido sobre la vida buena? ¿Se trata de comer, de beber y divertirse, de vivir como si no hubiera un mañana? ¿Acaso consiste en el ocio, en el placer y en la satisfacción de cada deseo sensorial? No, la verdadera felicidad no se logra mediante bienes materiales ni por saciar nuestros apetitos. Se encuentra desarrollando nuestro carácter para reflejar el propósito para el que fuimos creados.

La verdadera felicidad . . . se encuentra desarrollando nuestro carácter para reflejar el propósito para el que fuimos creados.

Esto no puede lograrse encerrados, como individuos solitarios apartados de los demás. Este es otro gran mito de nuestra sociedad: La idea de que podemos vivir por y para nosotros mismos. La verdad, como descubrí en un triste encuentro con una de las figuras del trágico Watergate, es que la vida nunca se puede vivir en soledad y para nosotros mismos. Vivimos en comunidad y vivimos para otros, más allá de lo que nuestra cultura diga. No somos, como a muchos les gusta pensar, nuestros propios dioses.

CAPÍTULO 9

UN SILENCIOSO ADIÓS

VIVIMOS EN la era de la autonomía personal, la que define nuestra vida de acuerdo con las elecciones que hacemos. Según cree nuestra cultura, y los jueces han coincidido, el papel de la sociedad es el de no poner límites a nuestras elecciones. Como dice un experto: Vivimos en la "república del yo imperial", en la que somos libres de cualquier tipo de restricciones innecesarias a fin de conseguir lo que nos hará felices.

Las premisas sobre las que hombres y mujeres basan sus vidas, a menudo quedan reveladas por la forma en que termina su existencia. Entonces, ¿cómo termina una vida orientada en pro de la felicidad y el poder personal, y qué nos dice ésto acerca del ideal de correr tras nuestros propios objetivos? Tuve un conmovedor encuentro con un antiguo colega de la Casa Blanca que responde a estas preguntas de una manera dramática.

La política tal vez sea el ámbito perfecto en el cual podemos observar el individualismo como la única cosa que importa. Los políticos nunca saben quién de ellos será el próximo contra quien tengan que competir en una elección, de modo que no pueden confiar en nadie. Sienten cada vez más necesidad de reservarse sus opiniones, lo que les puede producir un aislamiento desorientador. Los equipos de los políticos también operan para colocarse en una buena posición, peleando por acceder al poder y a sus beneficios: Mejores salarios, oficinas más espaciosas y limusinas con chofer. Nadie se permite bajar la guardia en este mundo de "¿Quién está en la cima?"

Cuando llegué a la Casa Blanca, Bryce Harlow, el amigo que me había recomendado ante el presidente Nixon, me dio el siguiente consejo: "Chuck, estás entrando a la oficina más poderosa del mundo. Pero todos son la *prima donna*, así que lo primero que debes recordar es que no puedes confiar en nadie. Por eso, cuando camines por los pasillos, mantén la espalda pegada a la pared".

En la Casa Blanca de Nixon, el nombre del juego era acercarse al presidente (y el tema de la canción en las oficinas era mantenerse tan cerca de él como fuera posible). El consejo de Harlow era la consigna de todos: Ninguno de nosotros confiaba en los demás, con lo cual reflejábamos en parte la personalidad del Presidente y en parte el carácter de la política.

La atmósfera de desconfianza generalizada en la administración de Nixon no me impidió admirar a muchas de las personas con las que trabajaba. Una de ellas era John Ehrlichman, la mano derecha de Nixon en política interior. En un ambiente competitivo, los jugadores conocen las fortalezas de sus rivales y John tenía dones formidables.

Cuando pienso en John Ehrlichman lo veo sentado en su espaciosa oficina de la Casa Blanca, la cual estaba exactamente encima del Salón Oval. Las ventanas detrás del escritorio de John miraban hacia el monumento a Washington. Cuando yo entraba a una reunión con él, sentía una especie de sobrecogimiento. John tenía una poderosa presencia personal, distinguida y reflexiva. Miraba atentamente por encima de sus anteojos; sus ojos eran oscuros y penetrantes. Hablaba con autoridad, era duro y contundente, un abogado brillante.

John Ehrlichman se sentía como en su casa en el papel de asistente del Presidente. En realidad, parecía hecho para ese papel. Él y su esposa Jean, una mujer inteligente y serena, tenían tres hijos: Peter, Jody y Jan. Les gustaba salir juntos al circuito social, a estrenos de obras teatrales, películas y galas, donde John disfrutaba de ser anunciado ante el aplauso de la multitud.

John, junto con Bob Haldeman y Henry Kissinger, formaban un poderoso triunvirato que custodiaba el acceso al Salón Oval. A Ehrlichman le preocupaban los mínimos detalles y a menudo era la solitaria voz de la razón en el equipo de Nixon. Mientras otros eran rápidos para emitir juicios con ligereza, John a menudo consideraba sabio solicitar opiniones de una amplia variedad de personas. Siempre se las arreglaba para permanecer calmado y pensar con claridad durante las crisis.

Encontré que John era una de las personas más fáciles con quienes se podía trabajar durante la gestión. Era buen compañero y afectuoso. El abogado que ambos llevábamos dentro congenió rápidamente.

Sin embargo, John no supo advertir el problema que ocasionaría el equipo de los plomeros. El Presidente puso a Ehrlichman y a Kissinger a cargo de los plomeros para detener la fuga de documentos del gobierno. Ellos, a su vez, delegaron su responsabilidad a dos diputados, Egil "Bud" Krogh y David Young. Uno de los grandes errores de la historia fue echarle la culpa exclusivamente a Ehrlichman por lo sucedido con los plomeros. La verdad es que otros compartían la responsabilidad.

John tomó una innumerable cantidad de decisiones erróneas en relación a Watergate. Durante todo el escándalo, el único memo escrito encontrado que autorizaba una acción ilegal (la irrupción en la oficina del psiquiatra de Ellsberg) tenía la firma de John.

John poseía una voluntad firme, gran determinación e influencia. Pero no creo que haya sospechado alguna vez que los mismos atributos que habían hecho de él un gran hombre, podrían contribuir a precipitar su caída. Como devoto de la Ciencia Cristiana, él creía, al igual que Krogh, de quien ya hemos hablado, que la realidad consiste en la manera en que pensamos acerca de ella y que podemos evitar las consecuencias negativas si cambiamos nuestra manera de pensar. El jefe del gabinete presidencial, Bob Haldeman, compartía el tipo de creencia de John. Estos hombres no creían en la realidad del mal, no al menos como una fuerza destructiva dentro del corazón de cada ser humano. Pienso que éso fue lo que los llevó a creer que un encubrimiento podría funcionar. La realidad sería como ellos eligieran diseñarla.

En las audiencias del caso Watergate, Ehrlichman defendió incondicionalmente la administración de Nixon desafiando a los interrogadores del comité Ervin. Se mostró crítico y a la defensiva, lo cual contrariaba su forma de ser. Curiosamente, Bob Haldeman, que parecía un Doberman en la Casa Blanca, trató de conciliar con el comité.

Cuando llegó el día en que el presidente Nixon tuvo que despedir a John Ehrlichman, John le hizo una pregunta conmovedora y significativa: "Señor Presidente, le pido un favor. Quiero saber qué puedo decirle a mis hijos". Yo sabía perfectamente qué inquietaba a Ehrlichman. Él había sido un político exitoso y nunca podría explicarle a su familia que había sido despedido. Estaba profundamente herido. Creo que en ese momento tomó la determinación de limpiar su nombre algún día.

Durante el período en que John Ehrlichman fue puesto a prueba por su papel en el caso Watergate, su vida comenzó a desbaratarse. Tuvo una aventura amorosa, muy divulgada por ese entonces, que lo llevó a la ruptura de su matrimonio con Jean, una relación digna de un libro de cuentos. La aventura amorosa era tan inesperada que llegué a la conclusión de que John estaba derrumbándose bajo la enorme presión del caso Watergate.

Tanto Ehrlichman como Haldeman fueron condenados por su participación en el caso Watergate. John además fue encontrado culpable por su papel en el caso Ellsberg. John fue a la cárcel y cumplió dieciocho meses de su condena de cuatro a ocho años en Swift Trail Camp, una prisión federal de mínima seguridad al sur de Safford, Arizona.

John me caía bien y quise mantener comunicación con él. Le escribí a la cárcel y también luego de que saliera en libertad, pero percibía un tono de amargura en sus respuestas. Yo nunca había atestiguado directamente en su contra, pero en el curso de mis testimonios sobre el caso Watergate fui sincero sobre lo que sabía acerca de su actuación. Además, yo le había recomendado a John la contratación de Howard Hunt, uno de los hombres que luego intervino en el caso Watergate. Creo que nunca me lo perdonó.

Cuando salió de la prisión, Ehrlichman escribió varios libros: _Witness to Power: The Nixon years_ [_Testigo del Poder: Los Años de Nixon_] y dos buenas novelas, _The Whole Truth_ [_La Verdad Completa_] y _The China Card_ [_La Carta China_]. Le escribí felicitándolo por estos trabajos y me respondió con una nota. Era bastante amigable, pero en sus comentarios públicos sobre mí se mostraba ácido. Tuve que preguntarme si esto se debía a que me había convertido al cristianismo y mi vida estaba cambiando, mientras él parecía continuar atado al pasado.

Con el tiempo, John volvió a casarse y se mudó a Nuevo México, donde Patty y yo lo visitamos en 1984. Vivía en la ladera de una montaña, en una hermosa casa estilo español con grandes patios de piedra que miraban hacia las colinas. Se había dejado la barba y vestía de manera muy informal, casi bohemia. El operador político se había convertido en un moderno y simpático escritor. Conocimos a su joven esposa, con quien había tenido un hijo, Michael. Amaba entrañablemente al niño y lo llamaba su alma gemela. Parecía que John había logrado poner en orden su mundo. Sin embargo, su vieja personalidad autoritaria surgió nuevamente durante nuestra visita.

Yo acababa de publicar mi tercer libro, Loving God [Amar a Dios], y le regalé un ejemplar.

—Dios amoroso, ¿eh? —comentó él—. Precisamente lo que necesitamos, un Dios que nos ame.

—No —le respondí—, significa lo contrario: Nuestro amor a Dios, no el de Dios hacia nosotros.

La mirada que me dio indicaba que, a pesar de su nueva vida, guardaba resentimiento. Sus heridas seguían abiertas.

———◦•◦———

Le perdí el rastro por un tiempo breve. Luego, a mediados de los 90, me enteré de que se había mudado a Atlanta y que su segundo matrimonio había fracasado. En ese momento estaba casándose de nuevo, esta vez con la dueña de un restaurante.[1] Poco después de enterarme de su paradero, leí una entrevista donde él me culpaba de buena parte de lo ocurrido en el caso Watergate. "En esa reunión, nadie hizo nada respecto a Brookings. Nixon se encontró con alguien que primero aplaudía y más tarde daba su opinión: Charles Colson".[2]

Al poco tiempo, el productor de un proyecto cinematográfico sobre el caso Watergate llamó para preguntar si yo estaría dispuesto a ser entrevistado para una película que John estaba montando. Rechacé la entrevista porque quería dejar atrás el caso Watergate. Entonces John en persona me llamó. Debe haber sido algo difícil para él y habrá deseado que las declaraciones que había hecho en esa entrevista no me hubieran enojado demasiado. Cuando conversamos, me di cuenta de cuánto significaba el proyecto para él. Consideraba a la película como la declaración definitiva sobre el caso Watergate, y parecía haberse convertido en lo más importante de su vida. Ahora me doy cuenta de que él deseaba que sirviera como una especie de reivindicación y de herencia. John prometió tratarme con equidad y no ser innecesariamente crítico. Hizo lo imposible por conseguir que yo formara parte del film. En un intento por reconstruir mi relación con él, acepté la entrevista.

Viajé a Atlanta para la grabación. El productor ejecutivo de la película fue a buscarme al aeropuerto y me llevó a la Universidad Internacional, donde grabamos durante casi dos horas. Luego de la entrevista, Ehrlichman y yo pasamos algún tiempo conversando. Estaba entusiasmado con su nueva vida. En Karen, su tercera esposa, creía haber encontrado el verdadero amor y disfrutaba mucho de su restaurante. Acababan de regresar de la Baja Península, donde habían observado a las ballenas en su migración anual.

—Fue una experiencia única en mi vida —dijo John—. Sólo puedo describirla como una experiencia espiritual.

Intenté movilizar su anhelo espiritual.

—La naturaleza puede ser una cosa maravillosa —le dije—. Los cielos declaran la gloria de Dios. Pero sólo Dios es la fuente de la verdadera espiritualidad. Hay un vacío con la forma de Dios en cada corazón . . . —proseguí contándole acerca de mi fe cristiana y la influencia que había tenido en mi vida.

—Tenemos que volver a reunirnos —dijo luego—. En realidad me gustaría conversar más acerca de esto.

A pesar de que me estaba eludiendo, a la vez sentí que me escuchaba.

Finalmente, la película sufrió los retoques expiatorios de John. Fue su apología y por ese motivo no resultó del todo creíble. John siguió intentando deshacer lo que ya estaba hecho, pero no encontraría en la respuesta del público a la película, el perdón que tal vez estaba buscando. De alguna manera, el proyecto de la película era un acto de orgullo, una campaña de John por rehacer su reputación manchada. Si la dignidad humana proviene de abrazar la verdad, el valor del arte viene de expresarla. Cualquier intento por manipular la verdad con propósitos espurios siempre produce errores.

———•◦•———

En el verano de 1998, recibí un llamado desesperado de Patricia Talmadge, una amiga de John. "Ehrlichman está muy enfermo. No tiene muchos amigos, y su familia no está aquí", me dijo. "Estoy cuidándolo yo. ¿Podría venir a verlo?" Patricia había sentido cierto interés hacia él luego de conocerlo en una fiesta. John no tuvo en cuenta que su ex suegro, el senador Herman Talmadge, había sido uno de sus inquisidores en el comité investigador Ervin. Fue así que me enteré de que la tercera esposa de John lo había abandonado. También supe que sus hijos vivían en la Costa Oeste.

Viajé a Atlanta para visitar a John en la clínica y me di cuenta de la diferencia entre este entorno institucional y su casa palaciega en las colinas de Nuevo México. Patricia me recibió y fue a la habitación de John para prepararlo para mi visita. Padecía de insuficiencia renal causada por la diabetes.

Cuando entré a la habitación de John vi a ese hombre que alguna vez había sido poderoso, imponente y distinguido, sentado en una silla de ruedas, arropado con su chaqueta de punto y una manta sobre las piernas. Tenía setenta años pero su salud estaba diezmada. Había perdido veinte kilos o más, y la piel del rostro le colgaba en pliegues fláccidos, cubiertos por una barba descuidada.

De pronto sentí compasión por él. Nixon lo había traicionado. John había perdido su poder, había caído en desgracia y terminado en la cárcel. Las mujeres que lo habían amado lo habían abandonado; ni siquiera sus hijos estaban a su lado. Este hombre que alguna vez había sido buscado por los poderosos del mundo, cuyos deseos habían sido órdenes, estaba ahora desesperadamente enfermo y prácticamente abandonado. Su mundo se había reducido: Ya no era el de la oficina ubicada cerca a la del presidente sino esta solitaria clínica.

Tuvimos una larga conversación. Le pregunté por sus hijos y evité hablar sobre su tercera esposa. Le conté sobre mis actividades. Le hablé acerca de lo que me motiva y le da sentido a mi vida: Mi fe.

Me miró con la misma expresión meditabunda que lo había hecho tantas veces. Luego entornó los ojos y la luz en ellos se apagó. De repente dijo: "El médico dice que con unas pequeñas inyecciones de morfina me puede sacar de carrera. No sentiré dolor. Simplemente me quedaré dormido. De todas maneras, no le importo a nadie. ¿Para qué seguir viviendo?" Sus palabras salieron lenta y lánguidamente, como resignadas a su destino.

Me corrió un escalofrío por la espalda. Él hablaba en serio y yo quería ofrecerle la mejor respuesta que pudiera darle. Luché para elegir mis palabras cuidadosamente; su vida estaba en juego.

Le dije a John que su vida no le pertenecía, que era un regalo de Dios. Le aseguré que su vida había sido creada a la imagen de Dios, lo cual le daba una dignidad innata, cuyo valor no dependía de las circunstancias. Le recordé que por amor a sus hijos debía resguardar su propia vida. Acabar con ella sería un terrible ejemplo. Le dije que podía llegar a conocer íntimamente a su Creador en el tiempo de vida que le quedaba, entablar una relación con Él e incluso experimentar gozo, a pesar de su sufrimiento.

No sé qué efecto tuvieron mis palabras, pero no solicitó la sobredosis de morfina. Patricia Talmadge me contó luego que mi argumento de que daría un pobre ejemplo a sus hijos tuvo efecto.

Lo visité una vez más antes de que Patricia me avisara que estaba muriendo.

A comienzos de 1999, John decidió interrumpir su diálisis. Sus hijos estaban con él para despedirse. Patricia me llamó para preguntarme si podía orar por él antes de que muriera. Yo estaba apenas recuperándome de una fuerte gripe y mi médico me había indicado guardar reposo. Tampoco quería contagiar a John, por lo tanto pedí a Pat MacMillan, uno de mis amigos íntimos y miembro de la junta, que lo visitara y asistiera en todo lo que él necesitara.

Pat le habló a John del amor de Cristo una vez más y oró con él. John no dijo nada, excepto fijar su mirada y asentir con la cabeza. Espero y confío en que él también estuviera orando.

John Ehrlichman falleció el día de San Valentín de 1999. No hubo un funeral para el hombre que alguna vez ostentó tanto poder. Nadie vino a llorar su muerte. John le había dicho a Patricia que quería un "silencioso adiós". Fue cremado y enviaron sus cenizas a su hijo Peter.

La lógica del individualismo, de la autojustificación y del perfeccionamiento es, al final y paradójicamente, suicida.

Los últimos años de John Ehrlichman muestran una parábola sobre cómo la autonomía personal se convierte en una pesadilla. Si vivimos para nosotros mismos y nos interesamos solamente por nuestra felicidad, ¿por qué deberían los demás acercarse cuando nuestra felicidad se transforma en enfermedad y dolor? ¿Por qué debería importarnos nuestra vida en tales circunstancias? La lógica del individualismo, de la autojustificación y del perfeccionamiento es, al final y paradójicamente, suicida. Si sólo nos pertenecemos a nosotros mismos, entonces dejar de existir es la única solución cuando descubrimos que la vida es una carga demasiado pesada.

Algo nos indica que esto está mal. Muy mal. Por lo tanto, la lógica de una vida orientada hacia el propio yo también debe estar equivocada.

¿Qué enseñanza nos deja la historia de Ehrlichman? John fue criado en una tradición religiosa que sostiene que el mal y el pecado no existen, que son ilusiones de nuestra mente. Vivió alegremente su vida según ese credo hasta que se enfrentó con el mal dentro de sí mismo y tuvo que vérselas con él. Pero su manera de pensar no le dio los medios para encarar esa situación. ¿Cómo puede uno lidiar con una ilusión? La única manera de hacerlo es demostrar que lo que otros consideran real no lo es en absoluto. Yo creo que es por eso que John trató con tanta insistencia de justificarse mediante sus libros y del proyecto de la película. Podía intentarlo, pero no podía demostrar algo que no existe. Quedó atrapado en un círculo de obsesión por sí mismo y de una trágica autodestrucción. La historia de John trae a mi mente una plegaria que algunas veces ha sido atribuida a San Agustín: "Señor, apártame del ansia de la autojustificación".

John Ehrlichman no sólo no pudo encontrar perdón para sí, sino que tampoco pudo perdonar a los demás, lo cual significa que tuvo que cargar los pecados de otros hasta su tumba. Su credo reforzó a cada paso la soberbia que todos tenemos: La pretensión de ser nuestros propios dioses. La última vuelta de tuerca en la vida de John demuestra que cuando tratamos de crear nuestra propia vida y realidad, nos ponemos en una extraña desventaja con la realidad misma. Todos sabían que Ehrlichman hizo mal y que otros habían contribuido al desastre. John no pudo ponerse a derecho con sus propias fallas ni perdonar las ajenas. Así que finalmente se encontró abandonado, sostenido únicamente por sus ilusiones.

Mi apreciación tal vez suene cruel y, a la vez, parezca autocomplaciente decirlo. Después de todo, me las arreglé para sobrevivir a Watergate y Ehrlichman de alguna manera no lo hizo. Pero quiero aclarar que yo no era diferente de John. Estaba lleno de los mismos deseos de autojustificación que finalmente lo destruyeron. De hecho, durante los dos primeros años posteriores a Watergate reuní un enorme archivo de información, con la intención de demostrar que la CIA había estado involucrada en la caída de Nixon. Me había dado cuenta de que algunas de las cosas que yo había hecho estaban mal y quería desesperadamente recuperar mi buen nombre.

La diferencia crucial entre John Ehrlichman y yo no fue que yo fuera mejor persona que él. No lo era; no lo soy tampoco hoy día. La única diferencia es la gracia de Dios. Eso es todo. Fue la intervención de Dios la que me permitió encontrar perdón y paz. Aquí enfrentamos nuevamente dos de las grandes paradojas: Debemos entender el mal en nosotros antes de poder abrazar verdaderamente la vida buena, y debemos perder nuestra vida para poder salvarla.

Vivir la vida buena comienza por exponer las grandes mentiras de la vida moderna.

El hiperindividualismo, ya sea el que se practica a la luz deslumbrante del público o en las sombras de una vida más privada, conduce a la soledad, al aislamiento y a la desesperación. La autonomía personal parece atractiva al principio, pero no viene con una etiqueta de advertencia que enumere sus consecuencias. Vivir la vida buena comienza por exponer las grandes mentiras de la vida moderna. La autonomía personal, tan reverenciada en estos días, encabeza la lista.

CAPÍTULO 10

ES MI FELICIDAD,
SEA BUENO O MALO

ALBERT CAMUS, el filósofo existencialista francés cuyos escritos hicieron furor en los Estados Unidos en la década del sesenta, consideraba al suicidio como la primera cuestión filosófica. En principio, eso suena precisamente como la clase de cosa que diría un filósofo francés. Sin embargo, es una pregunta de la vida real. La misma que me hizo John Ehrlichman. Otra manera de formular la pregunta podría ser: ¿Qué tan buena es la vida? Si ya no podemos encontrar nada bueno en ella, ¿por qué no ponerle fin?

Antes de poder hallar la vida buena, tenemos que encontrar qué hay de bueno en la vida misma. ¿Por qué la mayoría de nosotros nos aferramos a la vida, a pesar del mal y

> *Antes de poder hallar la vida buena, tenemos que encontrar qué hay de bueno en la vida misma.*

del sufrimiento del mundo? Es la pregunta que cada buscador de la verdad debe enfrentar. La forma en que la respondamos depende de nuestras premisas.

Estoy convencido de que la razón por la cual John Ehrlichman hizo esa pregunta en medio de un estado anímico de tanta desesperanza fue porque, en primera y última instancia, consideró que la vida *le pertenecía*. Era suya y podía hacer con ella lo que quisiera. Pensaba que tenía el derecho absoluto de manejarla. Por lo tanto se consagró a ser un gran hombre y de algún modo, alcanzó su objetivo.

Sin embargo, cuando la gente tiene la intención de engrandecerse, la realidad tiene una cruel manera de revelar sus limitaciones. La grandeza

demanda que el mundo esté de acuerdo con su opinión. Cuando el sentimiento popular se vuelve en contra de los grandes hombres y mujeres, su
orgullo exige reivindicación. Los que persistan obstinadamente en su
rumbo, finalmente se ganarán la antipatía no sólo de sus enemigos sino
también de sus amigos y aun de sus parientes.

Esa fue la tragedia de John Ehrlichman. Se convirtió en un exiliado
en la isla de su autodeterminación.

La idea de definir la propia vida, de vivir bajo las propias pautas, se
presenta pocas veces bajo su luz negativa. De hecho, la sociedad posmoderna nos dice que la meta final de la vida es la autonomía personal: Ser
libre de toda restricción, libre para buscar la propia felicidad. Como
resultado, el placer y la gratificación personal están a la orden del día.
Nuestra cultura entiende que nosotros *solos* somos capaces de hacernos
felices a nosotros mismos, que la vida se trata de descubrir qué queremos
realmente y entonces no permitir que nada se interponga en el camino
de concretar los deseos de nuestro corazón.

La película ganadora del Oscar *Las Horas* presenta exactamente
este punto de vista. Basada en la novela de Michael Cunningham, ganadora del premio Pulitzer, esta película multifacética corre la cortina y
permite ver el modo en el que se enlazan las vidas de tres mujeres en tres
épocas diferentes. El film muestra a Virginia Wolf (interpretada por
Nicole Kidman) en 1923, cuando comienza a escribir *La Señora Dalloway*. También vemos a Laura Brown (Julianne Moore), ama de casa de
Los Ángeles, embarazada, que lee *La Señora Dalloway* durante los años
cincuenta, mientras cocina un pastel de cumpleaños para su esposo. En
la actual Manhattan, la cincuentona Clarissa Vaughan (Meryl Streep)
brinda una fiesta para el poeta homosexual Richard Brown (Ed Harris),
un antiguo amante que la había bautizado como señora Dalloway
durante el breve romance que tuvieron en la universidad.

Cada una de las mujeres enfrenta la pregunta: ¿Qué tiene de bueno
vivir?

A causa de que Virginia Wolf sufre de delirios y tiene una depresión abrumadora, su esposo, Leonard Wolf, hace que se mude de Londres a Richmond, creyendo que una vida más tranquila en los
suburbios, será buena para su estado emocional. Cuando Virginia
comienza a escribir *La Señora Dalloway*, encuentra que la quietud es
difícil de tolerar. En un ataque de pánico, escapa de la casa, corre hacia la

estación de tren y huye hacia Londres buscando un poco de distracción. Cuando su esposo descubre su ausencia, corre a la estación en su búsqueda, temiendo que en la ciudad se alterara y cometiera alguna tontería. Ya había intentado suicidarse dos veces.

Cuando Leonard la encuentra en la estación de trenes, le suplica que vuelva inmediatamente a la casa. Ella se resiste y le expresa su desesperación: "Me arrebataron la vida", dice refiriéndose a su enfermedad y a los cambios que le ha causado. "Estoy viviendo en un pueblo en el cual no deseo vivir, y estoy viviendo una vida que no deseo vivir".[1] Le confiesa que desea volver a Londres. "Ese es mi derecho. Es el derecho de cualquier ser humano. . . . Al más humilde paciente se le permite opinar en relación a su cuidado. De esa manera define su humanidad. . . . Pero si debo elegir entre Richmond y la muerte, escojo la muerte".

El film muestra a todos sus personajes en disyuntivas similares: Cada uno debe elegir qué lo hará feliz, sin evaluar las consecuencias. Cuando Clarissa Vaughan intenta decirle a su hija qué significa vivir, le explica que, cuando está con Richard, se siente viva. Sin él, la vida le parece trivial y vacía.

La madre rápidamente se da cuenta de que su comentario ha trivializado la relación con su hija y con su pareja lesbiana, entonces intenta disimular su paso en falso. Lo que ella quiere decir, comienza nuevamente, es que el momento más feliz de su vida, el más colmado de grandes posibilidades, fue ese romance con Richard cuando estaban en la universidad. Con nostalgia, vuelve a relatar cómo, décadas atrás, salió de la vieja casa en Cape Cod hacia la playa. Richard la alcanzó y besándola en el hombro le dijo: "Buen día, señora Dalloway".

"Y recuerdo que pensé", dice Clarissa, ". . . éste es el comienzo de la felicidad. Aquí es donde comienza. Y por supuesto, siempre habrá más. Nunca se me ocurrió que no fuera el principio. Eso era la felicidad. Ese fue el momento, justo ahí".

Al igual que Virginia Wolf, Clarissa define su vida por medio de sus elecciones, y éstas están dirigidas por la necesidad de cultivar "momentos perfectos". Esos momentos le dan valor a su vida. Aun cuando Clarissa sospecha que sus instantes de gran felicidad han pasado y que sólo le quedan vestigios en los momentos de cuidado que le prodiga a Richard, quien está muriendo de SIDA.

Clarissa y Richard mantienen la misma charla que yo tuve con

John Ehrlichman. Esa escena entre los formidables actores Meryl Streep y Ed Harris es el momento culminante de la película. Mientras Clarissa está ocupada durante el día, preparando la fiesta que dará en honor a Richard, éste se pregunta si en realidad quiere continuar viviendo. Cuando ella llega en la tarde para ayudarlo a vestirse, Richard está agitado mientras quita los muebles que le impiden llegar a la ventana. Una vez que logra abrirla y sentarse en el alféizar, le dice a Clarissa que cree que se ha mantenido vivo sólo por satisfacerla. Le pregunta si a ella le molestaría su muerte.

Clarissa le recuerda que los médicos han dicho que todavía podría vivir muchos años. Le suplica que viva. "Eso es lo que la gente hace: Siguen viviendo los unos por los otros. Aún tienes días buenos. . . . Sabes que sí".

Él protesta: "En realidad, no. Quiero decir: Es muy amable de tu parte que lo digas, pero no es verdad". Entonces le pide a Clarissa que le relate algo que le haya ocurrido ese día.

Desesperada por evitar que él salte de la ventana, ella describe cuán fresca ha estado la mañana. De inmediato él vincula el comentario con el momento en que fueron felices juntos, el instante perfecto en la playa de Cape Cod. "Yo tenía diecinueve años y jamás había visto algo tan bello. Tú apareciste detrás de ese ventanal cuando comenzaba el día, aún medio dormida. ¿No es extraño? La mañana más común en la vida de cualquier persona".

El recuerdo de la extraordinaria belleza en esa mañana cualquiera no es suficiente, sin embargo, para persuadir a Richard de enfrentar las muchas horas difíciles que su enfermedad lo obligará a soportar. Mira a Clarissa y le dice: "Has sido tan buena conmigo, señora Dalloway. Te amo. No creo que dos personas puedan llegar a ser más felices de lo que hemos sido nosotros".

A continuación, salta de la ventana. La felicidad del momento perfecto no fue suficiente.

Cuando Clarissa organiza el funeral de Richard, llama a la madre y ésta viene a Nueva York. Resulta que ella es Laura Brown, el ama de casa de Los Ángeles.

Laura, según vemos en el film, también se ha preguntado si la vida merece ser vivida. En la película la vemos encerrada en un cuarto de hotel, con un ejemplar de *La Señora Dalloway* y una dosis letal de pastillas para dormir. Se siente sofocada por su vida. Finalmente decide no suicidarse. En cambio, abandona a su familia sin darles ninguna explicación. El beso lésbico que le da a una de sus vecinas delante del pequeño Richard pretende explicar su tragedia.

Clarissa Vaughan sabe que la decisión de Laura Brown de abandonar a su familia había dañado profundamente a Richard, que consideraba a su madre un monstruo. Por eso, Clarissa la recibe en su casa con bastante frialdad, hasta con recelo. Luego de admitir que había abandonado a su familia, Laura dice: "Abandoné a mis dos hijos. Dicen que es lo peor que una madre puede hacer". Al decir esto se llena de lágrimas, atrapada entre justificar su comportamiento y el intento vano de deshacerlo. "¿Qué significa el remordimiento cuando no se ha tenido alternativa? Eliges lo que puedes tolerar. Eso es todo. Nadie me lo perdonará. Era la muerte. Yo elegí la vida".

La película sugiere que Laura recibe el perdón o que al menos es aceptada cuando Julia, la hija de Clarissa, le da un abrazo de despedida. La película no reconoce ningún tipo de norma moral, sino la búsqueda personal de la propia felicidad y si eso requería abandonar a su familia, Laura no sólo tenía el derecho de hacerlo, sino que demostró su *nobleza* en ese esfuerzo. La película sugiere que Richard simplemente no entendió a su madre. Ella en realidad no había hecho nada malo.

Al hacer la crítica de la película, la feminista Gloria Steinem comenta acerca de la muerte de Virginia Wolf, que se muestra dramáticamente al comienzo. Steinem se refiere al suicidio de Wolf como un "acto radical de autoliberación".[2] Muchas personas calificarían el suicidio de Richard Brown y el abandono de Laura Brown hacia su familia de la misma manera: Actos radicales de autoliberación.

———◆———

"Eliges aquello que puedes tolerar. Eso es todo", dijo Laura Brown. Otra forma de expresarlo podría haber sido: Es mi felicidad, sea bueno o malo. El mensaje de la película (y el de nuestra cultura tal vez) es que vivimos para realizar nuestra felicidad, pero si no podemos alcanzarla, somos libres de poner fin a nuestra vida. Después de todo, ésa es la expresión culminante de la autonomía personal. Es *mi vida* y hago con ella lo que me parece.

La gente que sostiene este punto de vista diría que el consejo que le di a John Ehrlichman estaba desacertado. Opinarían que no sólo no tendría que haberlo animado a continuar con su vida hasta su fin natural, sino que mi obligación moral era hacer todo lo posible para que los médicos le suministraran la sobredosis de morfina cuanto antes. Si usted cree que estoy exagerando, piense en cuántas películas y programas de televisión retratan a una valiente y noble enfermera o a otra persona que cuida a un paciente en fase terminal, ayudándolo a suicidarse. ¿Alguna vez se les presenta de otra manera que no sea como héroes?

La fuerza de *Las Horas* radica en la adherencia inquebrantable a este punto de vista: Lo único que cuenta en la vida es encontrar la propia felicidad. Pero los actores que participaron en esta película son demasiado buenos como para forzar a la realidad a que se ajuste cabalmente a esa visión. Expresan a tal punto la realidad en el film, que al hacerlo, recortan su propio punto de vista. Irónicamente, *nadie* es feliz en *Las Horas*. A pesar de los elogios de muchos críticos, la película tuvo ingresos modestos en las taquillas porque es una invitación a la depresión. Solamente si usted es propenso a la tristeza abrumadora querría sentarse a verla.

Entonces la pregunta es: ¿Por qué vivir para uno mismo si es la receta certera para volverse depresivo y posiblemente suicida?

La realidad nos provee de dos indicadores de que la felicidad personal nunca debe convertirse en la meta final de la vida. El primero trata sobre nuestras emociones. Yo he tenido muchos "momentos perfectos" en mi vida y probablemente usted también. Pero he vivido muchos más momentos comunes y corrientes, y he tenido que enfrentar las horas de profundo desánimo y depresión que todos experimentamos. Vivimos en un mundo estresante. Con sólo ver los noticieros vespertinos podemos deprimirnos. Enfrentamos toda clase de presiones y miedos: Desde terroristas hasta lunáticos que secuestran niños en la calle. La presión puede afectarnos emocional y físicamente. Nos volvemos malhumorados. Nos deprimimos. Desarrollamos enfermedades relacionadas con el estrés. Entonces, si la vida sólo tiene valor cuando somos felices y cuando las horas están marcadas por "momentos perfectos", nos encaminamos hacia una profunda desilusión o hacia la mentalidad de *Las Horas*.

En segundo lugar, algo nos dice que es incorrecto lograr nuestra felicidad a expensas de los demás. Los factores culturales y nuestro propio egoísmo insisten en que nos olvidemos de los demás y que nos mantengamos ajenos, por norma, al efecto que provocamos en otros.

Esto lo descubrí una noche en una fiesta celebrada en una lujosa mansión a orillas del golfo en Naples, Florida. Los invitados se reunieron un poco antes de la puesta del sol y permanecieron detrás de los enormes ventanales mirando hacia el océano. Todos esperaban ver el "rayo verde", el momento en que se ve un haz de luz sobre la línea del agua y de repente se vuelve de un verde brillante. El destello verde es visible sólo una vez en varios meses. Todos permanecimos esperando el fenómeno, entregados al parloteo habitual.

Nuestro anfitrión se había retirado recientemente como presidente de una importante corporación. Él y su esposa habían viajado mucho y eran personas muy interesantes. En su nueva casa exhibían piezas de arte de todo el mundo.

Esa noche nuestra anfitriona estaba regiamente vestida, sus manos brillaban con grandes diamantes. Era la imagen del refinamiento. En la cena terminé sentado a su derecha y me contó que acababa de volver de un fin de semana fascinante en un seminario *"EST"* (por su sigla en inglés). Los Seminarios de Adiestramiento Erhard causaban furor en los setenta y en los ochenta.

Me intrigaba descubrir qué había aprendido ella en el seminario. Me explicó que el *"EST" enseñaba de qué manera uno podía librarse de sus inhibiciones para que emergiera el verdadero yo. Me dijo que había sido enormemente exitoso y que se había liberado de un montón de sentimientos que estaban oprimiéndola.*

Curioso, le pregunté cómo había sucedido. Ella respondió: "Bien, caminas un rato entre la gente y le dices exactamente lo que te viene a la mente. No te detienes a pensar en qué es lo correcto, lo agradable o lo apropiado. Simplemente dices lo que piensas".

Continuó: "Caminé hasta donde estaba un tipo y le grité en el oído: ¡Eres un estúpido!" Y luego soltó una sarta de palabrotas que parecían completamente fuera de lugar viniendo de una mujer tan distinguida.

Un tanto incrédulo le pregunté: "¿Cómo se sintió al respecto?"

Ella cerró los ojos e inclinó hacia atrás su cabeza: "¡Espléndida! Pude liberar toda las tensiones de mi interior".

Más curioso aún le pregunté: "¿Cómo se sintió ese hombre?"

Me miró como si hubiera dicho algo totalmente descortés y rudo, como diciendo: "¿Por qué me importaría eso?" No me respondió. Sólo rió entre dientes y se dio vuelta para hablar con la persona que estaba a su izquierda.

La anfitriona nunca se dio cuenta de que el episodio puso en evidencia su desprecio y su total desconsideración por los demás. Lo único que logró al ponerse en contacto con su ser interior fue descubrir cuán miserable y desdichada era en realidad. Tal vez se haya sentido bien por un rato, pero sospecho que si de verdad hubiera pensado en lo que había hecho, su euforia se habría desvanecido.

¿Cómo llegamos en este mundo a este estado lamentable, donde el derecho irrestricto de gritarle barbaridades en el oído a un extraño se considera como algo bueno? ¿En qué nos hemos convertido si nos sentimos *obligados* a satisfacer sin restricciones a nuestro yo, sin considerar los sentimientos de los demás?

———•◦•———

La creencia actual de que verdaderamente podemos buscar nuestra propia felicidad a cualquier precio es el resultado de cambios fundamentales en la manera en que la gente ve al mundo y al lugar que ocupa la humanidad en él. Antes del Siglo de las Luces y de la revolución científica del siglo XVIII, los occidentales creíamos que éramos criaturas de Dios viviendo en un mundo que el Dios Todopoderoso, inteligente y personal había diseñado y creado. Hallar la vida buena era cuestión de comprender correctamente las "instrucciones operativas" del gran Diseñador y responder a ellas. Esas instrucciones eran conocidas mediante las facultades de la razón y la imaginación, en el "libro de la naturaleza", mientras que el alcance de la razón y de la imaginación era ampliado mediante la revelación de Dios en la Biblia.

A medida que la Ilustración se arraigó en el siglo XIX, muchos llegaron a creer que el universo no es en absoluto una creación de Dios, sino una especie de máquina que comenzó a existir y a funcionar según sus propias leyes y por obra de la casualidad. Otros siguieron creyendo que el universo había sido creado, pero concibieron la función de Dios como la de un relojero: Dios le dio cuerda al mundo y luego lo dejó andar por sí mismo.

Ambas hipótesis excluyen el papel de Dios de decidir sobre los asuntos de la humanidad. Un universo mecanicista no tiene qué decir acerca de las aspiraciones humanas, incluyendo el deseo de vivir una vida feliz y llena de significado. Entonces, ¿cómo hace la gente para darle sentido a su vida? ¿Qué podría significar vivir una vida buena?

Después de la Segunda Guerra Mundial, un grupo de filósofos conocido como existencialistas ofreció una respuesta: Puesto que las personas están "condenadas a la libertad", les gustaba decir, la gente no encuentra la vida buena, la crea. Y al inventarla, se "inventan a sí mismos" porque definen por sí mismos cómo quieren vivir: Eligen sus valores, sus metas, el criterio mediante el cual pueden evaluar su vida. La gente comenzó a encariñarse con la idea de ser criaturas autoinventadas.

Como pudo haber dicho Virginia Wolf: "Cada paciente *define* su humanidad cuando puede opinar acerca de su propio cuidado" al tomar decisiones sobre la propia vida y muerte en perfecta libertad.

El cambio de actitud en los occidentales fue anunciado en 1966, cuando *Time* publicó un número cuya portada preguntaba: "¿Dios ha muerto?" El artículo indagaba si la religión aún era viable en la vida de los norteamericanos o si el pronunciamiento de Friedrich Nietzsche "Dios ha muerto" se había hecho realidad. Sea que Nietzsche tuviera o no razón, los norteamericanos, y los europeos de una manera más contundente, comenzaron a comportarse como si Dios realmente hubiera muerto. La fuerza motriz era vencer a la nada mediante nuestros propios esfuerzos heroicos por encontrar nuestro propio significado y humanidad. Por lo tanto, los años '70 se convirtieron en la década del "yo" y en los '80 floreció la industria de la autoayuda, consagrada a ayudarnos a que nos inventemos a nosotros mismos. La otrora idea vanguardista se convirtió en la corriente dominante.

La cultura popular siempre escoge y toma de la estantería de recomendaciones de los filósofos. El existencialismo puro resultó ser demasiado desolador para la mayoría de las personas porque insistía en que no tenemos ningún tipo de guía acerca de cómo vivir. Entonces la cultura popular encontró una alternativa más simpática. Esta idea recibió su mayor influencia de la obra de Hegel, el filósofo alemán del siglo XIX, y del panteísmo de las religiones orientales. La idea de Hegel es que Dios es sinónimo del universo. Éste está en un proceso de desarrollo que evoluciona hacia la autoconciencia de la humanidad. Por lo tanto, los seres humanos son el logro supremo de un proceso del dios que equivale al mundo y nosotros somos la autoconciencia de Dios. De ahí que, si queremos saber quiénes somos y cómo vivir la vida buena, sólo necesitamos mirar nuestro interior para descubrir a Dios y la dirección en la que está evolucionando. Con el tiempo, esta corriente dio a luz la moda religiosa llamada Nueva Era.

¿Cuántas veces ha escuchado la sugerencia de que es usted quien tiene que construir su propia felicidad, encontrar la verdad en su interior, descubrir el dios íntimo? Ésa es la receta de la industria de la autoayuda para lograr la vida satisfactoria que pareciera estar perpetuamente fuera de nuestro alcance.

Puedo decirle que cuando verdaderamente miré dentro de mí, me horroricé y me disgusté. Encontré un tipo petulante y engreído que se consideraba incorruptible porque sus padres le habían enseñado ética y tenía una elevada educación. Mi fariseísmo me llevó a un primer fracaso matrimonial, del cual fui responsable. Me indujo a caminar por la cornisa tanto como fuera posible cuando se trataba de trucos sucios en las campañas políticas. Me cegó al hecho de que yo estaba cometiendo un delito cuando mostré los archivos del FBI a un periodista. Me dijo que yo era un buen tipo, una persona bondadosa que hacía bien a la gente. Cuando le di una mirada lo bastante dura a todo esto, no encontré "el bien interior". Encontré mi propia corrupción y lo que fue todavía más devastador, *mi voluntad de seguir siendo corrupto*. A excepción del molesto dolor que me estaban causando mis errores, yo disfrutaba de mi manera de ser y no estaba seguro de querer cambiar. Dos años después del caso Watergate, yo seguía siendo orgulloso, desafiante, ciego y tan proclive a la autojustificación como lo había sido Ehrlichman.

Si de verdad examinamos nuestra propia vida, encontramos una angustiante distancia entre lo que deberíamos ser y lo que realmente somos. Si se habla tanto sobre la honestidad en estos días, ¿por qué nunca somos honestos sobre esto? Las únicas personas que no experimentan esta perturbadora tensión entre el bien que queremos hacer y el mal que practicamos son los psicópatas. Precisamente, la falta de conciencia de culpabilidad es la que les permite complacer sus deseos de violar, torturar y asesinar. Estos oscuros apetitos existen dentro de todos nosotros. Piense en su respuesta la última vez que alguien lo engañó, lo estafó o abusó verbalmente de usted. Si es como la mayoría de las personas, habrá querido lastimar a la persona que lo lastimó y éso es el equivalente simbólico de lo que practican los psicópatas.

Los únicos caminos para escapar de esa oscuridad son la negación (realmente no lo hicimos), la racionalización (no somos peores que los demás), el silenciar la conciencia (practicamos el vicio tan a menudo que nos habituamos a él) o el declarar nuestra inocencia poniéndonos en el lugar de dioses.

En su reciente libro *The Prophets: Who They Were, What They Are* [*Los Profetas: Quiénes Fueron, Qué Son*], Norman Podhoretz sostiene que cuando los antiguos profetas judíos denunciaron a Israel por su idolatría, lo que querían decir era que el pueblo estaba cediendo ante la autodeificación, suplantando la voluntad de Dios por su propia voluntad. Podhoretz afirma que eso mismo está pasando cada vez más en los Estados Unidos hoy. El encaprichamiento de cualquiera con su yo siempre va en esa dirección, como vimos en la fiesta que Dennis Kozlowski ofreció para el cumpleaños de su esposa. Eran tan ricos, tan poderosos, tan inmunes a la moral de la gente común, que los adornos de su fiesta sugerían que ellos moraban en el Olimpo como dioses.

Para la mayoría de las personas en condiciones más humildes no es tan fácil simular ser dioses, lo cual explica que el movimiento de la mirada hacia el interior haya originado la enorme industria de la autoayuda. Tony Robbins, el gurú de la autoayuda, nos enseñará a *Despertar al gigante interior: ¡Cómo lograr control inmediato sobre su destino mental, emocional, físico y económico!* Además nos cuenta los secretos del *Poder Ilimitado*. Debido a que vivimos entre la tensión de quiénes somos y quién deberíamos ser, los gurúes de la autoayuda siempre podrán vendernos la mentira de que nosotros mismos podemos cerrar esta brecha. Es una oferta poderosa y atractiva, pero no es verdad.

Como dijo el filósofo y novelista católico Walker Percy en *Lost in the Cosmos: The Last Self-Help Book* [*Perdidos en el Cosmos: El Último Libro de Autoayuda*]: "Uno *no puede* ayudarse a sí mismo. Ésta es la mala noticia, el común denominador de la humanidad y el elemento definitorio de la tragedia moderna. Los que traten de salvar su vida, la perderán. Toda cosmovisión que no pueda tener en cuenta esta tragedia tampoco puede ser real ni proporcionar esperanza. Los que persisten en creer que el yo puede de veras ayudarse a sí mismo, inevitablemente perderán la esperanza, porque están comprando ilusiones".

Reconocer ésto nos permite ir más allá de la obsesión por el yo y nos ayuda a ver la importancia crucial de las relaciones. Para vivir la vida buena tenemos que entender en qué medida nuestra vida pertenece a los demás y cuán bueno es éso.

CAPÍTULO 11

¿DE QUIÉN ES LA VIDA?

PERMÍTAME QUE le haga una pregunta: ¿Quiénes dicen: "Es *mi* vida"? ¿Dónde ha escuchado esa frase antes? En los adolescentes, por supuesto, mientras están luchando por establecer su identidad como adultos. Sin embargo cada vez más escuchamos a los adultos decir lo mismo. "Nadie puede decirme qué hacer con mi vida".

Esta declaración es un verdadero desatino. Basta con dar una buena mirada a la forma en que funciona el mundo en la actualidad. Ninguno de nosotros es independiente de los demás. Nos necesitamos mutuamente, nos guste o no admitirlo.

A veces, la realidad tiene que forzar su paso ante nuestro orgullo, y hasta derribarnos, antes de que estemos dispuestos a prestarle atención. Roberto Rivera, uno de mis jóvenes colegas, sufrió una caída antes de que fuera capaz de ver cuánto necesitaba de otras personas.

Roberto es un hombre con una extraordinaria gama de intereses y talentos: desde filosofía griega hasta basketball profesional, desde la cocina *gourmet* a los artistas clásicos del blue. También es un padre solo a cargo de su hijo autista. Si alguien tiene derecho de sentirse orgulloso de sí mismo, ese es Roberto. Sin embargo, su orgullo lo llevó a hacer un fetiche de la autosuficiencia, resistiéndose a recibir ayuda de sus amigos y familiares.

Una Navidad, mientras visitaba a su hermana en Nueva Jersey, Roberto se cayó de un tramo de escalones y se desgarró el cuádriceps de su pierna izquierda. Su hermano menor y su cuñado lo llevaron a la sala de emergencias donde pasó la noche. Luego de ser dado de alta, su familia continuó cuidándolo, levantándolo de la cama en las mañanas, llevándolo al baño y ayudándolo a vestirse. Unas semanas después del accidente, se enteró de que necesitaba una cirugía que lo obligaría a usar un yeso durante cuatro semanas y luego seis semanas más de fisioterapia.

Cuando Roberto volvió a Washington, un amigo íntimo fue a recogerlo a la estación de trenes, lo llevó a una tienda de alimentos y se aseguró que comprara todo lo necesario. Las siguientes semanas, mientras Roberto se recuperaba e intentaba cuidar a su hijo autista, sus amigos les traían comida y los ayudaban en una infinidad de formas.

La experiencia le arrebató a Roberto la ilusión de la autosuficiencia y le asestó un golpe a su ego. Como dijo luego: "Es imposible conservar el orgullo cuando alguien te ha visto sin ropa". A través de esta experiencia de completa dependencia, Roberto reconoció las fallas en sus ideas sobre la autonomía y la autosuficiencia.

Creer que somos independientes es una ficción, y muy inútil. Todos somos parte de una amplia red de amigos, familiares, compañeros de trabajo y de las complejas asociaciones que integran una cultura. Los niños dependen de sus padres; los estudiantes dependen de sus profesores tanto como de sus padres, quienes les pagan las cuentas. Es difícil encontrar una profesión que sea genuinamente solitaria en el mercado. Todos dependemos de los proveedores de servicios, vendedores, agentes de compras, contadores, consejeros y abogados, por nombrar sólo a algunos. Hasta los cazadores de pieles de Alaska dependen hasta cierto punto del mundo exterior y de manera especial del funcionamiento armónico del orden natural. Sin embargo, nuestro orgullo a menudo nos enceguece y nos impide reconocer nuestra interdependencia.

El orgullo tiñe muchas áreas de nuestra vida cultural, incluso el tema de la "muerte digna". Los defensores de la eutanasia están más preocupados por la supuesta indignidad que sufre la gente que depende de otros. No quieren que les quiten su ilusión de total independencia, al tener que ser cuidados por alguien. Pero un mundo en el que los padres mayores de edad son considerados una carga para sus hijos, es un mundo triste y cruel, lleno de gente que muere sola, abandonada, sin amor, sin que nadie los llore. Un mundo como ése no puede funcionar, porque la mutua dependencia se construye dentro del orden natural. Hemos sido hechos para la vida en comunidad.

En la cárcel he visto la realidad de este hecho, a veces en exceso.

Hace unos años visité el predio de la prisión federal para mujeres en Alderson, West Virginia, y la población completa llenó el gimnasio durante mi conferencia. Las mujeres eran afectuosas, entusiastas y muy receptivas. También se sentaron de a dos, muchas tomadas de la mano y mostrando un obvio afecto mutuo. De algún modo fui capaz de mantener la compostura y darles un mensaje bíblico, a pesar de que las mujeres eran abiertamente reacias a la enseñanza de la Palabra.

Descubrí la misma actitud en otras cárceles. Los oficiales de la prisión dicen que es natural. Cuando las mujeres llegan a la cárcel, luego de ser registradas, revisadas y privadas de sus posesiones, experimentan un desesperado deseo de recuperar algún sentido de pertenencia. El instinto de anidar de la mujer rápidamente la lleva a pegarse a otras mujeres, y por lo general de a dos, tres o cuatro como "parejas" componiendo una mini-sociedad entre ellas. Los reclusos en cárceles masculinas tienden a formar pandillas de "machos", menos íntimas pero no menos comprometidas.

También he visto cómo las prisiones usan el aislamiento forzado y antinatural como castigo. Los reclusos rebeldes son arrojados al "pozo", lo que en la jerga de la cárcel significa confinamiento solitario. En algunas prisiones a lo largo de todo el mundo he encontrado casos extremos, donde el prolongado confinamiento a la soledad pasa luego a ser una tortura psicológica y finalmente una vejación física. He visto pozos donde los reclusos tienen que estar agachados para caber en el lugar, donde algunas veces los dejan sin luz durante meses. Una persona que permanece en el confinamiento solitario por demasiado tiempo puede sufrir un daño mental y emocional permanente.

Las historias que llegaban desde la prisión principal del norte de Vietnam, donde eran retenidos los prisioneros de guerra, destacan la necesidad humana de comunidad. La mayoría de ellos eran recluidos en celdas solitarias, pero ellos desarrollaron su propio sistema de comunicación, usando el código Morse. Los mensajes codificados que golpeaban en la pared de una celda a la otra mantuvieron a muchos sanos y vivos. Los breves momentos en que los prisioneros se encontraban entre sí, aun para los brutales interrogatorios y las sesiones de lavado cerebral, se convirtieron en ocasiones de deleite.

En su aislamiento, Nien Cheng disfrutaba de ver a través de las rendijas de la puerta de hierro de su celda, el rostro del trabajador de la Reforma Laboral que a veces le traía la comida. Era una de las pocas personas que le sonrieron a Nien durante esos años, y la breve visión de una sonrisa tenía un poder sustentador.

———•◦•———

Las investigaciones empíricas sostienen que los seres humanos se necesitan mutuamente. Treinta y tres científicos investigaron la relación entre el desarrollo humano y la comunidad, publicando sus hallazgos en el informe de 2003, *Hardwired to Connect* [*Diseñados para Relacionarnos*].[1] El informe asegura que todos los niños necesitan una comunidad con autoridades dedicadas a transmitirles un modelo de vida moral. Sin relaciones afectivas a personas e instituciones que brinden a los niños una guía moral y espiritual, éstos se vuelven más propensos a los desórdenes psicológicos que se desarrollan en los años finales de la adolescencia. La compleja interacción entre los niños, sus familias y la comunidad parece afectar la manera en que se desarrollan sus caracteres genéticos. El informe dice que estamos biológicamente preparados para encontrar sentido mediante el apego a los demás.

El mismo informe afirma que la búsqueda de sentido moral y de una realidad trascendente surgen de "nuestra biología y de cómo se desarrolla nuestro cerebro". Si esto sucede mediante un designio providencial o por casualidad, por ahora lo dejo como una pregunta abierta, pero el informe brinda evidencia empírica contundente de que el deseo de la verdad y del sentido tiene su raíz en nuestro carácter biológico.

La mayoría de nosotros comprende la importancia de las relaciones sin necesitar de un estudio científico que lo demuestre. Los tiempos de crisis rápidamente sacan a la luz esta verdad. Cuando los terroristas atacaron las Torres Gemelas y el Pentágono el 11 de septiembre del 2001, yo me encontraba en Florida, mudando libros a una nueva casa que Patty y yo acabábamos de comprar en nuestro intento de vivir con más sencillez. Ni la televisión ni la radio estaban conectadas aún, por lo tanto estaba ajeno a lo que sucedía. Uno de los ayudantes de la mudanza entró corriendo a la casa gritando: "¡Han atacado las Torres Gemelas y al Pentágono!" Le pregunté quién había atacado, él sólo se encogió de hombros y corrió hacia afuera. En ese momento, lo único que sabíamos era que había ocurrido una enorme catástrofe. Lo primero que hice fue tomar mi celular y llamar a Patty y a mis tres hijos. Sólo después de asegurarme que todos en la familia estaban bien, intenté conocer el resto de la historia.

Durante los últimos años le he preguntado a las personas qué hicieron cuando se enteraron de los ataques terroristas. Una mayoría abrumadora hizo exactamente lo que hice yo. Y desde luego, muchas de las personas que fueron trágicamente afectadas por los ataques hicieron lo mismo. Llamaron desde los aviones y desde las Torres Gemelas, garabatearon notas y enviaron su frenética y última carta electrónica. Las filosofías de moda vienen y van, pero en lo profundo de nuestro ser, *sabemos* que nos necesitamos unos a otros. Es la vida en comunidad lo que nos proporciona seguridad, y es donde aprendemos a ayudar a los vecinos y a desarrollar una cultura vital. El erudito contemporáneo Ken Boa escribe: "No podemos convertirnos en seres auténticos sin estar establecidos en la comunidad".[2]

Sin embargo, la noción histórica de comunidad ha sido gravemente afectada en los Estados Unidos, al punto que nos hemos convertido en una sociedad altamente nómada. Hace unas pocas décadas, si los jóvenes asistían a la universidad, lo hacían cerca de sus hogares. La mayoría de las personas trabajaba en los pueblos en que vivían. Hoy día nos parece natural movilizarnos a través de todo el país, o del mundo si fuera necesario, dejando atrás para siempre a nuestros parientes y a nuestras raíces. Algunas personas amasan fortunas, construyen mansiones en los Hamptons o en Palm Springs, y se olvidan completamente de las comunidades donde crecieron.

De todas maneras, algunos lugares de este país todavía mantienen comunidades formativas en las cuales la gente reinvierte los frutos de su éxito para sostener a esa comunidad. Son aquellas en las que la tradición, la historia y la cultura tienen algún significado. Un lugar como ese es Grand Rapids, Michigan, una comunidad llena de gente que se ha beneficiado principalmente de su cultura holandesa reformada y luego han reinvertido en sí mismos, y sus recursos han vuelto a la comunidad.

Hace algunos años estaba yo en Grand Rapids para asistir a la dedicación del Centro para las Artes y la Adoración Rich y Helen DeVos en la escuela secundaria cristiana de Grand Rapids; una institución destacada en la que se graduó Rich, uno de los más grandes empresarios de nuestro país y un orador entusiasta. Logró construir un negocio internacional con base en Grand Rapids, una empresa enormemente exitosa ahora conocida como Alticor, Inc. (antiguamente Amway).

A diferencia de muchos de ejecutivos que crean una compañía, ganan una fortuna y luego se llevan las ganancias y se mudan a un condominio en un imponente rascacielos en alguna parte del mundo, los DeVos siguieron viviendo en Grand Rapids. De hecho, han vivido en la misma casa la mayor parte de su vida. Rich nunca ha perdido el amor por su comunidad, expresándolo mediante una generosa filantropía.

No es el único. Cuando manejaba a través de Grand Rapids y las comunidades de barrios holandeses, vi una incontable cantidad de edificios con los nombres de las familias que se habían establecido en la zona: El Instituto de Investigación Médica Van Andel, el Centro de Conferencias Prince en el Calvin College, y también el Centro DeWitt y el Centro de Arte y Salón Culinario DePree en la Universidad Hope. Estas familias han continuado comprometidas con sus comunidades por generaciones. Tal vez iniciaron negocios muy exitosos, pero no consideraron a sus empresas como una oportunidad de agrandar su capital. Los fundadores de esas compañías, personas como Herman Miller, limitaron el sueldo de los ejecutivos a un múltiplo razonable del salario de un obrero. Veían a los negocios como un instrumento para servir a la comunidad y producir cosas de valor para los clientes, el ideal del economista clásico Adam Smith.

El compromiso con la comunidad por generaciones nos ayuda a saber quiénes somos y nos impide pretender ser quienes no somos. El compromiso con la comunidad también significa que tenemos una apreciación realista de los que han vivido antes que nosotros. El fallecido Russell Kirk, uno de los más grandes eruditos de los tiempos modernos, no sólo escribió sobre la importancia de las raíces y la tradición, sino que también la practicó. Poco tiempo antes de que falleciera en 1994 lo visité en su casa de Mecosta, Michigan. Vivía en una vieja casa victoriana que parecía habitada por fantasmas y lo era, en el sentido de que había pertenecido a su familia durante seis generaciones. La casa, frecuente tema de sus ensayos, estaba llena de su memoria colectiva. El pueblo de Mecosta no es más que una parada de camiones en la campiña de Michigan, y esto a menudo representaba un inconveniente para Kirk con relación a sus viajes por el mundo. Pero él permanecía allí porque comprendía el valor de la comunidad y de pertenecer a ella.

"Es el desempeño de nuestras obligaciones en la comunidad", escribe Kirk, "lo que nos enseña prudencia, eficiencia y caridad".[3] Kirk creía en "las costumbres, las convenciones y la continuidad". No es un enfoque evasivo. Más bien se había dado cuenta de que la sabiduría acumulada a través de los años y la experiencia de los que se fueron antes que nosotros, son guías más confiables para vivir que los planes utópicos de los soñadores de cafetería. Kirk comprendió el orden moral perdurable "hecho para el hombre, y para el cual el hombre está hecho: La naturaleza humana es una constante y las verdades morales son permanentes".[4] La comunidad es esencial para ese orden, para la vida buena, porque sin ella estamos solos y perdemos la capacidad de transmitir valores, de desarrollar el carácter y de formar conciencia.

Ese sentido de responsabilidad por la comunidad, el deber cívico, alguna vez fue considerado como una virtud fundamental. Alexis de Tocqueville, frecuentemente citado como uno de los observadores más agudos de la escena norteamericana, escribió que el ser humano no puede existir "exclusivamente dentro de la soledad de su propio corazón".[5] También destacó que en toda Francia no pudo encontrar diez personas que hicieran lo que los norteamericanos hacían a diario como algo natural: Levantar graneros, alimentar a los hambrientos y cuidar a los huérfanos.

Crecí viendo una rica vida comunitaria en acción. Uno de mis primeros recuerdos de la infancia es el de mi madre llevándoles comida a los vecinos que se habían quedado sin trabajo durante la Gran Depresión de la década de los años treinta. A menudo mis padres apenas los conocían, pero era suficiente con que vivieran en nuestra comunidad y tuvieran necesidades. Ésa era la motivación de mi madre para actuar.

Este sentido de deber para con la gente que nos rodea es el que alimenta al patriotismo auténtico, que no es el absurdo nacionalismo que supone que Estados Unidos es la nación más importante del mundo. El patriotismo surge, más bien, del deseo de retribuir de alguna manera a la comunidad en la cual vivimos.

Por eso ingresé a los infantes de marina en plena guerra de Corea. Sentía una deuda hacia los que se habían comprometido a forjar la nación más libre del mundo. Por eso también Santo Tomás de Aquino, en su *Summa Teológica,* incluyó la doctrina de la guerra santa bajo el título de "Amor cristiano". Las personas dispuestas a sacrificarse por la protección y la defensa del prójimo ofrecen un supremo acto de amor, que es el motivo por el cual el llamado a ser militar, bombero o policía es considerado el más noble.

El patriotismo y la vitalidad de la comunidad recientemente se ensamblaron en una asombrosa historia. En el reciente conflicto de Irak, el sargento de estado mayor Dustin Tuller recibió cuatro disparos y el cuerpo médico que lo atendió dudó de que pudiera sobrevivir. Luego de perder ambas piernas, Tuller estuvo en condiciones de regresar a su casa en Milton, Florida. Dustin Tuller, padre de cuatro niños, tendría que aprender a vivir con unas piernas de titanio computarizadas.

La comunidad del sargento Tuller quiso demostrarle el aprecio por su sacrificio. Ciento veinte voluntarios donaron materiales y construyeron un acceso para discapacitados en su nueva casa. Uno de los voluntarios dijo: "Un compañero ha sido herido tratando de defender lo que es la esencia de nuestra nación. Y si nosotros no podemos hacer algo al respecto, quiere decir que algo está mal".[6] El hombre que inició el esfuerzo vivía en una calle de la Florida llamada, irónicamente, Bagdad.

Lo que más me impresionó sobre estos hechos fue el espíritu que mostraron tanto el sargento Tuller como su comunidad. El hombre conservó una actitud positiva, incluso su sentido del humor, concentrándose en su familia y en la vida que tenía por delante. Sus vecinos, a su vez, pensaban que lo que estaban haciendo era lo que *cualquiera* debería hacer.

C. S. Lewis observó que no podemos amar al mundo entero, pero ciertamente podemos amar a nuestros vecinos. Comprendemos de manera innata este deber porque es parte de lo que nos hace humanos. El sargento Tuller y sus vecinos de Milton, Florida, lo demostraron de la mejor manera.

El mito de la autonomía personal, el de "mi punto de vista, bueno o malo", de "mi felicidad, buena o mala", es una mera falsificación de lo que usted y yo verdaderamente queremos. Sustituye la realidad sustentadora de relaciones nutritivas dentro de la comunidad por una ilusión de autosuficiencia. ¿La vida buena? No la experimentamos en la soledad de las modas pasajeras de autoexpresión y autogratificación. La vida buena se encuentra solamente en las verdaderas relaciones afectivas y en la comunidad.

> *La vida buena se encuentra solamente en las verdaderas relaciones afectivas y en la comunidad.*

Pero ni siquiera esto, que es tan importante, nos lleva a la vida buena. Es más que éso, es una cuestión del corazón, como veremos en la vida de alguien que podría ser cualquiera de nosotros.

CAPÍTULO 12

UN HOMBRE MILLONARIO

LA VIDA buena es posible cuando sacamos a la luz algunas de las mentiras de la cultura moderna: La creencia de que el dinero y las cosas materiales nos hacen felices; la seductora noción de que podemos diseñar nuestra propia vida y disfrutar de una autonomía sin restricciones. Aun cuando nos damos cuenta de que es dignidad y no riqueza lo que constituye la vida buena, cuando tenemos nuestra vida familiar y comunitaria en orden y estamos plenamente comprometidos, de todos modos podemos sentir incompleta nuestra vida. Necesitamos algo más, algo que nos saque de la rutina cómoda de la vida, un momento en el que comenzamos a preguntarnos qué es lo que nos da sentido.

Éste es el tema que plantea la película *Las Confesiones del Señor Schmidt*. La película comienza cuando Warren Schmidt se jubila de la Sociedad Mundial de Seguros de Vida Woodmen en Omaha, Nebraska. En el resto de la película se le ve buscando qué sentido, si es que hay alguno, tiene su vida.[1] El papel es brillantemente interpretado por Jack Nicholson, que debería haber ganado un Oscar. Este mismo momento de crisis le sobreviene a mucha gente de diferentes maneras: La pérdida del trabajo, la muerte de un hijo, un divorcio o una enfermedad mortal. Yo viví ese momento cuando renuncié a mi cargo en la Casa Blanca. Una vez que dejé de correr detrás de lo que pensaba que siempre había deseado, tuve que preguntarme a mí mismo: ¿De qué se trata verdaderamente mi vida?

En la cena de retiro de Warren Schmidt, su amigo Ray, ya jubilado, trata de resumir el significado de la vida de Warren, definiéndolo como "un hombre muy rico". Más de cincuenta de sus colegas y sus esposas están reunidos alrededor de mesas redondas, y Schmidt ocupa el lugar de honor en la mesa principal. Han estado disfrutando de un bistec en el salón de ceremonias del Café Johnny.

Ray entiende de retiros, dice. La cena, los regalos, hasta los cheques mensuales de la jubilación y el fondo de retiro de la compañía: Esas cosas no significan nada. La única cosa que le da valor a la vida es dedicarla a hacer algo trascendente. Hacer tu trabajo y hacerlo bien; cuidar a tu familia; ganar el respeto de tus semejantes y de la comunidad. Ésa es la manera de hacer amistades duraderas.

Según Ray, Warren había hecho todo eso. Él había logrado las únicas cosas que realmente importaban en la vida. Por eso Warren era un hombre muy rico.

Mientras los invitados aplaudían, levantando sus copas para brindar, Warren se sentía inseguro. Se excusó, retirándose a la barra del restaurante, donde ordenó un trago fuerte.

Warren cuestiona una por una todas las ideas que han orientado su vida. Cuando visita al hombre más joven que él, que ahora ocupa su cargo en la compañía de seguros, se da cuenta de que a este hombre no le interesa la ayuda de Warren. Cuando Schmidt está saliendo del edificio, ve que los archivos en los que ha trabajado durante toda una vida han sido arrojados al depósito de residuos. Su trabajo se ha convertido literalmente en basura.

La mañana posterior a su retiro, su esposa Helen lo lleva de la mano fuera de la casa para mostrarle su nueva camioneta Winnebago Adventurer. La unidad es tan grande que apenas cabe en la entrada para los vehículos y hace que la casa parezca pequeña. Helen le ha preparado un desayuno sorpresa y lo ha servido en la mesa de la cocina con huevos, jamón y rodajas de melón.

"¿No es divertido, Warren?", le pregunta. Le acerca un vaso de jugo de naranja. "¡Brindemos por un capítulo completamente nuevo!"

La verdad es que a Warren casi no le interesa una vida de ocio, particularmente si eso significa pasar más tiempo con Helen. Todo lo que es y hace su esposa lo irrita. Helen desecha comida perfectamente buena por el solo hecho de que ha pasado la fecha de vencimiento; sin embargo se niega a cambiar sus gastadas pantuflas. Tiene que conocer cada nuevo restaurante y continúa comprando esas dichosas estatuillas Hummel.

Cuando Warren se despierta en la mitad de la noche y mira por encima de la figura rechoncha de su esposa, sólo puede preguntarse a sí mismo: *¿Quién es esta mujer?*

Warren encuentra una forma de liberarse de sus frustraciones mediante un recurso completamente inesperado. Por gusto, decide convertirse en el padre adoptivo de un niño africano pobre, Ndugu Umbo, a través de una institución benéfica llamada Childreach. La organización sugiere que como complemento de su cheque mensual, le envíe una carta. Los niños aprecian saber sobre las personas que están ayudándolos.

Warren comienza torpemente su primera carta a Ndugu explicando que tiene sesenta y seis años y que recientemente se ha jubilado de la Sociedad Mundial de Seguros de Vida Woodmen. Mientras escribe, las palabras comienzan a salir más fácilmente, hasta completar la hoja. Se da cuenta de que puede decirle a Ndugu lo que no ha comentado con nadie más. Lo cierto es que él está furioso por haber sido expulsado de su compañía. No puede soportar a su esposa Helen. Ama a su hija ya adulta, Jeannie, pero ella está a punto de casarse con un tonto aprovechador. Warren jamás imaginó que la vida sería de esta manera. Creía que, al terminar la universidad, él llegaría a ser una de esas personas que hacen girar al mundo. De alguna manera sentía que se destacaba y que una luz especial brillaba en él.

Su caudal de emociones hacia Ndugu lo sorprende. Antes de despachar la carta borra algunas de las partes más emotivas, pero continuará enviando la ayuda para Ndugu y más cartas para tenerlo al tanto de cómo va su vida.

A pocas semanas de retirarse Warren, su esposa muere. Él la encuentra caída en la cocina, con la aspiradora todavía funcionando junto a ella.

Uno o dos meses después, Schmidt enfrenta la tarea de revisar las cosas que le pertenecían. Tiene que guardar su ropa, la caja de sus artículos de limpieza, resolver qué hacer con las joyas. Mientras comienza a clasificarlas, escuchamos la carta que está componiendo en su mente para Ndugu. Tal vez le haya dado una impresión errónea sobre Helen, escribe. Ha sido afortunado de haber tenido una esposa tan buena. Aspira una bocanada del perfume de Helen. Siente que la extraña tanto que se aplica a sí mismo las cremas para el rostro que ella solía usar.

Después de asearse, enjuagándose la crema y algunas de sus emociones, entra al vestidor, donde toca el vestido que él le regalara. Toma las cajas de zapatos guardadas en los estantes superiores y una de las estanterías se le viene encima. De una de las cajas cae un paquete de cartas.

Observa que, por las fechas de los sellos postales, son de los primeros años posteriores a su casamiento. Están encabezadas con: "Querida Helen", "Mi queridísima Helen", "Mi amor". No son de la letra de Warren. Lee rápidamente para ver quién las escribió. Ray. ¡Su mejor amigo, Ray! ¡La serpiente que tan poco tiempo atrás lo proclamó un hombre rico!

La ira de Warren ante el vacío de su vida lo conduce a una búsqueda incierta. Una noche, sin poder dormir ni encontrar descanso, sube a su nueva Adventurer y comienza a viajar hacia Denver para ver a su hija, Jeannie. Le dice que le gustaría estar un tiempo con ella y ayudarla con los preparativos para la boda, a pesar de que no le agrada su prometido, Randall. Jeannie realmente no lo quiere allí hasta el día de la boda y por ese motivo cambia el plan de su padre.

Schmidt le escribe a Ndugu que ha decidido pasar un tiempo visitando algunos de sus lugares preferidos. Warren regresa a su pueblo natal, Holdrege, Nebraska, y encuentra que donde alguna vez estuvo la casa de su infancia, en la avenida Locust número 12, ahora hay un negocio de venta de neumáticos. Luego continúa su viaje hacia la Universidad de Kansas, donde ve su foto en el panel de egresados. ¿Es él ese delgado y enérgico joven de cabello oscuro? "Con el mundo por delante. . . ."

Una noche, durante sus andanzas, Schmidt estaciona la Adventurer junto a un río. Mientras oscurece, siente el impulso de trepar al techo de la camioneta y sentarse bajo el cielo nocturno. Allí, Schmidt dispone algunas velas rituales y varias de las estatuillas Hummel que ha adquirido. Acurrucado sobre una manta, se sienta ante este improvisado altar y eleva la mirada al cielo nocturno, plagado de estrellas.

Sus travesías le han ablandado el corazón. Le pregunta a su esposa Helen: "¿Era yo el hombre con quien realmente deseabas estar? ¿Lo era? ¿O te desilusioné y fuiste demasiado buena como para hacérmelo notar? Te perdono por lo de Ray. Te perdono a ti. Fue hace mucho tiempo y sé que no siempre he sido el rey de reyes. Te he defraudado. Lo siento, Helen. ¿Puedes perdonarme? ¿Puedes tú perdonarme?"

En ese momento una estrella cruza por el cielo. ¿Una señal de perdón? Saca su mano derecha de entre los pliegues de la manta y se persigna apresuradamente.

Al día siguiente, Schmidt se siente transformado. Es tiempo de continuar rumbo a Denver, y ahora se siente listo. Le escribe a Ndugu que su viaje se ha convertido en una misión. Nada podrá detenerlo en lo que tiene que hacer: Vivir con valentía. Los mitos que le servían de guía, tales como el amor y su carrera, que lo respaldaron y lo desilusionaron, ahora han sido suplantados por una idea completamente nueva: La de ser absoluta y completamente fiel a sí mismo, haciendo lo que considera correcto, sin importarle las consecuencias. Le dirá a Jeannie exactamente lo que piensa acerca de su inminente casamiento.

Al llegar a Denver conduce hasta la casa de su anfitriona por esa semana, Roberta, la futura suegra de Jeannie. Es una pequeña casa de madera en un barrio de clase media baja.

Cuando se abre la puerta, Roberta, una hippie entrada en años vestida con algo que parece una capa, le da la bienvenida. Las paredes de la deteriorada casa están cubiertas con piezas de arte moderno de mal gusto y los colgantes de pared hechos de macramé tienen tanto polvo que están entrelazados por telas de araña.

La mujer es una pesadilla. Inmediatamente se pone a hablar de su histerectomía. Le cuenta a Warren que le dio el pecho a su futuro yerno hasta los cinco años.

Pronto llega Jeannie a la casa, acompañada de Randall por supuesto, quien lo saluda con un: "¿Cómo va la cosa, papi?" Schmidt le pide a su hija hablar con ella a solas.

Ella apenas le presta atención a lo que él está diciendo, pasándolo por alto con una promesa a medias: "Tal vez luego de la cena".

A la cena en la casa de Roberta asisten Larry, el padre de Randall, y su segunda esposa, china, Saundra, así como Duncan, el hermano de Randall. Nadie hace gala de buenos modales. Duncan, el legañoso de veintitantos años, se llena de comida como si estuviera en un trance hipnótico. Roberta toma con las manos los huesos de pollo y los chupa.

El festín sólo es interrumpido por Roberta, quien regaña a Larry soltándole una reprimenda grosera cuando él hace un brindis. Su arenga suena como si dos puños golpearan sobre el piano. Esto hace que la cena llegue a su fin.

Schmidt finalmente consigue estar a solas con Jeannie en el corredor de la casa de Roberta. "Jeannie", le dice, "deberías meditar sobre esto: El casamiento, tu futuro. Estás cometiendo un gran error. No lo hagas".

Jeannie da un paso hacia atrás, se cruza de brazos y lo mira con frialdad y dureza. "¿De repente te interesas por lo que hago? *¿Ahora quieres opinar sobre mi vida?*"

¿Qué quiere decir ella? Schmidt no sabe qué responder.

Jeannie continúa, "Está bien. Escúchame tú a mí. Me casaré pasado mañana y tú vas a venir a mi boda, te vas a sentar allí, estarás alegre y me apoyarás, o en este instante das media vuelta y regresas a Omaha".

Pasa a su lado con un gesto de enfado y entra a la casa para encontrarse con Randall.

Schmidt todavía está en el corredor cuando Randall y Jeannie salen hacia el auto. Su hija entra en el destartalado vehículo dando un portazo y el silenciador perforado escupe una despedida.

Schmidt la pasa mal en su intento por digerir el casamiento. Casi siente náuseas cuando llega el momento de proponer el brindis por la feliz pareja durante la recepción. Se pone de pie a un lado de la mesa principal para pronunciar lo que sea que le salga como discurso. Mira el micrófono inalámbrico, respirando agitadamente. Su cólera hacia Jeannie amenaza con salir a borbotones en cualquier momento.

"Lo que realmente quiero decir", comienza Schmidt con las venas del cuello hinchadas por el veneno contenido. "Lo que realmente quiero decir...." Respira hondo y trae a su mente la cortesía en la que ha estado pensando, "... es cuán contenta estaba mi difunta esposa, Helen, de que Jeannie encontrara a Randall. Que ella tuviera un compañero para toda la vida".

Schmidt continúa agradeciendo a la familia de Randall por su afectuosa hospitalidad, haciendo comentarios adicionales sobre cada miembro. Llega tan lejos como para decir que Duncan, el hermano idiota, parece una persona muy reflexiva.

Cuando Warren concluye diciendo que está muy complacido, el padre del novio dice: "¡Muy bien!" y todo el mundo aplaude. Sólo Jeannie parece notar el esfuerzo de las palabras de su padre.

Schmidt se aleja de la reunión para refugiarse en el baño. Está transpirando, respira con dificultad y apoya su frente contra la fría cerámica. Se queda en una posición encorvada, sin poder levantar su propia carga.

En el camino de vuelta a Omaha, Schmidt visita Kearney, Nebraska, donde en una curva sobre la autopista interestatal 80 hay un museo que honra a los pioneros. Le escribe a Ndugu sobre lo impresionante de la muestra. La gente que vivió antes que los Warren Schmidt en el mundo, los pioneros que viajaron en sus carretas Conestoga hacia el Oeste e hicieron del país lo que es, enfrentaron dificultades incomparables. Sus destinos lo hacen pensar sobre cuán pequeño es él en el gran orden de las cosas. Se pregunta: "¿Qué hay en el mundo que haya mejorado gracias a mí?"

Schmidt pensaba que había encontrado una nueva forma de vivir cuando se puso en camino a Denver para decirle a Jeannie que estaba cometiendo un gran error. Pero su nueva fe en decidirse a ser honesto consigo mismo no le sirvió de nada. Jeannie, de todas maneras, se casó con ese inepto.

Mientras Schmidt abre la puerta de su casa en Omaha, todavía le está escribiendo en su mente una carta a Ndugu. "Soy débil", le confiesa, "y soy un fracaso. Tal vez muera pronto. Quizá sea dentro de veinte años, quizá mañana, no importa. Una vez que yo haya muerto y todos los que me conocieron también, será como si nunca hubiera existido. ¿Cuál es la diferencia entre mi vida y la de cualquier otra persona? Que yo sepa, ninguna en absoluto."

Schmidt recoge la correspondencia que ha caído a través de la ranura y la lleva a su estudio. Entre las cuentas y el correo para desechar, encuentra un sobre extraño con unas cintas rojas alrededor de los bordes.

Es una carta de la hermana Nadine Gautier, quien le escribe en nombre de Ndugu, el niño de seis años, quien aún no sabe leer ni escribir. El chico desea que su padre adoptivo sepa cuánto aprecia su ayuda. Un tiempo atrás, Ndugu tuvo una infección en el ojo, pero con el dinero extra que Schmidt le envió pudo comprar medicamentos y ya se encuentra bien. Ndugu le ha hecho un dibujo para expresarle su agradecimiento. Espera que a su padre adoptivo le agrade.

Schmidt abre la hoja adjunta a la carta. Es un dibujo en crayón de una silueta grande y otra pequeña, tomadas de la mano bajo un sol radiante. Ambas figuras están sonriendo, pero la sonrisa del niño es especialmente amplia.

La hoja tiembla en las manos de Schmidt. Luego deja caer su cabeza hacia atrás y cierra los ojos tanto por la angustia como por el gozo que reflejan este simple y casual acto de misericordia. Parece que finalmente ha hecho una cosa bien. Una. Al menos, una cosa. El descubrimiento le provoca sudor y lo sacude. Su enorme boca abierta está desencajada por el dolor y cuando se frota el pecho para aliviarse, la pasión contenida de Schmidt brota con toda su fuerza. No sabe si su corazón se está rompiendo o si está recobrándose. Finalmente, le sobreviene una misteriosa alegría. Una sonrisa, hasta una mirada de satisfacción, reemplaza a las lágrimas. Su vida ha valido para algo, después de todo.

ENTREGARSE

a los

DEMÁS

CAPÍTULO 13

DEJANDO LEGADOS

QUIZÁ LA HISTORIA de Warren Schmidt le haya parecido un caso demasiado extraño como para mencionarlo, sin embargo Schmidt es un hombre común para quien su familia, su comunidad, su trabajo y hasta su fe se han tergiversado. Muchos de nosotros sentimos la clase de desesperación y pánico que él experimenta ante el vacío de su vida. Sólo tenemos que pensar cuántas veces nos hemos quedado con la mirada fija en el vacío sentados frente a nuestros escritorios o cuán insoportables pueden resultar el Día de Acción de Gracias y las vacaciones navideñas para muchas familias. Los índices de suicidio aumentan en el "momento más maravilloso del año".

Las Confesiones del Señor Schmidt revela el egoísmo fulminante que a menudo logra que algo muy bueno, como la familia, se convierta en una fuente de infortunio y de opresión. Los cónyuges no se tienen en cuenta o lo que es peor, son mutuamente infieles. Los padres se desentienden tanto de sus hijos a causa del trabajo, como lo hizo Schmidt, que no se dan cuenta de lo que están viviendo hasta que es demasiado tarde. Justamente donde reside un gran potencial para vivir una vida buena, también existe la posibilidad de la devastación. Es una pena que nuestros anhelos más profundos sean traicionados. Schmidt es como muchos de nosotros, que quedamos atrapados por la búsqueda egocéntrica y mundana de la vida, y no podemos alcanzar a ver otro propósito o meta más elevada.

A pesar de sus ambigüedades, *Las Confesiones del Señor Schmidt* es, en el fondo, una historia de callada redención. La liberación en el último momento surge de la pureza de su generosidad hacia Ndugu, un acto de benevolencia pura. Cuando le envía ayuda económica, no *espera* nada de Ndugu. Pero el dibujo que el niño hace para Schmidt es un regalo de un valor incalculable; ilumina su vida oscura con el gozo puro de haber hecho algo por otra persona, sin otro propósito que el de hacer lo correcto. Es el único momento en el que Schmidt está absolutamente seguro de que ha hecho algo bueno y sabe que ha influido de manera positiva en la vida de otro. Un acto puro de bondad, caridad y amor que da significado a su vida. Es su primera experiencia real de la vida buena.

La vida no depende, como lo descubre Schmidt, de ninguna gran revelación sobre cómo vivir con valentía y consagrarse completamente a transitar el camino propio, sin considerar las consecuencias. Una de las grandes paradojas que he descubierto es que cada elemento de la vida buena depende de la generosidad pura y a menudo sacrificial, de entregarse. Darse uno mismo a los demás y vivir para otros en nuestro tiempo puede considerarse como un ideal extremista. Pero los que somos parte de una familia sana sabemos que esto las hace funcionar bien.

Patty ha sido una compañera sorprendentemente dedicada en el ministerio. Sé que nunca podría haber hecho lo que hice sin su inagotable apoyo. Siempre he tenido la bendición de poder confiarle todo con la seguridad de que ella no haría nada que traicionara esa confianza. De verdad ha sido mi alma gemela.

¿Acaso no disfrutamos de ver que nuestros hijos lo hacen mejor que nosotros y que, a su tiempo, nuestros nietos lo harán aún mejor? Ver a mis hijos llegar más lejos de donde yo llegué es una fuente indescriptible de gozo. Mis dos hijos son muy exitosos en sus negocios y son padres y esposos formidables, mejores de lo que yo he sido. Mi hija Emily es un gigante espiritual; la manera en que cuida de su hijo y vive su vida es una inspiración para mí. Estas cosas me enorgullecen legítimamente. Como todo abuelo, siempre estoy dispuesto a mostrar la última fotografía de mis nietos.

Mis hijos, por su parte, me han enseñado tanto como yo a ellos. Nunca he tomado decisiones importantes en mi carrera sin consultarlas con ellos. Cuando intentaba decidir si ir o no a la Casa Blanca me dieron un consejo muy útil. Wendell me dijo que lo hiciera porque si no lo hacía siempre lo lamentaría (buen comentario para un joven de quince años). Tanto Emily como Chris me aconsejaron bien cuando estaba decidiendo presentar mi alegato de culpabilidad durante el caso Watergate. Y durante el período que fui brutalmente atacado por la prensa, mis tres hijos y Patty me apoyaron constantemente. Necesito de mi familia y de su apoyo tanto como del pan y el agua.

En la medida que damos a nuestras familias, ellos nos retribuyen con su respaldo. A menudo se describe a la familia como una "escuela de caridad", en el sentido de que es el lugar más fácil donde aprender a brindarnos a los demás.

A veces tenemos que brindarnos mucho más de lo imaginable. Mi coautor, Harold, es un hombre de mediana edad con un hijo mayor y dos niños pequeños. No hace mucho, Will, su hijito de nueve años, le rogó que fuera con él a un campamento de Niños Exploradores llamado "Papá y Nené". La noche de campamento sería en la colonia Pirtle, ubicada en los bosques Piney, al este de Texas. En esa época del año, los bosques Piney eran casi tan cálidos y pegajosos como la selva tropical.

Harold no es del tipo de personas que van de campamento. Sus vacaciones ideales son en un buen hotel de playa en el norte de California, sentado en su balcón privado, leyendo un buen libro y mirando el mar desde la distancia. No ha salido de campamento en los últimos cuarenta años, desde que tenía la edad de Will. Jamás ha levantado una carpa y él se reconoce como la persona menos práctica del mundo.

Aún así, Will estaba ansioso por salir de campamento. Y también quería disfrutar del entusiasmo de hacer las extensas listas con las provisiones necesarias, varios meses antes del comienzo de la actividad. A menudo, en el momento de irse a dormir, hablaba con su padre acerca de lo mucho que se divertirían: La fogata, los ronquidos, las historias de terror, las noches estrelladas. . . .

Normalmente ese panorama habría sido motivo de llanto para mi coautor, pero la ilusión de su hijo era tan grande, que aceptó ir al campamento e incluso disfrutó de anticipar las posibilidades con su hijo, aunque nunca le prestó demasiada atención a la lista de provisiones.

Unos días antes del acontecimiento, el servicio meteorológico anunciaba que el fin de semana estaría cargado de tormentas eléctricas. Y no se equivocaron.

Harold y su hijo llegaron a la colonia Pirtle el viernes por la tarde y se las arreglaron para levantar la carpa. Era pequeña, como para una persona y media a lo sumo. Otros padres desplegaron grandes carpas de lona y sacaron sus linternas Coleman, televisores portátiles, hornillas para cocinar y sillas plegables. Harold había embalado las pertenencias de ambos en uno de esos bolsos de mano de las aerolíneas que van en el compartimiento de arriba del asiento. Los demás padres y sus hijos miraron la pequeña carpa y el bolso de Harold y su hijo con lástima y divertido desdén. Uno de los padres sugirió que si Will y su padre querían dormir en una carpa más grande, serían bienvenidos.

Como se esperaba, Will y su papá estuvieron cómodos y a gusto en su pequeña carpa, aun cuando empezó a llover con fuerza. Luego, en medio de la noche, cerca de las tres de la madrugada, la anunciada tormenta eléctrica azotó la colonia Pirtle. Cuando los relámpagos comenzaron a estallar parecía que harían desaparecer a la carpa, convirtiéndola en una lona ondulante. Los relámpagos eran cada vez más fuertes y más seguidos. Parecía que el mundo entero no sólo retumbaba, sino que *rebotaba* a causa de cada trueno. Los altos árboles alrededor del campamento aullaban en un estrepitoso lamento.

Will se asustó. "¡Papá! ¡Vamos a morir!", gritó. "¡Vamos a morir, papá! ¡Vamos a morir!"

Harold se preguntaba qué lo había llevado a semejante desastre. Estaba en los lejanos bosques del este de Tejas y, sobre todo, con el propósito de . . . ¿qué? Su hijo estaba muerto de miedo y, para colmo, ¿estaban arriesgando sus vidas? *Ah, esto es fantástico*, pensó.

Pero Harold dijo: "Estamos bien, Will. Si no fuera así no te habría traído aquí. Estamos bien. Déjame abrazarte".

Si era verdad que estaban "bien", Harold no lo sabía. Pero pasó horas consolando a su hijo y contando los segundos entre relámpago y trueno, tratando de determinar si el ojo de la tormenta estaba sobre ellos. Muchas veces contó sólo hasta uno antes de escuchar el crujido que partía los oídos.

Por la mañana, cuando los relámpagos habían amainado, no así la lluvia, Harold habló con otro padre que era empleado del servicio forestal y le preguntó cuán peligrosa había sido la noche anterior. "Pudimos haber tenido algunas víctimas", respondió el hombre.

¿Víctimas? ¿En un campamento de Niños Exploradores?

Desde luego, el fin de semana hizo maravillas en la relación entre Harold y su hijo. ¡Habían enfrentado juntos el peligro y habían sobrevivido! Will se convenció de que su padre era un hombre de tremendo coraje. Pero Harold se mantuvo tranquilo porque su hijo necesitaba estar tranquilo.

Vivir para otros hace que la vida valga la pena.

A veces hacemos cosas extraordinarias por el bien de nuestra esposa y de nuestros hijos. Y en el proceso de aprender las lecciones sobre caridad, tal vez aprendamos que vivir para otros hace que la vida valga la pena. Tal vez descubramos capacidades inesperadas en nosotros.

Como alguien que siempre antepuso su trabajo, me sentí profundamente impresionado cuando J. Robertson McQuilkin renunció a su carrera como director del seminario. Estaba en la cima, escribiendo libros, dando conferencias, y dirigiendo una gran institución, cuando a su esposa le diagnosticaron la enfermedad de Alzheimer. La mayoría de los colegas de Robertson esperaban que dejara a Muriel al cuidado de una enfermera o la llevara a una institución donde pudieran encargarse de ella. Pero McQuilkin decidió cuidar él mismo a su esposa; su carrera pasó a un segundo plano. Cuando anunció que se retiraría, dio un discurso emotivo donde contaba que Muriel se había ocupado de él durante más de cuarenta años, y ahora era su turno. Los días en que Muriel podía reconocerlo quedaron atrás y su amoroso esposo continuó cuidándola hasta su muerte. McQuilkin pudo experimentar el gozo de vivir para los demás.[1]

A pesar de nuestra cultura egocéntrica, muchos de nosotros hemos experimentado satisfacción por el éxito de otros, más que en nuestros propios triunfos. Una de las experiencias más felices de mi vida fue la de ser el mentor de mis colaboradores o, simplemente, ver florecer dentro de la organización a personas a las que le di una mano en sus comienzos. He sido extraordinariamente bendecido por trabajar con cientos de ex convictos cuyas vidas han sido transformadas. Una de esas personas que tuvo una experiencia particularmente dramática fue Mary Kay Beard, quien pasó ocho años en prisión luego de figurar en la lista de los diez fugitivos más buscados por el FBI. Cuando salió de la cárcel, la contraté para que trabajara con nosotros en Alabama.

Conmovida por las necesidades de los trescientos hijos de las mujeres en la Prisión Julia Tutwiler, Mary Kay inició un programa llamado Árbol del ángel. Pidió a las familias de las iglesias que "adoptaran" a un niño y les obsequiaran regalos en Navidad.

Un programa que comenzó en unas pocas iglesias y en un solo centro comercial, ahora funciona en cincuenta países alrededor del mundo. Durante los últimos veinte años, sólo en Estados Unidos, seis millones de niños cuyos padres están en prisión han recibido regalos de Navidad y visitas de miembros de iglesias durante las vacaciones. Más de seiscientas mil personas reciben ayuda anualmente. En la actualidad, muchos de esos niños van a campamentos cristianos y son discipulados y de esa manera son rescatados de las pandillas, las drogas y la violencia, y reorientados hacia una vida con propósitos saludables.[2]

Mi experiencia no se ha limitado a la gente que sale de la prisión. A través de los años he seguido de cerca a los jóvenes que tienen talento para escribir. En el año 1986 yo estaba buscando un asistente de investigación que pudiera ayudarme a redactar editoriales y comentarios. Un amigo me envió un artículo escrito por un estudiante de Wheaton College, llamado Michael Gerson. Su artículo sobre la Madre Teresa estaba bellamente escrito, bien razonado, muy original y fresco. Me causó una gran impresión, tan grande que aún hoy puedo recordarlo.

Hice que alguien de mi equipo llamara a Wheaton College y preguntara por Gerson. Me enteré de que estaba por terminar su carrera en el verano. Entonces le pregunté si estaría dispuesto a reunirse conmigo la próxima vez que yo fuera a Chicago.

Pocos meses después hice una escala en Chicago y conocí al joven Mike Gerson en el aeropuerto. Vestido con un traje oscuro de tres piezas, una corbata de seda, puños franceses almidonados y gemelos de ónice negro, parecía salido de la época victoriana. Pensé: *¿Quién es éste? ¿Dónde había quedado el típico atuendo estudiantil?*

Conversamos durante veinte minutos e inmediatamente reconocí que Mike tenía dones excepcionales. Era notablemente brillante, profundo y muy culto. Así que sin rodeos le pregunté si le gustaría venir a trabajar conmigo. Me dijo que había sido aceptado en el Seminario Teológico Fuller para una investigación académica de teología.

Le dije: "No. Tú estás preparado para ingresar en las grandes ligas y unirte a la lucha para defender la verdad. Necesito que vengas a Washington y escribas conmigo".

Se sobresaltó por mi audacia, desde luego, y dijo que lo pensaría y oraría al respecto. Poco tiempo después aceptó mi ofrecimiento.

Mike fue un tesoro. Cuando llegó a Washington casi no encajaba con el estilo de Ministerio a las Prisiones. Era muy formal, muy correcto. No creo que ninguno de nosotros lo haya visto trabajar alguna vez en mangas de camisa. Lo que sí vimos, sin embargo, fue un escritor prolífico y una mente prodigiosa. Después de cuatro meses, el material escrito por Mike era tan bueno que apenas necesitaba edición. Era increíblemente talentoso. Tenía un profundo conocimiento de teología y de la Biblia, y amaba al Señor. Compartimos juntos dos magníficos años y medio. Tuvo una fuerte influencia sobre mí, animándome a releer a Russell Kirk, Edmund Burke y otros grandes escritores del conservadorismo clásico.

Mike me llamó un día después de que Dan Quayle fuera electo vicepresidente en 1988 y dijo que necesitaba hablar conmigo sobre el compromiso que había hecho conmigo de trabajar cuatro años con nosotros. Me pidió permiso para liberarse de ese compromiso, con el propósito de postularse para trabajar con Dan Coats, el congresista y también ex alumno de Wheaton que acababa de presentarse como candidato para ocupar la vacante de Quayle en el Senado. Muy típico de Mike, él dijo que si yo tenía alguna objeción, cumpliría su compromiso conmigo. Encontré sorprendente su lealtad, especialmente porque yo ni siquiera le había pedido que hiciera tal cosa. Como era muy amigo de Dan Coats, le dije a Mike que llamaría a Dan y haría lo que estuviera a mi alcance para que lo contrataran. Luego de trabajar con mucho éxito para Dan Coats, Mike trabajó para Jack Kemp. Con el tiempo, este hombre joven y capaz fue contratado como periodista en el *U.S. News & World Report*.

Me alegré cuando Mike se casó con una joven de ascendencia coreana y juntos tuvieron dos hermosos hijos. A lo largo de ese período en Washington, Mike se mantuvo como testigo fiel de su fe cristiana.

Cuando el entonces gobernador George W. Bush llamó a Mike y le pidió que escribiera los discursos para él, Mike vino a consultarme: "¿Debería aceptar?" Le dije que aprovechara la oportunidad.

Mike escribió para George W. Bush los discursos de la convención en la que aceptaba su designación, así como el discurso inaugural de su investidura presidencial. El joven escritor se convirtió en uno de los consejeros principales del presidente Bush y el jefe de redacción de sus discursos. Él redactó el texto decisivo que dio Bush en el Congreso luego del 11 de septiembre, que tanto hizo por la unión del país.

Mientras el presidente Bush pronunciaba el discurso que Mike había escrito, éste se sentó en la sala de su casa y esperó hasta que hubo finalizado. Era demasiada tensión para él ser testigo presencial de ese suceso.

Cuando el presidente Bush regresó a la Casa Blanca, la primera llamada que hizo fue a Mike, agradeciéndole por el discurso. Mike tomó coraje para decirle: "Señor Presidente, creo que Dios lo ha puesto en este lugar en este momento".

La respuesta que le dio el presidente fue: "Mike, Dios *nos* ha puesto en este lugar para este momento".

> *En el acto de dar, a menudo recibimos más de lo que damos.*

Hace treinta años entré a la Casa Blanca con la intención de causar un efecto sobre la vida de las personas y los grandes sucesos de nuestro tiempo. No lo logré debido al escándalo de Watergate. Pero Mike Gerson hizo mucho más de lo que yo hubiera esperado lograr para nuestro país, y hasta lo ha hecho mejor, mucho mejor, porque la base es su fe. Mike ha escrito algunos de los mejores discursos que cualquier presidente haya dado alguna vez. Así mismo, está generando un legado de pensamiento político en muchos aspectos morales y de otra índole, en particular en el campo de la ética biológica. A través de la vida de Mike Gerson puedo ver cómo se cumplen muchos de mis propios deseos y sueños. Y lo único que tuve que hacer fue contribuir con los comienzos de este joven tan talentoso y darme cuenta de cuando debía dejarlo partir, anteponiendo fundamentalmente su bienestar, en reconocimiento a los beneficios que él le dio a la organización. Cuando damos a los otros, descubrimos esta verdad perdurable: En el acto de dar, a menudo recibimos más de lo que damos.

Las personas a las que influimos en forma positiva son los monumentos que perduran en nuestra vida. Aprendí esta lección hace veinte años cuando estaba en Inglaterra dando unas conferencias.

Una de las figuras históricas que admiro profundamente es el parlamentario británico del siglo XVIII William Wilberforce, quien inició una cruzada contra el comercio de esclavos. Él se reunía con otros tres o cuatro políticos cristianos y hombres de negocios quienes se habían puesto de acuerdo en corregir el gran flagelo de la esclavitud. Se mudaron a casas contiguas en la comunidad de Clapham, en las afueras de Londres y con el tiempo se hicieron conocidos como la Secta Clapham.

Estos abolicionistas dieron batalla durante veinte años. El parlamento votaba en contra un año y ellos regresaban el año siguiente. Hacían un pequeño progreso en la votación y luego sufrían dos años de retroceso. La esclavitud era enormemente lucrativa para el Imperio Británico: Quinientos barcos mercantes que partían desde Liverpool comerciaban seres humanos, desde África a las Indias Occidentales y a América. Y una buena parte de las miles de libras esterlinas que se ganaba por el comercio de esclavos iba a parar a los bolsillos de los parlamentarios. De ahí proviene el término británico *rotten borough system* ("el podrido sistema distrital"). Contra todas las posibilidades, Wilberforce y su banda de amigos persistieron. Cada día se reunían durante tres horas para orar y estudiar la Biblia. Hacían circular folletos a lo largo de toda Inglaterra. Noche tras noche se presentaban a la Cámara de los Comunes, abogando por justicia y rectitud.

Finalmente, en 1807, luego de dos décadas de lucha, el comercio de esclavos fue abolido por el voto del Parlamento. En 1833, mientras Wilberforce yacía en su lecho de muerte, la esclavitud era abolida en el imperio.

Cuando estuve en Inglaterra hace veinte años, como sabía que tendría algo de tiempo una tarde después de una de mis conferencias, le pedí a mi anfitrión que organizara para mí una visita a Clapham. Quería ver las casas en las que habían vivido los miembros de la Secta Clapham, el templo en el cual se habían congregado y algunos de los monumentos que habían sido erigidos en honor a su asombrosa campaña.

Un amigo inglés nos llevó a Patty y a mí a Clapham, que había quedado absorbida por el crecimiento urbano descontrolado, un barrio entre muchos otros en las afueras de Londres. Cuando llegamos, hacia el anochecer, la bruma se había instalado en las oscuras y estrechas calles. El camino serpenteaba hacia la cima de una colina y mi anfitrión dijo: "Estamos acercándonos al lugar donde vivió la Secta Clapham".

Lo único que se veía eran deprimentes hileras de casas pintadas con cal. "¿Dónde está la granja Thornton?", pregunté, aludiendo a una de las principales residencias de la Secta Clapham.

"Olvidé decirte", dijo mi amigo, "esas granjas fueron arrasadas en el período de la expansión industrial y se convirtieron en casas de ciudad". Eso fue motivo de desilusión, pero no tanto como lo que vimos después. Continuamos hasta la iglesia anglicana en la zona verde. La niebla se había convertido en llovizna y ahora estaba casi completamente oscuro. Cuando golpeamos la puerta de la iglesia, salió el párroco y nos saludó.

"Quisiera mirar el lugar donde oraba Wilberforce", le pedí, "y cualquier monumento que haya de Wilberforce y su grupo. Él es mi héroe", le expliqué.

El párroco, que ya sabía de nuestra visita, dijo: "Por supuesto, por supuesto. Vengan por aquí".

Entramos a la iglesia y caminamos sobre el piso de piedra, dejamos atrás los gastados bancos de madera y llegamos a un sitio detrás del altar. El ministro señaló con orgullo un vitral en el ábside. "Ahí está", indicó. El lugar estaba bastante oscuro, así que tuve que entrecerrar un poco más los ojos para ver qué estaba señalando.

El párroco se daba cuenta de que me estaba resultando difícil divisarlo. "¿No lo ve? Ahí, en el centro: El perfil de Wilberforce." El retrato del famoso hombre ocupaba un pequeño cuadro en el medio de uno de los vitrales, de no más de cuarenta centímetros de ancho. Debajo del vitral había un anaquel con algunos folletos y un cartel que decía: "Información de la Secta Clapham, 50 peniques".

Intenté disimular mi desilusión, agradeciéndole y pagando aquellos centavos por dos folletos, pero estaba desanimado. Wilberforce había cambiado el curso de la civilización occidental. Con perseverancia y santa determinación había batallado contra la más detestable vileza de su época. Este hombre había puesto fin al comercio de esclavos, ¿y como único recordatorio tenía un vitral? No podía creerlo.

Le agradecimos al párroco y partimos. Acompañados por mi amigo, Patty y yo cruzamos el parque hasta donde habíamos estacionado el automóvil. Le pedí que nos detuviéramos un momento para ordenar mis ideas. Al hacerlo tuve un instante de revelación. En mi mente veía una larga hilera de esclavos con ropas harapientas, caminando a través de la hierba mientras sus cadenas iban cayendo. *Por supuesto*, pensé para mí. *Esto es. El legado de Wilberforce no está en un monumento ni en una iglesia, ni en un vitral. Está en las vidas liberadas. Los hombres y mujeres negros que ya no son esclavos son los monumentos vivientes de William Wilberforce y de su obra. Generaciones enteras pueden agradecerle a Wilberforce por cambiar sus destinos.*

———•◦•———

No hace mucho me pregunté cuáles logros de mi vida fueron los más importantes para mí; los hechos que me pudieran consolar cuando esté en mi lecho de muerte. Un episodio ayudó a clarificar el punto.

En 1993 me enteré de que había ganado el Premio Anual Templeton al Desarrollo en Religión. Entre otros galardonados por el mismo premio están Billy Graham, la Madre Teresa y Aleksandr Solzhenitsyn, distinguida compañía, realmente. Cuando me dieron la noticia estaba nervioso y emocionado. Jamás hubiera imaginado ganar semejante premio. Inmediatamente me di cuenta de que el Premio Templeton significaba un reconocimiento mundial hacia nuestro ministerio y que nos ayudaría tremendamente, ya que se entrega acompañado por la suma de un millón de dólares, la que jamás dudé en donar a Ministerios a las Prisiones. Me lo entregarían a mí, pero el Premio Templeton honraba a todos los que habían hecho posible el trabajo en el ministerio.

Viajé al Palacio de Buckingham en Londres para recibir el premio de manos del Príncipe Felipe. Patty vino conmigo a la ceremonia, al igual que Chris y Wendell. El acto fue en el mes de mayo y el Palacio de Buckingham estaba rodeado de muchos más turistas de lo normal, mirando a través de la valla el cambio de guardia de la reina. Los policías abrían el paso para que la caravana de nuestras limusinas llegara hasta las puertas, y podíamos ver a los guardias prodigando saludos. Los turistas de ese día, sin saber quiénes éramos, miraban atentamente a los vehículos, saludándonos con entusiasmo.

Nuestro chofer nos sugirió que devolviéramos los saludos. Eso me hacía morir de vergüenza. A algunas personas les encanta mostrarse a la multitud y saben cómo recibir el reconocimiento con cierto aire de grandeza. Yo ya no soy un buen político. No puedo serlo porque soy consciente de que estoy muy lejos de ser la persona que los demás imaginan.

Dentro del palacio, escoltados por policías y ayudantes, caminamos a través de un laberinto de corredores hasta que llegamos a la Sala China, un salón de recepciones espacioso y ornamentado en la parte delantera del palacio. Nuestra celebración incluía a más de cincuenta personas: Miembros de la Cámara de los Lores, funcionarios del gobierno, ganadores anteriores y dignatarios de la iglesia, de los negocios y del comercio. Todos estábamos ubicados por orden, de acuerdo con el protocolo. Yo estaba al comienzo de la fila a la cual el príncipe Felipe vendría a estrecharnos la mano, y a partir de mí caminaría encontrándose con cada una de las personas a mi derecha.

El oficial de protocolo me comunicó que, como ciudadano norteamericano, yo no tenía que inclinarme ante la realeza y que sería suficiente con alguna señal de respeto. Luego me dijo que no le dijera nada a su Alteza Real, sino hasta que el príncipe hablara en primer lugar, y que bajo ninguna circunstancia yo debería acercarme a él. El príncipe me escoltaría hasta el centro de la sala para recibir el premio. El oficial de protocolo lo repitió dos veces: "Jamás nos acercamos a la realeza. Ellos se acercan a nosotros". Yo hice un gesto de asentimiento.

Esperamos algunos minutos y entonces, súbitamente, la conversación se detuvo. A través de las enormes y pesadas puertas, entró el príncipe y sus escoltas. Vino directo hacia mí, como estaba programado, me estrechó la mano y prosiguió hacia la fila, saludando amablemente a cada uno de los invitados.

Luego el príncipe caminó hacia el centro de la sala y me dio su señal de asentimiento inclinando la cabeza para que me acercara a él, según me pareció. Detrás del príncipe estaba el oficial de protocolo, tieso como un palo negando con la cabeza. Yo imaginaba que el príncipe me estaba diciendo que avanzara hacia el centro del salón, pero el oficial de protocolo decía lo contrario.

El príncipe me miró y asintió nuevamente. Miré al oficial de protocolo, quién negó con la cabeza una vez más. Me sentí desconcertado. Finalmente, decidí que esto era absurdo y caminé hacia el centro de la sala.

Me habían dicho que disponía de dos minutos para hablar al recibir el premio, lo cual hice. Pero el príncipe de inmediato comenzó a hacerme preguntas sobre nuestro trabajo; estaba particularmente interesado en los programas juveniles. Resultó ser una magnífica oportunidad, con una charla muy animada. En mi cabeza, yo tenía un pensamiento recurrente: *Yo estoy aquí porque miles de reclusos a quienes hemos podido alcanzar cuentan conmigo.*

Cuando regresé a mi oficina en el ministerio puse en su sitio la medalla del Premio Templeton y empecé a pensar qué hacer con ella.

Llamé a Nancy Niemeyer, mi asistente de tantos años, y evaluamos dónde podíamos ubicarla. Una vez que pasó el acontecimiento del Palacio de Buckingham, la medalla quedó como un adorno de Navidad sin uso. ¿Qué se suponía que debía hacer? La miraba cada día y me decía a mí mismo: "¿Soy yo el ganador del Premio Templeton?" Por unos breves instantes tuve la medalla en la mano y dándole vuelta miré ambas caras. Estaba bellamente diseñada y trabajada en un estilo moderno, pero sólo era un pedazo de metal. Se la di a Nancy y le dije: "Encuentra un lugar apropiado para esto".

Cuando salió con la medalla, abrí un cajón y saqué una carta que había recibido tres años antes de algunos reclusos de una cárcel de Siberia. La prisión estaba llena de disidentes que aún permanecían encarcelados en aquellos últimos años previos al colapso de la Unión Soviética. Un misionero había sacado la carta de contrabando de la prisión ubicada en la ciudad de Magadan, un lugar remoto en Siberia, un lugar de frío casi eterno, de una monotonía y un abandono desalentadores.

Sabía exactamente cómo era esa prisión y lo que vivían esos hombres porque en 1990 tuve la insólita oportunidad, una de las primeras concedidas a una persona de Occidente, de visitar el Campamento Permanente 35, una célebre prisión para disidentes políticos. Ubicada a los pies de los Montes Urales, unos mil kilómetros al este de Moscú, el campamento era uno de los lugares más desolados que yo haya visto. Sus celdas eran frías y oscuras, como hoyos de cemento. Para llegar al lugar tuvimos que conducir entre montones de nieve tan altos que parecía que estábamos en un gigantesco cráter de hielo. Nuestro viaje duró más de cuatro horas, a través de pozos inundados por nieve derretida y jamás vimos alguna señal de vida hasta llegar a la prisión.

Mientras sostenía en mi mano la carta que me había enviado el misionero, pensaba en las condiciones de los prisioneros. La habían escrito en respuesta a mi libro *Loving God* [*Amar a Dios*], traducido al ruso; éste había sido enviado a través de contactos especiales y finalmente entregado a ellos para que lo leyeran. Los prisioneros escribieron:

12 de junio de 1990

Nos enviaron el libro *Amar a Dios*, pero durante un mes las autoridades no nos lo entregaron. Nos enteramos de su existencia, nos quejamos a Moscú, y finalmente se nos permitió leerlo.

En nuestro campamento hay casi tres mil prisioneros y todos han leído su libro. En la actualidad, todas las tardes alguno de nosotros lee en voz alta para grupos de 15 ó 20, mientras los demás escuchan. Es bueno que haya escrito acerca del autor, el señor Colson. Al saber que él también estuvo en prisión nos dimos cuenta de que entiende el significado de la libertad. En otras palabras, nosotros odiábamos y creíamos que esos sentimientos eran naturales en todas las personas, pero aprendimos que era posible aprender a amar a Dios y al resto de la gente.

Por favor, hágale llegar nuestros saludos a Chuck Colson. Desearíamos que todo el pueblo ruso pudiera leer este libro. Sería de gran ayuda. Chuck, por favor, escríbanos, y el señor Morgulis traducirá al ruso. O si fuera posible, ¡venga a visitarnos! Necesitamos a alguien como usted por aquí. Sería fantástico si pudieran enviarnos más libros suyos.

Semyon Gorokhov,
Valentin Sukonin
y los otros 3,000 prisioneros

Al leer esta carta, viví una sensación abrumadora de gratitud por la oportunidad de contribuir en algo a las vidas de esos hombres. Podía imaginarlos, reunidos en grupos de quince o veinte, escuchando la lectura en voz alta de *Amar a Dios*, probablemente a la luz de las velas, en medio del frío y la oscuridad de Siberia. A través del libro habían sentido el abrazo de Dios, dándoles esperanza para su futuro y un nuevo sentimiento de perdón y amor hacia sus carceleros.

Cuando estaba escribiendo *Amar a Dios* nunca podría haber imaginado que Dios lo usaría para tocar a las personas de esa manera. Y por supuesto, ahí está nuevamente la paradoja: Durante mis años en la Casa Blanca traté de influir en la Guerra Fría con un éxito muy limitado, pero uno de mis libros se abrió paso en una prisión soviética y le dio esperanzas a tres mil hombres.

El Premio Templeton (un medallón de metal) o la carta de Semyon y Valentin y sus tres mil compañeros de cárcel. ¿Cuál significaría más para usted? Lo único que puedo decir es que en este momento no estoy muy seguro de dónde está colgada la medalla Templeton. Pero guardo la carta de los prisioneros en mi maletín, y cuando estoy demasiado cansado, deprimido o desanimado, la saco y vuelvo a leerla. Si se me otorga un tiempo para reflexionar antes de morir, estoy seguro de que guardaré la carta en mi mesa de noche.

———•◦•———

Dar a los demás proporciona la satisfacción más grande. A veces lo hacemos firmando un cheque, pero otras veces tenemos que brindarnos *nosotros mismos*. Quiero decir, entregarnos por completo, incluso la vida misma. Cuando lo hacemos, la vida de los demás y nuestra cultura pueden ser transformadas de una manera impensable.

Podemos verlo en los hombres atrapados en una de las tragedias más grandes de la historia que, sin embargo, hallaron la fortaleza para valorar lo realmente bueno de la vida. Es la historia de los sacrificios personales que llevaron a una comunidad al borde de la muerte, hacia la vida buena.

CAPÍTULO 14

NADIE TIENE MAYOR AMOR QUE ÉSTE

AL COMIENZO de la Segunda Guerra Mundial, los japoneses gozaban de un éxito espectacular en el Pacífico. El 7 de diciembre de 1941, el mismo día que diezmaron a la flota naval de los Estados Unidos en Pearl Harbor, los aviones japoneses atacaron los campos de aviación en las Filipinas. En el término de dos días, la fuerza aérea japonesa había eliminado más del cincuenta por ciento de los aviones en las bases norteamericanas del Pacífico, además del depósito naval Cavite en las Filipinas.[1]

La estrategia japonesa era hacer una campaña durante ciento cincuenta días, asegurando un perímetro defensivo que se extendía desde Burma en el oeste hasta el límite sur de las Indias Orientales Holandesas (actualmente Malasia), y las Islas Gilbert y Marshall en el noreste. Estaban convencidos de que podían defender ese arco territorial ante cualquier contraofensiva, y que los aliados harían un llamamiento a la paz, otorgando al Japón un nuevo imperio que abarcaría el Pacífico Occidental, incluyendo a Asia del Sureste y finalmente también a toda China.

Los bombarderos japoneses destruyeron la Fuerza Aérea Británica en Hong Kong el 8 de diciembre, obligando a la defensa inglesa y canadiense a rendirse el día de Navidad. Guam cayó el 10 de diciembre. Los japoneses aplastaron a las fuerzas de Australia y la India que defendían Malaya y para enero de 1942, se habían apoderado del país entero, a excepción de la isla de Singapur.

Hacia mediados de enero, los aliados habían reunido un

comando unificado de tropas estadounidenses, inglesas, holandesas y australianas (ABDACOM), responsable de defender Malaya, Sumatra y Java, y de aproximarse a Australia. Sin embargo, tres divisiones japonesas aterrizaron en la isla de Singapur y el 25 de febrero el ABDACOM dejó de funcionar.

Aunque yo era un niño en ese momento, recuerdo el sentimiento de pánico que estos hechos infundieron a los Estados Unidos, porque era evidente que el enemigo estaba ganando. Miles de las mejores tropas británicas y norteamericanas habían sido capturadas o huían buscando salvarse.

En ese momento histórico, la primavera de 1942, el *Setia Berganti* estaba boyando en la vasta extensión del Océano Índico. El voluminoso navío llevaba a una tripulación de diez oficiales británicos, un grupo de valientes que había sobrevivido el ataque de los japoneses a Singapur. La tripulación había navegado una buena parte de los mil novecientos kilómetros de la ruta entre Sumatra y Ceilán (actualmente Sri Lanka), pensando que la isla era la mejor opción para sobrevivir.

Entre estos hombres se encontraba Ernest Gordon, llamado "Rosie" por sus compañeros a bordo porque era la imagen de la salud: Ciento veinte kilos de músculos en una constitución física de un metro ochenta y cinco de altura. Era un ex estudiante de la Universidad de St. Andrews, había salido campeón de navegación en las regatas de Clyde y disfrutaba de la vida en alta mar.

Gordon, que permanecía ajeno a la guerra, pensaba que cuando ésta finalizara, regresaría al sudeste asiático para servir como consejero militar en asuntos extranjeros, combinando la fuerza de la aventura con la posibilidad de ganar fortuna. Anticipando que la mayoría de las naciones de la región, incluidas las antiguas colonias británicas, algún día serían estados independientes, se imaginaba como agente del poder político en un futuro cercano.

Entonces, aparecieron tres manchas oscuras en el horizonte: El humo de buques japoneses. Cuando éstos abordaron a la tripulación del *Setia Berganti* les dijeron que serían ejecutados como espías.

Finalmente, los japoneses optaron por darles una forma más lenta de morir mediante trabajos forzados. Violando las convenciones internacionales, obligaron a Gordon y a los otros tripulantes a servir como obreros en lo que luego se hizo famoso como el Tren de la Muerte. Los hombres fueron trasladados a un campo de prisioneros de guerra llamado Chungkai, en Tailandia. Ernest Gordon cuenta la historia en su extraordinario libro *To End All Wars* [*Poner Fin a Todas las Guerras*].*

Los japoneses querían invadir India, pero la línea de reserva que tenían en el mar era vulnerable a los ataques submarinos. Por lo tanto, decidieron construir una línea de tren de apoyo para unir a otras dos ya establecidas, una de Singapur a Bangkok y la otra en Burma desde Rangoon a Ye. El espacio entre las dos líneas era de ciento sesenta kilómetros y serpenteaba a través de las selvas tropicales y las montañas de Tailandia.

La tarea de unir las líneas de tren normalmente habría llevado cinco o seis años. Sin embargo, los japoneses obligaron a sus prisioneros a completar el trabajo en menos de un año. Los golpeaban con varas de bambú, los alimentaban con dos tazas de arroz por día y los hacían trabajar hasta que desfallecían.

Practicaban toda forma de tortura. Les aplastaban las manos con morsas a algunos prisioneros, a otros los colgaban de los pulgares a los árboles o los enterraban vivos.[2] Al menor signo de rebelión, los soldados japoneses reaccionaban con furia. El treinta por ciento de los prisioneros de guerra murieron en campos de cautiverio.

Los hombres excavaron el sendero a través de la selva, una palada tras otra. El camino que atravesaría las montañas debía ser dinamitado, pero se hizo con tanto descuido que muchos murieron en accidentes previsibles. Cuando el tren tenía que cruzar el río Kwai, los prisioneros construían puentes (como se ve en la película *El Puente Sobre el Río Kwai*, un relato románticamente idealizado). Los prisioneros extraían de la selva las tablas para esos puentes y las mandaban hasta donde estarían los puentes haciéndolas flotar en el agua y luego las enterraban en el lecho del río golpeándolas con unas máquinas manuales. De esta manera tan cruda, los prisioneros construyeron puentes que tenían la altura de un edificio de cinco pisos. Hacían todo lo posible por sabotear las construcciones mientras las levantaban. Hacer tareas pesadas

---

*Ernest Gordon, *To End All Wars*, Zondervan, Grand Rapids, 2002. Recomiendo tanto el libro como la película. La historia es un verdadero clásico y será recordada por generaciones.

durante doce horas al día, con una dieta de hambre y un calor que a
veces alcanzaba los cincuenta grados centígrados, pronto hizo que los
hombres se consumieran hasta parecer esqueletos andantes.

Las espantosas condiciones se mezclaron con la desesperación de
los prisioneros. Estaban obsesionados por la supervivencia. Ingresaron
al "club de la escalera", trepando unos sobre otros para mantenerse con
vida. Era la puesta en práctica de la teoría de Darwin: La supervivencia
del más fuerte, del más astuto, del más artero y del más malintencio-
nado . . . era cosa de todos los días. Todo el que caía enfermo era arrojado a un hospital llamado la Casa de la Muerte, donde rápidamente
eran olvidados. El único interés que los prisioneros tenían por los mori-
bundos era hurgar entre sus cuerpos en busca de dinero, un reloj, un
encendedor, artículos que servían para comerciar discretamente con los
thais fuera de las paredes del campamento, a cambio de comida. Las
calorías extra representaban la diferencia entre vivir y morir.

Los prisioneros también les robaban a sus compañeros vivos. A un
amigo de Gordon, Iain Stewart, le arrebataron la mochila que usaba
como almohada mientras dormía. Perdió la foto de su novia, su navaja,
una libreta, cosas que había retenido con feroz tenacidad cuando los
japoneses les robaban la libertad y todo lo demás. Pero cuando sus compañeros lo robaron, se sintió mucho más abusado que por el enemigo.

Los prisioneros se abalanzaban sobre los recipientes de comida que
sacaban los japoneses cada noche después de su cena. Gordon vio un
hombre emerger de una refriega aferrando un revoltijo de arroz y carne
del que caían gotas de salsa. El hombre pasó a su lado trotando como un
perro, escondiéndose de los demás en un lugar apartado para disfrutar
de su propio festín.

A seis semanas de su captura, Ernest Gordon, el muchacho
"Rosie", se encontró languideciendo en la Casa de la Muerte, un largo
cobertizo construido al final del campamento, cerca del río. Cuando llegaron las lluvias monzones, el lugar comenzó a inundarse de lodo. Las
letrinas rebalsaban. Los hombres estaban tendidos muy cerca unos de
otros en filas. Las llagas tropicales les carcomían la carne y los huesos. La
fetidez en el cobertizo sin ventilación era inimaginable. Sobre los
pacientes se apiñaban millones de chinches, haciéndose un banquete
con la poca carne que les quedaba.

Gordon padeció reiterados ataques de malaria, disentería y un ataque de difteria que casi le paralizó las piernas, atacándolas con úlceras. Además estaba famélico, porque los japoneses no alimentaban a los enfermos. Su razonamiento le decía que pronto moriría, víctima de su enfermedad, al igual que los demás hombres a su alrededor, muchos de los cuales fallecían a diario.

Entonces, de una manera inexplicable, Gordon fue uno de los primeros receptores de actos de caridad extrema que, con el tiempo, transformaron la cultura completa del campamento. Un día, dos de sus amigos del *Setia Berganti* lo visitaron. El capitán, Edward Hooper, y otro compañero de la tripulación, Joe Allen, vinieron a ver cómo estaba Gordon. La primera vez pasaron por su litera sin reconocerlo. Gordon apenas podía hablar debido a su paladar lastimado, pero se las arregló para llamar la atención de sus amigos. Cuando Hooper pasó junto a Gordon, éste lo tomó de la muñeca. Hooper se inclinó sobre el enfermo, preguntándose quién podría ser. Cuando el capitán se acercó, Gordon murmuró su propio nombre.

Hooper no podía creer lo que veía: "¡Dios santo!", exclamó. "¡No puedes ser Rosie!"

Motivados a actuar por el relato de Hooper y Allen, los amigos de Gordon le construyeron un cobertizo adjunto al de ellos. Robaron materiales hasta que tuvieron los necesarios para construir una habitación suficientemente retirada de la de ellos, como para no arriesgar su propia salud, pero lo bastante limpia y tranquila para que Gordon pasara sus últimos días. A un lado del cobertizo pusieron una puerta que le permitía observar la vida en el campamento. La vista y el olor del bambú y las palmeras recién cortados inmediatamente refrescaron el espíritu de Gordon.

Dos hombres tomaron la mayor parte de la responsabilidad del cuidado de Gordon: "Dusty" Miller y "Dinty" Moore. A pesar de estar vestido con un taparrabos, Dinty, uno de los viejos compañeros de escuela de Gordon, lucía una figura pulcra, con su bigote prolijo y el cabello cuidadosamente peinado. Dusty Miller, un antiguo jardinero del norte de Inglaterra, era bondadoso y tenía una voz dulce. Ambos eran hombres de fe: Dinty era católico y Dusty, metodista. Dinty ayudaba a Gordon por las noches, cuando finalizaba el largo trabajo del día. Dusty, que aún se estaba recuperando de su difteria, cuidaba a Gordon durante el día.

Dusty Miller fue quien le dio a Gordon su primer baño, luego de seis semanas. Gordon no podía creer lo bien que se sentía al estar medianamente limpio de nuevo. Dusty le limpió las llagas de las piernas y los pies, y luego comenzó a darle un masaje, combatiendo los efectos atroces de la difteria mediante la estimulación de la circulación sanguínea.

Dusty y Dinty unieron sus esfuerzos para recolectar una ración extra de comida y mejorar la dieta de Gordon. El 31 de mayo de 1943, el día en que Gordon cumplía veintiséis años, lograron prepararle un pastel hecho con arroz hervido, limas, bananas y azúcar de palma.

Lentamente, con la ayuda de Dusty y Dinty, Gordon comenzó a recobrar la sensibilidad de sus piernas. Cuando finalmente fue capaz de sentarse al lado de su catre de campaña, comenzó a ejercitarse usando las manos para levantar primero una pierna y luego la otra. Al principio sólo podía hacerlo una o dos veces. Pero los masajes de Dusty y los ejercicios tuvieron un buen efecto. Pronto fue capaz de flexionar las rodillas y recuperó el tono muscular al aumentar la circulación de la sangre. Al poco tiempo caminaba con dificultad y con la ayuda de una muleta de bambú.

Gordon pronto se dio cuenta de que los agotados prisioneros a su alrededor se sentían más optimistas. La bondad que le mostraban sus amigos fue uno de los ejemplos más silenciosos de entrega sacrificada que comenzó a reemplazar la mentalidad de competencia despiadada. Las historias de otros gestos más espectaculares se diseminaron rápidamente entre los hombres con un efecto asombroso.

Cada uno de los soldados en el regimiento de Gordon encontró un compinche, un amigo con el que se cuidarían mutuamente. El compinche de Angus McGillivray cayó sumamente enfermo. Todos creyeron que moriría, pero Angus comenzó a darle sus raciones a su amigo. Con la única manta que tenía lo protegió por las noches del frío de los monzones. Angus arriesgó su vida, escapándose del campamento por las noches para negociar con los *thais* huevos de pato y medicamentos para su amigo. Como resultado, el compinche de Angus se recuperó. Lamentablemente, la inanición venció a Angus. Un día, el otrora robusto hombre se desplomó y murió.

Cuando Dusty escuchó la historia del sacrificio de Angus, recordó un versículo del Evangelio de Juan: "Y este es mi mandamiento: que se amen los unos a los otros, como yo los he amado. Nadie tiene amor más grande que el dar la vida por sus amigos".[3]

La historia de Angus inspiró a todo el campamento. Una tarde, mientras un grupo de trabajadores estaba regresando, los guardias japoneses contaron las palas asignadas. Al parecer faltaba una. Un guardia convencido de que uno de los hombres la había robado para vendérsela a los *thais*, exigió saber quién lo había hecho. Continuó con sus acusaciones, enojándose cada vez más. Su furor hizo que tomara una decisión. Conseguiría la pala a cualquier precio. Una vez más exigió la confesión del ladrón. Cuando nadie dio el paso al frente, el guardia levantó su rifle y apuntó al primer hombre de la fila.

"¡Todos morirán! ¡Todos morirán!", les gritó. Iba a dispararle a todo el grupo, uno por uno, si no confesaban.

Ya que su horrible amenaza hizo correr escalofríos de pánico en toda la compañía, un valiente soldado inglés dio un paso al frente y dijo: "Yo lo hice".

El guardia se lanzó sobre el hombre, pateándolo, golpeándolo con los puños hasta que la sangre comenzó a emanar de su rostro. La calmada actitud del prisionero provocó aún más la cólera del torturador. Con un aullido, el guardia levantó el rifle sobre su cabeza y apretó el gatillo, dándole una muerte instantánea. Mientras el hombre muerto yacía en el piso, el guardia siguió pateándolo y golpeándolo, sin parar, hasta que su rabia finalmente disminuyó.

Los compañeros del hombre tomaron su cuerpo y marcharon de regreso al campamento, entregando sus palas en el cuartel. Cuando los guardias contaron nuevamente las palas, no faltaba ninguna. Lejos de provocar en los hombres un resentimiento aún mayor hacia el brutal guardia, la muerte vicaria del compañero les sirvió de estímulo.

Algún tiempo después, un soldado australiano fue atrapado cuando intentaba comprar medicamentos para un amigo enfermo. Fue rápidamente juzgado y condenado a muerte. La mañana que marchaba hacia su ejecución, todos los guardias japoneses se dieron vuelta para ver la escena. Los prisioneros estaban observando también.

El oficial a cargo del condenado y un capellán lo acompañaban como sus testigos. Los prisioneros notaron cuán despreocupado y tranquilo parecía el hombre mientras marchaba. Cuando ordenaron al grupo que se detuviera, el oficial a cargo y el capellán se pusieron a un lado. Solo, acompañado solamente por los verdugos que ya empuñaban sus espadas, el australiano sacó una pequeña copia del Nuevo

Testamento de sus raídos pantalones color caqui. Leyó un pasaje para sí mismo, sus labios se movían pero no emitían sonido alguno. Cuando terminó de leer, guardó el Nuevo Testamento nuevamente en su bolsillo. Al ver la mirada atribulada en el rostro del capellán, el prisionero le gritó: "Ánimo, padre, no es tan malo. Yo estaré bien".

El australiano le hizo una seña a su verdugo e inclinó su cabeza hacia adelante, dejando a la vista su cuello. La espada del samurai emitió un silbido al caer.

Incidentes como éstos convencieron a los hombres de que su ética de "la escalera" o "ley de la selva", su lucha por sobrevivir a cualquier precio, no era ley para los hombres. La vida no merecía ser vivida si no estaban dispuestos a morir por algo más grande que la vida misma.

Los actos excepcionales de sacrificio entre estos hombres motivaron a otros prisioneros a ser solidarios. Los oficiales británicos votaron por entregar una porción de su magra paga para comprar comida extra y medicamentos para los enfermos.

La milagrosa recuperación de Gordon impresionó a todos, por los efectos de los masajes y de una terapia física sencilla. Formaron grupos de hombres para dar masajes a las adoloridas piernas de sus compañeros de infortunio.

Los enfermos más vulnerables a menudo eran prisioneros que habían sufrido alguna amputación. Su incapacidad de trasladarse por el campamento limitaba sus oportunidades de supervivencia. Dos ingenieros diseñaron y construyeron una pierna artificial con los materiales disponibles: Usando partes de acero de latas viejas, sujetaron un pie hecho con un pedazo de madera a una pierna de bambú y a una estaca de cuero y lona.[4] Esta pierna artificial incluso tenía una unión que le permitía al que la usaba flexionar la rodilla. Una vez que el prototipo estuvo diseñado, los ingenieros comenzaron a enseñar a los amputados cómo usarla. Pronto desarrollaron una industria casera que les permitió a los antiguos prisioneros antes inmóviles desplazarse por el lugar.

Los científicos del grupo, que incluía a botánicos, químicos y médicos, comenzaron a examinar la flora del área, reuniendo plantas y frutos que tuvieran propiedades analgésicas y anestésicas. Las medicinas caseras ayudaron a tratar las disenterías; las enfermedades como el beriberi, causadas por la falta de vitaminas; y otras dolencias. La Casa de la Muerte comenzó a funcionar mucho más como un hospital.

A medida que los prisioneros recuperaban cierto grado de salud física, sus espíritus también comenzaron a revivir. Esto se vio expresado en el deseo por aprender. Muchos escondían entre sus pocas pertenencias algunos libros. Los juntaron e iniciaron una biblioteca y una universidad sin paredes, y les pidieron a los expertos que había entre ellos que les enseñaran. A su tiempo, los hombres impartieron cursos de historia, filosofía, economía, matemáticas, ciencias naturales y al menos nueve idiomas entre los que se incluía latín, griego, ruso y sánscrito. Los profesores de estos cursos a menudo escribían sus manuales de memoria. Los instructores de idiomas compusieron su propia gramática en fragmentos de papel.

Surgió casi un renacimiento artístico a medida que los músicos formaron una orquesta propia, los actores y directores produjeron obras, y los artistas montaron exhibiciones en las que participaban decenas de hombres. Un hombre dibujó a sus hijos tal como imaginaba que se verían luego de su ausencia de tres años.

En la medida que estos sucesos renovadores ganaron impulso, los hombres comenzaron a preguntarse si después de todo existiría un Dios amoroso. Un grupo de hombres que quería estudiar la Biblia se acercó a Ernest Gordon. ¿Tenía la fe cristiana alguna relevancia en su situación actual? Si comprobaban que no la tenía, la rechazarían por completo. Pero en principio, querían darle una mirada franca.

Gordon dudó, porque él mismo no tenía una fe de la cual hablar. Se había acercado a ella solamente porque había estado en la universidad. Por ese motivo comenzó su enseñanza confesando sus dudas y desacuerdos con el sectarismo y el prejuicio clasista que a menudo contaminaban a la iglesia.

Sin embargo, la lectura de los relatos sobre la vida de Jesús en los Evangelios cambió la vida y la mentalidad de Gordon. Llegó a conocer al Jesús que "no tenía dónde recostar su cabeza", que a menudo tenía hambre y que nunca gozó del favor de los privilegiados. Jesús conocía cabalmente el rigor del trabajo, el rechazo, la desilusión y la persecución. Este Jesús había experimentado casi todo lo que estos prisioneros de guerra vivían a diario.

"Comprendimos", escribe Gordon, "que el amor expresado de manera tan perfecta en Jesús era el amor de Dios, el mismo amor que estábamos practicando entre nosotros, ese amor que es pura bondad, que se preocupa más por los otros que por uno mismo, que supera a todas las leyes de los hombres. . . . La crucifixión fue percibida como completamente relevante en nuestra situación. No hubiéramos podido aceptar a un Dios que permaneciera indiferente al sufrimiento de sus criaturas. Sin embargo, la crucifixión nos mostró que Dios se hallaba entre nosotros, padeciendo con nosotros".[5]

Los sacrificios extremos de algunos prisioneros, unidos a los muchos otros que se hacían a diario, transformaron el campo de la prisión de Chungkai en una comunidad viva. Con los mínimos recursos imaginables, los prisioneros se unieron para producir los signos que identifican a una civilización: El cuidado de los enfermos, la investigación científica, la educación y las artes. Al final pudieron darse cuenta de que todo lo que habían llevado a cabo nacía en la fe y regresaba a ella.

"Comencé a reconocer", escribe Gordon, "que la vida es infinitamente más compleja y a la vez más maravillosa de lo que jamás había imaginado. Es verdad, había odio, pero también había amor; había muerte, pero también había vida. Dios no nos había abandonado. Él estaba con nosotros, llamándonos a *vivir la vida divina en comunidad*".[6]

———•◦•———

Ernest Gordon sobrevivió a la Segunda Guerra Mundial, pero no regresó al sudeste asiático para trabajar como asesor político. No cimentó su vida en la meta de ganar una fortuna. En lugar de eso se casó, entró a un seminario, emigró a los Estados Unidos y llegó a ser el capellán de la iglesia de la Universidad de Princeton.

> *Es cuando nos entregamos al servicio de los demás —al perder nuestra vida para ganarla—que descubrimos el verdadero significado de la existencia humana.*

De una manera menos dramática, Gordon edificó otra comunidad de fe en las instalaciones de Princeton. En 1977, Harold Hughes, el ex senador liberal demócrata de Iowa, y yo, republicano conservador (una combinación inverosímil, pero en la actualidad muy real porque somos hermanos en virtud de nuestra fe), dimos una conferencia en la gran catedral de Princeton. Fue en el período posterior de los años sesenta, cuando el secularismo reinaba en la mayor parte de los centros universitarios. Sin embargo, la capilla de Princeton estaba llena ese día. En los estudios bíblicos y en las otras actividades eclesiásticas, Hughes y yo nos encontramos con cientos de estudiantes decididos a tomar en serio la integración de su fe y sus estudios. Pude comprobar la enorme influencia que Ernest Gordon había logrado en Princeton. Y continuó ejerciendo esa influencia a lo largo de toda su vida como capellán, al enseñar a los estudiantes el verdadero significado de la vida y la comunidad.

Es cuando nos entregamos al servicio de los demás —al perder nuestra vida para ganarla—que descubrimos el verdadero significado de la existencia humana. Sin embargo, nada de esto es posible sin una entrega sacrificada, que es la base de la cultura y también del sentido de la vida.

Ernest Gordon no necesitó preguntarse: "¿He sido un hombre bueno?" Él encarnó la vida buena.

CAPÍTULO 15

MI VIDA POR LA TUYA, PERO ¿CON QUÉ FIN?

HEMOS ANALIZADO dos visiones alternativas de la vida buena. Una focalizada en términos de autoperfección. Sus compromisos son con el placer, el poder y la autonomía personal. Cree en el ejercicio ilimitado de la voluntad propia. La vida buena en esta forma, yo diría, falsa, se puede resumir en: *A mi manera, buena o mala.* No obstante, hemos visto que la entrega total a nuestra propia voluntad nos lleva a una vida desdichada e insoportable.

La otra visión dice que el propósito de la vida no es la justificación o satisfacción del yo imperial; sino la entrega del yo al servicio de los demás. El poder de esta visión reside en sus efectos transformadores. Aun en las circunstancias extremas que Ernest Gordon conoció en el Tren de la Muerte, esta visión transformó el peor campo de prisioneros en una pequeña civilización. La historia de Ernest Gordon resume esta segunda visión en *My Life for Yours* [*Mi Vida por la Tuya*].

Mientras usted repasa las historias que hemos relatado, espero que pueda reconocer que las personas que han descubierto algo de la vida verdaderamente buena, han abrazado el principio de mi vida por la tuya. Descubrí que la vida estaba llena de significado cuando decidí convertirme en un defensor de los presos. Mary Kay Beard encontró la vida buena cuidando a los hijos de prisioneros. Wilberforce la encontró en su lucha contra la esclavitud.

Pero entregarnos a nosotros mismos, aun de manera sacrificada, ¿es el objetivo final? ¿Es en sí mismo la vida buena? Nuestro mundo está lleno de terroristas que también están dispuestos a entregarse a sí mismos en sacrificio. Los hombres que pilotearon los aviones el 11 de septiembre, creían en el autosacrificio y también creían en lo que estaban haciendo. Aún así, se autosacrificaron al servicio del mal.

Recuerde la pregunta del soldado Ryan: "¿He sido un hombre bueno?" ¿Qué distingue realmente a los hombres y mujeres buenos de los terroristas? ¿Al final deberemos llegar a la conclusión de que todos hacemos nuestras elecciones personales y que la historia finalmente asignará a nuestros actos un valor que se basará en el concepto de ganadores y perdedores? El *bien* y la *verdad*, ¿tienen un significado trascendente, o son valores que una cultura asigna a los terroristas y la otra, al Departamento de Bomberos de Nueva York?

Los que encarcelaron a Nien Cheng creían que el *bien* y la *verdad* simplemente pertenecían a los poderosos. Los revolucionarios no tenían un concepto trascendente de la justicia, de un bien y un mal últimos, de que pudiera haber una vida buena más allá de quién estuviera ganando o perdiendo en la lucha política.

Sin embargo, Nien Cheng creía que la verdad se puede saber y que la justicia puede ser determinada con independencia de las estructuras de poder. Ella creía en una verdad trascendente y en el poder de vivir de acuerdo con esa verdad. Su vida es obviamente una respuesta más legítima a la pregunta de Ryan que la vida de los opresores chinos o de los terroristas actuales.

¿Existe tal cosa como la verdad y podemos conocerla?

Así que sacrificarnos a nosotros mismos por los demás es sólo una parte del camino. La parte más importante de la pregunta es si aquello por lo cual nos sacrificamos es verdadero. Por consiguiente, necesitamos preguntarnos: ¿Existe tal cosa como la verdad y podemos conocerla? Además, si podemos conocer la verdad, ¿podemos serle fiel como lo fue Nien Cheng? ¿Dónde encontraremos el poder para elegir lo correcto cuando lleguen nuestros momentos de prueba?

Por *verdad* no me refiero a alguna de las muchas maneras de pensar acerca de las cosas. Quiero decir *realidad,* la forma en que son realmente las cosas. He dicho que este libro es para los buscadores, para quienes van tras la verdad. Tal vez una mejor forma de decirlo sea que este libro es para los buscadores de la verdad. Todos somos demasiado propensos a pensar que la verdad es negociable. Mucha gente cree que cada persona tiene su propia idea de la verdad: Usted tiene su verdad, yo tengo la mía.

Stephen Covey, autor de *Los Siete Hábitos de la Gente Muy Eficaz* y reconocido orador de conferencias empresariales, trata de desengañar a los líderes comerciales de la noción de que la verdad es una cosa para mí y otra para usted. Ante veinte personas sentadas frente a escritorios o mesas, él dice: "Hay una verdad, una absoluta a la cual pueden sujetar su vida". Entonces admite que muchas personas han entrado a esa sala creyendo que la verdad es subjetiva, que cada uno forma su propia definición sobre lo que es verdadero y lo que no lo es.

En las conferencias, Covey pide a los presentes que inclinen la cabeza, cierren los ojos y levanten la mano en dirección al verdadero norte. Por supuesto, todos señalan en distintas direcciones. Les dice que abran los ojos y entonces ven las manos señalando en cualquier sentido. ¿El norte está donde han señalado o donde realmente está? Los participantes ven que hay una respuesta definida a esa pregunta. Covey entonces los invita a reconocer que también hay respuestas definidas y fidedignas a las grandes preguntas.

La verdad es un absoluto. La verdad es lo que concuerda con la realidad. Esa es la definición más simple y elegante de la verdad.

Necesitamos conseguir la imagen correcta. ¿Recuerda los dibujos que le hace mi hija a Max, mi nieto autista? Si Emily no logra las imágenes correctas, Max se confunde y hace un berrinche. De la misma manera, si no logramos que nuestras ideas sean precisamente acertadas, nuestra vida también se desordenará.

Necesitamos ser buscadores de la realidad, la que todos compartimos (la manera en que la vida y el mundo realmente funcionan), la dirección correcta en la que está ubicado el norte. En un sentido, entonces, éste no es un libro espiritual. Tampoco es un libro religioso. No conozco ninguna razón por la cual alguien debiera preocuparse, tanto por la espiritualidad o la religión, si esas dos experiencias no tienen relación con la realidad. Esto es lo que me interesa y espero que a usted también.

¿Podemos encontrar una manera, entonces, de conocer la verdad y vivirla? Porque de estar dispuestos a sacrificarnos, será

De estar dispuestos a sacrificarnos, será mejor hacerlo por una causa realmente verdadera.

mejor hacerlo por una causa realmente verdadera. Los emprendimientos dignos deben someterse a la realidad, a la manera en que las cosas verdaderamente son. Si nos entregamos a una mentira, nos consagramos a nada o lo que es peor, a la destrucción.

Muchos de nosotros evitamos esta cuestión difícil, fragmentando nuestra vida. Ponemos la vida religiosa en un estante y nos ocupamos de ella los domingos por la mañana. A la recreación le asignamos otro estante y nos entregamos a ella el fin de semana. Por aquí está nuestro mundo comercial y en ese lugar rara vez pensamos en la verdad. Y luego, tarde en la noche, cuando la familia se ha ido a dormir, miramos furtivamente una película pornográfica o entramos a un sitio pornográfico en la Internet, pero nadie tiene por qué saberlo. Somos buenos padres y esposos, aunque cuando estamos de viaje de negocios nos permitimos algún romance. Una o dos veces nos hemos salido de cauce, pero lo que pasa en Las Vegas, se queda en Las Vegas, ¿verdad?

Sin embargo, cuando dividimos nuestra vida en compartimentos, éstos inevitablemente se disgregan. Como entendió el abogado de oficio cuando comenzó a investigar las compras de obras de arte de Dennis Kozlowski, la persona que engaña en una cosa normalmente termina engañando en muchas más.

El vivir con integridad y a la luz de la verdad implica hacerlo desde el verdadero centro de nuestra existencia.

La verdadera vida buena está en vivir en conformidad con la verdad, con toda la verdad. El vivir con integridad y a la luz de la verdad implica hacerlo desde el verdadero centro de nuestra existencia. Esta es la clave para vivir una vida buena, como intentaba el soldado Ryan. Esta es la clave para una vida de virtud, sin la cual ni nosotros ni nuestra sociedad podemos prosperar.

CAPÍTULO 16

VIAJE HACIA LA ILUSIÓN

EN NOVIEMBRE de 1954, Albert Speer, cuando todavía no había cumplido los cincuenta años, decidió hacer un viaje a pie. Primero estudió con un mapa la ruta que va desde Berlín hasta Heidelberg. Para que el paseo resultara lo más educativo posible, leyó en la biblioteca local todo lo que pudo encontrar sobre las regiones por las que pasaría y sus lugares interesantes. Avanzando más aún en su investigación, compró guías turísticas y estudió sobre la historia cultural de las regiones. A lo largo de su marcha, fue escribiendo un diario en el que anotaba sus hallazgos y sus observaciones.

Decidió no detenerse en Heidelberg, sino seguir hacia Munich. Desde ahí, decidió lanzarse a la aventura, tomando la dirección de los Balcanes, Estambul, y atravesó Afganistán para dirigirse a la India. Luego de visitar Asia, regresó por China y pasó por Siberia y desde allí cruzó a Norteamérica. Caminando hacia el sur desde Los Ángeles, entró a México y anotó en su diario: "El sol se abate sin piedad sobre los caminos polvorientos . . . mis suelas quemadas en la tierra ardiente . . . y donde los hitos atestiguan mi afligido paso".[1]

Los mares y los océanos no representaban un obstáculo para la marcha de Speer alrededor del mundo, porque durante su larga caminata, en realidad, nunca salió de la cárcel de Spandau, donde estuvo cumpliendo una condena de veinte años por delitos de lesa humanidad. Speer comenzó como jefe de arquitectos de Hitler y terminó, según se cree, como el segundo en el régimen nazi. El ex ministro de armas hizo su épico viaje a países lejanos, dando vueltas y vueltas alrededor de la prisión. Conservaba un registro riguroso de los pasos que daba cada día y hacía luego la correlación con las rutas imaginarias que se había trazado. Las guías y los libros que había leído sobre la historia cultural de los lugares por donde habría pasado, alimentaban su imaginación y las notas de su diario iban describiendo el ilusorio paisaje. Se esforzó tanto en su viaje que una vez su pierna derecha se hinchó hasta alcanzar el doble de su diámetro normal y tuvo que ser hospitalizado por un infarto pulmonar.

Al final, aunque lograba mantener alerta su mente brillante, el viaje imaginario le producía poca satisfacción. Se preguntaba si no era sólo la expresión de la locura de la que intentaba escapar. "Siempre miraba a mis compañeros de prisión, que eran incapaces de encontrar ocupaciones o de imponerse metas. Pero ¿qué metas tenía yo realmente? ¿Acaso no es mucho más absurdo y extraño ver a un hombre caminando obstinadamente en círculos durante décadas?"[2]

Albert Speer comenzó su vida en Mannheim, Alemania, como hijo de una familia privilegiada, criado por su padre, un arquitecto de buena posición, y su madre, una mujer de mundo. Era un matemático muy dotado, pero su padre le aconsejó que no hiciera carrera académica, argumentando que como profesor tendría poca fama y dinero. Speer aceptó el consejo de su padre y le siguió los pasos en la arquitectura.

La generación a la que perteneció Speer se mantuvo bajo el encantamiento de Hegel y Nietzsche. La filosofía de Hegel, que define el mundo como un proceso divino en desarrollo, orientó el interés religioso de la gente hacia los más recientes acontecimientos culturales. Veían el trabajo literario de Goethe y de Schiller, la música de Wagner y los escritos de Julius Langbehn y Paul de Lagarde, como una nueva revelación. Encontraron su Biblia en las grandes creaciones culturales.

Esto es difícil de comprender cuando en la actualidad vemos que la cultura es considerada casi exclusivamente en términos de pasatiempo. Sin embargo, la conjunción de lo religioso y lo cultural sigue vigente, aunque de un modo muy secularizado, entre personas que generalmente se identifican a sí mismas como "progresistas". Las personas progresistas creen que sus actitudes políticas, éticas y culturales tienen que ser reformadas por cualquier avance procedente de los sectores académicos, de las artes o de la política. La frase "ahora sabemos" fue su credo. "La gente solía creer que Dios había creado el mundo, pero *ahora sabemos.* . . ." "La gente antes daba por sentado que todas las culturas funcionaban con las mismas reglas, pero *ahora sabemos . . . .*" Los progresistas que hoy conocemos son hijos e hijas de Hegel y reverencian lo que consideran el proceso evolutivo del mundo: Los últimos y más grandes avances.

Al igual que los progresistas actuales, Albert Speer y su generación representaban el pensamiento "cultural" más reciente en oposición a los contenidos desfasados de la "civilización". Tenían un marcado desprecio por la industrialización y buscaban identificarse con lo que consideraban como la naturaleza pura. Como los *hippies*, eran descuidados, los primeros que usaron sandalias y comían cereales. Speer escribió: "Estábamos soñando todo el tiempo con la soledad, con los paseos a valles surcados por ríos, con caminatas a pastizales de alta montaña".[3]

En esa generación, muy cerca de la superficie, se escondía el mismo hipernacionalismo que había conducido a la Primera Guerra Mundial. Como la generación de Speer suponía que la cultura alemana estaba a la cabeza de la historia mundial, consideraron que abrazar esa cultura era una manera de identificarse con la revelación del mundo progresista. La adoración del binomio cultura-naturaleza constituía su fe progresista.

La generación de Speer también estaba muy influenciada por Nietzsche y su énfasis en la necesidad de trascender la moral común por el bien de los grandes logros. Esto atraía mucho a los artistas. Speer comentaría más tarde que él siempre había estado seguro de que alcanzaría la grandeza. Ya al final de su vida declaró que hubiera entregado todo su poder a cambio de la fama que le habría dado diseñar un edificio verdaderamente extraordinario. El poeta inglés John Milton dijo que la fama es "la última enfermedad de [una] mente noble".[4] De manera similar, la obra maestra que puede redimir todos los errores personales de los artistas es su debilidad.

Speer nunca se imaginó que la política jugaría algún papel en su vida. En realidad, él despreciaba la política. La derrota de Alemania en la Primera Guerra Mundial condujo a muchos alemanes a distinguir entre su cultura, que siguió siendo inigualable, y su civilización, cuya debilidad había sido puesta en evidencia. Asumir una posición apolítica fue entonces la manera en que los alemanes conservaban su orgullo, a pesar de que la República Weimar (el gobierno que dirigió a Alemania entre el fin de la Primera Guerra Mundial y el surgimiento de Hitler) fue incapaz de hacerle frente a una inflación galopante y a la depresión económica.

Cuando muchos estudiantes de la época de Speer comenzaron a enrolarse en el nacionalsocialismo (el fascismo), Speer sintió que él estaba por encima de la política. Nunca pensó que Hitler y su visión de la realidad le llamarían la atención.

La civilización incluía la vida cotidiana del gobierno y la actividad comercial, además de la complejidad que la industrialización trajo a estos dos mundos. La cultura se rebelaba, invocando la idea colectiva de un pasado agrario y un estado de inocencia que supuestamente había precedido a la propia civilización. Es por eso que mucho del arte que cautivaba a los nazis estaba compuesto por escenas de extrañas ninfas asexuadas danzando en praderas silvestres. La generación de Speer quería "reverdecer" el mundo sucio y complicado en el que vivían. Esta brecha entre los ideales de esa generación y la realidad de la vida alrededor de ellos se convirtió pronto en un apoliticismo tormentoso. Los jóvenes de la época de Speer se consideraban demasiado buenos como para embarcarse en el duro negocio de hacer que su gobierno y la economía del país funcionaran con eficacia. Así que optaron por señalar todos los errores y se negaron a sumarse a lo que consideraron ser una empresa corrupta.

La separación entre el orgullo alemán por su cultura y su desencanto por los asuntos gubernamentales también contribuyó a desarrollar el pensamiento compartimentado. Tanto la generación de Speer como la de sus padres no veían ninguna conexión entre el mundo laboral y sus pautas éticas personales. La ética se practicaba en el hogar; el pragmatismo en el trabajo. De este modo, los alemanes como Speer y su familia continuaron dándole libertad de acción a su carácter ambicioso y se interesaban muy poco en los asuntos de la nación.

En 1930, Speer vivía en Berlín, donde tenía un trabajo muy bien pagado como asistente del arquitecto Heinrich Tessenow. En ese momento, Speer estaba casado y comenzaba a construir una familia que tendría una descendencia de seis hijos. A pesar de su apoliticismo, aceptó asistir a una reunión en la que Adolfo Hitler pronunciaría un discurso. Speer dijo que desde aquella vez en que escuchó a Hitler, nunca más pudo liberarse de la seducción que le produjo aquel hombre. Speer quedó hipnotizado.

En el curso de la desaparición de la República Weimar, Hitler tuvo la visión de lo que sería el futuro grandioso de la nación alemana: La culminación de la larga batalla humana entre el bien y el mal. La realización eficaz de ese futuro exigía el sacrificio de todos los alemanes. Requería identificar las fuerzas opositoras a ese proyecto y eliminarlas. Y al mismo tiempo, Alemania podría vencer a las fuerzas comunistas y al desastre económico que amenazaba con mantener a la nación como el pariente pobre del mundo. Los ideales que importaban a los alemanes podrían realizarse en un nuevo estado en el que serían eliminadas las mezquinas divisiones de clase y la ley de los privilegios injustificados. El difícil momento histórico por el que atravesaban significaba simplemente que Alemania debía ponerse de pie para concretar el destino que tenía deparado.

Años más tarde, en mayo de 1945, cuando los oficiales aliados estaban interrogando a Speer, el capitán Burt Klein interrumpió el monólogo interminable de Speer sobre la enfermiza historia del régimen nazi: "Señor Speer, yo no lo entiendo a usted", le dijo el capitán Klein. "Nos está diciendo que sabía desde hace muchos años que para Alemania la guerra estaba perdida. Durante años, dice, estuvo observando las intrigas entre los criminales que rodeaban a Hitler y también a usted. Las ambiciones personales de esa gente eran las de unas hienas; sus métodos, los de criminales y tenían una moral de cloacas. Usted sabía todo eso. Y aún así se quedó, y no sólo se quedó, sino que trabajó, planificó con ellos y los apoyó hasta el final. ¿Cómo puede explicarlo? ¿Cómo puede justificarlo? ¿Cómo puede soportarse a sí mismo?"[5]

Speer se tomó un tiempo antes de responder. Explicó que aquel buen capitán no entendía nada de lo que era la vida en una dictadura, nada de los miedos y de los juegos peligrosos que la llenan. Sobre todo, el capitán no entendía nada del carisma irresistible de Hitler.[6]

El carisma de Hitler comenzó a imponerse a Speer con más fuerza cuando comenzó a tener problemas en su carrera profesional. Speer renunció a su cargo con Tessenow en 1932, cuando los salarios perdieron poder adquisitivo a medida que la economía alemana se desmoronaba. Se mudó a Heidelberg y comenzó a trabajar con su padre para ganar comisiones comunicándose con la clientela. Obtuvo muy pocas comisiones y Speer se vio obligado a administrar las propiedades de su padre.

La fortuna de la familia comenzó a agrandarse gracias a sus contactos con el Partido Nacionalsocialista Alemán (PNSA), el partido de

Hitler, al que Speer había ingresado en 1931. Le pidieron que restaurara una propiedad en Grunewald que el partido había alquilado para transformarla en cuartel general. Luego le pidieron que renovara otra en Voss-strasse. Después de eso, entró a trabajar en la oficina de propaganda que Joseph Goebbels dirigía en Berlín.

Lo que llamó la atención a los oficiales nazis sobre Speer fue la escenografía que hizo para la celebración del primero de mayo en el campo Tempelhofer. Con su diseño, Speer comenzó a perfeccionar la apariencia y la liturgia de las manifestaciones multitudinarias de Hitler. Fue idea de Speer poner a Hitler sobre una elevada tarima de madera, rodeado por innumerables banderolas con la insignia esvástica. Speer organizaba los eventos nocturnos con una poderosa iluminación que hacía pensar en el poder de Hitler para transformar la oscuridad política en claridad. Esta escenificación era tan eficaz que, después de apreciar uno de esos mítines, el embajador francés, Robert Colondre, confesó que la mezcla de "magia militar, mística y exaltación, por momentos lo había convertido a él al Nacionalsocialismo".[7]

Hitler conoció a Speer durante la renovación de la residencia oficial de Goebbels, que el arquitecto terminó, para sorpresa de todos, en dos meses. Speer fue invitado a reunirse con Hitler para estudiar las propuestas para la primera asamblea del partido, inmediatamente posterior a la toma del poder por el *führer*. En esa oportunidad, Hitler le prestó poca atención a Speer, levantando de tanto en tanto la vista para mirar los planos, mientras limpiaba una pistola, dando su visto bueno y regresando a su labor de limpieza del arma.

Más tarde, Hitler le pidió a Speer que supervisara la restauración de su residencia en Berlín. El *führer*, que había aspirado a ser artista y arquitecto, venía casi diariamente al lugar de los trabajos para observar los progresos. Speer y Hitler comenzaron entonces a conversar más y por fin Speer recibió una invitación para un almuerzo.

Cuando Speer llegó aquel día, directamente desde el lugar de trabajo, su camisa estaba sucia con cemento; Hitler, para evitar que el joven se sintiera incómodo, le prestó una de sus propias chaquetas. Cuando Speer entró al comedor, Goebbels notó que la chaqueta de Speer llevaba el águila de oro que sólo podía usar Hitler. Este acalló las protestas de Goebbels e hizo sentar a Speer a su derecha. En poco tiempo, Hitler designó a Speer como su arquitecto en jefe y le dio cada vez más poder, hasta ponerlo por encima de los dirigentes locales y de los oficiales del partido.

Hitler y Speer desarrollaron una amistad muy cercana e inusual. Speer seguía considerándose a sí mismo como un artista, alguien que estaba "por encima" de la política. Una vez confesó durante una cena, en presencia del propio Hitler, que las ideas fascistas eran "tonterías". Al mismo tiempo, su devoción por Hitler prácticamente no tenía límites. Hitler le prometió a Speer que iba a diseñar edificios como no se habían construido desde la época de Grecia y Roma. Ambos, Hitler y Speer, se obsesionaron con la idea de transformar a Berlín en Germania, una capital totalmente reconstruida que desplazaría al París contemporáneo y a la antigua Roma. La relación de Hitler con Speer parece haber estado determinada por el placer que experimentaba el *führer* en dominar a una persona con una gran formación cultural. Speer le daba a Hitler la honorabilidad de clase que no tenía. Es probable que Hitler también haya sentido atracción homosexual hacia Speer, lo que puede explicar que Speer haya tardado tanto tiempo en disentir con la línea partidaria nazi.

Por su parte, Speer encontró en Hitler alguien que le permitía potenciar su fuerza interior. Librado a sí mismo, Speer tendía a perder el norte. Ligado a la terrible fuerza de Hitler, florecía.

Los planes de Hitler y Speer para la nueva Berlín incluían una enorme avenida con un gigantesco salón con techo en forma de cúpula en un extremo y un arco de triunfo en el otro. Entre ambos, habría edificios para la cultura, un teatro de ópera, una sala para conciertos filarmónicos, un teatro, una sala cinematográfica para seis mil personas, un teatro de variedades y varias piscinas públicas. El Gran Domo de la Asamblea sería tan grande que el famoso Portal de Brandenburgo, una estructura augusta y real, parecería en comparación una casa para el perro. Los planes sufrían de lo que se describe como "gigantomanía". El increíble tamaño de los edificios que proponían estaba destinado a impresionar a la gente con la idea del poder y dominio absoluto del Tercer Reich. Los modelos de estos diseños, de los cuales sólo pudo construirse una nueva cancillería, eran uniformemente sepulcrales. Cualquiera sea la función que se les reservaba, parecían tumbas gigantescas: Sin vida, fríos y totalmente inhumanos.

Antes de poder construir la nueva Berlín, Hitler y Speer tenían que demoler la ciudad vieja y reubicar a la gente que vivía en todos esos edificios. Para facilitar esta tarea, Speer creó el Departamento Central de Reasentamientos. Muchas de estas casas estaban ocupadas por judíos, que inicialmente fueron desplazados y alojados en las casas de otros judíos. En esto consistió el desalojo de los judíos y su "amontonamiento" en las casas de otros judíos.[8] Muchos quedaron hacinados porque sus viviendas fueron entregadas a no-judíos. Estas reubicaciones de la población judía de Berlín le facilitó a Goebbels el trabajo de "limpieza". El departamento de Speer terminó trabajando codo a codo con Goebbels en lo que se describió como la "evacuación" de los judíos de Berlín. En lugar de enviarlos forzadamente a otros barrios, los judíos eran cargados como animales en camiones y enviados a los campos de concentración. La reubicación urbana pronto se convirtió en el Holocausto.

Más tarde, a pesar de la crónica hecha por el departamento de Speer sobre la manera en que los desalojos condujeron a la "evacuación", él alegó saber poco sobre el Holocausto, aparte de los rumores. Esta afirmación es creíble por el estilo de conducción de Hitler, que consistía en dividir para reinar. El Tercer Reich era cualquier cosa menos una burocracia racional. No existían líneas claras de responsabilidad y, a menudo, Hitler asignaba las mismas responsabilidades a varios oficiales en forma simultánea y a veces contradictoria. De esta manera, Hitler lograba que todos conspiraran unos contra otros. Su intención era que estuvieran tan preocupados por sus posiciones que jamás pensaran en rebelarse contra él. Esto obligaba a los oficiales nazis a ser muy reservados, por supuesto, porque protegiendo lo que sabían cuidaban su lugar. En el caso de Speer, su condición de arquitecto en jefe pronto se vio comprometida, ya que Hitler promovió a un arquitecto rival, Hermann Giesler. Cuando por fin Speer fue ascendido al cargo de ministro de armas, en 1942, poco tiempo después Hitler, provocativamente, designó a Karl Saur, auxiliar de Speer, para que cumpliera ciertas funciones, con la intención de rebajar a Speer un par de peldaños.

Como ministro de armas, Speer tenía que luchar contra Hermann Göring, quien estaba a cargo del "plan cuatrienal", una estrategia para reconstruir la economía alemana. Por su parte, Göring tenía poco o ningún control sobre las materias primas y la producción que hacen funcionar una economía. Speer inventó un Comité Central de Planificación, dirigido por él mismo y dos personas más, con la idea de controlar lo mejor posible la producción básica necesaria para abastecer a sus fábricas que producían armas, municiones y bombas. Al final, Speer logró apropiarse de una buena parte del poder de Göring sobre la economía alemana, porque Göring era borracho y perezoso. En cambio, Speer tenía más dificultades con Heinrich Himmler, que mantenía el control de la Luftwaffe y de los armamentos necesarios para hacerla operar. Himmler y Speer se robaban mutuamente el aprovisionamiento y la mano de obra.

Constantemente se privaba a las fábricas de Speer de la mano de obra judía, de los técnicos y de otros "elementos indeseables". Las necesidades de mano de obra de las fábricas debían ser atendidas por Fritz Sauckel, que hacía redadas de polacos, de húngaros y otras personas en los territorios ocupados, y los conducía al trabajo forzado. Aún así, Sauckel no podía responder a la demanda y Speer resolvió abrir fábricas en Francia y en otros lugares, y decretó que no se debía tocar a aquellos que estaban trabajando para la máquina de guerra alemana. Al extender la industria de guerra a los territorios fuera de Alemania, Speer privó a Sauckel de buena parte de su poderío, ya que era menor la cantidad de gente que debía ser esclavizada. Con este tipo de tácticas y muchas otras, Speer amasó cada vez más poder dentro del régimen.

En realidad, el artista Speer fue extraordinariamente exitoso como ministro de armas. En forma milagrosa logró aumentar la producción de materiales de guerra durante los años en que las fuerzas aliadas comenzaron a bombardear a su antojo blancos alemanes. Las dotes matemáticas de Speer le daban mucha ventaja para la gestión en el Tercer Reich. Los números se volvieron su solaz y su refugio. Mucho después de haberse dado cuenta de que la guerra estaba perdida, Speer se aisló de la realidad sepultándose en su trabajo.

Sin embargo, durante los últimos días del régimen, cuando Hitler comenzó su retirada hacia el búnker de la cancillería, donde pondría fin a su vida, por fin Speer se rebeló contra el encantamiento demoníaco de Hitler. Mientras los ejércitos de las fuerzas aliadas comenzaban a rodear a Alemania, Hitler instituyó una política de tierras arrasadas. Exigió a los oficiales que incendiaran todas las ciudades, pueblos y granjas que estaban entre los ejércitos aliados y Berlín. Si Hitler iba a morir, Alemania y los alemanes debían morir con él.

Speer invirtió buena parte de los últimos días del régimen volando de un lugar a otro, contradiciendo las órdenes de Hitler. Los oficiales nazis alimentaban el sueño de que, una vez muerto Hitler, los países aliados negociarían con ellos la rendición de Alemania. Anticipaban que podrían quedarse en el poder. Como Speer estaba entre los que podían suceder a Hitler, mucha gente obedecía las órdenes de Speer, para no ponerlo en su contra. Ya estaba claro que Hitler perdería el poder.

Sin embargo, en muchos otros lugares, la política de tierras arrasadas de Hitler fue obedecida, incluso por alemanes que habían llegado a detestar el Tercer Reich. Un frenesí destructivo se apoderó del país entero, a medida que las ciudades y los pueblos eran incendiados y millones de alemanes comenzaban a deambular por los caminos como refugiados. Hitler sabía lo que estaba haciendo Speer y a pesar de ello le perdonó la vida, a diferencia de muchos otros oficiales que fueron fusilados por desobedecer sus órdenes.

Albert Speer estaba entre los veintidós prisioneros de guerra que fueron sometidos a juicio en Nuremberg en 1946. Contrariamente a sus compañeros, Speer confesó ser culpable por su participación en la catástrofe del régimen nazi. Incluso reconoció la responsabilidad colectiva por los crímenes contra la humanidad, incluyendo el Holocausto, aunque insistió en que él no podía ser considerado responsable directo, en la medida que no tenía un conocimiento comprobado de los campos de concentración.

Dos momentos del juicio conmovieron a Speer. El general estadounidense William Donovan mostró al tribunal un documental que revelaba lo que habían encontrado las tropas estadounidenses cuando entraron a los campos de concentración: Cuerpos desparramados por el suelo o colgados sobre los alambres de púas, y el fuego ardiendo en los hornos crematorios. La confesión de Speer sobre la "responsabilidad colectiva" puso de manifiesto el último indicio de su hipocresía.

Lo que vio en aquel momento aterró a Speer. Si no lo había sabido antes, entonces entendió plenamente la manera en que el desalojo se había convertido en el Holocausto. Por supuesto, sólo en virtud de un pensamiento compartimentado extremo e implacable podía Speer haber permanecido ignorante ante la "solución final".

La contrición simulada de Speer también tambaleó cuando sir Hartley Shawcross argumentó que los acusados allí presentes habían creado a Hitler: Jamás podría haber funcionado el Tercer Reich, esa fábrica del horror, sin la colaboración de ellos. Shawcross los llamó "asesinos comunes". Leyó el informe de un ingeniero alemán que había presenciado la ejecución de cinco mil judíos en Ucrania:

> La gente que iba bajando de los camiones (hombres, mujeres y niños de todas las edades) era obligada por un oficial de la SS que usaba un látigo para caballos, o para perros, a desvestirse y poner sus ropas en montículos separados, según fueran zapatos, ropa interior o exterior. Vi una pila de aproximadamente ochocientos pares de zapatos y montones gigantescos de ropa interior. Sin gritar ni llorar, la gente se desvestía, agrupándose por familias, besándose unos a otros antes de separarse bajo las órdenes de otro oficial SS. . . . Una anciana con el cabello blanco tenía en sus brazos a un bebé de un año, cantándole y haciéndole cosquillas. El bebé se retorcía de placer. Los padres la observaban con lágrimas en los ojos. El padre sostenía la mano de un niño de unos diez años, hablándole suavemente al oído. El niño luchaba para no llorar. Su papá señaló algo en el cielo, le acarició la cabeza y pareció querer darle una explicación al hijo. En ese momento, un oficial SS que estaba cerca de una fosa los llamó. . . . Yo caminé hacia la parte trasera del montículo de tierra y encontré una enorme tumba. Las personas que yacían allí estaban tan apretadas unas contra otras que sólo se veían sus cabezas. De casi todas las cabezas manaba sangre.[9]

En lugar de ser llevado a la horca, Albert Speer fue sentenciado a veinte años de prisión. El tribunal consideró que su esfuerzo por luchar en contra de la política de tierra arrasada de Hitler valía como una circunstancia atenuante.

Durante los años que Albert Speer permaneció recluido intentó encontrar consuelo espiritual. Leyó las nueve mil páginas de *Church Dogmatics* [*El Dogma de la Iglesia*], de Karl Barth. Se hizo muy amigo del capellán de la prisión, George Casalis. Cuando Speer salió de la cárcel, en 1966, visitaba asiduamente la Abadía Benedictina María Laach, donde encontró un consejero espiritual. Pero ninguna de las personas con las que se cruzó fue capaz de ayudarlo a encontrar a Dios, o de hallar el perdón o de mostrar un verdadero arrepentimiento. Speer dijo que si hubiese tenido que comenzar otra vez su vida, dadas las circunstancias, no veía cómo hubiera podido evitar tomar las mismas decisiones que había tomado en el pasado.

La afirmación de que Speer nunca se arrepintió es cuestionable, ya que mediante sus libros *Inside the Third Reich* [*Dentro del Tercer Reich*] y *Spandau: The Secret Diaries* [*Spandau: El Diario Secreto*], y de los centenares de entrevistas que concedió, en las que confesaba abiertamente los horrores del régimen nazi, terminó siendo conocido como "el titán de la penitencia". Pero hay una diferencia entre confesar los hechos de una verdad histórica y ser capaz de comprender e identificarse personalmente con el verdadero error moral. Joachim Fest, uno de los biógrafos de Speer, apunta:

> Era como una luz apagada. Se esmeraba en los gestos de humildad que correspondían a su papel de pecador, y repetía solemnemente las fórmulas que le exigía la indulgencia. Pero por momentos se parecía a una marioneta, y era evidente que carecía de la verdadera humildad ante la importante información confirmada por las voces que se levantaron para acusarlo. Sólo tenía una comprensión superficial de las normas fundamentales que había infringido, de por qué era culpable, y de qué manera podría haber transitado esos años con una actitud diferente y quedar sin mancha. . . .
>
> Estas limitaciones se debían, en definitiva, al hecho de que toda la dimensión espiritual de la vida le era ajena. . . . Hubiera sido incapaz de decir por qué debía obedecer a algún mandamiento moral o considerarlos como leyes universales. En ese sentido, él realmente era "una persona incompleta" que, a pesar de todas sus notables cualidades, no poseía ese único elemento que hace que un ser humano sea una persona.[10]

El sendero que dejó marcado Albert Speer en el jardín de la prisión de Spandau, y los círculos en los que se movió como alto oficial del régimen nazi, son los mismos: Una alienación infernal de la realidad, que tiene sus bases no sólo en las leyes físicas, sino también en las morales.

Speer no le prestaba ninguna atención a esta realidad y según el biógrafo Joachim Fest, era incapaz de hacerlo. Sin embargo, tenía la suficiente conciencia como para reconocer durante su juicio la realidad del horror y también la había tenido para oponerse a la política de tierra arrasada de Hitler. La realidad de las leyes morales parece haber estado en un horizonte que Speer podía percibir, pero no alcanzar. Así que, hasta el final, hizo un viaje imaginario, un viaje que lo llevó cada vez más lejos, hacia la absoluta ilusión.

CAPÍTULO 17

VIVIR SEGÚN LA VERDAD

Pocos de entre ustedes se identificarían fácilmente con Albert Speer, un artista y líder que se vio atrapado en uno de los más tumultuosos acontecimientos del siglo veinte.

Pero aunque me duela admitirlo, puedo hacerlo.

Igual que Speer, cuando yo era joven, soñaba con hacer algo grande. Desde la época en que cursaba mis estudios secundarios, comía, bebía, vivía y respiraba con la política. Trabajé como voluntario de campaña antes de poder votar. En la universidad, me especialicé en filosofía política y me encantaba debatir con un brillante profesor liberal, Guy Dodge. Las debilidades que identifiqué en sus argumentos me alentaron a profundizar en mi conservadorismo. Tengo que admitir que él era una persona muy abierta intelectualmente y le agradaba que yo apareciera con puntos de vista opuestos. A veces terminaba las clases diciendo: "Hoy no hemos oído al señor Colson. ¿Por qué no le damos la oportunidad de presentar el punto de vista contrario?"

Mi educación me dio una buena base en filosofía política. Encendió en mí el patriotismo que me impulsó a enrolarme en el Cuerpo de Infantes de Marina de los Estados Unidos y luego, a trabajar como asistente administrativo en el Senado estadounidense.

Por fin, a los treinta y ocho años, ocupé la oficina contigua al presidente de los Estados Unidos. ¡Imagínense cómo se le pueden subir a uno los humos a la cabeza! No se me estaba ofreciendo rediseñar Berlín, pero sí tenía ante mí la perspectiva de ayudar a crear una generación de paz mundial, una oferta tan intoxicante como aquella.

Durante mi primer año de trabajo en la Casa Blanca no fui parte del círculo selecto. Pero rápidamente me sumé a éste, jugando para el presidente Nixon un papel similar al que Karl Rove jugó para el presidente Bush. Nixon y yo tuvimos una estrecha relación de trabajo. Diversos analistas dijeron que nos ayudábamos mutuamente a desarrollar nuestros instintos más bajos, que iluminábamos el lado oscuro de nuestras facetas ocultas. Pensábamos de la misma manera. Por ser el estratega nacional de Nixon me encontraba en una posición que me permitía poner en práctica mis ideas. En efecto, podía poner en práctica aquello de lo que había estado hablando desde mis años de la escuela secundaria. Me dediqué a recortar los excesivos gastos gubernamentales y con ello devolverle al ciudadano común un mayor margen de libertad individual. Me esforcé por consolidar la clase militar e intenté reducir el déficit nacional.

La época que más disfruté fue la campaña para elecciones presidenciales en 1972. Las tres "A" de nuestra campaña eran ácido, amnistía y aborto, tal como comenzamos a diseñar la respuesta conservadora a lo que se conoció como la guerra por la cultura. Creíamos en la equidad de los derechos y la integración, pero considerábamos que intentar experimentos sociales con niños no era el modo de alcanzar estos objetivos, algo que las madres y los padres sabían muy bien. Les ganamos a los demócratas socialmente conservadores por centenares de miles de votos.

Siempre me he preguntado si percibí signos anticipados del problema que se estaba gestando. ¿Me advirtió mi conciencia que algo andaba mal? En los años siguientes pude comprender que la administración Nixon estaba impregnada de un espíritu revanchista que tenía su fuente en el propio Nixon, espíritu al que yo contribuí. Pero esta atmósfera moral tóxica no llegó de la noche a la mañana. Y yo no la vi venir.

La primera señal que debía haber visto era la doble contabilidad de los gastos de la Casa Blanca. Dos o tres veces, cuando caminaba por el Ala Oeste de la Casa Blanca, me desconcertaba ver a los carpinteros desplazando paredes. Hacer renovaciones laboriosas se volvió un hábito. Era muy popular la broma de que si uno se quedaba dormido en su oficina, corría el riesgo de que lo dejaran encerrado entre cuatro paredes. Bob Haldeman hacía cuantiosos gastos redecorando oficinas y me molestaba que utilizara de esa manera el dinero de los impuestos del pueblo.

Confieso que luego aquello comenzó a gustarme. Cuando me instalaba en una oficina más amplia, quería que la redecoraran. Llamaba al jefe decorador de la Casa Blanca, que rápidamente adquiría pinturas muy atractivas de diferentes museos y las colocaba en mi oficina. No me gustaba el antiguo escritorio estilo gubernamental que tenía. "Ojalá tuvieran una de esas mesas Knoll", le dije al decorador, y en un abrir y cerrar de ojos apareció con una mesa oval Knoll, de madera de palo de rosa. Después llegaron las estanterías Knoll. Las cortinas tenían un aspecto un poco gastado, así que hicimos un pedido de unas nuevas, de color amarillo brillante, que hiciera juego con mi alfombra color azul marino. Yo, el puritano de Nueva Inglaterra, caí en la trampa.

El uso egoísta que se hacía del dinero de los contribuyentes era un presagio de lo que vendría. Me encontraba una noche en la oficina del presidente con Haldeman, cuando se nos hizo saber que un ex empleado del Consejo de Seguridad Nacional había conservado copias de documentos internos del Pentágono. Sabíamos que este hombre era muy liberal y que se había opuesto a la guerra contra Vietnam. Nixon dejó estallar su cólera, cosa que hacía a menudo. Dio un fuerte puñetazo contra su escritorio y enrareció la atmósfera con insultos soeces. "Bob, ya te dije que quiero un equipo de hombres que sea capaz de recuperar esos documentos. No me importa lo que tengan que hacer para conseguirlos. Que empleen la fuerza si es necesario. Necesito un equipo que pueda hacer ese tipo de tareas para mí."

Sinceramente, aquella noche me sentí muy incómodo en la Oficina Oval del Presidente. Nunca lo había oído hablar tan ostensiblemente de esas cosas. Yo tenía sospechas de que el presidente Nixon quería que se hicieran estas cosas, pero nunca me imaginé que lo diría tan abiertamente. En ese momento, sin embargo, mi conciencia tampoco protestó airadamente.

Mi conciencia seguía incólume, en parte porque el gobierno actuaba de esa manera en momentos específicos. Llevé a cabo muchas negociaciones con el FBI y la CIA para que sus agentes hicieran incursiones no autorizadas, "trabajos sucios", con el objetivo de recuperar documentos confidenciales. El gobierno hacía esto en circunstancias extraordinarias, para proteger al país de potencias extranjeras. Los Documentos del Pentágono ponían en riesgo nuestras relaciones con otros países. Pensábamos que nuestra seguridad nacional estaba en peligro; por lo menos, era lo que yo pensaba.

Pero una cosa es el espionaje contra naciones hostiles y otra muy distinta es entrar ilegalmente en las oficinas de instituciones nacionales. Es una frontera más delgada de lo que uno se imagina, porque los asuntos domésticos y externos no siempre se pueden separar claramente, como lo puso de relieve la Comisión 11 de Septiembre, en 2004. Sin embargo, esa noche cruzamos la línea divisoria, y mi conciencia no reaccionó. No se activaron las señales de alarma. Estaba tan concentrado en impedir que siguiera habiendo fuga de información confidencial que pudiera debilitar la seguridad nacional, que nunca me detuve a pensar que podíamos estar cometiendo un error.[1]

En el otoño de 1971, me enteré que Howard Hunt y algunos de sus hombres habían penetrado en la oficina de Daniel Ellsberg y se habían llevado sus archivos. En ese momento, mi conciencia sí reaccionó. Me consternó la idea que la Casa Blanca estuviera organizando robos. Eran tácticas que tenían lugar a nuestras espaldas. Me di cuenta de que estos robos iban contra la ley y que Hunt y su pandilla no eran de la CIA ni del FBI o alguna cosa así: Eran *nuestros* agentes. Se trataba de algo incorrecto y no quise tener parte alguna en el asunto.

Cuando Howard Hunt vino a mostrarme fotografías de los documentos, le dije que no quería verlas, ni oír hablar del asunto, ni saber nada, y en resumidas cuentas, no quería estar al tanto de cosa alguna que tuviera que ver con toda esa operación. Después de esta conversación lo mantuve a distancia prudencial. Me ponía nervioso.

Después del caso de la violación de Watergate y de la campaña de 1972, recibí una llamada telefónica de Howard Hunt. Ya yo había decidido no tener nada que ver con él, pero su esposa acababa de fallecer en un accidente de avión en un viaje a Chicago.[2] Yo había conocido a Howard por relaciones sociales y me sentía responsable de haberlo recomendado a John Ehrlichman. Me arrepentía de haberlo introducido un día a los tejes y manejes de la Casa Blanca. Por todo eso, acepté recibir la llamada.

A lo largo de aquella conversación telefónica, Hunt hizo lo que cualquiera puede deducir al escuchar la trascripción, porque la grabé, es decir, me hizo amenazas extorsivas. Me estaba vendiendo su silencio. Yo estaba tan decidido a que no dijera nada (y se lo repetí diez veces), que ni siquiera tomaba conciencia de la gravedad de lo que me estaba diciendo.

Luego tomé la grabación y le pedí a mi secretaria que la trascribiera a máquina. Envié la trascripción al Consejero de la Casa Blanca, John Dean, con una nota preliminar que decía, simplemente: "Y ahora, ¿qué diablos hago?"

Aquella frase fue objeto de muchas bromas y fue comentada durante todo el proceso de Watergate. Al mandarle la nota y la trascripción de la llamada a Dean, no tenía idea de que estaba colaborando con una conspiración criminal; ni siquiera sabía que había una conspiración en marcha. Pensaba que Dean estaba limpio. Más tarde, esta acción me costó ser incluido en la conspiración de Watergate. Retrospectivamente, creo que debería haber sido más sagaz. Cuando uno tiene que hacer continuos esfuerzos para no enterarse de lo que está sucediendo a su alrededor se mete en graves problemas.

Hacia el mes de enero de 1973, cuando el abogado de Hunt vino para plantearme algunas exigencias bastante pesadas, supe que las cosas se habían salido de su cauce. Fui a ver a Nixon y se lo dije, como consta en las grabaciones de la presidencia. Pero todavía faltaba mucho para que mi conciencia se manifestara. Me gustaba el cargo que tenía. Disfrutaba de mi poder. No quería que esa vida se terminara.

Me había acostumbrado mucho a la comodidad, me seducía el decorado, los guardias de seguridad cuadrándose a mi paso, la limosina a mi servicio y el jet que me esperaba en la Base Andrews de la Fuerza Aérea. Son cosas que a cualquiera lo marean, sobre todo a un hombre que no había cumplido los cuarenta y que tenía orígenes más bien modestos.

Mi papá me había inculcado valores puritanos modernos: No mientas nunca. Siempre di la verdad, cualquiera sea el costo. Trabaja duro en todo lo que se te solicite. Trabaja bien por un pago justo. Aprendí

> *Lo que no me di cuenta fue que el vivir una vida basada en un rígido código moral, me cegaba a los errores que yo mismo cometía.*

mucho con él sobre la conveniencia de decir la verdad y sobre la integridad. Lo que no me di cuenta fue que el vivir una vida basada en un rígido código moral, me cegaba a los errores que yo mismo cometía. Mi fariseísmo podía inducirme a fragmentar tanto mi accionar, que por un lado podía estar convencido de hacer lo correcto en mi vida particular, y simultáneamente, estar participando en una empresa colectiva incorrecta.

A partir del momento en que uno dice: "No me digas nada. No quiero saberlo", está liquidado.

Mi falta no tenía la misma envergadura que la de Albert Speer, pero era del mismo tipo. ¿Cuántas veces Albert Speer habrá dicho "no quiero saber"? ¿Cuántas veces los alemanes dijeron lo mismo mientras los judíos eran arrestados y separados del resto de la sociedad, y mientras las cenizas comenzaban a flotar en el cielo de Dachau y Buchenwald? En sus notas diarias de *Spandau*, el propio Speer escribió que no querer enterarse era "criminal".

Speer vivió hasta el último de sus días con el alma atormentada. El testimonio de la moral universal lo condenaba por su maldad, pero la conciencia no era suficiente para impedir que colaborara con la perversidad de Hitler. Quizá lo más patético acerca de la vida de Speer fue el no tener un criterio para discernir los crímenes de Hitler, aun después de haber sido cometidos. Al final de su vida, Speer sabía que había elegido un camino equivocado, pero no sabía cómo ni qué hubiera podido hacer para evitarlo. "Sí, por supuesto, mea culpa", dijo Speer, "pero la cuestión central de todo esto es que *no lo sentí* así, ¿y por qué no lo sentí? ¿Era por Hitler, sólo por Hitler, que no lo pude entender? ¿O por alguna deficiencia *mía*? ¿O por las dos cosas?"[3] Y concluye: "Nunca podré liberarme de ese pecado". Y uno sospecha que, en parte, es porque no tenía un entendimiento profundo del mal.[4] Nunca fue capaz de relacionarse con la dimensión espiritual de la realidad.

Una de las razones por las que decidí contar la historia personal de Speer es por haber visto su última aparición pública en el programa *Buenos Días América*, de la cadena televisiva *ABC*. David Hartman, el entrevistador, le preguntó: "Usted dijo que la culpa no se puede o no se debe perdonar. ¿Todavía piensa igual?"

Nunca olvidaré la expresión patológica de Speer cuando contestó: "Cumplí una condena de veinte años y podría decir 'soy un hombre libre, he limpiado mi conciencia con el castigo que recibí'. Pero no puedo. Todavía pesa sobre mi conciencia lo que le sucedió a millones de personas en la época de Hitler y no puedo liberarme de eso".[5] El nudo de la tragedia de Speer es que no podía encontrar redención para lo que había hecho, ningún perdón.

Al comienzo, Speer debería haber puesto en tela de juicio la visión del mundo que tenía Hitler. En sus escritos, Speer admite no haber hecho una lectura crítica del programa de Hitler, nunca evaluó la ideología nazi. Tendría que haberse preguntado si las promesas hechas por Hitler podían hacerse realidad, y si concordaban con la manera en la que funciona el mundo.[6]

De manera similar, yo debería haber visto las maquinaciones dentro de la administración de Nixon, en un contexto más amplio que la estrategia para lograr su reelección y el tema de la seguridad nacional. Debería haber entendido lo que estaba sobre el tapete: El respeto de la verdad y de las leyes.

> *Las personas que sostienen que la verdad no es relevante se equivocan. La verdad es lo único importante para evaluar cómo estamos ofreciendo nuestras vidas en servicio.*

Las personas que sostienen que la verdad no es relevante se equivocan. La verdad es lo *único* importante para evaluar cómo estamos ofreciendo nuestras vidas en servicio.

Como dijimos antes, la verdad es lo que concuerda con la realidad. Todos organizamos nuestra vida en función de las decisiones que tomamos, pero a menudo cometemos el error de no verificar si estas decisiones concuerdan con lo que es correcto y con la verdad. Y el hecho de no decidir es en sí mismo una decisión, como también lo es ir por donde va el rebaño. Creer que la verdad es subjetiva hace que nuestras propias verdades se conviertan en lo único absoluto de la vida, aunque sean flexibles o variables. Si, como en el caso de Speer, usted elige una verdad falsa para imponerla como verdadera, su vida se destruirá. Pero si elige la verdad, es decir, si elige vivir en armonía con el orden natural del mundo, y si pone su energía al servicio de la verdad y la justicia, tendrá una vida llena de satisfacción, con propósito y con sentido, aun en las circunstancias más difíciles, como lo demostraron Ernest Gordon y Nien Chang.

Mantenerse fiel a la verdad y a la justicia es la definición de la integridad. Lo pude confirmar cuando le estaba hablando a dos mil infantes de marina en el cuartel Lejeune, donde había oficiado como comandante de pelotón a mediados de los años '50. Cuando llegó el momento de las preguntas, un sargento veterano me preguntó: "Señor Colson, ¿qué es más importante, la lealtad o la integridad?" Su pregunta apuntaba a si la verdad debía ser dejada de lado cuando estaban en juego la lealtad o las relaciones.

La pregunta de este soldado me tomó por sorpresa. La divisa del

Cuerpo de Infantes de Marina, *semper fidelis*, quiere decir: "Siempre lea-les". Los Infantes de Marina tienden a poner la lealtad primero, al final y siempre.

Aquella pregunta revivió en mí recuerdos desagradables. En enero de 1974, el fiscal en el caso Watergate, Leon Jaworski, me ofreció, a cambio de un testimonio contra Nixon, la posibilidad de solicitar clemencia por la falta cometida, dándome a entender que no cumpliría mi condena en la cárcel y que no me retirarían la licencia de abogado. Si no hubiera estado ligado por lealtad a Richard Nixon hubiera aceptado la oferta de Jaworski, aunque no estaba de acuerdo con los términos en los que estaba planteada. Pero yo todavía sentía una lealtad incondicional por Nixon y lo que Jaworski quería que yo dijera no era cierto.

Se me previno que difícilmente Nixon mostraría la misma lealtad hacia mí. En medio de la campaña presidencial de 1972, cuando Nixon tenía viento en popa y ya cantábamos victoria, Haldeman y yo tuvimos una conversación aparentemente intrascendente, que sin embargo me persigue desde entonces. Me dijo: "Chuck, no quiero decepcionarte. Déjame decirte algo sobre Richard Nixon. Es una persona que te usará, y cuando hayas cumplido lo que él espera de ti, te arrojará como un pañuelo usado". Me quedé pasmado. Por mucho que me esforzara, no podía entender que Haldeman me hubiera dicho una cosa así. Era un comentario brutal y cínico, muy lejos de los que habitualmente dispensaba Haldeman. Lo dijo sin una sonrisa, sin un empujoncito o bromeando. Lo dijo con la mayor seriedad.

Yo no podía aceptarlo. Tenía a Richard Nixon en mi más alta estima, como persona y como presidente. Lo respetaba mucho por su extraordinario liderazgo, especialmente en asuntos internacionales. Cuando fui a la Casa Blanca, pensé en lo que podría pasar si mis intereses y los del Presidente entraban en conflicto. Consideré que en aquel tablero yo era un peón y él era el rey. Si se presentaba una crisis, tenía que dar el brazo a torcer. Trabajé con esta idea, en gran medida condicionado por mi experiencia militar anterior.

Después comprendí que Haldeman y Ehrlichman estaban conspirando para sacarme del juego tan pronto como pasaran las elecciones, para desviar la atención del caso Watergate sobre mí y aliviar la presión que había sobre la Casa Blanca. Haldeman tenía un comportamiento decente, me parece, porque trataba de atenuar mi caída previniéndome a tiempo. Me estaba alertando sobre el hecho de que, después de las elecciones, en lugar de quedar como el héroe glorioso, yo iba a ser el chivo expiatorio. Es algo que quedó claro en las grabaciones.

Naturalmente, Haldeman y Ehrlichman no lo lograron. En realidad creían que podían responsabilizarme de todo porque la prensa había hecho lo mismo. Pensaban que si yo me iba, me llevaba el problema de Watergate fuera de la Casa Blanca. Pero a medida que las cosas avanzaron, se convencieron de lo contrario.

Nunca olvidaré el momento en que me sentí profundamente decepcionado con el presidente Nixon. Desde mi celda seguía con un televisor en blanco y negro el juicio y presencié su renuncia. Me di cuenta de que, efectivamente, estaba abandonando el campo de batalla y dejando tras de sí a los soldados heridos, sin tomar ninguna medida para protegerlos. Esto disminuyó mi admiración por él.

Aún así, seguía siéndole fiel. En el juicio no testifiqué en su contra. Públicamente seguí llamándolo mi amigo y sostuve que no lo haría pagar por mis propias culpas, a pesar de que él me había ordenado hacer lo que ahora se me incriminaba. Sencillamente no pensaba que fuera correcto culparlo por algo que yo mismo había hecho. Así que no lo hice. Pero en mi fuero interno, cuando lo vi por la televisión abandonar sin ningún remordimiento a todos los que estaban presos o a punto de ser encarcelados, mi contrato con él se rompió.

Así que cuando en el cuartel Lejeune aquel sargento me preguntó si la lealtad era más importante que la integridad, sin vacilar le contesté que la verdad debía estar muy por encima de la lealtad. Si no lo tienes claro, el mundo se viene abajo. Le dije además que la respuesta era la integridad, y que lamentaba no haberlo sabido cuando había sido parte del gobierno de Nixon.

La integridad y la búsqueda de la verdad nos ilustran sobre algunos de los momentos más atractivos de la historia reciente. La Revolución de Terciopelo en Europa del este, en 1989, nos recuerda la potencialidad positiva de esta gesta. Nos demuestra que no se trata de temas académicos; estamos intentando integrar a nuestra vida la fuerza más poderosa que puede existir en el ámbito humano.

Al final de la década de los años '70, el dramaturgo checo Václav
Havel escribió el ensayo "El Poder de los Que No Tienen Poder", como
parte de un esfuerzo concertado entre polacos y checos que culminó con
la declaración de derechos humanos conocida como Carta 77.[7] Al
comienzo, el ensayo de Havel fue distribuido mediante una red clandes-
tina, en forma de *samizdat*, copias generalmente hechas una por una y
pasadas de mano en mano entre la gente que buscaba la verdad, a la que
en la Unión Soviética sólo se podía acceder a través de los canales extraoficiales. A causa de este ensayo y de otras actividades, Havel fue encarcelado durante cuatro meses en 1977 y otra vez en 1979, hasta que salió
libre en 1983.

En "El Poder de los Que No Tienen Poder", Havel no le opone al
comunismo otra gran ideología. Más bien, utiliza un ejemplo común
para mostrar de qué manera se perpetúa el comunismo y cómo puede
ser derrotado. Piense en un vendedor de frutas y legumbres, escribe, al
que el gobierno obliga a poner en su tienda un cartel que dice "Trabajadores del mundo, ¡uníos!" En el ex bloque europeo de países comunistas, carteles como éste eran colocados en todas partes: Fábricas,
comercios y hasta en los anuncios de las carreteras.

Cuando se le solicitaba poner el cartel, el verdulero tenía que decidir: ¿Debería aceptar? Ya no creía en la ideología expresada en el lema
"Trabajadores del mundo: ¡uníos!" No creía que los seres humanos fueran el resultado de sus circunstancias económicas ni que pudiera construirse un paraíso sobre la tierra cambiando las condiciones sociales.
Después de cuarenta años de hegemonía soviética en Europa del este, la
sociedad había cambiado, pero para peor. La gente se veía obligada a
seguir apoyando una mentira.

Desde el punto de vista del gobierno, era muy importante que el
verdulero colgara el cartel en su tienda, precisamente por miedo a que la
gente descubriera que la ideología comunista era una mentira. El cartel
lo obligaba a mentir y se hacía cómplice de la opresión comunista. Al
participar de la mentira, el verdulero negaba su propia dignidad y adoptaba una actitud servil para con una ideología falsa e inhumana. También se transformaba en una herramienta de la opresión del gobierno
sobre las demás personas, porque su ejemplo inducía a pensar que oponerse a las autoridades era demasiado riesgoso. Con cada acción menti-
rosa, el verdulero se volvía cada vez más manipulable.

En su ensayo, Havel muestra que la gran mentira del comunismo sólo podía mantenerse gracias a los millones de verduleros obligados a mentir. La Unión Soviética y sus satélites se transformaron en un gran mundo de apariencias carente de realidad. Todos los que ayudaban a que el sistema funcionara tenían que actuar *como si:* Como si la economía determinara el destino, como si el gobierno protegiera los intereses de los trabajadores, como si el papel de la justicia se mantuviera intacto, como si los derechos humanos fueran respetados, como si se practicara la libertad de culto. Por todas partes había brotado un sofisticado sistema de gestos rituales, incluyendo la instalación de carteles en las ventanas de las tiendas, con el propósito de obligar a la gente a que creyeran, e hicieran creer a otros, que el comunismo hacía que la vida valiera la pena.

Para la mayoría de las personas esta práctica exigía dividir su vida en compartimientos: Mostrar una cara en público y otra completamente diferente en privado. En público, actuaban como si creyeran la mentira, en cambio, en privado decían la verdad. Los verduleros ponían los carteles porque si no lo hacían podían perder el puesto de administrador de la tienda, recibir un salario inferior, ver las puertas cerradas a la educación superior de sus hijos y hasta ser encarcelados. Por esa razón, la mayor parte de las personas del bloque soviético había elegido vivir con la gran mentira.

La dignidad de una persona consiste en la capacidad de conocer la verdad y de vivir conforme a ella.

Havel decía que la actitud más revolucionaria era *vivir según la verdad.* La dignidad de una persona consiste en la capacidad de conocer la verdad y de vivir conforme a ella. Vivir según la verdad restaura la innata dignidad humana y hace que valga la pena vivir la vida, porque la verdad importa más que la vida misma. Dice Havel:

Debajo de la superficie ordenada de una vida de mentiras, dormita la cara escondida de la vida, con sus verdaderos motivos y su tenaz búsqueda de la verdad.

La fuerza explosiva y formidable de vivir en la verdad reside en el hecho de que vivir abiertamente en ella tiene un aliado, una cara seguramente invisible, pero omnipresente.

Es a partir de esta cara que crece la vida que se vive en la verdad. . . . Pero esta cara está oculta, y por lo tanto, desde la perspectiva del poder, es muy peligrosa. El complejo proceso de fermentación en su interior se realiza en la semioscuridad, y cuando finalmente sale a la superficie y se expone a la luz del día como una multitud de grandes sorpresas para el sistema, por lo general ya es demasiado tarde para seguir tapándolas, como se hace habitualmente.[8]

Para Havel, vivir según la verdad significaba simplemente vivir con integridad: Reconocer la realidad y luego ser fiel a ella en las acciones de cada día. Repito, no estaba haciendo una convocatoria a sumarse a algún gran programa político. Vivir según la verdad significaba "cualquier cosa, desde una carta pública firmada por intelectuales, hasta una huelga de obreros; desde un concierto de rock, hasta una manifestación estudiantil; desde negarse a votar en elecciones fraudulentas, hasta pronunciar un discurso público en un congreso oficial".[9]

En 1989 eran incontables las personas que habían decidido identificarse con el reto lanzado por Havel de vivir según la verdad. Esto incluía a los demás firmantes de la Carta 77, como Lech Walesa y el movimiento Solidaridad en Polonia; el pastor Laszlo Tokes y sus fieles en Rumania; y los húngaros, que finalmente obligaron a su gobierno a convocar a elecciones libres. Como resultado de estas valientes acciones de miles de personas se produjo la "increíble sorpresa para el sistema".

Estos disidentes pronto inspiraron a centenares de miles personas que salieron a marchar desde las iglesias en Alemania del este. Las manifestaciones comenzaron en la iglesia San Nicolás de Leipzig, donde la gente se daba cita para participar de las misas por la paz desde 1982. Después de la misa del 4 de septiembre de 1989, mil quinientas personas desfilaron manifestando por las calles de Leipzig llevando velas encendidas. A pesar de que el gobierno húngaro había abierto recientemente sus fronteras con Austria, permitiendo que miles de alemanes del este emigraran hacia el oeste por primera vez desde la Segunda Guerra Mundial, la gente que se reunía en la iglesia San Nicolás sentía coartada su libertad de movimiento; querían que la libertad fuera una realidad en su propio territorio. El 4 de septiembre comenzaron a cantar: "¡Nosotros nos quedamos!"

Para el 25 de septiembre, el número de manifestantes había crecido a ocho mil. Fueron diez mil el 2 de octubre. Por fin, y a pesar de las amenazas del gobierno de realizar una masacre al estilo de la Plaza de Tiananmen, las manifestaciones continuaron hasta alcanzar cincuenta mil personas el 9 de octubre. Fue el momento en que el gobierno de Alemania del este perdió totalmente el control de la situación. En las semanas siguientes, las manifestaciones se sucedieron a lo largo de toda Alemania del este, con personas que portaban velas encendidas en todas las ciudades. Se había gestado una revolución con cirios que expresaba las más profundas plegarias de los caminantes. La iglesia del Buen Samaritano se transformó en un punto de concentración para los manifestantes de Berlín oriental, no muy lejos del lugar en el que Speer había llevado a cabo sus "desalojos y evacuaciones" cuando cooperó con el Holocausto.

El 9 de noviembre de 1989, como resultado de alguna falla en la comunicación interna del gobierno, corrió el rumor de que se autorizaría el paso hacia Berlín occidental. Ese mismo día, cerca de la medianoche, centenares de miles de personas se arremolinaron frente al Portal de Brandenburgo, celebrando la nueva libertad y la pronta reunificación de Berlín y todo el este y el oeste de Alemania. Las primeras mazas comenzaron entonces a derribar el Muro de Berlín.

Este hecho, que es uno de los momentos más positivos ocurridos durante mi vida, tuvo lugar porque gente valiente reconoció la verdad y se comprometió a vivir en ella. En la misma nación en la que Speer vivió una vida fragmentada y llena de horror, centenares de miles de personas renunciaron a vivir con una ética fragmentada. En 1989, siguiendo el consejo de Havel y de algunos otros, decidieron no hacer una diferencia entre su vida pública y privada, sino vivir de acuerdo con la verdad cualquiera fuera el costo que tuvieran que pagar por ello. ¡Qué ejemplo!

La integridad y la búsqueda de la verdad van de la mano.

Observamos mediante el ejemplo negativo de la vida de Albert Speer y el positivo de Václav Havel, una lección decisiva para la vida: Para poder vivir con sentido necesitamos descubrir la verdad, descubrir la realidad, y una vez que la hemos descubierto, tenemos que vivir de manera consecuente con ella. La integridad y la búsqueda de la verdad van de la mano. No fue suficiente para los europeos del este encontrar la verdad; tenían que vivirla.

La experiencia de los que han vivido bajo el comunismo muestra que no solamente somos buscadores de la verdad, sino también evasores de esa verdad cuando nuestro apetito, deseo o instinto de supervivencia nos hace sentir que la verdad nos amenaza o nos pone incómodos. Uno de los mártires de la disidencia polaca, Jerzy Popieluszko, dijo: "Si la verdad se nos presenta como un valor por el cual vale la pena sufrir y arriesgar la vida, entonces tendremos que sobreponernos al miedo, que es la causa de nuestra esclavitud".[10]

La integridad es vital porque cualquier brecha en ella nos pone en contradicción con la realidad y ésa es una guerra que nadie, jamás, ha podido ganar. Uno puede hacer caso omiso de la realidad hasta que ésta nos aplasta, que es lo que les sucedió tanto a los nazis alemanes como a los comunistas de Alemania del este.

Estos principios son tan evidentes para los grandes pensadores que mucho antes de que la Cortina de Hierro cayera, el papa Juan Pablo II profetizó el derrumbe del comunismo. Entendía que un sistema tan radicalmente opuesto a la naturaleza humana y al orden natural sencillamente no podía durar.

———•◦•———

La gran mentira del comunismo no se ha desvanecido en absoluto. Sin embargo vivimos con otra versión de la mentira. La tragedia de este tiempo es que somos verduleros que hemos puesto en nuestras tiendas un cartel que dice: "No existe la verdad", "La tolerancia es dios", "La diversidad tiene que imponerse a cualquier costo".

La gran mentira del mundo occidental es que no hay nada absoluto, sólo existen verdades subjetivas que compiten unas con otras. A pesar de lo benigno que puede parecer este supuesto, la gran mentira destruye lo que Havel llamó "los verdaderos objetivos de la vida", o la vida buena, como veremos más adelante.

CAPÍTULO 18

¿PODEMOS CONOCER LA VERDAD?

ESTAR CONVENCIDO como Havel de conocer la verdad y vivir según ella es el centro mismo de una vida buena. Esto pone sobre el tapete la cuestión más urgente y controversial de la cultura actual: ¿Podemos conocer la verdad? Voces estridentes contestan a esta pregunta con un sonoro no.

La razón principal de esta reacción es que ha habido una extraordinaria revolución cultural en Occidente. En el período inmediatamente posterior a la Segunda Guerra Mundial, como ya señalamos, los filósofos existencialistas, en su mayoría franceses, tomaron muy en serio la afirmación de Nietzsche de que Dios había muerto y que la vida no tenía un propósito trascendental. Así nacieron la generación de los años '60, Woodstock, la búsqueda de un sentido mediante la protesta, el amor libre y las drogas. Al existencialismo le siguió pronto el deconstruccionismo en el análisis literario y cultural. Se afirmaba que la sociedad vive "prisionera de su lenguaje", es decir, que nunca podemos escapar a los prejuicios de la cultura; cualquier afirmación acerca de cómo funciona el mundo es el fruto de pensadores prejuiciados.[1] No es necesario ser filósofo para observar que estas corrientes de pensamiento debilitan a cualquier estructura de autoridad.

La verdad se convirtió en cualquier cosa que creyera una persona. Así que usted tiene su verdad, y yo la mía. Esta es la esencia del pensamiento posmodernista.

Pero si todas las propuestas son igualmente verdaderas, entonces ninguna es cierta. El posmodernismo se ha separado radicalmente de la tradición histórica de la civilización occidental, que consiste en afirmar que sí podemos acceder a la verdad mediante la razón y la imaginación. El cristianismo histórico agregó, además, que la revelación aumenta el poder de la razón y complementa su comprensión, aportando respuestas a las eternas interrogantes humanas sobre el propósito y el sentido.

Lamentablemente, el posmodernismo no ha sido sólo una enseñanza nefasta de algunos intelectuales y filósofos modernos. Es algo que ha infectado toda la vida de los estadounidenses y de Europa occidental. Las encuestas muestran que el 64 por ciento de estadounidenses creen que no hay tal cosa como la verdad moral. Aún más alarmante es que el 83 por ciento de los adolescentes ven la verdad moral como una simple simulación.[2] La gran mayoría de los occidentales considera que cada uno puede hacer sus propias reglas para la vida. El resultado de esto, como lo veremos más adelante, es el caos en gran parte de la existencia.

> *La perspectiva de esta generación es la de conformarse a cómo se presenten las cosas. Están bajo el perverso hechizo de creer que es imposible encontrar la verdad.*

(¿Nos sorprende realmente que la trampa y el robo sean prácticas habituales entre los alumnos de nuestras escuelas? ¿O que la comunidad de los negocios haya producido una generación de Dennis Kozlowski?)

Pensemos por un momento en lo que esto le ha causado a la Generación X y a la Generación Y. Convencidos de que la verdad es algo relativo, muchos veinteañeros y treintañeros se han deslizado hacia una cultura de desesperación. Al margen de todo lo que se diga sobre los años '60, los que ahora están envejeciendo han tenido que enfrentar la realidad (sobre todo en la vida de sus hijos) y han comenzado a aceptar que puede haber algo que sea la verdad, aunque muchos no tengan idea de cómo encontrarla. La perspectiva de esta generación es la de conformarse a cómo se presentan las cosas. Están bajo el perverso hechizo de creer que es imposible encontrar la verdad. Por esta razón muchos jóvenes están confundidos y tienen la sensación de estar intentando subir por la escalera mecánica que baja.

———— ·•·• ————

Mi amigo Phillip Johnson, profesor de derecho en Berkeley, relata la historia de un distinguido profesor de una universidad políticamente correcta. El hijo de este señor regresó un día a su casa y ante la sorpresa de sus padres, les anunció que era transexual. El muchacho había participado en un movimiento muy de moda en algunos sectores estudiantiles que propone el elegir el propio género. Había consumido una gran cantidad de literatura sobre cambio de sexo.

Muchos padres están acostumbrados a ver aparecer a sus hijos con costumbres extrañas: Muchachas con tatuajes o, como fue el caso de uno de mis nietos, con aros en las cejas. Pero el joven transexual asustó mucho a aquella familia.

Johnson cuenta cómo fue la conversación que tuvieron aquel día a la hora del almuerzo.[3]

—¿Qué quiere decir eso? —preguntaron los padres.

—Quiere decir que he decidido ser una chica —contestó el hijo—. Quiero ponerme faldas y maquillarme, y desafiar así el concepto patriarcal y burgués de género.

Los padres se quedaron fríos. Esa noche habían invitado a cenar a dos de los más famosos académicos posmodernos de los Estados Unidos, el doctor en filosofía Stanley Fish y su esposa. Fish es un líder en la escuela literaria deconstruccionista que propugna la idea de que el arte y la literatura no tienen un sentido objetivo. Los padres del muchacho pensaban que incluso alguien como Stanley Fish podía sentirse incómodo. El padre describió su temor así: "Me imaginé a mi hijo bajando alborotadamente con sus faldas por las escaleras, acercándose a la mesa como Loretta Young, con sedas de colores alrededor del cuello. ¿Cómo les explicaría a mis invitados semejante fenómeno mientras comíamos?"

Los padres le dijeron que tendría que seguir siendo un muchacho por el resto de la velada. El hijo aceptó, aunque aguantándose la tentación de decirles lo hipócritas que eran.

Cuando terminó la visita, el hijo les explicó que había aprendido sobre el cambio de sexo en las teorías de Michel Foucault y Judith Butler, los mismos textos que su papá utilizaba con sus estudiantes. A los ojos de muchos posmodernistas, el género no tiene ninguna relación con la biología. Es simplemente una designación arbitraria, podemos elegir lo que nos guste. Así pues, el muchacho no estaba oponiéndose a la filosofía familiar, sino que intentaba practicarla.

No es sorprendente que muchos jóvenes estén sexualmente confundidos y sucumban a la desesperación. Están recibiendo estas enseñanzas de sus profesores, de sus maestros, de la élite intelectual, e incluso de sus padres.

Pero la negación que hace el posmodernismo del más elemental sentido común no se limita a la identidad genérica.

———•◦•———

El debate entre las creencias tradicionales occidentales y los puntos de vista posmodernos salió al ruedo público con lo ocurrido el 11 de septiembre de 2001 en Nueva York. Después de los ataques suicidas con aviones a las Torres Gemelas, el presidente George W. Bush anunció que "Estados Unidos tiene que liberar al mundo del mal".[4] La palabra *mal* surgió en la mente del Presidente ante la realidad de miles de personas inocentes que murieron en el ataque terrorista. Algunos comentaristas sugirieron incluso que aquel ataque pondría en tela de juicio la idea de que no hay conceptos objetivos de lo correcto y lo incorrecto, de lo bueno y lo malo.

Pero no fue así. Stanley Fish calificó a la declaración del Presidente como "inapropiada y poco útil", porque se fundaba sobre "generalidades falsas". Aunque exista una verdad, no podemos conocerla, afirma Fish. Las ideas de qué es lo bueno y qué es lo malo son conceptos inútiles, inventados por un grupo para imponerle a otro su voluntad.[5] (Éste era el punto de vista de los interrogadores de Nien Cheng.)

Fish no fue el único en oponerse. Muchos académicos llegaron al extremo de decir que caracterizar a los miembros de Al Qaeda como "terroristas" era excesivamente prejuicioso. Argumentaron que la persona que es terrorista para unos, puede ser un defensor de la libertad para otros. Se instruyó a los estudiantes de las universidades de Carolina del Norte y de otros sitios a que no emitieran juicios sobre las motivaciones de los terroristas, y se les pidió que leyeran el Corán.

Pero los combatientes de la libertad tienen que luchar por la libertad, no por imponer la tiránica ley de una élite islámica que busca "purificar" sus sociedades de los elementos ideológicos contrarios. Eso es fascismo, aunque esté presentado con una envoltura religiosa. Los combatientes de la libertad enfrentan a sus enemigos directamente y no mediante víctimas civiles como lo hacen los terroristas.

Richard Dawkins, el investigador de Oxford que es un líder en la divulgación de la teoría darwinista, dijo que si había algo a lo cual culpar por los hechos ocurridos en Estados Unidos el 11 de septiembre, era al "fanatismo religioso". Dijo que "llenar el mundo con la religión o las religiones del tipo abrahámico, es como llenar las calles con armas de fuego cargadas. No hay que sorprenderse que la gente las utilice".[6] De tal manera que la etiqueta de "fanáticos" le cae no sólo a los fundamentalistas islámicos, sino también a todos los absolutistas intolerantes que creen en la tradición judeocristiana.

Afirmaciones como ésta reflejan posiciones posmodernistas particularmente duras que rechazan la verdad y legitiman el relativismo moral. También reflejan la idea de que no hay valores absolutos, excepto uno: La tolerancia. Este punto de vista también fue defendido por el Secretario General de las Naciones Unidas, Kofi Annan, cuando dijo: "Indudablemente, cosas muy malas suceden en el mundo". Luego agregó que, sin embargo, la dificultad reside en "saber dónde trazar la línea divisoria . . . si queremos ponerle un nombre al mal . . . entonces llamémoslo intolerancia".[7]

Hoy la palabra tolerancia se utiliza para llamar a lo bueno malo y a lo malo bueno.

Entonces la intolerancia, el juzgar a los terroristas, ¿es un mal mayor que el cometido por ellos? Hubo un tiempo en que tolerancia quería decir que podíamos utilizar nuestra razón para debatir abiertamente y discernir entre lo bueno y lo malo. Hoy la palabra tolerancia se utiliza para llamar a lo bueno malo y a lo malo bueno.

Así es que las personas inteligentes a menudo reservan sus insultos casi exclusivamente para lo que consideran ser actitudes rígidas, que es el único mal que quieren castigar. Hice este descubrimiento cuando fui a cenar a la casa de un amigo y me tocó sentarme frente a un hombre de negocios muy educado, que se lanzó a dar un discurso pomposo sobre la diversidad, sosteniendo que todas las culturas son moralmente iguales. Hay diferencias en el grado de desarrollo entre unas y otras, argumentaba. Le pregunté si consideraba que para una viuda era lo mismo, desde el punto de vista moral, recibir consuelo en Occidente o en la India, donde la viuda es arrojada a la pira funeraria junto a su esposo muerto. El hombre sonrió, dándose aires de estar al tanto, y dijo: "Bueno, vivimos en una diversidad cultural. Cada cultura avanza a su manera".

Eso es algo difícil de decir sin atragantarse con las palabras. Es sostener que la tolerancia es más importante que la verdad y que la vida misma. Es algo totalmente equivocado.

Las ideas profundamente enraizadas del posmodernismo han logrado que la Nueva Era sea la religión que más crece en la actualidad. La Nueva Era permite que cada cual construya su propia religión y no le impone una verdad a nadie. No ofrece un marco moral genuino, ya que si dios está en todo, está tanto en lo bueno como en lo malo.

Los adeptos de la Nueva Era y los posmodernistas han hecho de la tolerancia una deidad, y la gente se ha vuelto como los verduleros que ponen carteles en sus tiendas, que dicen: "¡No hay una verdad única!" "¡La tolerancia es algo bueno!" El único norte que los guía es el de respetar todas las opiniones como si fueran moralmente equivalentes.

Dorothy Sayers, la gran pensadora y escritora inglesa, hizo una descripción de este estado de cosas. "En el mundo esto se llama *tolerancia*, y en el infierno se llama *desesperación*. La tolerancia es cómplice de los otros pecados y su peor castigo. Es el pecado de no creer en nada, no importarle nada, no querer saber nada, no interferir en nada, no disfrutar de nada, no amar nada, no odiar nada, no encontrar propósito en nada, no vivir por nada, y mantenerse con vida solamente porque no hay nada por lo que se esté dispuesto a morir".[8]

Sin embargo, considerar que es intolerante oponerse a las ideas de otra persona es una completa perversión del significado tradicional de la tolerancia, que siempre fue el de escuchar respetuosamente el punto de vista del otro, incluso de aquel con el que podíamos disentir por completo. La tolerancia no rechazaba las exigencias de la verdad, las respetaba.

Como resultado de nuestra idea distorsionada de la tolerancia estamos perdiendo el derecho a expresarnos libremente. En nuestros días, antes de hablar, tenemos que considerar cada palabra a la luz de códigos cada vez más restrictivos. La coerción ha sustituido al poder de la verdad, porque ya no creemos en la verdad, sólo nos importan los sentimientos de la gente. Este enfoque ya ha tomado cuerpo en las leyes. En un caso tratado en 1992 por el Tribunal Supremo se consideró que el inocente comienzo de la plegaria de un rabino en una escuela secundaria del estado de Virginia, que comenzaba con un "a quien concierna", era inconstitucional porque atentaba contra los derechos de una muchacha de quince años a la que no se podía obligar a escuchar respetuosamente una expresión religiosa con la que no estaba de acuerdo. Lo que otrora podía haber sido considerado como una muestra de civismo y madurez (aprender a escuchar el punto de vista de otra persona), ahora se convierte en un caso de inconstitucionalidad.[9]

Igualmente perturbador es que, según la justicia, la tolerancia impone que ya no se pueda decir en los foros públicos ninguna expresión religiosa que proclame "una convicción compartida de que hay una ética y una moral trascendentes que no fueron inventadas por los hombres".[10] Así que basta con que un orador diga en un mitin público que hay normas generales que están por encima de las normas privadas, para violar la ley de separación iglesia-estado.

El posmodernismo y su tolerancia dogmática sólo puede conducirnos a la desesperación, como lo escribe Sayers y como lo comprobamos hoy en la vida de tantas personas. A su vez, la desesperación conduce a la pereza, y ésta al aburrimiento. A pesar de los grandes avances tecnológicos y de los elevados niveles de educación y de las condiciones materiales jamás alcanzados por ninguna sociedad, nos hemos ingeniado para quitarle todo el sentido a la vida, para destruir los fundamentos de la dignidad y los derechos humanos, o para debilitar el discurso moral y racional . . . y para quedar a la deriva en medio del cosmos.

Si bien el posmodernismo debilita a la ciencia porque la ciencia depende de la aceptación del orden natural, la mayoría de los posmodernistas literalmente adora la ciencia, lo cual, por supuesto, es completamente ilógico. Pero claro, la lógica no importa. El descubrimiento de la lógica cuatro siglos antes de Cristo fue uno de los logros singulares de la antigüedad. Dio lugar a extraordinarios avances en el desarrollo de la civilización, porque permitió a los seres humanos reflexionar acerca de qué es verdad y qué no lo es. Pero el posmodernismo no se molesta con las exigencias del rigor lógico que debemos observar en la búsqueda de la verdad o de la coherencia en la manera en que pensamos o creemos. Al abandonar las "supersticiones" religiosas del pasado, el conocimiento mismo se ha convertido en otra superstición: Eso es en síntesis el posmodernismo.

Este escape de la razón hace que el discurso inteligente resulte imposible. Ocasionalmente, sin embargo, hasta los posmodernistas más recalcitrantes tienen que reconocer el dilema en el que los ponen sus propias creencias.

Hace algunos años, cuando fue el *boom* de la tecnología de punta,visité Silicon Valley, para entonces un lugar donde subían los valores inmobiliarios, subían los valores de la bolsa, subían los sueños y las expectativas. Era un lugar que prometía que nunca se acabaría la vida buena. Un querido amigo mío, Mark, organizó un almuerzo privado para varios de sus amigos más allegados y miembros de su grupo de estudio bíblico en uno de los restaurantes más atractivos del valle de California. Mientras íbamos hacia el restaurante, Mark me advirtió que una de las personas invitadas no estaría muy de acuerdo con mis puntos de vista. El hombre era muy influyente, un futurista de renombre nacional, capaz de predecir qué tipo de ropa interior estaría utilizando la gente veinte años más tarde. Su boletín informativo era muy apreciado por los fabricantes, los gerentes de mercadeo y los inversionistas.

Nuestro grupo fue conducido a un salón privado y nos instalaron alrededor de una mesa cuadrada, tres o cuatro hombres a cada lado de la mesa. Como todo en Silicon Valley, el entorno era muy sencillo. Después de un breve período de conversación informal, mi anfitrión me presentó y pasé los siguientes veinte minutos hablando de las cárceles, del ministerio, de temas culturales, y cosas así.

Apenas si había tenido tiempo de concluir cuando el afamado futurista, que estaba sentado a mi izquierda, me miró con una mueca de desagrado y dijo: "Eso es algo que no me gusta de ustedes, los cristianos. Creen que tienen respuestas para todo, que son los únicos que conocen el camino para ir al cielo".

Me sobresaltó su hostilidad y traté de explicar con mucha gentileza en qué creen los cristianos. Le dije que "nadie llega al Padre sino por mí" eran palabras de Jesús, no mías.[11] Le recordé que Jesús era quien había proclamado esa verdad.

El futurista levantó los brazos despectivamente y contestó: "No, no, eso es absurdo. Sabemos que todas las religiones son parecidas y que todos llegamos al mismo sitio".

Le respondí que cada religión tiene exigencias diferentes. Los judíos creen que tienen un derecho exclusivo sobre la verdad: Para ser recibido por Dios hay que circuncidarse, ser parte de la alianza. Los musulmanes también tienen su propia reivindicación sobre la verdad: Nadie puede vivir en el paraíso sin agradar a Alá. Los budistas tienen una demanda propia sobre la verdad: Nuestros deseos son la fuente del sufrimiento y hay que renunciar a ellos. Como cualquier otra religión, los cristianos abrazan un determinado conjunto de creencias, es decir, postulados acerca de la realidad.

"No, no", volvió a contradecirme el futurista, sonriendo como si él tuviera una manera más inteligente de pensar en todas estas cosas. Como un eco de Stanley Fish, dijo: "En realidad no son reivindicaciones sobre la verdad, son sólo las preferencias o creencias de estos grupos. Todas quieren decir lo mismo". Después se encogió de hombros, como dando a entender lo poco que valía ese surtido de preferencias.

"Pero no pueden ser equivalentes", dije. "Un conjunto de exigencias excluye a las demás".

Ahora el hombre sacudía la cabeza.

Entonces saqué mi lapicero y lo dejé caer sobre la mesa. "Observe que cae", le dije. Volví a dejar caer varias veces el lapicero sobre la mesa. "Usted notará que siempre cae. Nunca sucede lo contrario. ¿No es eso lo que llamamos *ley* de gravedad?", le pregunté.

"Oh, pero eso no es realmente caer", contestó riendo. "Sé suficiente sobre mecánica cuántica para darme cuenta de que las partículas están en movimiento constante, a mayor velocidad que la luz, y esas partículas simplemente están pasando unas a través de las otras".

Podía responderle con pocas palabras. "Tonterías. Lo que usted ve", expliqué, "es un lapicero que cae, una masa golpeando a otra masa. Si hay partículas pasando a través de otras partículas, que así sea. Aún así, lo que vemos es una masa que golpea a otra masa. De tal manera que *hay* una verdad, ¿se da cuenta?" concluí.

En ese momento mi compañero de almuerzo hizo un leve gesto de enojo y se le enrojeció el rostro. Pero no aflojó la presión. "Una reivindicación de la verdad excluye a otra reivindicación de la verdad. Las dos podrían ser falsas, pero no pueden ser ambas correctas. No todos los caminos pueden conducir al cielo. De otra manera, tendríamos que suspender la ley de no contradicción. Estoy seguro de que usted ha leído a Aristóteles. En la lista de lecturas obligatorias, él está mucho antes que la mecánica cuántica".

Ahora mi compañero de mesa, rojo hasta el cuello, parecía muy enojado e impaciente. Se concentró en su taza de café como buscando consolarse. "Bueno, los postulados de la religión son extranaturales", murmuró.

¿Las personas de fe son consideradas por las élites de hoy como seres irracionales? La verdad es que el posmodernismo ha abandonado la razón y en ese proceso ha dejado a sus seguidores "con los dos pies firmemente plantados en el aire".

———•◦•———

Es muy importante que usted entienda esto para que no lo arrastren sin darse cuenta hacia la irracionalidad del posmodernismo y termine colgando el cartel de "La tolerancia es dios" en la ventana de su mente. No podemos mantener la certeza de nuestras convicciones a menos que seamos capaces de ver a través de la gran mentira del posmodernismo.

No podemos mantener la certeza de nuestras convicciones a menos que seamos capaces de ver a través de la gran mentira del posmodernismo.

Los poderes culturales y las élites nos exigen colgar carteles que niegan que sea posible conocer la verdad, pero necesitamos reaccionar y decir abiertamente algo que es obvio: Hay una verdad y podemos conocerla. En última instancia, esto importa más que los asuntos de identidad de género, tolerancia social o discurso público. Importa porque, literalmente, tiene que ver con la vida y la muerte.

Y esto, por lo menos en mi caso, se ha vuelto algo muy personal.

CAPÍTULO 19

¿CUÁNTO VALE
LA VIDA?

UNA TARDE, al visitar Melmark, la escuela especial donde asiste nuestro nieto autista, mi esposa, Patty, y yo vivimos un momento perturbador que nos ayudó a recordar por qué la verdad importa tanto. La escuela está instalada en un edificio de dos plantas, construido con ladrillos a la vista, situado en la intersección de dos arterias principales, a unos treinta y dos kilómetros de Boston. El edificio tiene una torre central en forma de atrio, revestida de vidrios espejados. Las partes construidas con ladrillo, a ambos lados de la torre, están totalmente desprovistas de adornos, excepto por dos hileras de ventanas pequeñas y muy distanciadas unas de otras. Es el tipo de edificio cerrado y poco ventilado donde funcionan fábricas. Es más, en el sótano hay un taller de máquinas. La escuela de Max está en el primer piso, donde los educadores han logrado alquilar suficiente espacio para ocuparse de ochenta niños que requieren cuidados especiales, la mayoría de ellos con autismo severo. El área que rodea a la escuela es un parque industrial y lo único verde que se ve son los carteles de la autopista.

Patty y yo llegamos a la hora de salida de clases. La mayoría de los niños que están en la escuela de Max vive en hogares colectivos. Max es uno de los pocos afortunados que puede regresar a su casa, en parte porque Emily es muy eficiente para cuidarlo. Cuando estábamos abriendo la puerta de entrada, una integrante del personal nos tomó rápidamente por el brazo y nos llevó a un costado. "Pónganse aquí", dijo y agregó: "Cuando los alumnos comiencen a salir, podrían atropellarlos". Pocos segundos después comenzó el alboroto y en efecto, los alumnos, en su mayoría adolescentes, corrieron hacia la salida. Al principio me pareció que la advertencia de la cuidadora había sido exagerada, pero luego recordé que cuando Max quiere ir del punto A al punto B, nunca evita obstáculos, sean estos personas u objetos. (Los niños autistas tienen poca conciencia de su cuerpo y pueden caminar sobre los pies de otra persona sin darse cuenta.) De manera desordenada, los niños fueron en busca de sus respectivos transportes que los llevarían a sus hogares colectivos suburbanos. Patty y yo saludamos a los que pasaban, pero pocos respondieron. Prácticamente ninguno parecía vernos. ¡La cuidadora había tenido razón en sacarnos del camino!

El autismo no es lo mismo que el síndrome de Down o que los defectos congénitos que provocan deformaciones físicas. La mayoría de los niños autistas parecen tan normales como cualquier otro niño o niña. Algunos tienen una mirada ausente o distante; otros tienen un andar torpe debido a lesiones motrices. Varios niños llevan una placa parlante computarizada que les permite contestar preguntas. Algunos de ellos han sufrido lesiones neurológicas tan severas que les resultaría imposible comunicarse si no tuvieran esos aparatos.

Cuando ya casi había pasado la estampida, vimos a Max al final del grupo. Al vernos, se le dibujó una gran sonrisa en el rostro y comenzó a abrir los brazos, preparándose para el encuentro. Es un chico muy amoroso y nos llena de alegría poder expresarle sin reservas nuestro afecto. Después nos tomó de la mano a Patty y a mí y nos condujo al interior de la escuela, entusiasmado con la idea de mostrarnos dónde estudiaba y deseoso de que conociéramos a sus maestros.

Me sentí más que impresionado por las personas que trabajan con él pacientemente, hora tras hora, día tras día. Reciben un salario modesto y dedican largas horas en condiciones de mucha presión. Los niños autistas son exigentes. Max, que es tan sociable, quiere que estén constantemente pendientes de él. Necesita que lo toquen, lo abracen y lo mimen. Muchos niños autistas, aunque ya sean adolescentes, no tienen control de esfínteres y necesitan utilizar pañales.

Al final de cada día, cuando los alumnos son liberados a las tres en punto de la tarde, la jornada de trabajo para los maestros está lejos de haber terminado. Los miembros del equipo pedagógico se reúnen para intercambiar impresiones sobre el comportamiento de cada alumno y para planificar meticulosamente las actividades del día siguiente. La proporción educador-educando es elevada: Cuatro profesores para la clase de Max, compuesta por siete alumnos. Este trabajo requiere mucha energía. Por momentos los chicos pueden mostrarse agresivos y hay que calmarlos con suavidad. Ser suave en estas situaciones a veces exige la fuerza de varias personas. Max pesa casi 50 kilos y cuando no sabe cómo expresar sus necesidades o frustraciones, se deja caer sobre su pupitre o al suelo, y no se mueve de allí. Las exigencias físicas de Max para con sus maestros son mínimas comparadas con las de sus compañeros de clase.

Los miembros del cuerpo docente, en su mayoría mujeres, eran notablemente simpáticas. Es más, irradiaban alegría. Me pregunté: ¿Dónde encuentran personas así para trabajar en estas escuelas? Una encuesta sobre la satisfacción profesional puso de manifiesto que la motivación principal de estos maestros es ayudar a los niños; el altruismo está vivo y seguro en esta profesión.[1]

Puedo entender la causa de su alegría. Yo también la siento, porque al ocuparme de Max he aprendido a amar. Mi nieto me ha enseñado mucho más de lo que yo le he enseñado a él; me ha educado para ser un abuelo. Cuando mis hijos estaban creciendo, yo a menudo estaba ausente . . . muy ocupado tratando de salvar al mundo. No disfruté del placer de hacer piruetas con ellos sobre el césped, o por lo menos no lo suficiente. Ahora, cuando Max nos visita, o cuando nosotros lo visitamos, me concentro sólo en él. Ni se me ocurriría dejarlo frente al televisor para regresar a mi escritorio. Por la noche no me conformo con leerle algo, hacer una oración, darle una palmadita en la cabeza y decirle que se duerma. Para ayudarlo a quedarse dormido hago juegos repetitivos con él, a veces durante horas. Cuando Max nos visita, mi horario es el horario de Max.

Su horario me obliga a examinar mis prioridades. Me hace reflexionar sobre el tiempo que dedico a *hacer* (mucho de lo cual está relacionado con la distracción), comparado con la cantidad de tiempo que invierto en *ser*.

El día de nuestra visita a su escuela, Max nos llevó a su aula por estrechos corredores pintados de gris. Su aula no tenía paredes adornadas con abecedarios enormes, paneles temáticos, afiches presentando a los estudiantes más destacados, ni todo el equipamiento tan común en las escuelas primarias. Su sala de clases era sobria. Los niños autistas son demasiado sensibles a los estímulos de su entorno; un rasgo de su condición es que les resulta difícil procesar los estímulos sensoriales. Por esa razón la sala de Max sólo tenía siete pupitres metálicos con una tapa de madera. En la parte delantera, un calendario mostraba la rutina de las actividades cotidianas (las estructuras ayudan a los niños autistas a sentirse seguros). Cada alumno tenía también su propio programa de tareas, con su fotografía pegada. Al fondo del aula había una zona de descanso con una alfombra artesanal y cerca de ella, un armario con libros y cajas para juguetes.

Cuando lo visitamos en esa ocasión, Max estaba trabajando para lograr leer solo durante cinco minutos. Leer no es el problema; para Max, el desafío es hacer actividades de manera independiente. El objetivo del maestro era lograr que Max trabajara en forma autónoma durante por lo menos veinte minutos.

Habían tenido mucho cuidado en lograr que el aula resultara lo más confortable y acogedora posible. Esa atención nunca sería reconocida, al menos en la manera en que normalmente lo entendemos nosotros. Los niños autistas no sólo se sienten confundidos y atemorizados ante la gran variedad de estímulos que les ofrece el mundo, sino que además tienen menos capacidad para expresar la información que logran procesar.

Mientras yo estaba allí de pie, solo, me asaltó un pensamiento perturbador. En realidad era una pregunta. ¿Por qué nosotros, como sociedad, nos complicamos tanto la vida con estos chicos? ¿Por qué el sistema educativo invierte 65.000 dólares por año para atender a cada uno de los niños como Max? Mi nieto jamás podrá graduarse ni hacer estudios superiores ni conseguir un trabajo productivo. Ha logrado enormes progresos, pero persiste una pregunta de fondo en cuanto a si algún día será capaz de hacerse cargo de sí mismo. Lo más probable es que siempre sea dependiente de su familia y del gobierno. Solamente mantenerlo ocupado, entretenido y cómodo, significa un gasto gigantesco. Aun cuando él no asistiera a esa escuela, alojarlo en un instituto representaría más de 50.000 dólares por año.

No pude menos que recodar a Peter Singer, el pensador de Princeton que sostiene que el criterio filosófico que debería guiar a la sociedad es el de proporcionar la mayor felicidad o placer posible al mayor número posible de criaturas, sean humanas o animales. Singer fue descrito por el

New Yorker como el filósofo más influyente de la actualidad.[2] Imaginemos cuánto placer y felicidad podríamos ofrecerles a los cientos de miles de niños africanos que padecen hambre con los 65.000 dólares que cuesta mantener a Max en esta escuela. Me dio escalofríos darme cuenta de lo impactante (y natural) que suena la tesis de Singer.

La filosofía moral de Singer es una variante del utilitarismo, que en su forma moderna tiene su origen en los escritos de John Stuart Mill, del siglo XIX. Mill tuvo una gran influencia sobre el pensamiento liberal moderno, donde el concepto de libertad supone la ausencia de límites. La moralidad, tal como un simpático escritor resumió la visión de Singer, no viene del cielo ni de las estrellas, viene de dar a la mayor cantidad posible de seres lo que quieren y necesitan.[3] En Europa, la mayoría de los ateos y gran parte de las personas de la era posreligiosa acepta esta idea como la manera más razonable de responder a las necesidades de la sociedad. Si el placer y la felicidad son el propósito o el fin último de la vida, la moralidad debe consistir entonces en proporcionar de manera racional placer y felicidad a aquellos que son más aptos para aprovecharlos. Incluso muchos cristianos han adoptado este punto de vista porque suena muy razonable.

Peter Singer describe su filosofía como un sistema ético que concuerda con las inevitables conclusiones de la teoría evolucionista y desarrolla el razonamiento hasta sus conclusiones lógicas, aunque controversiales. Por ejemplo, él aboga por el infanticidio en el caso de niñas y niños que nacen con defectos.[4] Singer no anda con vueltas: "Lo que digo sobre los bebés que nacen con discapacidad severa es que, si la vida se presenta tan miserable que no vale la pena vivirla, entonces es válido aplicarles una inyección letal". Y pregunta retóricamente: "¿Por qué limitar la matanza al aborto de fetos?" Como para contestar su propia pregunta dice: "El infanticidio . . . no debería regirse de manera diferente a como se rige el aborto".[5]

El enfoque de Singer es completamente lógico, aunque intuitivamente muchos lo encuentren repugnante . . . al menos por ahora. Singer desestima las objeciones a su filosofía como simple sentimentalismo.

Sin embargo, ¿qué hacemos con niños como Max y sus compañeros que de alguna manera sobrevivieron a los fórceps de los abortistas y a las inyecciones letales de los médicos? Max, después de todo, es un ser humano, un adolescente, un chico robusto y hermoso que ama a la vida y a las personas. Estoy seguro de que usted no querría eliminarlo.

Pero pensemos otra vez en lo que podríamos hacer con esos 65.000 dólares al año, cada año, no sólo para los niños que padecen hambre en África, sino también para los que viven en los sectores marginales de cualquier ciudad y necesitan mejores escuelas públicas. ¿Y qué de la ayuda médica para los indigentes? Basta pensar en cómo se podría utilizar ese dinero en el Sistema Nacional de Asistencia Médica que siempre está angustiosamente necesitado de recursos.

Los que piensan que la humanidad nunca descartaría a las personas discapacitadas, especialmente a los niños, ni se las sacaría de encima, sencillamente desconocen la historia de la civilización occidental durante el progresista siglo XX. Se puede tomar como ejemplo la Alemania de 1930, aun antes de que Hitler tomara el poder. Las personas más inteligentes y educadas de Europa estaban abogando abiertamente por la eugenesia, es decir la reproducción humana selectiva y la eliminación de los discapacitados. Los médicos, los educadores y los líderes culturales discutían la manera en que Alemania podía deshacerse de la "actitud tradicionalmente compasiva del siglo XIX para con los enfermos crónicos"[6], como lo expresó uno de los doctores. La esterilización y la eutanasia de las personas con enfermedades crónicas fueron temas de gran interés en la literatura médica especializada de Alemania. Una campaña de propaganda comenzó a incitar a los alemanes a adoptar un punto de vista utilitario.

La campaña culminó en 1941 con una película, *I accuse* [*Yo Acuso*], que describía el caso de una mujer que padecía de esclerosis múltiple y a la que su esposo, un científico en la rama de la física, ayuda a suicidarse. Mientras la mujer agoniza, en una habitación contigua un amigo comprensivo ejecuta al piano una pieza clásica. (¿Cuántos casos "amorosos" de eutanasia similares a éste han sido filmados por la televisión en nuestro país?)

Ni siquiera los niños quedaron fuera de esta campaña. Un texto con el título *Matemáticas al Servicio de la Política Nacional de Educación* contenía problemas matemáticos relacionados al cuidado de los enfermos crónicos y los inválidos. La pregunta fundamental que me perturbó aquel día en el aula de Max fue: "¿Cuánto dinero se podría asignar a los préstamos de viviendas para parejas de recién casados y para ayudar a los que han enviudado si el gobierno evitara el gasto que hace con 'los inválidos, los criminales y los desequilibrados mentales'?"[7] En 1939, con la cultura condicionada y el derecho a disentir reprimido, Hitler pudo emitir un decreto para reglamentar la eutanasia. A las instituciones médicas se les exigió que informaran acerca de las personas que habían estado enfermas por más de cinco años y no estaban en condiciones de trabajar. Los expedientes que se recibían sobre estos pacientes eran revisados por asesores expertos, la mayoría de ellos profesores de psiquiatría de instituciones muy reconocidas. Entre el 14 de noviembre y el 1 de diciembre de 1940, el comité revisó 2.109 expedientes. Ese fue el comienzo de lo que se transformó en una campaña masiva de exterminio de gente indeseada.[8]

Tan pronto como la eutanasia quedó oficialmente instaurada en Alemania, se creó una organización dedicada exclusivamente a la matanza de niñas y niños: El Comité Oficial para el Tratamiento Científico de Enfermedades Graves Hereditarias y de Constitución Física. Rápidamente se organizó un eficaz sistema para llevar a los marginados desde sus hogares o instituciones a los trenes y autobuses que los conducirían a los sitios conocidos como "instituciones de exterminio". Desvestían a los niños, les ponían ropa de papel y los conducían a una cámara de gas. Una vez muertos, llevaban los cuerpos a hornos y los incineraban. Según un jurista alemán, el humo podía verse todos los días sobre la ciudad de Hadamar. Los trabajadores de estos lugares pasaban las noches en peleas de borrachos y hablando sin pudor sobre sus tareas cotidianas. Los pobladores temían que los hogares de ancianos corrieran la misma suerte.[9]

Se podría argumentar que Hitler fue una excepción demoníaca que rompió con todos los parámetros históricos. Pero no es tan simple. Los que ejecutaban las órdenes eran personas muy educadas e inteligentes, alemanes muy correctos y decentes. Los médicos alemanes de ese momento se consideraban entre los mejores del mundo. Eran personas como Albert Speer, un amante de

Lo más sorprendente de lo perverso es que, generalmente, se nos presenta disfrazado de buenas intensiones y de nobles objetivos.

la naturaleza, padre de seis hijos. Lo más sorprendente de lo perverso es que, generalmente, se nos presenta disfrazado de buenas intensiones y de nobles objetivos.

El hablar de las prácticas de la eugenesia en Alemania o del infanticidio y el aborto con fines de selección de sexo en la China o en la India actuales, y el especular sobre lo que podría suceder en nuestra sociedad, no nos quita la responsabilidad. El punto de vista utilitario de Peter Singer ya está rigiendo nuestro sistema de salud en algunos aspectos significativos.

Lo que voy a decir ahora podría afectar de cerca a nuestros hogares. Podría sonarle no muy agradable a millones de familias a lo largo de Estados Unidos y Europa. Prácticamente todas las parejas jóvenes que van a procrear reciben información acerca de las necesidades de cuidado que posiblemente requerirá el bebé por nacer. Ultrasonidos, amniocentesis y otros tipos de pruebas, ofrecen información a los padres a partir de una lista cada vez más extensa sobre las condiciones médicas del futuro bebé (alrededor de 450 unidades en el momento en que escribo esto). Los médicos no se atreven a dejar de realizar estas pruebas, para no tener que enfrentar posibles juicios por no haber informado a los padres sobre la posibilidad de algún problema en la evolución del embarazo mientras el aborto todavía es practicable.

Pongamos por caso el dilema que enfrenta una pareja que regresa a su casa después de una visita al médico. Acaban de informarles que posiblemente su hijo tiene lesiones neurológicas, que podrían manifestarse de diferentes maneras, incluso el autismo. El médico les ha preguntado si desean realizar un aborto.

¿Qué haría usted en esa situación? ¿De qué manera racionalizaría la decisión? ¿En qué influiría que la compañía de seguros le hiciera saber que no pagará por las complicaciones que el futuro niño o niña puedan tener, y que fueron descubiertas a tiempo durante esas pruebas? Según algunos informes, el 90% de las parejas enfrentadas a este dilema deciden abortar.[10]

¿Debemos traer al mundo a un niño como Max? Si decidimos que no, ¿por qué razón? Y si uno o dos días después del nacimiento del bebé se nos informa que vivirá toda su vida con un daño irreparable y el médico nos ofrece la posibilidad del infanticidio, ¿qué haríamos en ese momento? Por más que las escuelas como las de Max nos resulten dignas de admiración, ¿por qué estos esfuerzos deberían continuar si está a nuestro alcance detenerlos? Esa es la voz del utilitarismo que está susurrando constantemente a nuestros oídos en estos días.

La persona que acepta a Max tal como es ahora y como será en su futuro está razonando sobre una base completamente diferente al análisis costo-beneficio que representa su llegada al mundo.

Dólares y centavos son el factor determinante para la toma de decisiones —que determinan la suerte, ya sea de vida o de muerte— en los Estados Unidos y en Europa occidental. Por ejemplo, hace poco tiempo, la conocida feminista Amy Richards, que esperaba trillizos, se asustó ante la idea de tener que cambiar su estilo de vida. "Cuando me enteré que esperaba trillizos, me dije que no es tan grave como tener 16 años y vivir en una camioneta, pero tendría que mudarme del East Village en Manhattan a Staten Island. Nunca más podría volver a salir de mi casa porque tendría que ocuparme de estos tres bebés. Tendría que comenzar a ir de compras en supermercados económicos y tener siempre enormes recipientes de mayonesa en el refrigerador".[11] Esta perspectiva indignante desbordó a la señora Amy Richards y decidió abortar dos de los bebés y conservar el tercero.

> *Dólares y centavos son el factor determinante para la toma de decisiones —que determinan la suerte, ya sea de vida o de muerte— en los Estados Unidos y en Europa occidental.*

En marzo de 2004, muchas personas en Inglaterra se sentían horrorizadas ante la idea de que un feto con seis meses de gestación, al punto que su vida era viable fuera del vientre, hubiera sido abortado por "discapacidad grave" a causa de que presentaba una fisura congénita en el paladar. Este caso atrajo la atención del Parlamento inglés al hecho de que, desde 1990, ha habido un aumento considerable en los abortos de bebés con posibilidades de nacer que se practicaron por supuestas "discapacidades graves". Mientras la definición de discapacidad grave no sea especificada en las leyes del Reino Unido, cualquier niño que presente una situación médica especial, aun algo reparable como una fisura del paladar, puede ser abortado en cualquier punto del embarazo.[12] Por supuesto que los defensores del derecho a elegir cuestionan que hagamos esas distinciones tratándose de condiciones fetales. ¿Por qué no podemos abortar según nuestro criterio? Este es un debate actual.[13]

———•◦•———

Esto no es un asunto simplemente para intelectuales. Son decisiones angustiantes y profundamente personales que tenemos que enfrentar en el transcurso de nuestra vida. Mientras miraba por los rincones del aula de Max y pasaba mi mano por la mesa llena de rayones sobre la que él trabaja todos los días, rápidamente mi pensamiento fue hacia otras conexiones lógicas del pensamiento de Singer: ¿Por qué mantener viva a la gente cuando su existencia es miserable? ¿Por qué no darles la oportunidad de donar sus órganos para que otras personas puedan vivir? Si podemos estar de acuerdo con esa idea, ¿por qué no destruir a las personas desventuradas? Este es el punto central del acalorado debate generalizado en torno a la investigación sobre la reproducción artificial. Un embrión, después de todo, es una vida. Si podemos deshacernos de una vida que no vale la penar ser vivida, entonces ¿por qué no utilizar esos embriones para encontrar solución a las enfermedades más temibles que nos amenazan? Y si esto es posible, ¿por qué no podríamos usar ciertos miembros de un niño discapacitado que de todas maneras está condenado a morir? ¿Por qué desaprovecharlos? ¿No estaríamos contribuyendo a la mayor felicidad para el mayor número de personas, aumentándoles el bienestar al proveerles una mejor calidad de vida? La lógica es la misma.

¿Dónde trazamos la línea divisoria? Tal vez lugares como la escuela de Max se convertirán en cosa del pasado, pero ¿a quién le tocará después? ¿A los presos condenados por crímenes capitales? ¿Por qué tendrían que permanecer en la fila de espera de la muerte, financiados por nosotros, mientras presentan sucesivas apelaciones? Naturalmente, nadie desea que haya desequilibrados mentales dando vueltas por nuestras calles, si podemos evitarlo.

Tengo setenta y tres años. Como John Ehrlichman, podría despertarme un día con la noticia de que tengo insuficiencia renal. Un simpático y amoroso médico podría mirarme a los ojos y decirme: "Señor Colson, ¿quiere de verdad pasar el resto de sus días conectado a uno de estos aparatos? Las personas que utilizan aparatos médicos domésticos por lo general contraen infecciones mortales. Por supuesto, usted podría venir a nuestra clínica para seguir el mismo tratamiento, pero eso sería tres días a la semana, con sesiones de tres horas. Su calidad de vida, señor

Colson, se va a desmejorar rápidamente. Le digo que podemos resolver este problema de otra manera, si usted está de acuerdo. Se trata sólo de una manera diferente de controlar el dolor: Un poquito más de morfina en un momento dado del tratamiento y usted se dormirá tranquilamente para siempre".

Consideremos la enorme presión social que se está acumulando sobre los profesionales de la medicina, sobre las familias y sobre los individuos. El costo de la atención médica está por las nubes debido a los extraordinarios avances tecnológicos. Combinando varios aparatos pronto podremos, y tal vez ya es posible, mantener con vida a una persona casi en cualquier circunstancia. ¿Y qué podemos decir en cuanto a los costos? Las familias no pueden asumirlo. El sistema de asistencia médica quebrará en pocas décadas, ya que sólo podría autofinanciarse si se aumentaran considerablemente los impuestos. Los cambios demográficos en los Estados Unidos son tan grandes que, si en este momento hay cuatro trabajadores aportando para mantener a una persona mediante el sistema de salud, para el 2030 sólo serán 2,3. ¿Significa esto que la sufrida clase media estadounidense estará dando cada vez más de sus salarios para mantenerme vivo, mientras mi "calidad de vida" (observe la expresión) se deteriora?[14]

Estas presiones ya son una realidad, no sólo en países como Holanda y en estados como Oregón, donde los suicidios asistidos son legales, sino también en el quehacer cotidiano de la administración de salud en los hospitales de Estados Unidos y en las democracias occidentales. Una doctrina emergente, denominada "cuidados inútiles", es un eufemismo que legitima la eutanasia.

Por ejemplo, uno de mis amigos estuvo gravemente enfermo durante largos años, con sus pulmones deteriorándose rápidamente y mantenerlo con vida se estaba haciendo cada vez más difícil. Aunque por momentos recuperaba su vitalidad y sentía que su anterior energía y ansias de vivir renacían, necesitaba recurrir a la oxigenación artificial cada vez con mayor frecuencia. Estuve a su lado una cantidad de veces durante esa época y me llamaban cada vez que lo internaban por algún ataque fuerte. Su amorosa esposa estaba a su lado, leyéndole pasajes de la Biblia.

Días después de enterarme que había sido internado, recibí una llamada en la que me informaron que había fallecido apaciblemente mientras dormía. Sólo después supe que había tenido lo que la familia y los amigos llamaron "una hermosa muerte". Después que las personas más cercanas a él lo rodearon para decirle adiós, un médico le administró una dosis suplementaria de morfina. Mi amigo obtuvo lo que quería. ¿Fue su muerte "hermosa"? ¿Fue eutanasia? ¿Fue asesinato? ¿Quién puede decirlo?

Por supuesto, la pregunta crítica es: ¿Quién puede decirlo? Si hemos estado cerca del lecho de una persona gravemente enferma, entendemos las presiones que pesan sobre la familia, la agonía, la permanente vigilia. Sordas especulaciones sobre los costos se esconden tras el pensamiento de algunos de los presentes: *¿Cómo vamos a pagar todo esto?* Los amigos y los familiares están sumamente afligidos por el dolor que vive la persona amada. Están cansados, exhaustos. Si aparece un médico con su bata blanca, lleno de vida, un profesional cuyo compromiso es ayudar y curar a los enfermos, esperan que les diga qué hacer en ese momento de tan terrible agonía.

> *Vida y muerte son decisiones supeditadas a las directivas de comités éticos y de salud.*

Vida y muerte son decisiones supeditadas a las directivas de comités éticos y de salud. ¿Pero quién decide lo que es ético para cada uno de nosotros? Si no existe la verdad, no hay una ética verdadera, sólo orientaciones generales que la gente intenta aplicar. De manera que los médicos mejor intencionados del mundo tienen que tomar decisiones a partir de su propio criterio, siempre teniendo en cuenta los costos que estas decisiones implican para el hospital del que son empleados. Conscientes del sufrimiento del paciente, presionados para atender a la mayor cantidad posible de casos, atrapados en esa idea de la calidad de vida, los médicos se transforman en dioses, pero no poseen nada del juicio de Dios.

El razonamiento de los médicos se podría parecer a lo que piensa Peter Singer. Dice Singer que "si una persona no define lo que desea que se haga con ella, esta decisión debe ser tomada por la familia, ayudados por un comité de ética. Si la familia desea que la vida de una persona que padece una grave lesión neurológica o es de muy avanzada edad llegue a término, y un médico confirma que *no tiene posibilidades de una verdadera calidad de vida ni posibilidades de recuperarse, considero que se justifica una inyección*".[15] De esta manera se expresa el hombre que para muchos es un filósofo de avanzada.

La mayoría de nosotros encuentra estas ideas (el uso de órganos de un niño, la eutanasia) profundamente repugnantes. No compartimos la idea que se pueda medir la vida en términos de costo económico. No nos gusta el razonamiento utilitario cuando nos toca enfrentarlo. Hay algo muy, pero muy profundamente equivocado en todo este sistema de pensamiento, en el que muchos de nosotros ya estamos implicados. Sin embargo, escuchamos ese terrible susurro en nuestro interior: *Sé qué es lo correcto, pero a la vez me da gusto saber que si yo lo necesitara, tendría una alternativa. Si yo padeciera de Alzheimer, ¿qué me importa saber cómo se consiguió la cura?* Ese susurro, como el cartelito del verdulero que dice: "Trabajadores del mundo, uníos", mantiene a todo el mortífero sistema funcionando.

Entonces, ¿qué respuesta le damos a la seductora lógica de Singer? La activista defensora de los derechos de las personas discapacitadas, Harriet McBryde Johnson, hizo un valiente intento. Peter Singer invitó a la talentosa señora Johnson a debatir con él ante una de sus clases en Princeton, en un foro que luego ella describió en un emotivo artículo en el *New York Times Magazine*.[16]

La señora Johnson, abogada, padece de una enfermedad muscular degenerativa y se describe a sí misma como "un manojo de huesos dentro de una bolsa de piel gastada". A los cuarenta y tantos años, con casi la totalidad de su cuerpo paralizado, Johnson pesa alrededor de 26 kilos. Su espina dorsal es como una S achatada cuyas curvas se cierran progresivamente. Se sienta en su silla dejando caer las costillas sobre su falda, hincando los codos sobre sus rodillas. Esta posición se ha vuelto natural en ella y no siente incomodidad alguna estando así. Sin embargo, su vida tiene otras limitaciones. Sólo puede alimentarse con puré, comer pan blando y frutas que se puedan masticar sin mucho esfuerzo como las uvas. Necesita que alguien la ayude para vestirse, para colocarse una bacinica, para bañarse y para hacer los ejercicios matinales que mantienen sus miembros flexibles.

El viaje que hizo aquel domingo desde su casa en Carolina del Sur hasta Nueva Jersey no fue fácil. No es cosa sencilla desplazar de un lugar a otro a una persona que depende constantemente de una silla de ruedas. Su silla motorizada quedó averiada por las malas manipulaciones de la compañía aérea. Finalmente, logró llegar esa noche a su hotel en Princeton y sólo tuvo unas horas para dormir. Su asistente la ayudó durante las dos horas de sus rutinas matinales y gracias a una silla de ruedas prestada, llegó al antiguo edificio gótico en la hermosa ciudad universitaria de Princeton.

Una vez allí, tuvo que hacerle frente a otro dilema: Cómo acceder a un anfiteatro ubicado en el sótano. Los eficientes funcionarios de Princeton no habían previsto en ese edificio los accesos apropiados para las personas discapacitadas. Sin ningún protocolo, ella aceptó ser bajada al sótano en un ascensor de servicio, como el que usa el personal de mantenimiento para subir y bajar las escobas y los baldes, y que finalmente la depositaran en la parte delantera del auditorio. Cuando los estudiantes empezaron a ocupar sus sitios, sintió un poco de aprensión.

La señora Johnson habló primero, organizando su exposición sobre la base de que, como persona discapacitada, forma parte de una minoría que lucha contra la discriminación social. Sostuvo que la presencia o ausencia de discapacidades no define la calidad de la vida. Explicó lo mucho que disfruta al desplazarse en su silla de ruedas y el profundo placer de sentir la brisa alborotar su cabello.

Más tarde señaló que la posición de Singer le parecía "notablemente débil". Él definió los temas con precisión clínica y luego cedió la palabra a los estudiantes. De tanto en tanto, el profesor Singer introducía sus puntos de vista. Por ejemplo, preguntó si cuando "una persona es totalmente inconsciente y . . . sabemos que esa persona jamás va a recobrar su conciencia . . . tomando en cuenta todo eso, ¿no les parece que seguir ocupándose de ella sería un tanto siniestro?"

Johnson contestó que ocuparse de una persona discapacitada puede ser una tarea hermosa. Sin embargo no pudo precisar por qué, lo cual dejó a Singer sin respuesta. La nobleza que puede tener la tarea de ocuparse de un discapacitado no fue suficiente para contrarrestar el argumento de Singer de que la felicidad supone elecciones, y a pesar de que la sola presencia de la señora Johnson en ese auditorio representaba un argumento irrebatible, los puntos de vista de Singer se ganaron la aprobación de los estudiantes.

Para Johnson lo sorprendente de todo el encuentro fue que no encontró en Singer al diablo neonazi que sus amigos discapacitados le habían pintado a partir de sus escritos. Los intercambios en el auditorio y los que siguieron después en la cena con el equipo de profesores fueron, según Johnson, de una gran cortesía. La facilidad oratoria de Singer le pareció fascinante; lo encontró muy "respetuoso, condescendiente, sin formalismos, tan centrado en sus argumentos que, cuando el debate terminó, no fue precisamente enojo lo que sentí hacia él".

A pesar de sí misma, Johnson regresó de aquel debate con un enorme respeto por Singer. Escribió que es "un hombre de un talento inusual, que busca la excelencia". Casi elogió su "proyecto de crear un sistema ético derivado de los hechos y de la razón, que deje de lado los enfoques religiosos, de origen, de familia, de tribu, de comunidad e incluso de especie". Lo describió como alguien que se interroga sobre "el punto de vista del universo", y comprometido en una "gran gesta heroica". Argumentó que la debilidad de Singer es la noción de que las personas discapacitadas están intrínsecamente "en las peores condiciones" y señaló esto como un prejuicio.

En esencia, la señora Johnson no estuvo en desacuerdo con la premisa fundamental de Singer, excepto en la definición de lo que es calidad de vida y en el respeto a las opiniones de los que padecen las discapacidades. Una vez que ella aceptó que el punto central era la calidad de vida, y que para evaluarla no hay parámetros objetivos sino sólo juicios subjetivos, perdió toda posibilidad de ganar el debate.

La seducción que el razonamiento benévolo de Singer produjo en Harriet McBryde Johnson es un buen ejemplo para mostrar hasta qué punto hemos caído bajo el imperio de los enemigos de la verdad, que son inteligentes y saben convencer. Si el mal realmente existe, ¿cree usted que se presentaría con su verdadera apariencia nociva y destructiva? Claro que no lo haría de esa manera. Casi siempre la maldad nos pone la mano sobre el hombro y nos dice con una voz cariñosa: "Permítame ayudarlo".

Sin un enfoque divino, o por lo menos el de un orden natural que nos trascienda, no hay un sentido intrínseco de la vida. Por eso mismo a Singer le provocaba tanta curiosidad saber por qué una persona como la señora Johnson que es tan atea como él podía tener un punto de vista tan diametralmente opuesto. Nadie, ni siquiera el más habilidoso abogado, podrá ganarle un debate a Singer si no pone en tela de juicio su postura evolucionista, según la cual la vida surgió por casualidad. Es precisamente ésto lo que hace de Peter Singer y otros como él personas verdaderamente peligrosas en esta era posmoderna.

Cuando ya era casi la hora de terminar la visita, Max me mostró uno de sus dibujos. Me recordó lo importante que se ha vuelto para él y para mi hija Emily hacer actividades artísticas juntos. Esto juega un papel central en su comunicación y le abre a Max una vía para expresar lo que es inmanejable, ya sean pensamientos, emociones o recuerdos.

Todos los padres sienten ansiedad por lo que puedan estar pensando o sintiendo sus hijos. ¿Acaso el repentino rechazo que siente mi muchachito por el fútbol se debe a alguna mala experiencia vivida en el terreno del juego? ¿Mi hija busca nuevos amigos porque tiene alguna rivalidad con sus antiguos amigos? ¿Me lo dirán algún día? Este problema, que es universal, con niños autistas se vuelve mucho más difícil. Repentinamente, y por motivos misteriosos, Max puede negarse por completo a cooperar. Se pone a dar vueltas dentro de su habitación, manifestando una agonía que es incapaz de exteriorizar. No puede expresar con palabras lo que está pensando y lo que siente.

Emily descubrió, como lo mencioné en la introducción, que los dibujos que hace para Max sirven como puentes para penetrar en su mundo interior, le ayudan a darle sentido a lo que está sucediendo en su entorno. De esa manera, ella puede conectar la actitud de Max de encerrarse en su cuarto con el simple hecho de que le duele la cabeza o que se siente mal por alguna ropa que no le gusta.

Gracias a sus dibujos, Emily ha tenido un éxito extraordinario para ayudar a Max a entender cosas que le habían sucedido cuando tenía dos o tres años, acontecimientos que lo atemorizaron porque no podía comprenderlos. Por medio de los dibujos, él puede preguntar sobre el sentido de esos hechos y saber si es normal que sienta miedo. Emily toma un pincel y le agrega colores resplandecientes al dibujo, dándole un aspecto feliz. Max siente que la angustia que le provocaba aquel episodio se disipa. Los dos dibujan a gran velocidad, celebrando el descubrimiento y la nueva libertad que esto ha traído a la vida de Max.

Desde un punto de vista práctico, esta experiencia no tiene mucho sentido, porque la vida de Max tampoco la tiene. ¿Por qué entonces Emily siente tanta alegría cuando está conversando mediante los dibujos con Max, llegando a niveles muy profundos de comunicación con él? ¿Por qué puedo afirmar que Max me ha enseñado mucho más de lo que jamás podría haberle enseñado yo a él, como si Max fuese un regalo para mí? No quisiera que me interpreten mal en este punto. El autismo de Max no es algo bueno; forma parte de lo que anda mal en el mundo. Sin embargo, esa condición de quebranto ha servido para aumentar mi capacidad de amar. Eso sí constituye un enorme regalo. Paradójicamente, debido a estas dificultades y a estos sacrificios, Max hizo que entrara felicidad en la vida de sus profesores, de su mamá, de sus abuelos y en la vida de muchas otras personas. ¿Cómo se explica esto?

¿Cómo se lo puede explicar a sí mismo Max, y por qué debería hacerlo? Le diré que Max se siente más que feliz por estar vivo. Max experimenta una alegría y un asombro que me avergüenzan. ¿A qué se debe?

Quisiera sugerir que se debe a que la vida buena no se determina por las contribuciones que hacemos, sino por nuestra capacidad para amar y servir a los demás. El utilitarismo no sabe nada de amar. Sin embargo el amor es el comienzo y el fin de una vida buena, y nuestra vida tiene que centrarse en el amor.

La vida buena no se determina por las contribuciones que hacemos, sino por nuestra capacidad para amar y servir a los demás.

No está determinada por la suma total de aquello con lo que contribuimos al mundo. Está determinada por el amor.

La verdad es importante porque, sin ella, el amor no es real. Es sólo un sentimentalismo más entre otros. Pero nosotros sabemos de todo corazón que en nuestro interior hay un amor que anhela al Amor que formó el universo. De no ser así estaríamos perdidos. Es por no haber podido reconocer este amor más allá de ella misma, que la talentosa Harriet McBryde Johnson perdió su debate con Singer, tal como lo hubiera perdido cualquier otra persona.

Leí y releí el artículo de Johnson y mantuve correspondencia con ella. Creo que su historia esconde en sí misma la sensibilidad de una mujer que sabe intuitivamente más de lo que expresa su filosofía. En los párrafos finales de su nota se aleja de su posición de defensa de los derechos de las minorías para acercarse a otros terrenos, aunque éstos no tengan una conexión lógica con su manera de pensar.

No tengo la intención de abandonar la perspectiva que me da mi experiencia personal, sino más bien darle una voz. . . . Como una protección contra la terrible asepsia de la visión de Singer, me ocuparé de la corrupción que surge de nuestra interrelación. Para afianzar mi esperanza de que el mundo teórico de Singer, junto con todas sus consecuencias lógicas, no se vuelva real algún día, invocaré la suciedad, la repugnancia y la innegable realidad de la existencia de los discapacitados que tienen una vida buena. Es lo mejor que puedo hacer.[17]

¡Qué trágico! El deterioro de las relaciones de que habla la señora Johnson es sólo una consecuencia de su declarado ateísmo. Sabe demasiado de su propia vida y de la vida de sus amigos discapacitados como para estar de acuerdo con Singer, pero a la vez su incapacidad de creer en un orden superior le impide argumentar que ponerle una etiqueta con un precio a la humanidad, es en sí mismo inhumano. Su vida es una poderosa metáfora del dilema que estamos enfrentando.

——•——

El punto sobre el que hay que tomar una determinación está a la vista, si queremos verlo. Si estamos en este mundo como resultado de un proceso de cambio al azar, entonces Singer tiene razón. Su ética es, tal como él lo afirma, una extensión del darwinismo. En cambio, si creemos que somos criaturas hechas a imagen y semejanza de Dios, entonces la vida tiene un valor final que no se puede entender en el contexto de un análisis económico de costo-beneficio. ¿Cuánto vale una vida humana? ¿No tiene precio, o el mismo está determinado por los criterios de los poderosos? Todo depende de cómo se considere el origen de la vida y ésto, como lo veremos en el siguiente capítulo, ha levantado un acalorado debate en el seno de nuestra sociedad.

CAPÍTULO 20

LA IDENTIDAD
DE DIOS

¿DE DÓNDE venimos? Esta es la pregunta más crucial que los seres humanos pueden hacerse, no sólo porque la respuesta determina qué significa ser humanos y por qué estamos aquí, sino también porque afecta cada una de las áreas de nuestro quehacer. Hay un serio debate entre científicos y filósofos en torno al tema, es decir, si la vida comenzó por casualidad o con un propósito. Así que preste atención hacia dónde conducen las evidencias, porque no se trata únicamente de ciencia. Se trata de usted, de saber si su vida comenzó por casualidad o con un propósito. Su respuesta a esta pregunta determinará de qué manera vivirá y qué decisiones tomará. Usted no podrá conocer y vivir la verdad, como lo expresó Havel, ni experimentar una vida buena, a menos que tenga una respuesta correcta para esta pregunta.

Nien Cheng respondió a esta pregunta de la misma manera en la que muchos de nosotros lo hacemos. Mientras estaba prisionera, cuando los días parecían tener el peso de una lápida, a menudo solía sentarse en el costado de su cama, añorando a su hija. Por momentos sentía que no podía respirar; con frecuencia le parecía que tenía un nudo en el estómago y perdía el apetito. En un momento, la pena estuvo a punto de matarla de hambre.

Entonces encontró a una inesperada amiga. Al final de una tarde, levantó la mirada hacia la ventana de hierro de su celda y vio a una pequeña araña, no más grande que una monedita de diez centavos. La araña subió hasta la parte alta de una de las barras de hierro. Allí se detuvo y luego se lanzó con su hilo hasta la barra más cercana. Con las dos puntas de su hilo bien aseguradas de cada lado, regresó como una equilibrista a su punto de partida. Luego volvió a lanzarse al vacío, para caer un poco más abajo que la primera vez, en la barra siguiente. Una y otra vez, la araña caminó hasta el punto de lanzamiento para lanzarse nuevamente.

Cuando completó el marco exterior, la araña comenzó a hilar el complejo tejido interno de su red. Los espacios que dejaba entre cada hilo eran increíblemente parejos y la red quedó perfectamente simétrica.

Cuando terminó, la araña caminó hasta el centro, donde quedó esperando alerta.

Nien se dio cuenta de que acababa de presenciar "la creación arquitectónica de un artista extremadamente hábil".[1] Consideró el tamaño del cerebro de la araña. ¿Acaso actuaba por puro instinto? ¿Qué quiere decir exactamente "instinto"? ¿Desarrolló la araña su capacidad gracias a la evolución, o la dotó Dios con ese talento?

Mientras reflexionaba sobre el origen del talento de la araña, se dio cuenta de que haber observado la construcción de la telaraña había tenido un efecto revitalizador en su ánimo. La contemplación de la tela de araña le resultó extraordinariamente estimulante y hermosa.

Al final de aquella tarde, los rayos perpendiculares del sol atravesaron la telaraña, transformándola en un brillante disco multicolor. El sentimiento de opresión y de soledad de Nien comenzó a ceder. Quizás el altoparlante del otro lado de la calle de la escuela secundaria todavía estuviera escupiendo denuncias contra los enemigos del estado, pero la araña y su tela, por frágiles que fueran, la convencieron de que en toda circunstancia era Dios, y no Mao, quien estaba a cargo del universo. "Mao Tsé-tung y sus revolucionarios", escribió, "me parecieron entonces mucho menos peligrosos." Paradójicamente, la efímera red tejida por la araña tenía una permanencia que jamás podría tener la Revolución Cultural. La brillante demostración de habilidad que había presenciado llevó a Nien Cheng a darle gracias a Dios por la araña y por toda la creación. Le "renovó la esperanza y la fe".

Nien Cheng se prometió consultar a un entomólogo acerca de la araña cuando saliera de la prisión. Si lo hizo, pudo descubrir algo muy sorprendente: Según el científico alemán Werner Gitt, "cada araña es un artista versátil: Planifica su red como un arquitecto y luego pone en práctica su plan con la excelencia de un diligente profesional. También trabaja como un químico capaz de sintetizar seda mediante un proceso computarizado de control y luego utiliza la seda para fabricar el hilo".

"La araña", sigue diciendo Gitt, "es tan eficiente que parece haber tomado clases de ingeniería estructural, de química, de arquitectura y de ciencias de la información." Pero como sabemos que las arañas no van a la escuela, cabe preguntarse cómo saben lo que están haciendo. Gitt responde que es gracias a la información genética. Luego pasa a describir la anatomía de las diminutas arañas *Uroctea*. "La hembra tiene mil quinientas agujetas. . . . La seda, que debe ser suficientemente dúctil, se fabrica debajo de las agujetas. Este complicado proceso se hace bajo un control computarizado y todo el equipo que se utiliza es una miniatura." Explica Gitt que este complejo procedimiento de fabricación, minuciosamente cronometrado, puede realizarse sin contratiempos porque el sistema contiene "un programa de supervisión que maneja toda la información que se necesita para las diferentes etapas". En su libro, Gitt ofrece un diagrama detallado que muestra la increíble complejidad de una simple y diminuta araña, y la excepcional obra de arte que constituye la construcción de su red. [2] Es un verdadero prodigio de la naturaleza.

No es sorprendente que Nien Cheng haya agradecido a Dios por esto. Su reacción no sólo fue producto de su fe, sino también de haber podido comprender por sí misma que cuando la naturaleza logra poner en marcha un proceso de semejante complejidad, capaz de producir una belleza tan asombrosa, no puede ser el resultado de un sistema casual.

La mayoría de nosotros ha tenido este tipo de experiencias. Cuando miramos las estrellas y la Vía Láctea cubriendo el cielo sabemos que debió haber una inteligencia capaz de crear el mundo a partir de la nada.

¿Se acuerdan de los astronautas del Apolo 8, que desde su nave observaron el espacio sideral y vieron una impresionante esfera luminosa, llena de vida y de belleza, con el universo yermo y desolado como telón de fondo? En ese momento pensaron que sólo Dios podía haber hecho una cosa así. Y cuando presenciamos la compleja biología de un insecto que produce una obra arquitectónica tan grandiosa como lo es la construcción de una tela de araña, con una armonía perfecta y llena de sentido, el mensaje es claro: "Inteligencia y propósito".

Hay un contraste entre el descubrimiento que hizo Nien Cheng y la filosofía de Peter Singer, que se asienta sobre la idea de que en el universo no hay intención ni propósito, sino que aparecimos fortuitamente. A pesar de su aparente atractivo, la filosofía de Singer no puede explicar la dignidad innata de la vida. Para definir de qué manera viviremos, es fundamental decidir si creemos que la vida es el resultado de una intención inteligente o si aparecimos por casualidad. Este importante debate aparece casi a diario en los titulares de los medios y se ha vuelto en la actualidad un campo de batalla en las escuelas.

Sin embargo, en nuestras escuelas no se enseña el tema de "inteligencia y propósito". Gran parte de la ciencia moderna y prácticamente el sistema educativo en su conjunto, sostienen la tesis de que el universo apareció por casualidad y que el cosmos es todo lo que hay, como lo afirmó el astrónomo Carl Sagan en *Cosmos*, su popular serie televisiva en *PBS*. La espectacular presentación multimedia en Epcot Center de Disney le explica a la gente que la vida comenzó con una explosión cósmica que transformó la nada en materia y luego la vida emergió de los océanos, en la forma de pequeñísimas plantas unicelulares que absorbían energía del sol. Se nos quiere convencer que todo surgió de la nada, por pura casualidad.

Los textos de biología ofrecen una variedad de explicaciones sobre este proceso, pero todas se fundamentan en la casualidad. Afirman que mediante interminables mutaciones fortuitas y de una selección espontánea, se desarrolló el complejo sistema natural y la más asombrosa complejidad de todas: La vida humana. La Asociación Nacional de Profesores de Biología nos dice que la vida es el resultado de "un proceso natural no controlado, impersonal e impredecible".[3] Este enfoque no deja lugar a la posibilidad de una fuerza inteligente. La teoría de la evolución es científica, se nos dice, y la ciencia quita del juego a la fe.

Descubrí cómo funciona este monopolio y el terreno inestable sobre el que se asienta cuando mi nieta Carolina, una joven hermosa e inteligente, me llamó angustiada desde su facultad. Carolina creía en Dios de una manera superficial durante su infancia, luego aceptó al Señor en una campaña de Billy Graham, y su fe se fue consolidando en reuniones juveniles de estudio bíblico. En el momento que me llamó, Carolina estaba en la universidad, asistiendo a un seminario sobre la teoría de la evolución destinado a nuevos estudiantes y en el cual, según lo que describió con desencanto, el profesor consideraba al cristianismo como una superstición, profundamente desacreditada por la ciencia moderna. Ella quería saber cómo hacer para conciliar el enfoque del profesor con su propia fe.

El dilema de Carolina es frecuente. Centenares de miles de estudiantes universitarios pasan por esto, si es que no lo han hecho ya en la escuela secundaria. Los que no pierden su fe durante este proceso, generalmente buscan diferentes maneras de adaptarse a la situación, creyendo en Dios y al mismo tiempo en la teoría de la evolución de Darwin, conducida por la casualidad. Sólo se puede hacer esto si estamos dispuestos a sostener en nuestra mente dos ideas contradictorias, algo no tan difícil en esta era en la que se compartimentan tanto las cosas. Algunas personas creen en una evolución teísta, una hipótesis que puede defenderse pero que no satisface a los científicos darwinistas. [4]

En el caso de Carolina le sugerí una serie de preguntas que sacan a luz notables vacíos en la teoría de la evolución. Ella le hizo estas preguntas al profesor en las clases siguientes, hasta que éste se dio cuenta hacia donde quería conducirlo y decidió ignorarla. Lo que a mí me queda claro es que el debate actual entre teoría de la evolución e "inteligencia y propósito" no es tanto un debate sobre la verdad, sino más bien sobre el poder. Se ha transformado en una batalla para determinar quién decide la manera en que la sociedad aborda estos temas y sobre lo que se permite enseñar en las escuelas.

Es lamentable que en nombre de la ciencia no se contesten las preguntas de una estudiante acerca de la ciencia.

Los defensores de la teoría de la evolución argumentan que no hay estudios científicos serios que contrarresten los postulados de Darwin. Esto es sencillamente falso.

La realidad es que muchas personas inteligentes y educadas están enfrentando las verdades que se atribuye el darwinismo, y lo están haciendo sobre una base científica. Muchos están comenzando a hacer preguntas a las que evolucionistas como el profesor de Carolina a menudo no pueden responder. Cada vez más científicos advierten sobre las debilidades en la teoría de Darwin y proponen argumentos científicos de peso para concebir un universo inteligentemente diseñado. El tema del origen universal está volviendo al tapete, desde un punto de vista científico, por primera vez en los últimos cien años.

La primera fisura que se abrió en el sólido ejército de evolucionistas fue a mediados de la década de los años '80 con la publicación del libro *Evolution: A Theory in Crisis* [*Evolución: Una Teoría en Crisis*], escrito por Michael Denton, un científico agnóstico australiano poco conocido. Denton mostró especial escepticismo sobre la posibilidad de que una lenta y gradual acumulación de cambios al interior de cada especie (sobre todo en lo que se refiere a la mutación y duplicación genética) pudiera explicar el desarrollo de sistemas biológicos complejos. Hacía énfasis en la falta de formas de transición en el registro fósil y en la complejidad de los cambios bioquímicos que inevitablemente debieron preceder a los cambios anatómicos.

El libro tuvo algún efecto entre los que dudaban del darwinismo. También llamó la atención de un observador insospechado: No un científico, sino un elegante profesor de abogacía y un ratón de biblioteca, el señor Phillip Johnson, de la Universidad de Berkeley en California. Durante unas vacaciones en Inglaterra, este señor estaba revolviendo los estantes de una librería y encontró un ejemplar de la obra de Denton. Su mentalidad de abogado le motivó una serie de preguntas y como una especie de ejercicio intelectual, Johnson decidió releer a Darwin. Pronto estuvo enfrascado en el tema. Su adiestramiento jurídico le hizo observar que los argumentos de Darwin, por lo menos en cuanto al origen de la vida, podían refutarse fácilmente. Consultó a un respetado químico farmacéutico de Berkeley, Fritz Schaefer, quien coincidió con las dudas de Johnson. El abogado comenzó a escribir y a desmenuzar la teoría de la evolución, hasta que en 1991 publicó *Darwin on Trial* [*Juicio a Darwin*].

El libro provocó una enorme controversia y Johnson comenzó a debatir con los partidarios de la teoría de la evolución. Consternados, comprobaron que el brillante profesor de leyes no podía ser silenciado con antecedentes académicos ni con métodos autoritarios. Tenían que acceder al debate y cuando lo hacían, por lo general perdían.

Johnson dedicó su vida a organizar una escuela para estudiantes y discípulos científicos jóvenes, tales como William Dembsky, doctor en matemáticas y en filosofía, y autor de *The Design Inference* [*La Inferencia del Designio*].[5]

Uno de los primeros discípulos de Johnson fue Michael Behe, profesor de la universidad de Lehigh. Con sus mechones de cabello gris creciendo en todas direcciones y una barba canosa y desordenada, el doctor Behe, que se viste casi siempre con pantalón de tiradores por encima de una camisa de franela, tiene toda la traza de alguien que se quedó en los años '60. El señor Behe creció en Harrisburg, Pensilvania. Desde siempre estuvo fascinado por entender cómo funcionan las cosas. Encontró su vocación en las clases de química en el colegio secundario. "Esto sí que es divertido", dijo entonces, "mezclar cosas y ver cómo estallan".[6]

Después de estudiar química en la preparatoria, Behe obtuvo su doctorado en química biológica en la Universidad de Pensilvania e hizo estudios posdoctorales en el Instituto Nacional de Salud. Mientras estuvo allí, era amigo de una muchacha cristiana que dudaba de la teoría de la evolución. Michael se burlaba de ella. Su familia católica le había enseñado a creer que Dios pudo haber elegido la evolución como el proceso para crear el universo. Como científico profesional no encontraba motivos para dudar de esa teoría. Su formación como químico confirmaba la teoría de Darwin como el pilar fundamental de una verdadera visión científica del mundo.

En 1985 Behe se sumó al equipo de profesores de la Universidad de Lehigh y poco después leyó el libro de Denton. Se quedó pasmado al descubrir lo límpidos y cautivantes que resultaban los argumentos y se preguntó por qué nunca antes había escuchado esas objeciones al evolucionismo. El libro tuvo sobre él un efecto extraño: Lo puso de mal humor. Se sintió un poco idiota por haber estudiado química y bioquímica durante años y no haberse enterado de estas cosas, no haberlas analizado nunca. Se sintió defraudado. Comenzó murmurando para sí y luego siguió hablando con sus ex alumnos y con sus colegas. Pero nadie quería comprometerse con los argumentos de Denton.

Hasta que un día de 1991, Behe pasaba por la sala del departamento de química y vio sobre una mesita un ejemplar de la revista *Science*. El ejemplar contenía un artículo sobre el libro de Phillip Johnson. Cuando Behe leyó el artículo volvió a enojarse (corre mucha sangre irlandesa por sus venas, dice Behe). El artículo de la revista *Science* no se ocupaba en absoluto de los argumentos de Johnson. En cambio, citaba una serie de argumentos contrarios tomados de Eugenie Scott, del Centro Nacional de Educación Científica, una organización dedicada a vigilar los textos científicos a fin de asegurarse que respeten la ortodoxia darwiniana. Behe envió inmediatamente una nota al editor, exigiendo que la revista discutiera los argumentos del libro en lugar de simplemente atacarlos.

Como bioquímico, la especialidad de Behe es la célula. Considera a la célula como una vida en miniatura, que funciona con sistemas altamente eficaces de una extraordinaria complejidad y microsistemas que tienen que funcionar de manera coordinada para que la célula tenga vida. Con este precedente, Behe se quedó fascinado con otro libro que encontró más tarde sobre los orígenes de la vida: *Of Pandas and People* [*Sobre Pandas y Personas*].[7.] En el libro aparece una fotografía de un mensaje garabateado a mano sobre la arena de alguna playa: "Juan ama a María". El libro apuntaba a que, en la vida cotidiana, reconocemos que hay inteligencia cuando vemos partes de un todo (en este caso, las letras) ordenadas de tal manera que contienen un mensaje que las partes aisladas no pueden expresar. Behe se dijo a sí mismo: "Esto suena bien. También vemos constantemente en la bioquímica que diferentes partes se ordenan para formar un sistema que ejecuta funciones que las partes por sí mismas no pueden ejecutar".

En la medida en que más científicos como Behe descubren el papel que juega la información para determinar la vida, se hace más evidente que hay un Arquitecto. La información no se organiza por sí sola; no ocurre por casualidad. Alguna vez, caminando por la playa, ¿ha visto usted un mensaje tan simple como "Juan ama a María", escrito sobre la arena por el viento? Y "Juan ama a María" es una frase mínima comparada con los millones de mensajes genéticos que contiene un solo segmento de ADN.

La lectura del libro *Sobre Pandas y Personas* terminó de convencer a Behe de que debía escribir su propio libro. En su obra *Darwin's Black Box* [*La Caja Negra de Darwin*], argumenta sobre el concepto de *complejidad irreductible*. Muchos sistemas biológicos tienen componentes que dependen totalmente unos de otros para que el conjunto pueda funcionar. La evolución es una explicación imposible porque las partes

que componen el todo no pueden funcionar separadamente; si una sola
de estas partes evolucionara, se volvería inútil sin las demás. Todo el sistema tiene que evolucionar de manera simultánea, algo inconcebible en
la teoría gradualista de Darwin.

Behe compara estos sistemas biológicos con trampas para ratones.
Para que la trampa funcione tiene que tener una base, un resorte, un
gancho y un alambre que libere el gancho para que la barra que atrapa a
la víctima caiga fuertemente sobre ella. Ninguna de estas partes, separadamente, puede hacer algo como atrapar un ratón. La base por sí sola es
inútil para tal propósito; el resorte, la barra que atrapa al animal, el gancho que la sostiene y el alambre que libera al gancho, aisladas una de
otras, son sólo cosas inservibles. De la misma manera, muchas estructuras de la célula dependen de proteínas y aminoácidos que son completamente inútiles si no están conectados entre sí. Sólo funcionan como está
previsto que lo hagan, dentro de un orden prediseñado. A menudo estos
diseños son sorprendentemente complejos. En comparación, el mensaje
"Juan ama a María" parece juego de niños. La compleja irreductibilidad
del sistema (la inutilidad de las partes al no tener un diseño general que
les dé sentido) pone en evidencia que el conjunto no puede haber resultado de un proceso largo, lento y casual; más bien, la evidencia apunta
hacia un Arquitecto Inteligente.[8]

Pero fueron las investigaciones de Behe sobre el mecanismo de
coagulación de la sangre humana lo que finalmente logró sacudir al bastión darwinista, obligándolos a poner atención al asunto. Nuestra sangre puede coagular (no demasiado, sino lo suficiente) gracias a una serie
de diez pasos que implican alrededor de veinte diferentes componentes
moleculares.[9] Si nuestra sangre no se coagulara (como ocurre con las
personas que padecen de hemofilia), el mínimo pinchazo de un alfiler
sería mortal. Y si el proceso de coagulación continuara una vez cerrada
la herida, nos volveríamos como una gelatina de sangre.

El mecanismo de regulación de la coagulación es clave. Para crear un
sistema de coagulación perfectamente equilibrado, una cantidad de diversos componentes de proteína tiene que ser incorporada de una sola vez.
Behe lo describe como un proceso en cascada, muy similar al "efecto
dominó". Para lograr el efecto cascada, los dominó tienen que estar correctamente ubicados en su lugar desde el principio. De una manera similar,
concluye Behe, la coagulación de la sangre es un ejemplo de complejidad

irreductible que contradice al enfoque gradualista evolutivo y en cambio concuerda con la hipótesis de un Arquitecto Inteligente. [10]

———•◦•———

Al mismo tiempo que científicos respetados y serios como Behe comenzaron a desafiar la teoría evolucionista a partir de bases científicas, descubrieron que los evolucionistas no son tan respetuosos de los hechos como suponemos. Aparentemente, la teoría de Darwin no es siempre ciencia verdadera.

El asunto tomó un nuevo giro cuando Behe fue desafiado por el mundialmente reconocido doctor Russell Doolittle, de la Universidad de California en San Diego, y miembro de la prestigiosa Academia Nacional de Ciencias. Doolittle pasó cuarenta años estudiando los mecanismos de la coagulación humana. En su ensayo "Un balance delicado", publicado en la *Boston Review* del MIT, Doolittle citó un estudio publicado en la revista *Cell* con la conclusión de que el mecanismo humano de coagulación había surgido como resultado de un proceso natural de evolución.[11]Al final de su análisis, Doolittle escribió: "No se necesita al conjunto completo de proteínas. Las orquestas más pequeñas también pueden producir música y armonía". Con esa ilustración, Doolittle parecía descartar los argumentos de Behe.[12]

Behe aceptó con seriedad el desafío. Pero cuando leyó el estudio citado por Doolittle se quedó asombrado. A pesar de que Russell Doolittle había estudiado meticulosamente el mecanismo de la coagulación humana, demostró ser muy poco cuidadoso al leer, o bien era una persona demasiado inclinada a suponer que un experimento debía confirmar las teorías sustentadas por él. Era claro que había leído mal el artículo publicado por la revista *Cell*. En realidad, el estudio aportaba evidencia para la teoría de Behe: Que al separar una de las partes del todo, el mecanismo en su conjunto funcionará mal, y con efectos mortales.

Behe le mandó a Doolittle un correo electrónico sugiriéndole que leyera más detenidamente el artículo sobre esos experimentos, así como los resultados. Doolittle respondió admitiendo que, efectivamente, había leído mal el trabajo, pero insistió en que, de todas maneras, los otros argumentos de su análisis eran suficientes para contrarrestar la posición de Behe. Nunca se retractó de lo que había escrito.

Además de no preocuparse por revisar la investigación seria, algunos evolucionistas recurren al insulto y a la intimidación para no enfrentar la verdad.

Uno de los más prominentes defensores del darwinismo, el profesor Richard Dawkins, contestó de la siguiente manera a las preguntas de un periodista acerca de las teorías de Behe: "Imagínese que . . . existe un grupo de chiflados, bien organizados y bien financiados, implacablemente convencidos que el Imperio Romano jamás existió. Para ellos, la Muralla de Adrián, Pompeya, y hasta Roma, son pruebas falsas puestas allí intencionalmente. El latín, con su fértil literatura y las lenguas a las que dio nacimiento, son una invención del período victoriano. Los denarios romanos son píldoras multicolores, menos peligrosas que las píldoras del Holocausto, a las que se parecen. Sonría y sea tolerante, tal como nos sonreímos ante la Sociedad de la Tierra Plana. Pero esa tolerancia podría desmoronarse si le toca ejercer como profesor de historia, de lengua o de literatura romana".[13]

Ser comparado con denarios del Holocausto y llamado "píldoras de color" no es muy gracioso, pero Behe sabe que una retórica tan desesperada pone al descubierto la incapacidad de quienes lo critican para contrarrestar sus argumentos. Tiene la satisfacción de comprobar que después de casi diez años de la publicación de *Darwin's Black Box*, nadie ha enfrentado satisfactoriamente sus argumentos.[14]

Si alguien le propone a cualquier equipo pedagógico que se discutan en clase las debilidades de la teoría de Darwin o que se estudien las teorías del diseño inteligente, lo más probable es que no sólo le cierren la puerta, sino que además lo humillen, acusándolo de atacar a la Constitución y le pongan la etiqueta de fundamentalista ignorante. Posiblemente lo comparen con los talibanes. Basta ver la apasionada controversia que ha surgido en Kansas, Ohio y en otras partes del país, a la que la prensa da una cobertura sensacionalista. El debate serio, que incluye la evidencia científica, sencillamente no se tolera.

Pero ¿por qué no? ¿Por qué no considerar las dos caras? ¿No es acaso esto lo que hace la ciencia: Poner en tela de juicio los presupuestos, buscar la verdad?

Rodney Stark, un profesor de sociología de Baylor, y anteriormente profesor en la Universidad de Washington y también en la Universidad de California en Berkeley, nos da una explicación plausible. Stark quien dice que no es defensor de Darwin ni del diseño inteligente, sólo un investigador que busca evidencia histórica, hizo un profundo análisis de los defensores del darwinismo. El estudio, publicado por la Universidad de Princeton, se titula *For the Glory of God* [*Para la Gloria de Dios*]. La conclusión de Stark es que la batalla sobre el tema de la evolución no es un caso de científicos "heroicos" luchando contra la persecución de los "fanáticos" religiosos. Stark escribe que desde el comienzo "ha sido sobre todo un ataque a la religión por parte de militantes ateos camuflados bajo un manto científico, haciendo un esfuerzo por refutar cualquier postulado religioso acerca de un Creador, esfuerzo que a menudo ha impedido que se tome en cuenta cualquier crítica científica a la teoría de Darwin".[15]

Por ejemplo, Thomas Henry Huxley, conocido como el "bulldog" de Darwin, adoptó la táctica de presentar sólo dos opciones: evolucionismo o literalismo bíblico. El mayor temor de los intelectuales de su época era que los catalogaran como literalistas bíblicos. Huxley ridiculizó los informes de sus oponentes acerca de especies que aparecían sin tener antecesores biológicos, a pesar de que esto es exactamente lo que parece haber sucedido cuando surgieron profusamente nuevas formas de vida en la era cámbrica. Como lo apunta Stark, después de 150 años de rígida ortodoxia evolucionista en las esferas científicas, los seguidores de Darwin todavía no pueden llenar los vacíos entre las diferentes formas de vida.

Las tergiversaciones de la familia Huxley se sucedieron a través de generaciones. Incluso en el año 1958, Julián Huxley, nieto de Thomas Huxley, afirmó con mucha ligereza que "[Darwin] logró que la teoría de la evolución fuera inobjetable".[16] Stark argumenta que Julián Huxley en realidad conocía bien el tema, pero creía que "la mentira beneficiaba a la 'ilustración'".[17]

El modelo del engaño deliberado persiste hoy. Richard Dawkins, que atacó tan perversamente a Behe, dice, por ejemplo, que "aunque no existiera suficiente evidencia para sostener la teoría de Darwin . . . se justifica de todos modos preferirla a cualquier otra".[18] ¿De verdad? ¿Sin evidencia?

Como lo indica Stark, el propio Darwin reconoció ciertas interrogantes y deficiencias importantes en su teoría. Nunca pudo demostrar que la selección natural funcionara entre una especie y la siguiente; todos sus experimentos reproductivos quedaron truncos. Por lo tanto nunca pudo responder a la pregunta sobre el origen de las especies. Además, reconoció que el principio de gradualismo en la naturaleza resultaba decisivo para su teoría, aunque faltara la evidencia para sostenerlo. La evidencia todavía falta en el registro fósil, después de muchos años y excavaciones arqueológicas. Darwin reconoció que si ciertas formas de vida aparecen de manera espontánea, "hay que ponerlo a cuenta de los milagros".[19]

Después de examinar cuidadosamente los argumentos evolucionistas, Stark llega a la conclusión de que "la teoría darwinista se asienta sobre presupuestos verdaderamente milagrosos".[20]

Stark sostiene que hasta que los evolucionistas no hayan expuesto debidamente sus argumentos, la mitología seguirá vigente. La razón de esto, insiste, es que los defensores de Darwin utilizan la intimidación para contrarrestar las críticas, tal como lo experimentó el propio Michael Behe. Por ejemplo, cuando el gran filósofo de la ciencia, Karl Popper, dijo que la teoría de la evolución está lejos de ser una ciencia, y que en realidad es una tautología no verificable, fue severamente condenado y objeto de mucho abuso.[21]

Al leer el análisis de Stark no se puede evitar, por lo menos yo no puedo, llegar a la conclusión de que los darwinistas han sido muy poco comunicativos a lo largo de estos años; como no han podido llenar los vacíos de la teoría evolucionista, sencillamente decidieron utilizar argumentos *ad hominem* para defenderse de las críticas.

———•◦•———

¿Y por qué? Hay una poderosa razón, que es además el secreto vergonzoso del evolucionismo. Los darwinistas sostienen que su posición es científica, pero en realidad es una cosmovisión. Se oponen a cualquier investigación que pueda reabrir la pregunta sobre si hay un Dios que creó el universo y que lo sostiene. Ése es el escenario catastrófico para los pensadores de la era posterior al Siglo de las Luces. Stark se esfuerza para no impugnar las motivaciones darwinistas, pero no puede dejar de señalar la confidencia de Richard Dawkins, cuando dijo: "Darwin hizo posible que se pudiera ser un ateo intelectualmente realizado".[22]

> *Los darwinistas sostienen que su posición es científica, pero en realidad es una cosmovisión.*

La información histórica, dice Stark, sugiere que esa es la motivación última de muchos darwinistas. Los exponentes iniciales del darwinismo integraban la agenda del socialismo. El panfleto "Por Qué Soy Socialista", que se distribuyó en ese momento, daba como respuesta: "Porque creo en la teoría de la evolución". [23] Cuando Karl Marx leyó *El Origen de las Especies* de Darwin, le escribió a Engels que Darwin había provisto al socialismo de la base biológica que necesitaba.[24]

"El ateísmo", concluye Stark, "era un asunto central en el proyecto de los evolucionistas."[25] Abandonar a Darwin es abandonar el materialismo no sólo en lo científico, sino también en la filosofía política y social.

¿Acaso porque la gente tiene un interés personal en una determinada teoría, tiene que defenderla aun cuando tenga vacíos? Basta recordar el caso de Albert Speer. Los seres humanos tienen una capacidad infinita para autojustificarse, y lo sé muy bien gracias a mi experiencia en la Casa Blanca.

Sin embargo, la pregunta que nos hacemos en este capítulo es: ¿Quién tiene los mejores argumentos? La única manera de responder es analizando con franqueza las evidencias. Hay que dejar de lado tanto los intereses personales de los partidarios del diseño inteligente, como los de la teoría de la evolución. El objeto de la ciencia, después de todo, es buscar la verdad, no importa dónde nos lleve.

> *El asunto no es la oposición de fe o de religión contra la ciencia; sino de fe contra fe y de ciencia contra ciencia.*

Para esto, también tenemos que poner en perspectiva la controversia: El asunto no es la oposición de fe o de religión contra la ciencia; sino de fe contra fe y de ciencia contra ciencia. Está claro que se requiere de la fe para creer que Dios creó el universo por su palabra. Pero también se necesita fe para creer que el universo siempre existió, que no hay principio ni fin, o que todo comenzó con una explosión (lo cual viola la ley de no-contradicción). Así como se requiere de la fe para aceptar que estamos hechos a imagen y semejanza de Dios, se requiere de fe para llenar los vacíos del registro fósil: Fe en que un proceso llamado selección natural pueda ser extrapolado hasta los orígenes del tiempo y producir el evidente orden que tiene el universo. Nadie estaba presente en los orígenes con una cámara de filmación, por lo tanto tienen que aceptarse esos argumentos por la fe, y deberían ser aislados y examinados uno frente al otro.

Los postulados científicos opuestos deberían ser examinados según sus méritos. No creo que Darwin esté totalmente equivocado. Hay evidencia indiscutible de una evolución dentro de cada especie que se conoce como adaptación. Al interior de las especies vemos amplias variaciones: Tanto los Poodles como los San Bernardo son perros. Pero esto es diferente de que una especie se transforme en otra, un hecho para el cual hasta el momento no hay evidencias. ¿Hasta qué punto ha sido validada por los descubrimientos arqueológicos la noción de Darwin de gradualismo, es decir, que no debe haber apariciones abruptas de nuevas especies en la información fosilizada? Esta noción no ha sido confirmada. La explosión cámbrica la contradice. Todo lo que busca el enfoque del diseño inteligente es interrogar si se hacen las preguntas correctas y si se les dará el seguimiento apropiado. No se está tratando de imponer conceptos religiosos, ni pretendiendo sustituir la ciencia con la fe. De la misma manera, los científicos no creyentes no deberían utilizar el prestigio de la ciencia para promover sus posiciones ateas.

Es cada vez más evidente que un número creciente de científicos se está acercando a los argumentos del diseño inteligente, lo cual está asustando a los defensores del darwinismo. Una encuesta reciente mostró que entre el 55 y el 60 por ciento de profesores de las disciplinas de matemáticas, estadísticas y ciencias físicas son religiosos.[26] Uno de esos profesores, Charles Townes, ganador de un premio Nóbel, dijo que la ciencia no puede responder a la pregunta sobre nuestros orígenes y que "para esto se necesita alguna explicación religiosa o metafísica. Yo creo en el concepto de Dios y en su existencia".[27]

Los filósofos también comienzan a sentirse atraídos por los argumentos del diseño inteligente. En el año 2004, uno de los más connotados filósofos del ateísmo, el octogenario Anthony Flew, cambió de idea y tuvo la valentía de admitirlo públicamente.[28] En su juventud, Flew había debatido con C. S. Lewis el tema de la existencia de Dios (Lewis también fue un ateo convertido al cristianismo). Los argumentos de Behe jugaron un papel importante en el cambio de punto de vista de Flew. La teoría evolucionista de Darwin, confesó Flew, no puede explicar los orígenes de la vida ni fenómenos como los componentes compactos de información contenida en el ADN. Flew afirmó que las investigaciones biológicas en torno al ADN "muestran, por la casi increíble complejidad de la construcción que se requiere para producir [la vida], que en el proceso tiene que haber estado implicada la inteligencia".[29] La mayoría de los colegas de Flew que habían trabajado con él en aquellos años en la Universidad de Oxford permaneció en un pasmoso silencio después de este anuncio.

¿Y qué pasaría si Behe y otros, como Anthony Flew, tienen la razón?

La pregunta sobre el origen de la vida es la más importante que debemos responder si queremos vivir una vida que valga la pena. Si uno se equivoca, la vida se vuelve disfuncional o peor aún, superflua. La apuesta es enorme.

Hay que recordar que el filósofo Peter Singer reconoce que sus planteos éticos dan por sentado un universo ateo. Si la vida y el universo han sido diseñados con un propósito, quiere decir que hay una autoridad superior a la suma total de la felicidad humana. Eso también quiere decir que el utilitarismo de Peter Singer (sus argumentos en contra de Max y otros como él) se derrumba. Quiere decir además que los seres humanos están investidos con una dignidad innata y con el derecho inalienable a la vida. No pueden ser manipulados, alterados o desvalorizados por los pensadores utópicos.

Contrastemos el utilitarismo con la noción de que el diseño y el propósito son evidentes en el universo; que es real lo que Nien Cheng vio en la araña y lo que todos vemos en el cielo estrellado; es decir, que hay un orden físico natural y biológico. Si hay un diseño, entonces el Arquitecto tiene un *propósito*. Esta es una palabra que implica asuntos morales que tienen influencia en todas las áreas de la vida. Si el mundo es el resultado de un diseño inteligente, esto significa que hay un Dios o una fuerza suprema de algún tipo.

Al llegar a este punto debiera resultarnos claro que la diferencia entre estos dos enfoques significa una diferencia en la manera en que vivimos, la manera en la que *usted* puede vivir su vida. Si elige el primer enfoque, no importa tanto la manera en la que viva. Si elige el segundo, entonces las preguntas que se haga tendrán que ver con el sentido y el propósito de ese orden natural que el Arquitecto ha previsto.

CAPÍTULO 21

LA MORALIDAD Y EL ORDEN NATURAL

LA VIDA posee un orden natural demostrable que, según Behe y otros, tiene un propósito. Algunas veces, en nuestros sueños utópicos, nos olvidamos de esto. Cuando lo hacemos se nos puede venir el techo encima . . . y hasta literalmente, como le ocurrió a la Organización Mundial de la Salud.

A principios de la década de los años '50 estalló un brote de malaria en la población de Dayak, en la isla de Borneo. La OMS reaccionó echando pesticida DDT sobre los techos de paja de las chozas, lo cual mató a los mosquitos, pero también a un parásito que vive entre la paja e impide que las orugas devoren la madera. Al llegar la noche, el zumbido de los mosquitos chupadores de sangre y generadores de malaria se había silenciado, pero comenzaron a escucharse unos crujidos dentro de la madera, seguidos por los gritos de la gente cuando los techos comenzaron a derrumbarse.

Este fue apenas el principio del drama. Las salamanquesas se empacharon de mosquitos intoxicados con el DDT y empezaron a deambular sin control por todos lados. Estos lagartos pequeños pueden correr muy rápido sobre el agua, en cambio ahora andaban deambulando como borrachos después de una fiesta con DDT un sábado por la noche. Los gatos del vecindario, después de haberlos zarandeado a su gusto, se llenaron la panza con las salamanquesas.

Y luego se murieron los gatos.

Así fue cómo se inauguró el Año de las ratas en la vida de los habitantes de Dayak. Las ratas estaban por todos lados, corriendo libremente por fuera y por dentro de las chozas sin techo. Los roedores significan una amenaza mayor que un pequeño insecto que anda sobre la piel y pica en los dedos de los pies. Las ratas podían provocar una epidemia de peste bubónica, una situación mucho más peligrosa que la malaria, por devastadora que esta sea.

¿Qué debía hacer la Organización Mundial de la Salud? ¿Qué otros desastres impredecibles podían ocurrir si envenenaban a las ratas? Los acontecimientos se le estaban yendo de las manos y del cerebro a la OMS. Hacían malabarismos racionales para encontrar una solución. Después de todo, sólo habían querido ayudar.

Finalmente, alguien tuvo la brillante idea de reintroducir parte del orden natural que se había desarticulado. Gatos. Necesitaban nuevos gatos. Para que se comieran a las ratas necesitaban una gran cantidad de gatos ("que se habían comido a las salamanquesas, que se habían comido a los mosquitos, que se comieron a la araña que los tragó"). Pero ¿cómo haría la OMS para trasladar miles de gatos a un remoto punto de la isla de Borneo?

Una mañana, cuando los de Dayak se despertaron y salieron de sus chozas, escucharon el ronroneo de una aeronave. En seguida, el cielo se cubrió de gatos paracaidistas. La Operación lanzamiento de gatos fue una lluvia de 14 mil felinos sobre la isla Borneo. Tan pronto como los gatos tocaron tierra, levantaron las orejas y las apuntaron hacia un lugar secreto (por motivos conocidos sólo por los gatos o por los extraterrestres que los controlan). Poco después, los gatos se dedicaron a la tarea de cazar ratones, en este caso, desratizar. Y los habitantes de Dayak quedaron a salvo de los mosquitos, de las ratas, y de la Organización Mundial de la Salud.[1]

———•◦•———

El orden natural orienta no sólo los ecosistemas, sino también el comportamiento humano, que debe cooperar con él. Stephen Covey a menudo habla en sus seminarios sobre el asunto del orden natural, algo que él denomina: "Las Leyes de la Granja". Señala que ciertos ciclos naturales no cambian y que todo el mundo respeta una diversidad de reglas cuando se siembran los campos. Por ejemplo, nadie pone una planta de tomates en un armario oscuro para que crezca. Nadie planta maíz en los mismos campos anegados donde se siembra el arroz. La cosecha viene siempre después de la siembra. Cualquiera que haya vivido en una granja conoce la importancia de respetar ciertas reglas; si uno las ignora, fracasa como granjero.[2] Y si eso ocurre, no come.

De la misma manera, el orden natural nos impone un determinado comportamiento en muchas áreas de la vida, obligándonos a actuar de una o de otra forma. A esto

> *El orden moral es, en primera instancia, una respuesta al orden natural.*

le llamamos el orden moral y, en cierto sentido, comienza por nuestro intento de comprender que el comportamiento humano es, en primera instancia, una respuesta al orden natural. Puedo explicar mejor lo que quiero decir contando cómo uno de los más famosos almirantes utilizó la ley de la gravedad para modificar el comportamiento de la gente.

Cuando yo era muy joven y comenzaba mi carrera en Washington, trabajé como ayudante de una de las secretarias asistentes en el departamento naval. Tenía contactos ocasionales con el almirante Imán Rickover, el legendario introductor de la tecnología nuclear en las naves. Rickover era un genio, pero un genio excéntrico. Cuando lo visité en su oficina, me invitó a sentarme en la silla que estaba del otro lado de su escritorio. La primera vez que me senté, casi me caigo hacia adelante: Rickover le había serruchado dos pulgadas a las patas delanteras de la silla. Durante mi conversación con él estuve todo el tiempo deslizándome hacia delante, esforzándome para no caer sobre mis rodillas. Resulta evidente que la silla-tobogán era una excelente manera de lograr que las visitas resultaran breves y que los ayudantes permanecieran humildes. (No pude dejar de sentir que yo estaba suplicando su ayuda.) Rickover utilizaba la gravedad, una ley del orden natural, para lograr que los visitantes se comportaran como él quería.

Supongamos, como sostienen Behe y otros, que el orden físico tiene un diseñador inteligente: Dios, si se me permite. ¿No es razonable que este Dios, como Rickover lo hizo en pequeña escala, nos enseñe a comportarnos según un orden preconcebido? La moralidad, recordemos, es el haber decidido cooperar con las leyes de la naturaleza.

Como ya lo hemos visto, ignorar los propósitos de la naturaleza y actuar de manera irracional implica muchos riesgos. Esto es lo que ocurre no sólo con los ecosistemas, sino también con los aspectos más íntimos de nuestra vida. Una cosa es promover la comprensión de la complejidad de un determinado ecosistema y aprender a cooperar con el. Esta es una posición que está de moda y que casi todos pueden adoptar. Algo muy diferente es reconocer que nuestra vida sexual debería dejarse guiar por el orden natural. De hecho, *éste* es el aspecto en el que el desacuerdo con el orden natural se ha vuelto más acuciante en nuestra cultura. Queremos actuar sexualmente como mejor nos plazca.

He dudado mucho sobre si contar o no la siguiente historia sobre un hombre atraído por personas de su mismo sexo, un hombre que a medio camino se dio cuenta del desorden natural inherente a esta condición y decidió recuperarse. Es una historia difícil de contar y conlleva tanto dolor que puede resultar demasiado fuerte para algunos lectores. Sin embargo, decidí que era una historia necesaria, precisamente porque éste es el aspecto en el que más se ha obstinado la ceguera de nuestra cultura hacia lo que es el orden natural. No es una historia que se pueda encontrar en los medios de información. Para los medios, las personas como Randy Thomas no existen . . . o no deberían existir. Pero sí existen, y por miles. Si hemos de cambiar los moldes con los que nuestra cultura está fabricando nuestra manera de pensar, si queremos que las mentiras pierdan fuerza, entonces tengo que contar esta historia.

———•◦•———

En 1981, cuando Randy Thomas tenía 13 años encontró un folleto sobre la sexualidad humana en la biblioteca de su escuela. El folleto decía que si una persona se siente atraída por personas del mismo sexo, probablemente sea homosexual. El folleto concluía en que la homosexualidad es una variante que ocurre naturalmente en la orientación sexual de una persona y que no hay nada malo en ello. Un homosexual debe entonces entregarse a sus deseos y encontrar así su satisfacción.

Ése es el asunto, pensó Randy. Hasta donde podía recordar, sus compañeros de clase se habían burlado de él por sus maneras afeminadas, llamándolo "susy", "marica" o "rarito". Él se preguntaba por qué tenía una vocecita aflautada y gestos femeninos, pero como vivía en una casa dominada por mujeres (su mamá, su abuela y sus tías), suponía que él simplemente había asimilado sus maneras de comportarse.

Randy sabía, o creía saber, de qué manera había comenzado su atracción por los varones. Cuando estaba en quinto grado pasaba las tardes mirando nuevos y apasionantes programas televisivos. Las estrellas masculinas de estas series lo impresionaron profundamente, marcándolo de modo definitivo. Comenzó a soñar que los acompañaba en sus aventuras. Quizás imaginó que él lograba resolver una situación y que uno de ellos se lo agradecía con una caricia en la cabeza o pasándole el brazo sobre los hombros. Randy soñaba con sentarse sobre las rodillas de estas estrellas y que le dieran un abrazo.

Cuando su cuerpo comenzó a cambiar y él empezó a experimentar deseo sexual, sus sueños cotidianos con los hombres que idolatraba adquirieron una dimensión erótica. Quería que lo abrazaran y deseaba sentir el nuevo placer sexual con ellos.

El folleto convenció a Randy de que estos sentimientos nunca se modificarían. Él era un homosexual. Era gay.

Randy estaba contento de saber que al menos era *algo*, porque en ese tiempo su identidad cambiaba casi todos los días. Se vestía como un niño de papá un día, al día siguiente como un punk, a la semana siguiente como un despampanante rockero. Se sentía increíblemente angustiado, como si constantemente necesitara estar en otro lugar. Trataba de hacer dos o tres cosas al mismo tiempo, como por ejemplo, las tareas de la escuela al mismo tiempo que hablaba por teléfono con su mejor amigo, o cambiar las pistas de un disco compacto tratando de encontrar su canción preferida, a la vez que le daba órdenes a su hermanito Jimmy.

La única estructura de la vida de Randy provenía de la necesidad enfermiza de su padrastro de dar órdenes. Jimmy y Randy eran los responsables de limpiar la casa. En una oportunidad, después de que Randy limpiara totalmente el baño, cepillando los azulejos con detergente, su padrastro encontró un cabello en una esquina y exigió que Randy volviera a limpiar todo el baño. En una segunda inspección encontró otro detalle imperfecto y ordenó una tercera limpieza a fondo. Randy no discutió mucho el asunto porque su padrastro repartía palizas generosas que podían transformarse en golpizas.

La primera vez que Randy tuvo la osadía de hacerle frente a su papá adoptivo, el hombre le apresó la cabeza y lo golpeó repetidamente en la sien, provocándole una conmoción. Su madre se escapó con él y su hermano a un apartamento en el que, según prometió, este hombre abusivo no podría encontrarlos. Unos días más tarde, sin embargo, los encontró, y la madre culpó a Randy por el problema, diciendo que si no hubiese sido tan desobediente, su padrastro jamás lo hubiera tratado de esa manera. Le gritó a Randy hasta que éste aceptó regresar a la casa de su padrastro.

En la escuela secundaria Randy comenzó a tener una doble vida. A la edad de dieciséis años tuvo su primera experiencia sexual con un compañero en la venta de comida rápida donde trabajaban juntos. Por esa misma época Randy salía con una muchacha. A él le gustaba como amiga y le agradaba que ella se sintiera atraída por él . . . es más, ella había dado el primer paso. La imagen que daban como pareja le permitía a Randy aparecer como alguien normal, apaciguando de esa manera el hostigamiento de sus compañeros. Randy y su novia incluso cumplieron con los clásicos encuentros sexuales en el asiento trasero de algún vehículo, pero a Randy estos momentos le brindaban poco placer, a pesar de que eran placenteros para su novia. Él sabía que la estaba usando.

Otro trabajo en un restaurante de comida rápida lo introdujo en la subcultura gay. Las administradoras del restaurante eran lesbianas y contrataban exclusivamente a homosexuales, algo de lo que Randy se dio cuenta más tarde. Un día, mientras el personal estaba haciendo los preparativos para la llegada de los clientes de la tarde, las administradoras y otros empleados rodearon a Randy y le hicieron una misteriosa pregunta: "¿Eres de la familia?"

—¿Qué? —preguntó Randy—. ¿Qué quieren decir?

—¿Eres de la familia? ¿Eres gay?

Todos querían saber si ya había ido a un bar gay. Randy no lo había hecho. "¡Tienes que ir!", le dijeron. Terry, un hombre de unos treinta y tantos años que usaba maquillaje se ofreció para acompañarlo cuando terminaran el turno. Los demás prometieron reunirse con ellos después.

Terry no tuvo dificultad alguna en conducir a Randy a través de la puerta grande. Apenas entraron y los envolvió la vorágine del volumen de la música, Randy sintió que habían llegado al cielo. Esperaba encontrar un lugar lleno de estereotipos de homosexuales, hombres afeminados con grandes pañuelos en el cuello. Pero encontró de todo, una extraordinaria variedad cuyo único común denominador parecía ser su orientación sexual. Randy, con su cabello negro y su cara adolescente, con un aspecto casi angelical, rápidamente atrajo una cantidad de admiradores. Terry y otros hombres mayores le ofrecieron tragos gratis durante toda la noche. Randy se sintió recibido como nunca antes en ningún lugar. Sintió un nuevo giro en su identidad y en su sentido de pertenencia. Aquella noche, muy borracho, Randy fue a la casa de Terry y tuvo sexo con él.

Durante la escuela secundaria, su doble vida fue un patrón permanente. Ocultó su identidad homosexual a su familia y a sus compañeros de escuela, trabajaba después de la escuela y durante los fines de semana para tener dinero para sus gastos personales, e iba a los bares gay casi todas las noches. Además de proveer alcohol, los bares de homosexuales ofrecen a sus clientes marihuana, *éxtasis* y cocaína. Randy comenzó a consumir mucha droga y a tomar "X" con frecuencia. La cocaína era demasiado cara para él, aunque a veces las personas mayores a las que atraía se la regalaban.

A medida que Randy se iba acostumbrando a su vida homosexual, empezó a identificar los patrones típicos de la comunidad gay cuando reciben con entusiasmo a un novato. Los hombres mayores ansían la gloria de una juventud que se está disipando en ellos, mientras que los adolescentes buscan en los adultos la imagen de la autoridad. Tanto adultos como jóvenes están buscando una proyección de sí mismos; persiguen su propia imagen idealizada. Randy era lo bastante inteligente como para reconocer el narcisismo que gobierna a la cultura gay.

A pesar de todo, Randy conservaba el anhelo de encontrar el verdadero amor, el hombre con el cual vivir toda la vida. Poco después de terminar la secundaria, Randy creyó haber encontrado lo que buscaba en Ron, un hombre alto y fornido. Salieron un tiempo antes de tener sexo. El sueño de Randy era vivir con Ron en una casa de campo, con dos Honda Accords idénticos en el estacionamiento, perritos falderos como mascotas y una galería donde sentarse en sillas mecedoras tomados de la mano y mirar juntos la puesta del sol. Ron fue el primer hombre con el que Randy sintió un fuerte vínculo emocional y físico; fue la primera persona con la que pudo compartir sus esperanzas y sueños. Fue su primer amor. De todos modos, la relación sólo duró tres meses.

El primer año después de haber terminado la secundaria, Randy todavía vivía en la casa de sus padres mientras asistía a la Universidad estatal. Además, tenía por lo menos dos trabajos con los que solventaba las salidas a los bares gay, ahora más frecuentes que nunca. Se hizo muy popular como cajero en un negocio de verduras, haciendo su pequeño espectáculo de amaneramientos homosexuales mientras tecleaba los precios de las compras de los clientes. Su fila, compuesta casi exclusivamente por clientes gay, era larga, mientras que las otras cajas estaban prácticamente desiertas.

Randy siguió aumentando las dosis de drogas y alcohol. No podía encontrar sosiego para la inestabilidad y el aburrimiento que lo afligían, excepto cuando estaba buscando al hombre de sus sueños, o por lo menos tratando de conseguir un amante. Una resaca particularmente fuerte le hizo bajar la guardia un día y se olvidó en el bolsillo del pantalón una invitación a una fiesta de San Valentín organizada por lesbianas y gays. Su mamá encontró la tarjeta mientras metía la ropa en la lavadora y lo llamó al cuarto para conversar. Apenas entró, Randy vio la tarjeta sobre la cama:

—Encontré eso en tu pantalón —dijo ella mientras señalaba el papel—. ¿Eres gay? —Randy asintió—. No puede ser —dijo ella fuera de sí—. Es ridículo. Quiero decir, ¿sabes lo que eso significa?

Randy se rió nerviosamente.

—Supongo que sí.

—Los varones jóvenes atraviesan momentos de transición y tienen una o dos experiencias —argumentó su mamá agitando los brazos—. Eso no necesariamente significa algo. ¿Lo tiene para ti? ¿Has tenido sexo con algún hombre?

—Sí, mamá.

—¿Con más de uno?

Randy no contestó.

—¿Lo has hecho con muchos hombres? ¿Con adultos o con personas de tu misma edad?

Su madre caminaba de un lado a otro por el cuarto, cruzando delante de él. Describió diferentes tipos de encuentros sexuales e intentó sacarle información sobre cómo, dónde y cuándo los había tenido. Sus propias preguntas iban echando leña al fuego de su creciente furia.

—¡No *puedes* ser gay! —gritó—. ¡Mi hijo no es un marica!

—Sí lo soy, mami.

—¿Lo sabe tu hermano? —por momentos su tono se volvía desesperado e implorante—. No se lo has dicho a Jimmy, ¿verdad?

—Él mismo lo sospechó cuando un amigo comenzó a llamarme aquí. Así que se lo dije.

—¿Lo sabe Jimmy? ¿Lo supo él antes que yo? ¿Cómo pudiste hacerle eso? ¿Cómo puedes hacerle esto a la familia?

—No le estoy haciendo nada a la familia. Esto es asunto mío.

—Y también es asunto de Dios. ¿Sabes lo que Dios piensa de los maricas? ¿Lo sabes? Los maricas se van al infierno. Dios odia a los homosexuales.

—Esta es mi vida, aquí o en el infierno.

—¿Qué quieres decir? ¿Que no vas a parar?

—No veo cómo podría hacerlo, mamá. Tengo derecho de vivir mi propia vida, ¿no lo crees?

—Puedes tener todos los derechos que quieras, por supuesto. Pero esto se acabó . . . no aceptaré que se me tome por una idiota, mientras haces lo que ni siquiera soy capaz de imaginar. ¡Y contárselo a *Jimmy*! No quiero que ni siquiera le dirijas la palabra a tu hermano. Bendito Dios, ¿qué te creías?

Se puso las manos sobre la frente y comenzó a hacerse masajes en las sienes. Después miró con rabia a Randy: "Junta tus cosas. Ahora mismo. Te doy una hora para hacerlo. ¡*Una sola hora*! ¡Tienes que salir de esta casa!", gritó mientras recogía la tarjeta y la hacía añicos. "No quiero esta porquería aquí. No la quiero ver. Esto es . . . tan malo . . . ni siquiera *Dios* lo puede aceptar. ¡Así que lárgate! ¡Ve a vivir tu propia vida! ¡Haz como te guste, siempre y cuando te vayas de esta casa para siempre! No regreses aquí nunca. ¡Nunca!"

Durante las siguientes tres semanas, Randy tuvo que dormir en su auto. De vez en cuando un amigo le ofrecía quedarse a dormir en un sillón. Tampoco la vida de ellos era muy ordenada que digamos y una noche Randy se encontró durmiendo sobre un diván que olía a orina de gato y en el que pululaban las cucarachas. Decidió no quedarse allí aquella noche y regresó a su automóvil. Mientras se sucedían las semanas de ese andar errante, Randy llegó a tal punto de desesperación que comenzó a pensar en la posibilidad de suicidarse.

Un amigo de un amigo finalmente tuvo pena de él y lo invitó a quedarse en su casa. El propietario del lugar, conocido por su nombre artístico, Carmela Marcela García, era un artista travesti. Cuando Carmela le abrió la puerta, estaba vestido con pieles, una gorra cursi sobre el cabello y una buena cantidad de maquillaje en la cara. Carmela estaba listo y a punto de salir para su próximo espectáculo. Sin embargo, estaba esperándolo y le había preparado una comida casera hecha de pan de maíz, jamón y arvejas. Cuando Randy estuvo ya dentro de la casa, su anfitrión le dijo: "Quiero darte la bienvenida a mi casa en el nombre de Jesús. El Señor me dijo que quería que te ayudara a ponerte nuevamente de pie".

Mientras Randy comía con gratitud, no paró de llorar. ¡Cuántas cosas le habían pasado! Sintió como si la bienvenida de Carmela hubiera afirmado para siempre su identificación con la comunidad gay. ¿Adónde más iría? A estas alturas, su mamá estaba un poco arrepentida y dispuesta a permitirle que regresara a la casa si él aceptaba cumplir una lista de condiciones que ella había preparado. Pero Randy tenía su orgullo. Ahora sentía que sólo sus amigos homosexuales lo comprendían y se preocupaban por él.

Carmela había nombrado a Jesús. Esto le resultaba extraño. Había un contraste considerable con la perorata de su mamá diciendo que los homosexuales se van al infierno. Además, ¿cuándo se había interesado ella en Dios? No les había enseñado prácticamente nada sobre cosas espirituales. Él sabía tan poco sobre la Biblia que hasta que entró a la universidad pensaba que Moisés y Jesús eran primos. La familia solamente había ido a la iglesia unas cuantas semanas cuando su mamá y su padrastro se habían casado y querían que él y Jimmy fueran bautizados. No porque creyeran que el bautismo tuviera alguna importancia, sino porque era la manera en que consideraban ser personas respetables.

De todos modos, era irónico. Randy no entendía casi nada del significado del bautismo, pero jamás había olvidado lo que sintió cuando salió de aquellas aguas. Se sintió más liviano y más alegre de lo que jamás se había sentido en su vida, y de alguna manera supo que con ese acto agradaba a Dios. Pero eso había ocurrido hacía mucho tiempo y en ese momento sólo era un niño.

Mientras comía el plato que Carmela le había preparado, pensó que el único bautismo al que aspiraba en ese momento era tomar una ducha de verdad. Había pasado tres semanas sin bañarse y sabía que olía muy mal.

La estadía de Randy en la casa del travesti no duró mucho tiempo. Su vida, constantemente alterada por las drogas, producía un caos donde estuviera. Le pagó a Carmela su gentileza con un comportamiento tan malo que se marchó avergonzado de sí mismo.

Llegado a este punto, Randy decidió ir a Long Island, donde vivía su padre biológico. No lo había visto desde que estaba en quinto grado, cuando su padre, que había estado presente muy esporádicamente durante su infancia, se alejó definitivamente de la familia.

Randy conservaba dos recuerdos vívidos de su padre. Una noche, cuando tenía cinco años, sus padres estaban discutiendo. Para que no escuchara la pelea lo encerraron en el cuarto de su hermano bebé. Él se quedó junto a la cuna de Jimmy escuchando los gritos de sus padres. El volumen iba en aumento. De pronto, oyó un golpe y un estallido contra la puerta cerrada. Después de otro intercambio de gritos, Randy oyó un estruendo y por fin, un sordo "tunk".

Con mucha precaución, abrió la puerta y encontró su taburete favorito hecho trizas en el suelo. Era eso lo que había golpeado la puerta. El otro sonido seguramente fue algún golpe que su papá le había dado a su mamá. Ella estaba caída en medio del cuarto, cubriéndose la cabeza con las manos, gimiendo y llorando. Randy se acercó a ella: "Papi es un hombre malo", le dijo a su mamá. "No te preocupes, yo te cuidaré".

El otro recuerdo que Randy conservaba de su papá era el de la última vez que lo había visto. Tenía diez años, y su mamá y el hombre que pronto sería su padrastro ya vivían juntos. Se suponía que su padre tenía que ocuparse de él y de Jimmy por lo menos una vez por mes. Lo que en realidad hacía su padre era depositarlos en la casa de la abuela de Randy. La mayoría de las veces volvían a verlo cuando llegaba para llevarlos de regreso. Y si llegaba antes, estaba tan intoxicado por las drogas y el alcohol que no podía jugar con ellos.

El último domingo cuando el padre los había llevado de regreso, Randy le contó a su mamá cómo habían pasado el fin de semana. Este relato encendió una discusión entre su mamá y su papá, y luego entre su papá y su futuro padrastro. Cuando los tres adultos hubieron agotado los argumentos de la pelea, el papá de Randy se fue. Mientras Randy, de pie frente a la puerta de entrada, lo observaba irse, su papá bajó la ventanilla del auto y gruñó: "Te llamaré mañana".

Randy no supo nada más de él hasta que fue un adulto.

Cuando se mudó a la casa de su padre, las cosas tampoco anduvieron bien. Utilizando técnicas de "terapia agresiva", su padre lo provocaba para que Randy expresara su cólera en sucesivos y constantes enfrentamientos con él. Randy se fue de allí para evitar tener que matarlo.

Randy regresó a Tennessee y alquiló una cama en una casa ocupada por otros cuatro hombres homosexuales. Durante dieciocho meses Randy pudo disponer solamente del diván y de un armario.

En medio de la vida caótica de Randy, un antiguo compañero de trabajo, Bruce, lo invitó a una reunión bíblica familiar. Randy consideró que Bruce era atractivo, lo bastante atractivo como para soportar una hora piadosa y de esa manera conquistarlo. Por aquel entonces Randy solía lucir un aro en la oreja y llevaba el cabello teñido de rubio, largo hasta los hombros y partido en dos por el medio. Imaginó por anticipado las miradas odiosas de los otros miembros del grupo, lo cual sólo confirmaría su convicción de que todos los cristianos eran hipócritas.

Lo que en realidad sucedió fue que los participantes en el estudio bíblico aceptaron con naturalidad sus maneras extravagantes y rápidamente lo incorporaron al grupo. Para su sorpresa, le dieron una Biblia y le pidieron que siguiera el turno en la lectura de los versículos de un extenso capítulo. Al final del encuentro, cuando una mujer hizo la oración para terminar se dirigió a Dios llamándolo "Abba". Randy jamás había oído esa palabra antes. El único "Abba" que conocía era el grupo sueco de rock de los años '70. Después del estudio le preguntó a la mujer sobre esa palabra y ella le explicó que *Abba* significaba "padre" en arameo, y era el término que utilizó Jesús cuando les enseñó a los discípulos el padrenuestro. La mujer le dijo que el equivalente más cercano es "papito". Randy nunca hubiera imaginado que se podía nombrar a Dios con tanto afecto.

Siguió asistiendo en forma esporádica a este estudio bíblico mientras continuaba en su empleo de servir mesas y seguía participando de fiestas homosexuales. Observaba atentamente a los matrimonios en las reuniones bíblicas. Hasta ese momento había conocido muy poca gente que tuviera una exitosa vida de pareja y a ninguna en su familia. Pudo comprobar que las parejas que asistían al estudio bíblico parecían más unidas y eran más sociables que las parejas gay que conocía. Cuando oraban pedían por la vida de sus hijos, por sus situaciones laborales y por las organizaciones de caridad que les interesaban.

Randy veía en estas parejas una plenitud que nunca antes había visto, una plenitud que contrastaba con la desesperación característica de las parejas homosexuales. Sus amigos gay estaban siempre llenos de miedo y preocupados, y su identidad estaba centrada en su homosexualidad. Las parejas homosexuales que lograban tener una relación estable a largo plazo, seguían buscando nuevas experiencias, ya fuera por medio del alcohol y las drogas, o de otras aventuras románticas, o idealizando su relación. Pero nunca desaparecían la inquietud, el aislamiento, ni las crisis existenciales que formaban parte de la vida gay. Los encuentros sexuales que apaciguaban por un tiempo esos estados de ánimo, finalmente los agravaban. Era como si los amigos de Randy trataran de saciar la sed bebiendo agua de mar.

Las parejas en el grupo de estudio bíblico se complementaban de una manera que no lo hacían las parejas gay. Observando a las parejas heterosexuales, Randy entró a un camino que le reservaba otras sorpresivas revelaciones. Llegó a creer que para que un varón fuera verdaderamente varón, y una mujer verdaderamente mujer, él o ella tienen que saber en qué es diferente el otro sexo. Esto no necesariamente se logra por medio de relaciones sexuales, puede suceder en relaciones amistosas normales.

Randy se dio cuenta de que los hombres homosexuales se sienten atraídos por otros hombres porque no se consideran suficientemente masculinos. Ven a los varones, más que a las mujeres, como diferentes a ellos, como "el otro", lo cual es una ilusión muy engañosa. Intentan encontrar en otros hombres lo que necesitan para completarse a sí mismos. Al mismo tiempo que se sienten atraídos por la masculinidad de los otros hombres, ésta los asusta y da lugar a una ambivalencia que hace que los protagonistas de una relación homosexual tiendan a ser hipercríticos y muy desconfiados unos de otros.

En las relaciones heterosexuales las diferencias entre los sexos marcan las particularidades de cada género. Las relaciones heterosexuales equilibran los rasgos distintivos de uno con las características complementarias del otro. La complementariedad entre macho y hembra inician al hombre y a la mujer de la pareja en la labor natural de la sexualidad: La creación de otro ser humano. Cada bebé está destinado a ser literalmente la encarnación del amor de la pareja.

Randy escuchó una vez a uno de sus amigos decir que el nacimiento de sus hijos le había enseñado lo que en realidad es el sexo. La curva de las caderas de su mujer, los músculos que las manos de su mujer delineaban en sus hombros, el placer que sentían al tocarse eran apenas el vestuario, el escenario y las luces para la puesta en escena de la obra. El argumento que le da a la obra su sentido principal es la concepción y el nacimiento de un bebé. Concebir un hijo revela la verdadera fuerza creativa del sexo, su profundo misterio. Además, los hijos de los nuevos amigos de Randy liberaban a la pareja de sus propios deseos egoístas y los obligaban a concentrarse en la ofrenda de sí mismos: La clave, como hemos visto, para vivir una vida buena y crear una cultura posible.

Randy comprendió que las relaciones sexuales con personas del mismo sexo nunca permiten exteriorizar plenamente el afecto; la homosexualidad impide a los involucrados dar amor a alguien cuyo género implique diferencias esenciales, alguien que sea verdaderamente "otro". La homosexualidad no permite a las parejas canalizar de manera natural el afecto hacia los hijos, porque es biológicamente imposible tenerlos. El deseo que tienen las parejas homosexuales de adoptar niños es una prueba clara de que existe una necesidad humana básica de dar afecto. Saben que parte de su condición humana sólo puede satisfacerse mediante experiencias que su orientación sexual les niega por naturaleza.

De muchas maneras, los que sufren de atracción hacia personas de su mismo sexo encuentran que su sexualidad los conduce a una obsesión por sí mismos. Por ejemplo, los homosexuales a menudo exaltan su apariencia física y ponen énfasis en los aspectos visuales, desde la vestimenta, pasando por los cortes de cabello hasta las formas de su cuerpo. Sin embargo, dado que eso no conduce a la procreación, la apariencia se vuelve un fin en sí misma y determina que los homosexuales estén obsesionados por su propia persona. A medida que avanzan en edad, se desesperan por recuperar su juventud mediante relaciones con hombres jóvenes. Otros toman conciencia de que no pueden estar a la altura de la imagen idealizada que tienen de sí mismos. Este círculo vicioso termina conduciendo siempre al mismo punto y caen en la depresión, la soledad y la desesperanza.

———•◦•———

En resumen, la naturaleza desordenada de la homosexualidad alimenta la vanidad, y la vanidad torna a sus víctimas incapaces de vivir consigo mismas. Por supuesto, Randy llegó a comprender muchas de estas cosas más tarde, pero cuando comparó la vida que llevaban las parejas que asistían a los estudios bíblicos con las de sus amigos gay, pudo encontrar la verdad: Estaba alterando el orden natural y esto lo llevaba a la desesperanza. Una noche, después del estudio bíblico, sencillamente oró diciendo: "Abba, ayúdame".

Poco tiempo después, una de sus tías se enteró de lo que estaba viviendo y le mandó un pasaje para que viajara a Dallas. Randy tenía allí perspectivas de trabajo como empleado de una agencia de publicidad por teléfono y el pasaje que le mandaba su tía era una manera de animarlo a comenzar una nueva vida.

Lamentablemente, Dallas tenía una comunidad gay más fuerte, variada y atractiva que la de Nashville, y había drogas en más cantidad y de mejor calidad. Pronto la vida de Randy estuvo en peligro.

Un 1 de enero de 1992, Randy se encontró solo en el primer apartamento que había logrado alquilar en su vida. La noche anterior, fin de año, se había saturado con alcohol y drogas, quemando cada centavo de sus ahorros, incluyendo el dinero para pagar el alquiler del mes siguiente. Después de vomitar, se miró en el espejo. Tenía el cabello desgreñado y la piel translúcida, grisácea. Oyó retumbar en su cabeza una voz que decía: "Así te verás cuando estés muerto".

El corazón de Randy empezó a dar brincos de terror. Cayó al suelo y comenzó a gritar: "¿Por qué? ¿Por qué?" Y se desmayó.

Invitado por un amigo, Randy empezó a asistir a las reuniones de Alcohólicos y Drogadictos Anónimos. Al principio no se consideraba un adicto, pero al escuchar los testimonios personales de los otros, tan parecidos a su propia experiencia, comprendió que sí lo era. Comenzó a "trabajar el programa", como dicen los "AA": Admitió que solo no podría vencer a las drogas y al alcohol, e hizo un inventario de las personas a las que consideraba haber perjudicado y de los daños que había causado durante su vida de adicto. El tercer paso de los doce del programa consistía en encontrar a un poder superior. Como decían los que ya habían avanzado en el programa, cualquier cosa podía corporizar a este poder superior. El reloj que está en una pared puede ser tu ser superior. Sólo hay que comenzar a orar y a buscar orientación.

Un día Randy conducía de regreso a su casa por una autopista principal de Dallas cuando por la cima de unas nubes que parecían torres plateadas vio aparecer el sol que desplegaba sus rayos en todas las direcciones. Una súbita felicidad inundó su corazón. Ser testigo de la creación lo condujo a aceptar la presencia de Dios en su vida. Así descubrió el verdadero Poder superior y comenzó a llorar lleno de gratitud a Dios por haberle dado la vida. Se decidió a creer que Dios lo amaba, que tenía un plan para él y que quería darle una nueva vida.

Durante el siguiente año, Randy recuperó la sobriedad y la pulcritud de su persona. Cuando comenzó a transitar el camino de la verdad que había conocido, su razonamiento e imaginación necesitaron alimentarse de verdades cada vez más profundas. "Busca y encontrarás", es la manera en la que funciona la vida buena. Finalmente, mediante el testimonio de amigos que le garantizaron que Dios lo aceptaría tal como era, Randy aceptó al Señor en su vida.

Pronto se dio cuenta de que la naturaleza desordenada de la homosexualidad no forma parte del propósito de Dios. Randy era lo bastante inteligente como para darse cuenta de que Dios no condenaba a los homosexuales; sólo advierte que la homosexualidad es contraria a su plan. Cuando Randy comprendió esto, dejó de identificarse como un homosexual.

Comenzó a recibir orientación y asistió a un curso de "terapia reparativa": Un camino para iniciar la readaptación de su sexualidad.[3] Como parte de la terapia inició relaciones amistosas no sexuales con otros hombres. Hizo sesiones de gimnasia para sentirse más cómodo con su cuerpo y recuperar así su masculinidad. Estas prácticas no sólo lo ayudaron a verse como un varón más dentro de la comunidad masculina, sino también a ver a las mujeres como el otro sexo. Cortó las ataduras mentales con el reinado matriarcal en el que había crecido y se apropió de su derecho a un espacio como hombre adulto.

Tres años después de haber buscado una manera diferente de vivir, Randy estaba mirando televisión cuando apareció en la pantalla una joven y hermosa bailarina. Se acercó para mirarla de cerca . . . la manera en que su cabello se sacudía mientras bailaba, las ondulaciones de su cuerpo, su talle estilizado. Mientras la miraba, Randy empezó a tragar saliva.

¡Así que de éso se trata!, pensó sorprendido y encantado. Tenía una nueva responsabilidad que asumir: ¡La heterosexualidad!

La reorientación sexual de Randy Thomas ocurrió nueve años atrás. Como sucede en cualquier proceso de recuperación, luego de un profundo desorden, Randy todavía tiene momentos inquietantes de atracción sexual hacia personas de su mismo sexo. Sin embargo, su principal objetivo en este momento es encontrar a una mujer a quien amar y con quien casarse. Le gustaría ser padre y le atrae la idea de ser "un tipo más del montón", sentirse normal. En su vida diaria experimenta una libertad que nunca creyó que llegaría a sentir. La transformación se ha extendido a sus otras relaciones. Randy se siente ahora mucho mejor con su mamá y su padrastro.

Al hablar con Randy se ve con claridad por qué las personas que sufren de atracción por los de su mismo sexo, sean mujeres u hombres, perciben una amenaza en los juicios que catalogan sus vidas como desordenadas. A menudo han sido víctimas de maltrato durante su infancia, han vivido en hogares disfuncionales que pueden enloquecer a cualquiera y han sido motivo del escarnio de sus compañeros de infancia. La vida gay les da una promesa de aprobación, afecto y atención que nunca recibieron cuando niños. Parece darles una identidad que no han tenido en toda su vida y además el sentimiento de pertenecer a una comunidad cuya solidaridad se forja mediante el placer. Cualquiera podría sentirse amenazado si se le hubieran negado tantas cosas en la vida.

Los que invitaron a Randy para ir aquella noche al bar gay le preguntaron: "¿Eres de la familia?" Consideremos esto por un instante. Es una pregunta fuerte, perturbadora e irónica: "¿Eres de la familia?" Aun en medio de las penumbras de la homosexualidad, confirma el deseo de pertenecer a un orden creado.

La mayoría de los heterosexuales no entiende muy bien a la homosexualidad y no quiere imponer cargas demasiado difíciles de sobrellevar. Saben cuánto significa para ellos su vida sexual y les preocupa adoptar un punto de vista que pudiera condenar a las personas a la castidad para toda la vida. Por eso nuestra sociedad habla de este tema como si se tratara de "un estilo de vida", uno más entre otras opciones aceptables, en lugar de definirlo como una subversión del orden creado.

Se puede entender esta actitud, pero en última instancia es la respuesta de la lástima, no de la verdadera compasión. La verdadera compasión debería ofrecer a los estudiantes de secundaria un cuadernillo que explique el origen de los sentimientos de atracción hacia el sexo opuesto. La verdadera compasión debería impedir que los esposos golpeen a sus esposas y luego las dejen solas a cargo de un niño de cinco años, como le ocurrió a Randy Thomas. La verdadera compasión debería mostrar a las mujeres su verdadera identidad como hijas de Dios, para que sean capaces de enfrentar a los esposos abusivos que quieren golpear a sus hijos. La verdadera compasión debe alentar el amor de las familias heterosexuales y la entrega generosa que las sostiene. La verdadera compasión abraza la verdad de un orden creado, tal como Randy Thomas lo hizo cuando observaba a los matrimonios en las reuniones bíblicas y se dio cuenta de que en su propia vida él estaba alterando el orden natural. En cambio, el sentimiento de lástima hacia los homosexuales sólo profundiza la esclavitud emocional que atrapó a Randy Thomas.

Además de los intentos para legalizar los casamientos homosexuales, ahora se está conociendo lo que es la "terapia positiva", introducida en muchas escuelas secundarias de todo el país. Estimula a los adolescentes que sienten atracción por los de su mismo sexo a que adopten el estilo de vida gay. De esta manera estamos esclavizando a nuestros jóvenes y así mantenemos la falsa idea del *lobby* gay acerca de la atracción hacia personas del mismo sexo. Los jóvenes se dejan engañar fácilmente con esta gran mentira, y quedan atrapados en la definición de que "la identidad sexual es una elección personal", y "la homosexualidad es algo natural".

Por último, las concesiones que el sentimiento de lástima quiere hacer no pueden funcionar, porque la lástima no va al fondo de la verdad. La lástima siempre se vuelve cruel y luego represiva. Lo correcto desde el punto de vista social exige hoy a los medios ignorar sistemáticamente a personas como Randy Thomas y otros, incluso a organizaciones como Exodus Internacional y la Asociación Nacional Para la Investigación y la Terapia Sobre Homosexualidad (su sigla en inglés: *NARTH*), dedicadas a ayudar a hombres y mujeres a recuperarse de la atracción hacia personas de su mismo sexo.[4] La cultura se ha entregado a una ilusión destructiva, a vivir una mentira. Como nos enseñó Havel: Es imposible que podamos vivir en la mentira y vivir la vida buena.

———•◦•———

Los cristianos piensan que el mundo funciona de la manera en que lo hace porque Dios lo diseñó así. No exactamente como lo conocemos ahora, sino en su condición perfecta, antes de que el mal afectara a la creación, provocando enfermedades y desórdenes de la personalidad como la atracción hacia personas del mismo sexo. (Cuando digo que la atracción por personas del mismo sexo es un "desorden de la personalidad" no quiero sugerir que el albedrío no entra en la práctica de la homosexualidad. Sí entra en juego la voluntad, como en cualquier otro pecado.) Dios creó el género, la sexualidad y el amor. Creó al hombre para la mujer y a la mujer para el hombre. Creó la institución del matrimonio dentro del cual varones y mujeres confirman la singularidad de su género al unirse en una humanidad complementaria y superior. Lo que Dios planificó es lo natural, lo bello.

La vida buena no se encuentra viviendo en contra del orden natural, a pesar de lo difícil que resulte la exigencia moral.

La homosexualidad no es lo que Él quiso para la humanidad. La vida gay es un intento triste y vano de recrear la belleza y la felicidad de las relaciones heterosexuales. La vida buena no se encuentra viviendo en contra del orden natural, a pesar de lo difícil que resulte la exigencia moral. En definitiva, estas exigencias son el único camino hacia la liberación, hacia la nueva vida que encontró Randy Thomas.

Capítulo 22

El Don de Reconocer Lo
Correcto de Lo Incorrecto

A MEDIDA que Randy Thomas alcanzaba su adolescencia se enfrentó a un dilema a la vez curioso y aterrador. Se daba cuenta de algo obvio: Que el varón y la mujer están hechos el uno para el otro. Esta realidad biológica estaba respaldada por una cantidad de enseñanzas religiosas y por actitudes culturalmente adquiridas. Por otro lado, él se sentía sexualmente atraído por los varones, y la mayoría de los sicólogos, como explicaba el cuadernillo sobre la sexualidad humana, consideraban que esto era perfectamente normal. Él sólo tenía que aceptar sus inclinaciones sexuales y actuar en función de ellas. Entonces ¿cómo podía darse cuenta de lo que era correcto y lo que era incorrecto?

La naturaleza aterradora en la que se presenta este dilema hace difícil ocuparse de su aspecto central, es decir, la manera en que forma parte del misterio fundamental de la condición humana: El discernimiento entre lo correcto y lo incorrecto. Como Randy recibía mensajes contradictorios y de diversas fuentes, tuvo que decidir con qué versión se quedaría. Alguien tenía que tener razón, alguien debía estar equivocado, y su vida flotaba en esta incertidumbre. Pensemos en Randy a los trece años: ¿Qué podía hacer?

Qué pregunta terrible, pero por otro lado, qué bella pregunta. Saber de qué manera interpretar el mundo y las pistas que nos da (lo que deberíamos hacer) hace que la vida sea, comparativamente hablando, como un trozo de pastel. Lo aterrador es no tener un norte, estar perdido.

Por supuesto que a nadie le gusta que le digan qué hacer. No nos gusta que nuestras madres nos estén diciendo "tienes que hacer esto y lo otro". No nos cae bien la voz tempestuosa del predicador cuando dice "no tomarás, no codiciarás, no . . ." *¿Quién lo dice?*, preguntamos. Sin embargo, nuestra naturaleza rebelde se desanima cuando se nos complica la existencia y sentimos que nuestro futuro está entre signos de interrogación.

Tal como lo aprendió Randy Thomas, es posible distinguir entre lo correcto y lo incorrecto. El orden creado nos da orientaciones para que podamos vivir racionalmente dentro de los parámetros físicos y biológicos de la realidad. Esta es la plataforma liberadora de la verdadera moral. La ética no se deriva de las órdenes caprichosas de ciertos personajes autoritarios. La moral tiene que ver con el sentido que tiene la vida en virtud de la manera en que el mundo fue diseñado. Podemos llamarla arquitectura cósmica si lo desea. El investigador Neal Plantinga define a la sabiduría como la capacidad de reconocer el orden correcto de la vida. Se trata de encontrar la verdad sobre lo que es la vida, sobre cómo funciona el mundo y de qué manera *deberíamos* vivir para tener cabida en él.

Al comienzo de su magnífico libro *Not the Way It's Supposed to Be: A Breviary of Sin* [*No de la Manera en que Debería Ser: Un Breviario del Pecado*], Plantinga ilustra su punto de vista con una escena de la película *El Gran Cañón*. (Si uno puede soportar el lenguaje y algunas escenas ofensivas, la cinta tiene momentos de humor y de perspicacia que valen la pena.) El protagonista (interpretado por Kevin Kline) es un abogado impaciente por llegar a su casa después de un partido de básquetbol y elude los embotellamientos de la autopista buscando un camino a través de carreteras secundarias. Pronto se da cuenta de que está perdido y de repente descubre que se ha metido con su lujoso Lexus en una de las áreas más marginales de la ciudad. Allí comienza la pesadilla: El automóvil sufre una avería.

El abogado llama a un servicio de auxilio, pero antes de que éste llegue un grupo de jóvenes con mal aspecto rodea el vehículo y comienza a amenazar al abogado. El hombre parece indefenso, atrapado en su vehículo.

Luego, como si llegara la infantería galopando sobre una colina en una película del lejano oeste, aparece un remolque. El conductor (Danny Glover) se baja para enganchar el auto, pero los adolescentes se oponen. El chofer del camión les está arruinando la fiesta.

El conductor lleva al jefe del grupo a un costado y le dice con firmeza: "Oye muchacho, el mundo no *debería* funcionar de esta manera. Tal vez no lo sepas, pero no es así como son las cosas. Yo debería poder hacer mi trabajo sin necesidad de pedirte permiso. Y este leguleyo (refiriéndose al abogado) debería poder esperar en su auto sin que ustedes lo molesten. Todo debería ser diferente a como son las cosas aquí".[1]

Plantinga describe al chofer del remolque como "un heredero de San Agustín", cuyo análisis de "cómo deberían ser las cosas pero no son" está en todos los libros de teología.[2] Los cristianos comprendemos que el mundo está diseñado de una determinada manera, lo cual nos da un sentido de cómo debería funcionar; pero la fe cristiana también enseña que a causa del pecado, el mundo no funciona como debería.

El gran filósofo contemporáneo Etienne Gilson argumenta que la habilidad para saber cómo debería ser el mundo y cuál es nuestro lugar en él, es decir, nuestra capacidad de tomar decisiones de manera responsable, cooperando con el orden natural, es lo que diferencia a los humanos de otros animales. La moralidad, sigue argumentando, es "esencialmente la normalidad; un ser racional que actúa y se comporta ya sea irracionalmente o de manera contraria a como le dicta su raciocinio, no actúa exactamente como una bestia; más bien, se comporta como un ser humano bestial, lo cual es más grave".[3]

<hr />

Nadie, en los tiempos modernos, ha planteado de manera más clara que C. S. Lewis el tema de la habilidad para reconocer el orden moral de la creación. Así como los objetos están sujetos a la ley de gravedad y los organismos vivos están sujetos a leyes biológicas, escribe Lewis, los seres humanos estamos sujetos a una ley: La ley del orden moral. La única diferencia, agrega, es que los seres humanos tienen el derecho de obedecer o no. Y esta, por supuesto, es la clave de lo que dijo el chofer del remolque. Según Lewis, "las personas conocen las leyes de la naturaleza, pero las infringen. Estas dos verdades son el fundamento de un pensamiento coherente sobre nosotros mismos y sobre el universo en el que vivimos".[4]

Lewis sostiene que los seres humanos, a lo largo de la historia, han seguido una enseñanza moral común, respetada por los egipcios, los babilonios, los hindúes, los griegos, los romanos . . . por todas las civilizaciones de las que tenemos conocimiento. Las leyes y normas, aunque tengan diferencias importantes, coinciden básicamente en lo que podríamos llamar principios fundamentales. "Intente imaginar un país (sugiere Lewis) donde los guerreros fueran admirados por huir del campo de batalla, o donde un hombre se sintiera orgulloso de traicionar a quienes fueron amables con él".[5]

Lewis afirma que aun los niños entienden y conocen el orden moral. En la escuela un niño le dice enojado a otro: "Me quitaste la regla". (Hoy día el niño diría "tomaste mi *Game Boy*".) La respuesta del otro niño nunca será: "Eso no tiene nada de malo. Si quiero quitarte el *Game Boy*, lo haré". Lo que el niño contestará con más frecuencia es: "No te lo quité".[6] Los dos niños aceptan la idea de que es incorrecto quitarle algo a otro.

A pesar de que Lewis escribió antes de la era posmoderna, pudo anticipar cómo sería esta. "Algunas personas", escribe, "dicen que es dudoso que exista una Ley de la Naturaleza o de un comportamiento decente común a todas las personas", porque las diferentes civilizaciones tienen diferentes pautas morales. Pero continúa: "Esto no es cierto".[7] Sostiene que "a la ley (moral) se le llamó Ley de la Naturaleza, porque la gente suponía que todos la conocían por naturaleza y no era necesario enseñarla".[8] La ley moral, en resumen, es evidente por sí misma. Esto no significa que todos cumplamos la ley en forma permanente y de la misma manera, así como no todos aplican correctamente las tablas de multiplicar. Pero al igual que con las multiplicaciones, existe una sola respuesta correcta.

A menudo he comparado a la ley natural con el sentido común. ¿Es el sentido común lo que indica que si uno pone la mano sobre el fuego se quema? Por supuesto. ¿Es también el sentido común lo que indica que si ponemos la mano de otra persona sobre el fuego también se quema? Por supuesto.

Los niños lo entienden, como lo observa Lewis y como yo mismo lo he comprobado. Al hablar a los jóvenes siempre les pregunto si existe algo como una verdad moral absoluta. Generalmente sólo unos pocos alumnos dirán que sí y con algunas dudas.[9]

Luego utilizo una vieja ilustración, que, según creo, el popular filósofo Francis Schaeffer utilizó primero. Pregunto a los jóvenes qué harían si se encontraran en una esquina muy concurrida, con vehículos circulando a toda velocidad en ambas direcciones y descubrieran a una viejecita parada en el borde de la calle, mirando asustada y sosteniendo una bolsa de compras. Tienen tres opciones. La primera es ayudar a esta anciana a cruzar la calle. La segunda es ignorarla. La tercera es empujarla.

Luego pregunto si saben qué es lo correcto. Levantan la mano para responder con risitas burlonas. Lo que quieren decir con ese gesto es que en realidad no saben si alguien puede arrogarse el derecho de decir que hay una única moral verdadera (eso sería muy intolerante), pero sí creen que empujar a la anciana a la calle es algo absolutamente incorrecto. Es un placer ver cómo se les "encienden las luces" cuando comprenden.

Los adultos, aunque sean activistas convencidos del posmodernismo, también saben esto. La experiencia que tuvo mi amigo George Weigel, un eminente teólogo e historiador, lo ilustra muy bien. Weigel estuvo en el programa *All Things Considered* [*Habiéndolo Considerado Todo*], en la Radio Nacional, que aborda temas que están sobre el tapete. La conductora era una feminista liberal, como también una de las invitadas. Cuando surgió un debate en torno al asunto de la verdad moral, las dos mujeres adoptaron la posición intransigente de que no existe tal cosa. Una de ellas lanzó a Weigel un reto: "¿Podría darme un ejemplo de una verdad moral absoluta sobre la que todo el mundo estaría de acuerdo?"

Inspirado, Weigel contestó: "Sí. La violación es un acto incorrecto". Hubo un momento de silencio y luego la conductora cambió de tema.[10]

Con frecuencia entramos en contacto con las leyes morales de modo visceral mediante las emociones. El erudito contemporáneo F. H. Buckley escribió que tenemos un rechazo innato por los mentirosos. Este rechazo no es el resultado de un análisis racional. Es algo intuitivo. Agregó que frecuentemente "los sentimientos de fastidio y de enojo nos proporcionan pautas útiles de protección que nos ahorran un desgastador análisis mental".[11] Quiere decir que nos sentimos ofendidos por lo que es incorrecto y atraídos hacia lo que es correcto. Que estos sentimientos siempre nos guíen correctamente es otro asunto.

———•◦•———

La más común de las experiencias humanas indica que en el fondo, todos sabemos qué es lo correcto y lo incorrecto. El apologista Greg Koukl con frecuencia le dice a su público que conoce una verdad irrebatible sobre ellos. La gente mira a su alrededor, sorprendida. Luego, simplemente concluye: "Todos ustedes se sienten culpables".[12] Hasta la fecha nadie se lo ha negado. La conciencia humana afirma lo que el profesor J. Budziszewski de la Universidad de Texas en Austin llama "la verdad que es imposible no saber".[13] La conciencia, que nos indica que hemos hecho algo incorrecto, muy a menudo nos hace sentir mal (esa es su función) porque en el fondo sabemos lo que deberíamos haber hecho.

Eso es exactamente lo que el apóstol Pablo quiso decir en su carta a la nueva iglesia de Roma. Al referirse a los gentiles, dijo que la ley está escrita en su corazón y que su conciencia a veces los acusa y a veces los excusa.[14] ¿Quién de nosotros no se ha sentido alguna vez acusado o aprobado por su conciencia? Sospecho que sólo sería el caso de un sociópata.

¿Nos sentiríamos culpables si no pensáramos que hicimos algo indebido? La fascinante novela de Graham Greene, *The Quiet American* [*El Americano Tranquilo*] cuenta la historia de un periodista inglés en Vietnam. El hombre, un réprobo sin límites, se engaña a sí mismo porque se considera moralmente superior y cree que comprende la situación política mejor que la mayoría. El hombre parece no tener conciencia. Ya casi al final de la historia, el periodista logra asesinar a su rival y quedarse con la novia de este. De esa manera obtiene todo lo que quería: Un buen salario, alcohol, drogas y la mujer por la que ha matado. Pero no es feliz. En las últimas líneas el personaje confiesa: "Ojalá hubiera alguien a quien pudiera decirle que me siento arrepentido".[15]

Parte de la gran mentira en nuestra sociedad es creer que el sentimiento de culpa no sirve de guía para nuestro comportamiento. Los sicólogos freudianos nos dicen que la culpa no es algo bueno sino una disfuncionalidad que requiere terapia. No queremos aceptar que la culpa es el resultado de actos incorrectos, porque hacerlo implicaría aceptar la existencia de una ley moral y la realidad del pecado, cosas que jamás se admiten en los círculos bien educados y socialmente correctos de nuestros días. Así que nuestra cultura sensacionalista y de soluciones fáciles para todo dice que si uno tiene sentimientos de culpa debe sacar turno en el psicólogo. Pero la terapia sólo puede ayudarnos a clarificar nuestros dilemas. La terapia en sí no aporta respuestas a largo plazo. Lo que la gente necesita más no son terapias, sino arrepentimiento y perdón.

La pura verdad es que es imposible vivir la vida buena sin una buena conciencia, la cual nos condena y también nos guía. Conozco a centenares de personas que han intentado acallar su conciencia, pero nunca

> *Es imposible vivir la vida buena sin una buena conciencia.*

supe de uno solo que tuviera éxito. Intentarlo, despreciando a la culpa como una disfunción, conduce inevitablemente a una vida enferma y miserable, caracterizada por un estado de permanente negación. Por eso el existencialista Albert Camus dijo que "lo absurdo es el pecado en ausencia de Dios".[16] Esta es la verdadera esencia del liberalismo: Cuando se niega el pecado, se niega a Dios e inevitablemente la vida se torna absurda.

Recordemos que la sabiduría es aceptar el diseño del mundo. Ir en contra de esa realidad es una locura, plantea Neal Plantinga. Es como cortar la madera en contra de la veta o escupir contra el viento . . . algo absurdo.[17]

Uno de los lugares en los que más dramáticamente he sentido la realidad de la culpa y la conciencia cumpliendo su función es en las cárceles. He entrevistado literalmente a miles de reclusos que están profundamente golpeados por el sentimiento de culpa. Cuando reconocen que lo que necesitan es confesar sus pecados y sus crímenes, se sienten liberados. Una historia muy especial es la de un hombre de mediana edad, casado y feliz con su familia. Tenía un empleo, era propietario de su casa y al parecer estaba en la cima del mundo. Sin embargo, después de convertirse no pudo seguir viviendo con su culpa. Tomó un avión a Kansas City, fue directamente al despacho del juez y confesó un asesinato que había cometido veinte años atrás: Un crimen por el que nunca había sido acusado. Hoy el hombre está en la prisión de Kansas, despojado de su exitosa vida anterior, pero en paz con su conciencia.

Son incontables las oportunidades en las que he tenido ante mí a presos endurecidos, con tatuajes por todo el cuerpo, los tipos más peligrosos del pabellón, que cuando se dan cuenta de que sus pecados pueden ser perdonados, se derrumban y lloran como niños pequeños. Saben que han hecho cosas incorrectas, como todos nosotros lo sabemos.

Lo correcto y lo incorrecto no son conceptos abstractos. Son realidades humanas. El conocimiento de lo malo y lo bueno está dentro de nosotros mismos, y en el fondo de nuestro corazón nos damos cuenta cuando no nos comportamos como deberíamos haberlo hecho.

⋯•⋯

Creo que este sentido inherente de lo correcto y lo incorrecto está tan profundamente arraigado en nosotros que, aun cuando lo negamos, nos comportamos como si existiera. Quizá no nos guste que nuestra conciencia nos dicte lo que debemos hacer, pero todos anhelamos la meta hacia la cual nos empuja: La justicia. Recuerdo un día en que llevaba en mi auto a un hombre que es un escéptico convencido, un ateo confeso. Cuando estábamos llegando a un cruce de calles, otro vehículo cruzó sin respetar la luz roja y se nos vino encima. Sólo porque mi auto tiene muy buenos frenos evité lo que podría haber sido un accidente grave. Mi acompañante empezó a agitar el puño hacia el conductor del otro vehículo gritando: "¡Ya te van a pasar la factura un día de estos!"

Le dije que, para ser ateo, estaba haciendo una afirmación bastante problemática. Si un ateo verdaderamente cree que no hay un Dios y que el universo es cruel, injusto y casual, tiene que explicar de dónde le viene la idea de lo justo y lo injusto. Si no hay un sentido de la justicia, de lo correcto y lo incorrecto, ningún parámetro de comportamiento, ningún juez universal, ¿por qué supondríamos entonces que una persona que actúa mal "lo pagará algún día"? ¿Cómo podríamos saber, incluso, que esas personas actúan incorrectamente? Mi amigo le estaba pidiendo al Dios en el que no cree que hiciera lo que sólo Dios puede hacer: Justicia.

Nuestro sentido de la justicia (creer que un día la gente tendrá que enfrentar un juicio y recibir lo que merece) desestabiliza por completo el punto de vista ateo. Tenemos un sentido innato de que existen parámetros inamovibles. Cuando alguien hace trampa, o cuando alguien recibe los aplausos por un trabajo que hemos hecho nosotros, nos ponemos furiosos, tal como se puso mi amigo en el automóvil. Cuando yo era niño me encantaba leer una tira cómica que se llamaba *There Oughta Be a Law* [*Debería Haber una Ley*]. Los personajes de la tira se quejaban constantemente de los abusos cometidos por los demás y la conclusión era que tenía que haber una ley en contra de estas cosas.

Esa *necesidad* de una ley nos indica que hay un parámetro que tiene que ser respetado y si no lo es, alguien, al final, tendrá que pagar por ello.

Cada uno tendrá que pagar lo suyo y recibir un castigo. Eso es lo que significa la justicia. Todas las religiones del mundo creen esto.

Esta idea de la justicia y de un juicio, de lo correcto y lo incorrecto, la llevamos en nosotros. No es el resultado de alguna superstición que nos llega desde una época anterior y oscura. Es algo real. Si hablamos con las víctimas de algún crimen grave, vemos que la gente afectada espera con ansias que el delito sea castigado. Quieren ver reivindicada la justicia, que fue infringida en perjuicio de ellos. Este sentido innato explica la popularidad de películas como Harry el Sucio, Highlander, y el clásico del oeste High Noon. Deseamos que lo injusto sea confrontado y castigado.

¿De dónde viene este sentido de la justicia? Tiene que ser del Dios que nos creó; no puede salir del vacío de un universo casual.

———— • • • ————

Veamos cuánto hemos avanzado en esta sección en la búsqueda de la verdad necesaria para vivir la vida buena. Dijo San Agustín: "En lo más profundo del hombre habita la verdad".[18] Yo creo en esto. Podemos conocer la verdad. Podemos ver evidencias claras de un diseño en el universo y de un orden natural cuyas leyes son inviolables. La vida buena consiste en averiguar estas cosas y adaptar nuestro comportamiento a ellas. El orden natural tiene una dimensión moral objetiva que nos marca el alma. Nuestra conciencia nos acorrala hasta el punto en que aun los posmodernistas más radicales entienden que la violación es un acto incorrecto.

> *El orden natural tiene una dimensión moral objetiva que nos marca el alma.*

Una vez que aceptamos la idea de un orden creado, un mundo con una intención y un diseño, un mundo que tiene un Creador, algunas cosas se ven con mayor claridad y entonces descubrimos que el orden natural nos provee los ingredientes fundamentales para la vida buena. Entre estos están la justicia y la libertad que pertenecen a la moral, como hemos visto. Uno puede rechazar estos dones del Creador, pero de ninguna manera podemos fabricarlos con una receta propia, como veremos en los capítulos siguientes. En cambio, aquellos que abren sus ojos a su Creador reciben las mejores cosas de la vida en toda su dimensión.

CAPÍTULO 23

LA BELLEZA ES LA MARCA
DEL AMOR DE DIOS

ESTA ES la historia del estreno de dos de las creaciones musicales más celebradas en el siglo XX. Uno de estos estrenos tuvo lugar en el año 1952, en el frondoso Woodstock, en Nueva York, donde el arco suave de las montañas Catskill se transforma en pequeños valles irrigados por arroyos donde abundan las truchas. La otra obra fue presentada al público en un invierno glacial, durante la guerra, en una zona fronteriza entre Alemania y Polonia, conocida como Silesia. El concierto en Estados Unidos fue ejecutado por músicos profesionales de la Filarmónica de Nueva York que se encontraban de vacaciones. El concierto de Silesia estuvo a cargo de soldados franceses y polacos capturados por las fuerzas alemanas poco después del inicio de la Segunda Guerra Mundial. Las dos composiciones son obra de músicos que, aunque de diferentes maneras, fueron profundos pensadores. Las dos fueron inspiradas por una búsqueda religiosa. Ninguna de las dos habla directamente sobre la época y el lugar donde fueron concebidas, y sin embargo se constituyeron en el símbolo de sus respectivos mundos.

CAMPO DE CONCENTRACIÓN DE SILESIA,
VIERNES 15 DE ENERO DE 1941

El gélido concierto en Silesia tuvo lugar a las seis de la tarde en la barraca 27B del sector VIII A. El campo de concentración alemán albergaba a unos veinte o treinta mil prisioneros, la mayoría de ellos en puestos de avanzada ubicados cerca de los lugares de trabajo. En estas barracas distantes se esclavizaba a los prisioneros cortando madera y fabricando ladrillos. Los que estaban recluidos cerca de las alambradas de púas, en el sector VIII A, se encargaban de la cocina, la limpieza, el lavado y otros servicios para los administradores alemanes. A estos les encantaba la música y por eso ponían a los prisioneros músicos cerca de ellos, en la barraca 27B, y autorizaban que se les diera una mayor ración de carbón.

El campo de concentración era un lugar de privaciones inimaginables. Los alemanes no tenían previsto internar a tantos prisioneros al comienzo de la guerra. A los reclusos no se les daba pan. Sobrevivían con una porción diaria de sopa aguada y dos raciones de una cosa grasosa que se suponía debía ser queso. Aun los que fueron prisioneros por períodos cortos perdieron sus dientes a raíz de semejante dieta. Algunas personas fueron fusiladas por robar sólo tres papas.

La barraca 27B, la "sala de conciertos" del campo de concentración, era como el paraíso que rompía la brutal monotonía del lugar. Cada viernes por la noche los músicos ofrecían un concierto, seguido por representaciones teatrales y revistas musicales de otros prisioneros. Los asistentes gozaban escuchando a cuatro extraordinarios músicos interpretar a Bach, a Brahms y a Beethoven. Eran el pianista Olivier Messiaen, el clarinetista Henri Akoka, el violonchelista Etienne Pasquier y el violinista Jean Le Boulaire. Todos habían estudiado en el instituto de música más importante de Francia, el Conservatorio de París.

Olivier Messiaen, en el momento de ser arrestado, ya era conocido como el compositor estrella de su generación y naturalmente sus compañeros de prisión sentían curiosidad cada vez que se enteraban que una nueva composición suya (la mayoría de las cuales fueron escritas durante su encarcelamiento) sería interpretada en el habitual concierto de los viernes por la noche. En esta oportunidad sería un concierto de cámara llamado *El Cuarteto para el Fin de los Tiempos*.

Al principio los prisioneros pensaban que sólo escucharían la música desde lejos, pero Messiaen y sus compañeros estaban tan entusiasmados con los preparativos para el concierto que pidieron permiso para que asistieran también los prisioneros que estaban en las barracas de los alrededores. Incluso pidieron permiso para que asistieran los que estaban en cuarentena, a la espera de ser repatriados (los alemanes estaban enviando todos los días miles de prisioneros de regreso a Francia).[1] El comandante a cargo del campo de concentración, pensando utilizar el concierto con fines de propaganda, permitió además que se imprimiera el programa del concierto.

Los asistentes llegaron desde las barracas aledañas, caminando entre la nieve amontonada por el viento, escoltados por guardias armados, saliendo desde las cocinas o desde los grupos que se reunían alrededor de las estufas de carbón que rodeaban a las barracas. Envueltos en sus ropas más abrigadoras para luchar contra el congelamiento, los prisioneros colmaron la barraca 27B. Los oficiales alemanes también estaban allí, sentados en la parte delantera del escenario montado por los propios músicos. Asistieron los sacerdotes franceses también encarcelados. Desde los que habían sido profesores universitarios hasta los obreros jornaleros, sin distinción de clases, religiones ni fronteras nacionales, la muchedumbre se reunió para escuchar qué tipo de música había podido imaginar Messiaen en medio de aquella gran desolación.

WOODSTOCK, NUEVA YORK, 29 DE AGOSTO DE 1952

Para el estreno estadounidense, los músicos profesionales y otros que estaban en vacaciones en esa región llegaron al Salón de conciertos de Maverick con el propósito de dar una presentación cuyos fondos serían destinados a la Fundación de Seguridad Social de los Artistas. Los hombres vestían camisas de mangas cortas con doble bolsillo, al estilo de los años '50, pantalones color caqui y zapatos abotinados; las mujeres tenían el cabello atado con pañuelos y tenían la cabeza brillante por el sol y la loción.

La sala de conciertos de Maverick, una "capilla musical" construida con madera por Hervey White en 1916, tenía el estilo de un establo que se abría por la parte de atrás y lucía como fondo los bosques aledaños. Por encima de sus seis puertas con arcos góticos se elevaba un tímpano ojival con seis ventanas pintadas. Las paredes teñidas de marfil estaban cruzadas por vigas que escalaban en ángulos quebrados hacia el techo de pino. Este auditorio tenía el olor de la lluvia, del sol, del polvo y del metal de los numerosos instrumentos de percusión que estaban dispuestos sobre el escenario.

Los asistentes sabían que estaban por escuchar principalmente música atonal o composiciones inarmónicas dominadas por ritmos a los que ninguna partitura convencional podía adaptarse. Esa particularidad había hecho famosos a Morton Feldman, Earle Brown y John Cage. El público era parte integral de todo aquel juego, porque entendían que serían destruidas las convenciones. La prensa ya le había dado mucha cobertura a estos músicos, especialmente a Cage. Era famoso por haber inventado el "piano preparado": Un piano vertical transformado en un instrumento de percusión, a cuyas cuerdas se habían adaptado frenillos mecánicos. El piano preparado por Cage podía tirar las cuerdas, rasparlas, acariciarlas o sacarles un sonido redondo, de manera imprevisible, aun si se apretaban las mismas teclas. En esta ocasión, ¿qué podía Cage traer escondido en la manga?

Antes del concierto en el sector VIII A, el compositor Olivier Messiaen estuvo recibiendo con entusiasmo a los cuatrocientos asistentes en la entrada de la barraca, vestido con su uniforme de preso color verde botella. Aunque estaba perdiendo cabello en la parte superior de la cabeza, por los costados le salía desordenadamente. Usaba anteojos redondos con un marco negro y grueso que enmarcaban profundamente sus ojos. Sus cachetes ya no tenían la redondez angelical de antes, pero su nariz conservaba su habitual color rosado; los labios eran carnosos, un poco azulados por el frío. Parecía un arlequín, un extraño payaso. Pero apenas comenzó a hablar, su voz adquirió autoridad. Explicó a los asistentes que *El Cuarteto para el Fin de los Tiempos* se había inspirado en el libro del Apocalipsis, del Nuevo Testamento. Y leyó en voz alta el siguiente pasaje de enorme relevancia:

> Después vi a otro ángel poderoso que bajaba del cielo envuelto en una nube. Un arco iris rodeaba su cabeza; su rostro era como el sol, y sus piernas parecían columnas de fuego. . . . Puso el pie derecho sobre el mar y el izquierdo sobre la tierra. . . . De pie sobre el mar y sobre la tierra levantó al cielo su mano derecha y juró por el que vive por los siglos de los siglos . . . y dijo: "¡El tiempo ha terminado! En los días en que hable el séptimo ángel, cuando comience a tocar su trompeta, se cumplirá el designio secreto de Dios".[2]

Messiaen explicó que su música era espiritual y que expresaba su fe católica. Esperaba que *El Cuarteto para el Fin de los Tiempos* ayudara a los asistentes a percibir más cercana la eternidad, en medio de aquella desolación.[3]

El primer movimiento del cuarteto, "Liturgia de Cristal", intentaba captar esa hora entre las tres y las cuatro de la mañana, cuando se despiertan los pájaros. El público debía escuchar un mirlo o un ruiseñor improvisando alabanzas al sol naciente. "Para mí", dijo Messiaen, "el canto de los pájaros traduce el armonioso silencio de los cielos."[4]

Dicho esto, Messiaen se sentó ante el viejo y desafinado piano vertical y miró a Henri Akoka, el clarinetista que, para los alemanes, adolecía de una doble tara: Era argelino y además, judío. Los ojos pequeños y oscuros de Henri, al final de una larga y sinuosa nariz, le daban el aspecto de un tejón. Sin embargo, tenía tanto optimismo, tanta simpatía y estaba tan lleno de vida, que las mujeres se derretían por él. Le sonrió al público e inmediatamente lo tuvo en el bolsillo. Alzó el clarinete y comenzó a tocar. El mirlo cantó.

Jamás el público había escuchado nada similar. La composición de Messiaen estaba estructurada más como un poema que como una pieza convencional de música de cámara. No había una melodía dominante. Cada movimiento tenía un sello o progresión de acordes armónicos. La composición continuaba como una plegaria, como una ventana abierta hacia una melodía eterna siempre presente, aunque no pudiera ser oída.

Las imitaciones de los cantos de pájaros que Messiaen utilizó en la primera parte del movimiento provenían de una de sus repetidas experiencias personales. Durante el corto tiempo que había sido soldado se las había ingeniado para hacer su turno de guardia en las horas en que la noche va cediendo ante el avance de la luz. Le gustaba escuchar cuando los pájaros comenzaban a trinar; primero se oía un pequeño silbido por aquí, otro por allá en medio de la noche, después unos cuantos más, aumentando rápidamente hasta que el canto se desbordaba junto con la primera claridad del día. Los pájaros cantaban para saludar al sol, para comunicar sus intenciones y ponerse de acuerdo en la rutina diaria. Por fin, se alejaban volando hacia la madrugada naciente y silenciosa, mientras el sol seguía subiendo, aumentando su fuerza. Messiaen gozaba escuchando a esa orquesta natural que ejecuta cada día su himno a la vida.

En el segundo movimiento, el ángel del Apocalipsis anunciaba el fin de los tiempos con extrañas armonías. La música parecía recordar a los prisioneros algún sitio en el que nunca habían estado y al que, sin embargo, no podían olvidar . . . el paraíso, quizá.

Luego venía un extenso y sinuoso solo de clarinete, que sugería lo que se siente al estar dominado por la monotonía: Los "abismos" del tiempo que los prisioneros conocían muy bien.

Después se escuchaba "Alabemos la eternidad de Jesús", un complejo villancico. El violonchelo anunciaba que algo importante había sucedido, algo hermoso, algo cercano y querido: La entrada de la eternidad en la historia a través de Jesús.

En el tercer movimiento se producían grandes cataclismos. Se presentía el terror, esa clase de terror que uno sentiría ante la presencia de un ángel. Regresaba el tema de fondo del segundo movimiento. Las huestes angelicales iniciaban una batalla. La velocidad de la música aumentaba hasta que, como las aspas de una hélice, parecía detenerse. El cataclismo (el fin de los tiempos) se había cumplido, y los cuatro instrumentos se juntaban en un solo y armónico acorde final.

El último movimiento, de una belleza indescriptible, era la alabanza de Messiaen a la inmortalidad de Jesús. En esta parte el violín lideraba a los otros instrumentos con una melodía poderosa. Lo terrenal y lo celestial se fundían (el canto de los pájaros saludando a la aurora y el ángel que evocaba el terror), a medida que el Niño del villancico ascendía hacia el Padre y la humanidad recibía a la deidad al dirigir su mirada a Dios. El violín ascendía más y más hasta llegar a la nota final de la composición.

A pesar de que allí muy pocos habían escuchado alguna vez algo similar a *El Cuarteto para el Fin de los Tiempos*, el público presente en la barraca 27B permaneció en silencio durante la hora completa que duró la interpretación. Cuando concluyó, el silencio prosiguió por unos momentos más, hasta que comenzó un aplauso tímido que se transformó rápidamente en una ovación apoteósica, con aplausos atronadores y vivas. Polacos, franceses y alemanes, enemigos y amigos por igual, desalojaron de esa barraca el frío intenso con su aplauso ferviente y su aprobación unánime. *Milagroso* es el adjetivo con que más se ha calificado aquella presentación musical.

La fuerza del impacto sobre la audiencia podría juzgarse por las repercusiones años más tarde. Cuando Aleksander Lyczewski, uno de los prisioneros polacos presentes en aquella ocasión, volvió a escucharlo inesperadamente en la casa de unos amigos, comenzó a llorar en silencio. Tardó largo rato en recuperar su compostura. Le explicó a su anfitrión, el musicólogo británico Charles Bodman Rae, que había estado

presente en el momento del estreno mundial de *El Cuarteto,* en su nacimiento milagroso.

Después de haber leído numerosos relatos sobre este acontecimiento, me gusta imaginar las conversaciones que habrán tenido los prisioneros. Por ejemplo tres franceses, con los dientes podridos,
conducidos por los guardias armados, en medio de la noche fría, de
regreso a sus barracas apartadas.

—Pues sí que estuvo bueno —dice Jean—, pero ¿qué era exactamente?

—¿No leíste sobre las Escrituras en el programa? ¿O el uso del
canto de los pájaros? —responde Gilbert.

—La verdad es que me enredé con todos esos garabatos que hacía
el clarinete —confiesa Jean.

—¿Y tú, Emile? Tenías los ojos cerrados, ¿estabas orando? —Emile
no dice nada por un momento—. ¿Te sentías transportado por los ángeles? —le preguntan.

Emile mira a Jean de reojo.

—No podía orar. ¿Quién podría orar en un sitio como ése? Sólo
estaba pensando.

—¿Pensando en qué? —insiste Gilbert.

—Estaba pensando que me despertaba con mi mujer un domingo
por la mañana. El sol entraba por la ventana. Sentía su tibieza. Estaba
con ella.

—O sea, estabas en el paraíso, o muy cerca —dice Jean.

—A mí, en cambio —acota Gilbert—, me hizo sentir libre. Fue
como una venganza contra nuestro cautiverio.[5]

—Sí, es verdad —coincide Jean—, y por momentos me sorprendí
imaginando un mundo mejor.

Messiaen influyó profundamente en la visión del mundo de
Etienne Pasquier, el violonchelista. Dejó de ser un agnóstico declarado y
abrió su mente a Dios. Escribió la siguiente dedicatoria al compositor
en la parte de atrás de uno de los programas impresos: "Campo de concentración de Gorlitz . . . Barraca 27B, nuestro teatro. . . . Afuera, la
noche, la nieve y la miseria. . . . Aquí, un milagro. . . . *El Cuarteto para el
Fin de los Tiempos* nos transporta a un paraíso maravilloso, nos lleva más
allá de esta abominable tierra. Te lo agradezco inmensamente, querido
Olivier Messiaen, poeta de la Pureza Eterna".[6]

En Woodstock, el programa impreso anunciaba el estreno mundial de *Cuatro Minutos y Treinta y Tres Segundos*, de John Cage, después de Brown y Feldman. Cuando llegó el momento de comenzar, un joven pianista, David Tudor, tomó su lugar ante el magnífico piano Maverick. Los críticos decían que Tudor tenía tanta afición por tocar las partituras difíciles de compositores experimentales que podía interpretar hasta las uvas dentro de un pastel de frutas. Mientras Tudor se preparaba para comenzar, la madre de John Cage le murmuró a una amiga que lo que iban a escuchar podía ser considerado como una oración.[7]

Para el primer movimiento, Tudor abrió la tapa del piano y puso sus manos sobre el teclado. Esperó exactamente el tiempo que indicaba la partitura. Luego, sin haber hecho sonar una sola nota, bajó la tapa del piano y ahí terminó el primer movimiento. Esperó un momento. Para el segundo movimiento volvió a levantar la tapa. Otra vez, después del tiempo indicado por el autor, la volvió a bajar, sin haber presionado ninguna tecla. El tercer movimiento fue exactamente igual, abrir, cerrar, en silencio todo el tiempo. La interpretación tomó exactamente cuatro minutos y treinta y tres segundos, lo cual inspiró el título.

Al final del concierto, los compositores Earle Brown, Morton Feldman y John Cage, subieron al estrado para hablar con el público. La composición de Cage puso de mal humor a muchos músicos profesionales y a otras personas del público en general. "Hubo mucha discusión", contó Earle Brown. "Muchas protestas . . . la mayor parte del público estaba furioso." Otro asistente al concierto, Peter Yates, recordó que "el público había venido preparado para que lo desestabilizaran, pero no para que lo engañaran".[8] Según lo que leí sobre aquel incidente, la sesión de preguntas y respuestas con Cage se desarrolló más o menos de la siguiente manera:

—¿Qué fue eso, Cage? Esa cosa de cuatro minutos y treinta y tres segundos, ¿era una broma o algo así?

—Para nada.

—El pianista no ejecutó nada. ¡El silencio no es música!

—¿Hubo silencio? —preguntó Cage.

—Si no aprieta las teclas, ¡ni siquiera se puede decir que es pianísimo!

—¿Qué escucharon?

—¡Nada!

—En cambio yo —agregó Cage seguro de sí mismo—, en el primer movimiento escuché el sonido del viento entre los árboles. En el segundo, la maravillosa lluvia sobre el techo. Y al final, algunos murmullos muy interesantes en el público.

—Esos son sonidos, Cage, no música.

—¿Acaso hay alguna diferencia?

———•••———

John Cage nació en 1912, hijo de un inventor graduado de ingeniero eléctrico. Como era un niño con mucho talento, Cage comenzó a tocar el piano a la edad de nueve años e inmediatamente empezó a estudiar composiciones originales y clásicas que traía de la Biblioteca pública de Los Ángeles. Su primera ambición había sido seguir los pasos de su abuelo y entrar como ministro de la Palabra en la iglesia metodista episcopal, pero abandonó este proyecto a la edad de dieciséis años, tan pronto como entró a la Universidad de Pomona.

Después de dos años, Cage abandonó la universidad y viajó un año a Francia, donde estudió pintura, arquitectura y tomó clases de piano con Lazare Levy, el profesor principal del Conservatorio de París.

De regreso a Los Ángeles en 1931 y habiéndose instalado en la casa de sus padres en Pacific Palisades, Cage intentó ganarse la vida impartiendo clases de escritura, pintura y composición musical. Cuando llegó el momento de tener que hablar a los estudiantes sobre los compositores del siglo XX, se percató de que no sabía nada de uno de sus principales exponentes, Arnold Schoenberg. De modo que buscó y encontró a un especialista de la obra de Schoenberg, Richard Buhlig, y le pidió que le enseñara todo lo que supiera de él. Después de recibir las lecciones de Buhlig sobre la manera de componer de Schoenberg, Cage decidió dedicar su vida a la música.

En 1934 estudió con el propio Schoenberg y en este proceso Cage terminó aceptando su limitación musical: Carecía del sentido de la armonía. Por esa razón, a Schoenberg se le hacía difícil alentar a su consagrado alumno. Sin embargo, podía apreciar los dones de aquel joven. Más tarde le diría al crítico Peter Yates que Cage "no era un compositor, sino un inventor realmente genial".[9]

Al comprender que no se llevaba bien con la armonía, Cage se dedicó a componer música de percusión. Fabricó sus propios instrumentos tomando campanas de frenos y tazas de ruedas de automóviles para hacer tambores. Inventó el "piano preparado" en 1938. Las composiciones iniciales de Cage se orientaron hacia deshacer la distinción entre la música instrumental y los sonidos de la vida cotidiana.

El divorcio de su matrimonio indujo a Cage a una búsqueda religiosa. Comenzó a asistir a conferencias de D. T. Suzuki, uno de los principales voceros del Zen budista. Pronto Cage estuvo convencido de que el objetivo principal de la música era reconciliar a la gente con la vida tal como es. Se inspiró en el pensamiento del filósofo de la India, Ananda Coomaraswamy, cuando dice que el arte debería "imitar a la naturaleza *en su manera de operar*".[10] Cage decidió renunciar a expresarse mediante la música (algo en lo que tampoco era bueno) y optó por inducir a la gente a "asumir su verdadera vida". Cage pensaba que el artista debía imitar a la naturaleza en lo que él consideraba ser su carácter imprevisible.

A partir de ese momento, la tarea de Cage consistió en encontrar la manera de dominar cualquier cosa que tomara forma de composición: Cualquier pensamiento, sentimiento, lo que fuera. Como escribió Calvin Tomkins: "Todos sus esfuerzos están dirigidos al difícil proceso de desprenderse de sus propios gustos, de su imaginación, de sus recuerdos e ideas, para que de ese modo 'los sonidos sean sonidos'".[11] El escultor Richard Lippold señaló algo similar: "John tiene el intelecto más brillante que jamás haya conocido, aunque por años haya estado tratando de deshacerse de él. Una vez me dijo: 'Richard, usted tiene una mente hermosa, pero ya es tiempo que se desprenda de ella'".[12]

Cage creyó haber encontrado el método perfecto para lograr sus propósitos cuando descubrió el *I Ching,* el antiguo "libro chino de los cambios". Aparentemente la acción de lanzar palillos de milhojas según los diagramas y hexagramas del *I Ching* le proporcionaba un método para componer sin controlar el resultado. Así creó la *Música de los Cambios* y otras azarosas composiciones similares.[13]

Cage se dio cuenta de que componer música imitando lo que él suponía ser lo impredecible de la naturaleza, era más complicado de lo que había imaginado. No encontraba modo alguno de hacerlo, salvo abstenerse por completo de componer, lo cual dio como resultado, como era de esperar, la obra *Cuatro Minutos y Treinta y Tres Segundos,* es decir, el silencio. En esa composición, la música está representada por todos aquellos ruidos que pudieran producirse en el lugar de la interpretación.

Como música, el trabajo de Cage no tiene ningún valor. En cambio, como invención filosófica es interesante, aunque muy equivocada. Es el repentino gesto del maestro ("¿Qué es el sonido de una mano que golpea la otra?"), que intenta transmitirle al alumno el punto de vista Zen. La visión de la vida que adoptó Cage, el Zen budista, es una invitación a reconciliarnos con el mundo tal como se nos presenta: A descartar nuestra costumbre de esperar y desear, a renunciar a nuestra ilusión de libertad y a nuestro anhelo de justicia. Es un intento por percibir la vida como algo completamente ajeno a los anhelos del corazón. En las palabras del propio Cage, se volvió semejante a "un pastor protestante fundamentalista", propagando estas enseñanzas budistas.[14]

La pregunta es: ¿Acaso los anhelos del corazón son sólo ilusiones? Y las construcciones de la imaginación y el uso de razón, ¿ilusiones también? ¿Tenemos que resignarnos y aceptar un mundo imprevisible?

El sicoanalista Adam Phillips cuenta la siguiente historia a propósito de Cage. El músico había asistido al concierto de otro compositor, en cuyo programa anunciaba su deseo de que la música ayudara en algo a disminuir el sufrimiento en el mundo. Después del concierto, Cage le dijo a su amigo que le había encantado la música, pero que detestaba lo que había escrito en la presentación del programa. No consideraba que hubiera tanto sufrimiento en el mundo; pensaba que había "exactamente lo necesario".[15]

Por más que las palabras de Cage suenen crueles e insensibles, concuerdan con su pensamiento budista y con la perspectiva posmoderna. Si el mundo surge del caos inexplicable y regresa a un caos inexplicable, entonces no hay ni mucho ni poco sufrimiento: El sufrimiento sólo *existe*.

Sin embargo, imaginemos que Cage hubiese tenido que decir lo mismo a los prisioneros en el sector VIII A. En el pabellón de Messiaen, ¿se sufría "exactamente lo necesario"?

¿Qué hace tan diferente el trabajo de Messiaen del de Cage? Olivier Messiaen afirmaba que él prácticamente había nacido siendo cristiano. Desde que era un muchacho, su madre, una poetisa, y su padre, un profesor de inglés y traductor de Shakespeare, le leían los cuentos fantásticos de

Hans Christian Andersen y las obras de Shakespeare. Poco a poco Messiaen comenzó a descubrir de qué manera las esperanzas y los sueños expresados en aquellas historias (el anhelo por la libertad y la justicia) se hacían realidad mediante la fe cristiana. Si las obras de Shakespeare le ofrecían "extraordinarios cuentos fantásticos", Messiaen encontró que la fe era mucho más misteriosa y maravillosa.[16] Ya entrado en años, Messiaen diría a los periodistas que encontraba una pequeña diferencia entre las historias que disfrutaba cuando era niño y la fe cristiana: Que el cristianismo es verdadero.

Dijo Messiaen que "la primera idea que quería expresar era . . . la realidad de las verdades de la fe católica. . . . Ése es el aspecto principal de mi trabajo, el más noble, indiscutiblemente el más útil, el más valioso y quizás el único del que no me arrepentiré a la hora de mi muerte".[17]

Podemos ver en *El Cuarteto para el Fin de los Tiempos* muchos de los temas que hemos descubierto en nuestra propia búsqueda de la verdad. El primero es la presencia de un orden natural. El mirlo que canta y el sol que sale están íntimamente ligados, en armonía podríamos decir. Es el diseño de la naturaleza lo que produce un universo en el que la vida de las pequeñas criaturas se hace posible gracias a la relación cósmica entre la tierra y el sol. Detrás de ese orden natural está Dios en persona, quien, aunque está fuera del tiempo, lo gobierna. Al fin de cuentas, la eternidad y el tiempo se reúnen en un Dios que "se entrega a sí mismo" y se presenta ante nosotros como un niño: Ese hombre que vino a morir para luego resucitar.

Lo que Messiaen atrapa tan maravillosamente es la interdependencia del tiempo y la eternidad, que es el secreto de la belleza, porque la belleza es la gloria de Dios que brilla en la creación. ¿Acaso no lo vemos y lo experimentamos?

———•◦•———

He contado la historia de estos dos estrenos mundiales, *El Cuarteto para el Fin de los Tiempos* de Olivier Messiaen y *Cuatro Minutos y Treinta y Tres Segundos* de John Cage, porque reflejan con precisión los dos sistemas de pensamiento que se oponen en nuestro mundo hoy. Para Cage, ser un ilustrado consiste en reconciliarnos con un universo imprevisible. En franco contraste, la música de Olivier Messiaen refleja una profunda comprensión del orden natural y de cómo este orden, en definitiva, deriva de su Creador. Messiaen comprendió la belleza del mundo. Aun dentro de un campo de concentración nazi pudo ver brillar a Dios en medio de su creación.

Muy poca gente entiende hoy la belleza como una extensión de la creación. Muchos dicen que sobre gustos no hay nada escrito, o que la belleza es una apreciación personal. Decir que algo es hermoso, solamente significa que les satisface. Un juicio de valor es válido sólo como una opinión personal.

Para los cristianos y para el pensamiento clásico, la belleza no está supeditada a nuestros juicios subjetivos y el arte no es solamente la expresión del mundo interior de un artista. La belleza, al igual que la bondad y la verdad, es parte de la realidad; la belleza es algo esencial dentro del orden creado, forma parte del mundo en el que vivimos.

> *La belleza no está supeditada a nuestros juicios subjetivos.*

La diferencia de opinión entre las personas en cuanto a que algo sea bello se debe a que algunas son más capaces que otras de percibir la belleza. El juicio de algunas personas sobre la belleza es más acertado que el de otras. Esta puede ser una idea difícil de aceptar en nuestra cultura; sin embargo, es verdad.

La visión cristiana de la belleza tiene su base en la teoría de cómo se originó el mundo. Dios creó un mundo que refleja su identidad; no sólo su inimaginable genialidad, sino también su majestad y su belleza. A partir del orden y de la belleza de la creación, los antiguos griegos reconocieron que la verdad, la belleza y la bondad estaban íntimamente ligadas. Esta comprensión fue muy bien captada y expresada por el teólogo Hans Urs von Balthasar: "La belleza exige por lo menos tanta valentía y voluntad como lo exigen la verdad y la bondad, y la primera no tolerará que se la separe . . . de sus dos hermanas".[18]

> *Dios creó un mundo que refleja su identidad; no sólo su inimaginable genialidad, sino también su majestad y su belleza.*

La belleza del mundo comunica el amor de Dios hacia nosotros. Dios diseñó un universo en el cual la salida y la puesta del sol, la luna

La belleza del mundo comunica el amor de Dios hacia nosotros.

plateada suspendida en el cielo y lo imponente de las nubes veloces pudieran inspirarnos todos los días. Hizo un mundo en el que pudiéramos deleitarnos en un campo de narcisos, ser perseguidos por el grito del somormujo y asombrarnos con los camuflajes del camaleón. En su poema "El Tigre", William Blake reconoce la mano de Dios en la belleza de su creación:

¡Tigre! ¡Tigre! ardiendo brillante
en los bosques de la noche,
¿Qué ojo o mano inmortal
pudo idear tu terrible simetría?[19]

Aunque no alcanzamos a comprender los designios de Dios, la belleza de su creación nos muestra su amor.[20]

Olivier Messiaen rindió tributo con su música al Dios creador, porque creyó que la belleza es una muestra de su amor. El público de Messiaen estaba menos formado musicalmente que el que asistió al concierto de Cage, pero aún así la música de Messiaen comunicó a sus compañeros de prisión que, en definitiva, el mundo le pertenecía a Dios y no a los nazis, y que cada esperanza humana tiene un asidero legítimo en el orden divino. Messiaen no estaba vendiendo un consuelo barato ni "expresándose a sí mismo". ¿Se hubiera interesado alguno de sus compañeros de prisión por algo así? Él estaba traduciendo al lenguaje musical una verdad que todos necesitaban oír: Una verdad básica para la vida buena.

* · * · *

Todos entendemos intuitivamente la conexión entre belleza y verdad. Pregunte a los adolescentes o a los niños si reconocen la diferencia entre el buen arte y el mal arte. La mayoría de ellos, como ya dije, no está convencida de que existan verdades absolutas. Con frecuencia les pido que piensen en un cuadro que los cautive tanto que no puedan apartar los ojos de él, algo como la famosa pintura de una escena marina de J. M. W. Turner, que muestra un barco a vela abatido por el viento, luchando en medio de las olas. La escena es tan vívida que nos da la impresión de que sentimos los movimientos del barco. Los colores son a la vez aguados pero sobrecogedores.

Entonces le pregunto a mi audiencia: "Si vieran una pintura como ésta, ¿les parecería agradable?" Todos asienten con la cabeza.

Luego les pregunto: "Si fueran hoy a Alemania y vieran una exhibición de restos humanos o un mural inmenso pintado en una pared con pedazos de carne humana colgando aquí y allá, ¿lo encontrarían agradable?"

La mayoría reacciona con asco. Entonces, yo traduzco lo que ellos están pensando: "Dirían que es horrible, ¿verdad?" Todos asienten.

Entonces entienden. Hay una diferencia entre lo agradable y lo horrible. Hay valores absolutos.

Algo dentro de nosotros responde a la belleza. Nos inspira. Nos eleva, tal como la música de Messiaen elevó a los prisioneros del sector VIII A durante la Segunda Guerra Mundial.

El arte es poderoso porque entra en contacto directo con nuestra emoción y con nuestro intelecto, con el corazón y sus razones superiores. Los estudiantes con los que he hablado de estos temas entienden inmediatamente la diferencia entre Messiaen y Cage. El primero, un emperador sin túnica; Messiaen, un maestro creativo, cuya obra registra desde la perspectiva de la eternidad algo que ocurre en el tiempo.

En la medida que el arte atrapa nuestro pensamiento y penetra en nuestra imaginación nos enfrenta con la maravilla del mundo y despierta nuestra emoción. En su cúspide, el arte refleja la autenticidad de la experiencia humana en toda su plenitud.

El arte apunta a lo que está por encima de lo meramente humano, porque el origen de la belleza, creo yo, está por encima de lo meramente humano, como veremos en el capítulo siguiente.

CAPÍTULO 24

GRABADO EN
EL CORAZÓN

MI ABUELO paterno, hijo de inmigrantes suecos, fue un niño que creció en un orfanato de Boston. Sorprendentemente, aprendió por sí solo a tocar instrumentos musicales y llegó a ser un músico reconocido, un solista de corno en la Orquesta Sinfónica de Boston. Desdichadamente para mi padre y para mí no heredamos esos genes musicales. Ni siquiera canto en la iglesia por temor a que los demás desafinen por mi culpa.

Si alguien tiene limitaciones musicales como las mías se preguntará por qué he incluido toda la discusión sobre Messiaen y Cage. Después de todo, este es un libro sobre la búsqueda de la verdad y el descubrimiento de la vida buena. Este debate sobre música culta ¿no nos desvía del objetivo?

El arte, sin embargo, no es meramente diversión. Esto es lo que quiero señalar. El arte nos enfrenta con la verdad y la hace real, de una manera vívida.

En el fondo, nuestra capacidad de percibir la belleza es en gran medida lo que nos hace humanos. Ningún arqueólogo ha encontrado una cueva de animales que tenga dibujos primitivos de nuestros ancestros. Los animales sencillamente no tienen esta capacidad artística. Sólo los seres humanos se esfuerzan por expresar la belleza de formas y maneras variadas. Aunque los animales y los insectos puedan crear belleza, como en el caso de la araña que vio Nien Cheng, no es esa su *intención*.

Sólo el ser humano crea y reflexiona a la vez sobre el significado de lo que crea. Esto vale no solamente con respecto a los artistas. Prácticamente cualquier trabajo supone una parte de creatividad, aunque lo que estemos

Dios, el creador, nos confirió la capacidad de crear.

creando sea un servicio (como vender seguros o reparar computadoras), o estemos construyendo casas o vehículos, o diseñando sistemas comerciales. Como hemos analizado anteriormente, una gran parte de la satisfacción que encontramos en un determinado trabajo viene de la imaginación, la inventiva y la habilidad para hacerlo bien. A través de la práctica de nuestra propia creatividad y la observación de la creatividad de otras personas llegamos a apreciar la creatividad de Dios y el cuidado con el que creó nuestro maravilloso mundo. Empezamos a intuir lo que la Biblia declara: Que los seres humanos fuimos creados a imagen y semejanza de Dios, que la fuente original de nuestra capacidad para razonar, imaginar y amar de manera desinteresada vienen de Dios, quien posee estos atributos en su completa y perfecta dimensión. Dios, el creador, nos confirió la capacidad de crear.

Debido a que la creatividad y el arte surgen de lo esencial de nuestra condición humana y de la manera en que ella refleja quién es Dios, el arte tiene un poder increíble para despertar en nosotros las preguntas sobre la vida y ayudarnos a encontrar las respuestas que están en nuestro interior. Cuando reflexionamos acerca de la creatividad humana o la del gran Diseñador nos conmovemos profundamente en lo íntimo de nuestro ser.

Cuando necesito inspiración, a veces salgo a caminar por una playa que está cerca de mi barrio en Naples, Florida. Siempre me ha cautivado la majestuosidad de los océanos. El Golfo de México es un sitio de una belleza absoluta durante todo el año, con o sin tormenta. En verano es especialmente impresionante. Cuando el sol se pone sobre el golfo, hacia el oeste, los matices del rosado, del gris y del azul colorean los cúmulos de nubes redondas que flotan en el horizonte. Aun en los días en que me siento más agobiado, el paisaje me emociona y me asombra, y me ayuda a tomar distancia de mis preocupaciones; los problemas parecen menos intimidantes. De pie sobre la playa, me identifico con el expedicionario escocés W. H. Murray, quien describió la felicidad indescriptible que sentía al llegar a la cima de una gran montaña, como "una de esas visiones fugaces de la belleza a la cual los que la han experimentado han sentido la necesidad de llamarla 'verdad'".[1]

El gran filósofo Jacques Maritain describió la belleza como una "carnada" metafísica.[2] La belleza nos induce a reflexionar sobre su origen. ¿De dónde vino? ¿Por qué nos emociona el hecho de mirar el océano? ¿Por qué *añoramos* algo que está más allá de nuestra experiencia, algo . . . *más* de lo que conocemos en esta vida? El escritor, erudito y catedrático C. S. Lewis dijo que si nos sentimos atraídos por algo que ninguna experiencia humana puede satisfacer, la explicación más probable es que fuimos creados para otro mundo.

La belleza del mundo nos anima a preguntarnos si "el ojo o la mano inmortal" que ideó al tigre nos hizo también a nosotros. Nos intriga saber si este Creador tiene un propósito para nuestra vida y aun después de ella. La belleza del diseño de Dios nos habla de promesas. Estas inquietudes pueden parecerles extrañas a algunos, pero cualquier investigación histórica o literaria demuestra que son temas universales. Es por esto que no podemos andar por la vida sin dejar de sentir esa inquietud divina, como la llamó Emmanuel Mounier. Comentando los puntos de vista de Mounier, Lorenzo Albacete escribió: "En realidad, lo que hace verdaderamente humana nuestra vida es preguntarnos permanentemente sobre el Misterio, sobre ese 'algo que nos sobrepasa', ya sea que tengamos tres o noventa años. Ese constante interrogarnos permite que veamos cada día con emoción y asombro renovados, el mismo paisaje como si fuera por primera vez, y mantener nuestros corazones abiertos al mundo que nos rodea".[3]

El matemático y filósofo francés Blas Pascal escribió: "El corazón tiene razones que la razón no conoce".[4] Quiso decir que nuestra humanidad en su plenitud contiene la fuerza para comprender verdades que están más allá de lo que la razón puede entender. Nuestra humanidad incluye tanto nuestras emociones como nuestro intelecto, nuestra intuición y nuestra imaginación, además de nuestra capacidad de cálculo.

Con todo lo que he dicho en contra de construir nuestra vida sobre las emociones, no quiero decir que nuestras emociones no sean importantes para encontrar la verdad. Si hacemos de ellas el pilar fundamental, por supuesto que equivocaremos el rumbo; pero si las tomamos en cuenta con mesura, a veces encontraremos que sabemos más de lo que podemos razonar.

Nuestros legítimos interrogantes acerca del origen de las cosas, incluyendo la belleza, amplían la posibilidad de que haya, realmente, algo que nos sobrepasa, es decir, Dios. Ninguna otra cosa podría despertar esta inquietud y sobrecogimiento.

En el siglo XVII, el obispo Anselmo de Canterbury lo expresó en una oración de la siguiente manera: "Oh Dios, no eres solamente aquel de quien no se puede concebir mayor grandeza, sino que eres más grande que todo lo que se pueda concebir. . . . Si no fuera así, algo más grande que tú podría ser imaginado, pero esto es imposible".[5]

En un primer momento esto suena como un razonamiento circular, que sólo demuestra la necesidad de semejante idea. Pero Jonathan Edwards, el teólogo de la época de la colonia, miró la cuestión desde otra perspectiva y dijo que la nada es "aquello que sueñan las piedras cuando duermen".[6] Porque como no podemos concebir nuestra propia inexistencia, podemos estar seguros al mismo tiempo de nuestra existencia y de la de ese Ser que es más grande que todo lo que pueda ser concebido. A esto se ha llamado *argumento ontológico* y cuanto más lo consideramos, más se aprecia la sabiduría del argumento.

------◆◆◆------

Descubrí estas cosas en un momento de mi vida en que era francamente irreligioso o cuando mucho un creyente nominal. Me encontraba en un lago de New Hampshire donde había pagado un curso diurno para navegar en veleros de catorce pies con el propósito de enseñarles a mis hijos a navegar. En una de nuestras aventuras cruzando el lago, mi hijo Christian, que tenía diez años, tomó la cuerda de la vela con tanto entusiasmo por sentir que podía conducir el barco que sus ojos brillaban por la emoción. Yo estaba en la popa sosteniendo el timón. Vi en la expresión de mi hijo la felicidad de una experiencia nueva para él, la de sentir en sus manos la fuerza del viento. En ese momento, inesperadamente, me sorprendí a mí mismo diciendo: "Gracias Señor por darme este hijo, por darnos este momento privilegiado". Dije que, si tenía que morir al día siguiente, lo haría satisfecho de mi vida.

Cuando me di cuenta de lo que había dicho me asusté. No tenía ninguna intención de hablarle a Dios, sea quien fuese, si es que existía y si se le podía conocer. Yo ni siquiera estaba intelectualmente convencido de la existencia de Dios. Pero tuve que admitir que, sencillamente, me sentía desbordado de gratitud por la inolvidable experiencia que había vivido con mi hijo Chris y necesitaba agradecerle a alguien: A Dios.

A un cierto nivel, parecía que no podía concebir su no existencia.

Pero decidí sacarme esa idea de la cabeza. Me dije que había sufrido mucho estrés y que podían sucederme esas cosas extrañas.

Ahora pienso que lo que me condujo a hablarle a Dios fue un sentimiento desbordante de gratitud por la increíblemente hermosa experiencia que había tenido aquel día. La gratitud, descubrí, la experimentamos todos, así como también el rasgo universal de la culpa. Cuando uno se despierta por la mañana, abre la ventana, siente la frescura de la brisa primaveral y ve levantarse el sol por el este, ¿no se siente lleno de gratitud? Yo me siento agradecido por cada nuevo día de vida, agradecido por tener una maravillosa familia, agradecido por tener un propósito para mi vida. ¿Puede alguien imaginarse incapaz de sentir esta gratitud? Si así fuera sólo existe un enorme vacío, ¿por qué debería sentirse uno agradecido por algo?

> *La gratitud la experimentamos todos, así como también el rasgo universal de la culpa.*

Tengo un amigo que estaba manteniendo conversaciones sobre su fe en Dios con uno de sus colegas de trabajo. Se trataba de un importante ejecutivo de una corporación multinacional, una persona muy instruida, con genuino interés por la economía y la filosofía. Mi amigo trataba de explicarle por qué creía en la existencia de Dios y le preguntaba a su colega qué pensaba de la vida. En un momento dado, su colega expresó que sentía profunda gratitud por la vida. Cuando mi amigo le preguntó a quién agradecía, se quedó sin respuesta. No pensaba que hubiese alguien específico a quien expresarle ese agradecimiento. "¿Pero entonces por qué te sientes agradecido?", insistió mi amigo. "Sólo te puedes sentir agradecido si hay una persona a quien agradecer."

En ese momento su colega dijo: "Por eso la gente inventó a Dios. Necesitan tener un ser mitológico a quien expresar su gratitud."

Así presentado, el argumento es absurdo. James Ryan no volvió a las tumbas de Normandía para expresar agradecimiento a alguien que él había inventado con su propia imaginación. El capitán Miller realmente le salvó la vida. No tener a quien expresar el sentimiento de gratitud es un concepto sin sentido y nadie inventaría un Dios sólo para agradecerle algo. Si no hay un Creador, ¿por qué sentimos gratitud?

El agradecimiento que sintió James Ryan, el agradecimiento que sentí aquel día en el lago, el agradecimiento que todos sentimos en algún

La experiencia universal de la gratitud nos permite conocer el origen de nuestra existencia: Dios.

momento de nuestra vida, incluso el colega de mi amigo, presupone que haya alguien a quien agradecer. Tal como las características universales de la culpa nos indican que hay una ley moral, así también la experiencia universal de la gratitud nos permite conocer, de una manera que sólo el corazón puede entender, el origen de nuestra existencia: Dios. La experiencia que viví con mi hijo en New Hampshire fue la expresión perfecta de este conocimiento intuitivo que está grabado en mi corazón.

Si reconocemos la realidad de la belleza y de la gratitud que están en lo profundo de nuestro ser, ¿por qué nos resulta tan difícil vivir a la luz de esta sabiduría?

Se debe a que a nuestro alrededor todo va en dirección opuesta a esta idea. Todos los mensajes dicen que "nada es verdad", que "Dios es un mito". Y nuestra cultura se dejó vender esta gran mentira.

Una vez más, esta es la gran disfuncionalidad de la vida contemporánea. Y esta disfunción se hace más patente cuando examinamos la manera en que el pensamiento posmodernista juega un papel de naturaleza contradictoria y realmente irracional, aun en la vida diaria. Los posmodernistas hacen cosas de lo más destructivas.

CAPÍTULO 25

POSMODERNISTAS
EN RECUPERACIÓN

"LO HACEN los pájaros, también las abejas / Aun las pulgas educadas lo hacen", dice la antigua canción de Cole Porter. "Vamos, hagámoslo, enamorémonos".[1] Desdichadamente, los pandas gigantes tienen muchas dificultades para enamorarse, y esta es una de las principales razones por las que están en peligro de extinguirse. Algunos grupos ecológicos y varios zoológicos del mundo han organizado campañas masivas para tratar de que este precioso oso (aunque sexualmente apático), abandone su conducta suicida.

El Centro de Protección de Pandas Gigantes de Wolong, en la provincia sudoriental de Sichuan, en China, juega un papel preponderante en esta tarea. En Wolong, los científicos han descubierto que el peligro de extinción de los pandas se debe tanto a ellos mismos como a su hábitat cada vez más reducido. Se alimentan de brotes y hojas de bambú, cuya pobreza nutricional está agravada por el sistema digestivo de los pandas, animal que por naturaleza es carnívoro. Los grupos de pandas gigantes viven muy alejados unos de otros, y los machos son bastante indiferentes a los encantos de sus contrapartes femeninas. Las hembras pandas, que la mitad de las veces dan a luz mellizos, eligen a uno de los dos para amamantar, dejando casi siempre que el otro muera por falta de atención. Así que, a pesar de que "las almejas de Cold Cape Cod contra su voluntad lo hacen / Incluso las perezosas medusas lo hacen", los pandas *no* lo hacen.[2] En el mejor de los casos, crían a unos cuantos ositos con buena salud.

Los científicos del Centro Chino de Investigación para la Conservación de los Pandas Gigantes, en la Reserva Natural de Wolong, encontraron maneras ingeniosas para incitar a los pandas a hacer lo que naturalmente deberían hacer. Cuando el zoológico de San Diego envió de regreso a China, por barco, una panda de cuatro años, de nombre Hua Mei, sus cuidadores en Wolong le prepararon como sorpresa una serie de citas con la esperanza de que Hua Mei aumentara la población de pandas. Sin embargo, Hua Mei había vivido toda su vida en cautiverio, y los científicos de Wolong temían que no supiera cómo actuar en esas circunstancias. Para ayudarla, decidieron registrar escenas de lo que se podría llamar porno panda. Le mostraron a Hua Mei vídeos de acoplamientos de pandas, a los que algún artista trasnochado podría haberle puesto como título "Panda-monio" o "Detrás de las bambalinas verdes de bambú".

En junio de 2004, los científicos de Wolong anunciaron con orgullo que Hua Mei estaba esperando un bebé.[3] Si llegara a tener mellizos, podrían salvar a los dos intercambiando los ositos, hasta que sobrevivieran a la selección que normalmente haría Hua Mei entre los recién nacidos.

Comparto esta interesante historia por dos motivos, y los dos ponen de manifiesto la falacia del pensamiento posmoderno. En primer lugar, los naturalistas, los que creen que el universo es aleatorio, no quieren sujetarse a sus propias creencias o son incapaces de hacerlo. Si lo hicieran dejarían que los pandas gigantes se extinguieran, porque así funciona la selección natural, ¿verdad? Los pandas gigantes no significan nada para la biodiversidad o para cualquier otro concepto que los naturalistas utilicen para justificar su inquietante altruismo.

La anécdota también demuestra que Peter Singer está equivocado cuando dice que los seres humanos no son diferentes de los animales. El amor y la solidaridad que expresan los humanos los distingue de las demás especies. De hecho, es lo que nos hace *humanos*. No actuamos sobre la base de los cálculos utilitarios a los que se refiere Singer; actuamos de manera mucho más generosa, en beneficio de nuestro planeta y de sus criaturas como si nos las hubiesen entregado para cuidarlas. En efecto, es exactamente eso, lo cual prueba que, en relación al futuro de los pandas, el *Génesis* es mucho más acertado que *El Origen de las Especies*, de Darwin. Mientras por un lado los naturalistas predican que en realidad no hay ninguna diferencia entre los humanos y el resto de la creación, su comportamiento demuestra lo contrario. Este es uno de los muchos ejemplos por los que el posmodernismo se contradice a sí mismo.

————◆•◆————

En el fondo, el posmodernismo podría haber sido inventado por Yogi Berra. Está lleno de declaraciones como las de Yogi: "Ya nadie va a ese restaurante porque está demasiado lleno". La misma naturaleza evidentemente autocontradictoria de muchos puntos de vista posmodernos, conduce a la gente a decir cosas igualmente absurdas. Más adelante en este capítulo veremos de qué manera un eminente arquitecto del posmodernismo llegó a repudiar sus propias enseñanzas contradictorias.

Sin embargo, la mayoría de las personas vive con la gran mentira posmodernista sin darse cuenta hasta qué punto están saboteando su propio razonamiento. Una vez le preguntaron a Maxine Waters, la pintoresca y por momentos turbulenta diputada por California, por qué iba a una marcha por el derecho al aborto. Ella contestó: "Porque mi madre no tuvo derecho al aborto".[4] Y lo dijo sin pestañear.

Entonces, ¿por qué no vamos más al fondo de este asunto? ¿Hemos perdido nuestra capacidad de pensamiento crítico y de discernimiento? Casi todo en nuestra cultura nos invita a aceptar lo que la gente propone sin cuestionarlo. Se supone que tenemos que aceptar el punto de vista o la opinión de los demás como lo correcto y creer que no existe tal cosa como la verdad o como la consistencia lógica. Esta noción actúa como un diabólico encantamiento que nos intimida, con el propósito que aceptemos que todo es relativo.

Esta idea de lo relativo nos ha influenciado a todos. Somos, de una u otra manera, posmodernistas en recuperación. El posmodernismo distorsiona la pregunta acerca de quiénes somos los seres humanos. Tomemos como ejemplo la obsesión por uno mismo, que es tan común. Si llevamos esta idea hasta su lógica extrema, nos encontramos con propagandas como la que hizo el ejército usando el lema "El ejército de un solo hombre".

La primera vez que escuché que "El ejército de un solo hombre" era el nuevo lema que se utilizaba para atraer reclutas, pensé que saldrían muchas caricaturas, artículos y bromas en programas de humor en televisión sobre este mensaje, que ridiculizarían al ejército para siempre.

Pero los militares habían hecho una buena investigación. Hicieron analizar por grupos de enfoque y mesas de evaluación el efecto potencial del lema en la sociedad. Sorprendentemente, el esfuerzo funcionó. El antiguo refrán: "Sé todo lo que puedas ser", apuntaba a la autogratificación; pero "El ejército de un solo hombre" lo transformaba en un llamado corporativo a voluntarios que quisieran ser héroes.

Sin embargo, los militares no funcionan así, como lo aprendí siendo infante de marina yo mismo. Me gustaba mucho ir al campo abierto con los demás hombres, y ponerme a prueba físicamente, en el entrenamiento y la disciplina. Pero sobre todo, me encantaba el sentido de grupo y de unidad que da la cohesión. Poco importaba qué clase de tipos pudiera haber ahí; la realidad es que una vez moldeados para ser una fuerza de combate, cada persona sentía una solidaridad que no tiene equivalente en la sociedad civil.

Hay una razón muy sencilla. El ejército no es como un espectáculo de circo: Es un asunto que tiene que ver con la vida y la muerte de cada soldado. Por eso implica un trabajo en equipo.

Como comandante de pelotón, aprendí que mi vida dependía de obedecer las órdenes que recibía del comandante de la compañía y además asegurarme que los hombres que estaban bajo mi responsabilidad ejecutaran con exactitud esa misma orden. La disciplina militar debe servir para asegurar que las órdenes se ejecuten tal como fueron impartidas. Para lograrlo, tenía que granjearme el respeto de mis hombres. En última instancia, el oficio militar tiene que ver con los lazos que mantienen a los oficiales y a su gente sólidamente cohesionados aun bajo condiciones extremas. Es una cuestión de relaciones.

Las tácticas de combate requieren mucha cooperación. La manera en que un pelotón avanza sobre las posiciones del enemigo es puro trabajo de equipo: Una escuadra de trece soldados se mantiene cuerpo a tierra y con su fuego cubre el avance de otra escuadra. Dentro de cada escuadra hay equipos de tiro de cuatro soldados, que el jefe de escuadra distribuye de la misma manera: Uno avanzando, otro cubriendo el avance con su fuego nutrido. Un ejército sólo puede desplazarse a través de una colina si tiene mucha coordinación.

Por ejemplo, en una posición fija de intercambio de fuego, el soldado con el que uno comparte un nido de tiro tiene la responsabilidad de cubrir 180 grados de un lado, mientras uno cubre los otros 180 grados.

Los dos soldados se defienden, literalmente, espalda contra espalda. Antes de combatir en Vietnam, Allen Chambers, que es afroestadounidense, odiaba a los blancos y militaba en contra de ellos. Pero su experiencia en Vietnam destruyó ese racismo, porque su compañero de nido de tiro era un blanco; estaban unidos solidariamente el uno al otro. De otra manera, Allen hubiera muerto.

¿Un ejército de un solo hombre? Suena a broma. Que nuestra sociedad se trague semejante idea, demuestra cuán profunda es la aceptación de la gran mentira de que somos individuos autosuficientes y supremos.

Uno se incorpora a las filas sobre la base de que puede haber un ejército de un solo hombre y luego descubre que es parte de una comunidad que tiene que funcionar de un modo muy coordinado y solidario. La máxima podría ser considerada como falsa información. Pero es más serio construir la vida sobre propuestas autocontradictorias que pueden conducirnos a tomar decisiones equivocadas sobre asuntos que tienen que ver con la vida y la muerte. Por eso es tan importante no solamente entender las ideas principales que se esconden detrás de todo lo que escuchamos y vemos en nuestra sociedad, sino además, ser capaces de analizarlas.

Si se le presionara un poco, la gente se vería forzada a reconocer la irracionalidad del posmodernismo y el hecho de que es un callejón sin salida que hace que la vida resulte insoportable. Ya vimos mediante la historia de Dennis Kozlowski lo que sucede cuando una persona abandona los códigos éticos y se dedica únicamente al lucro individual. Su historia es terriblemente común. Estos casos ponen sobre el tapete la pregunta de cómo una sociedad que le ha cerrado todas las puertas a la búsqueda de la verdad, puede mantener en pie una ética. La palabra ética viene de una palabra griega que quiere decir "estable". La ética no cambia. Pero ¿cómo tener una ética si no hay verdad?

Hace cincuenta años, un amigo donó 20 millones de dólares a la Escuela de Negocios de Harvard, para que incorporara un curso de ética. Le dije que estaba desperdiciando su dinero, porque esa universidad, por estar comprometida con el relativismo filosófico, jamás podría enseñar ética. Luego escribí un artículo sobre este tema que causó consternación entre mis amigos, autoridades de Harvard. Para responder a sus objeciones, les sugerí que me enviaran el programa de estudios. Cuando lo leí, confirmé mis peores sospechas y escribí un artículo más enérgico que el anterior. Entonces la directiva me invitó a dar una conferencia, en el año 1991, que titulé "Por Qué Harvard No Puede Enseñar Ética".

Creo que nunca trabajé tanto para preparar una conferencia. Estudié todo lo que pude encontrar porque sabía que iba a enfrentarme a los mejores y más brillantes. El corazón me daba saltos el día que estuve de pie en el anfiteatro hablando ante un auditorio semicircular completamente lleno.

La conferencia fue decepcionante porque nadie contradijo con fuerza lo que yo decía. Nadie hizo buenas preguntas. Llegué a la conclusión de que los estudiantes no tenían suficientes elementos de filosofía moral para argumentar en mi contra, y es precisamente el comentario más triste que puedo hacer sobre aquella conferencia.

La invitación que recibí de Harvard me abrió puertas para otras conferencias a lo largo de los años siguientes, incluso algunas en el grupo de las ocho mejores universidades de los Estados Unidos (Liga Ivy). Durante una década, sostuve repetidamente que ninguna institución de Estados Unidos, excepto un puñado de las llamadas "Escuelas Great Books" o instituciones explícitamente religiosas, pueden enseñar ética. De vez en cuando aparecía algún amigo que quería confrontar mis argumentos; me decía que su *alma mater* o la escuela de cuya mesa directiva formaba parte estaba enseñando ética. Invariablemente les pedía que me enviaran el programa de estudios, con lo cual descubría rápidamente que tenía más que ver con la diversidad o el entorno ambiental que con la ética. El único parámetro válido es el pragmatismo. Meterse en complicaciones es muy negativo para los negocios.

Entonces, ¿por qué debería sorprendernos que la gente esté vaciando las empresas? Se les ha enseñado que pueden hacer cualquier cosa que deseen, como elegir sus propios valores. Lo único que no deben hacer es lo que pueda salir publicado en los periódicos. (Y muchos de ellos se equivocan por ese lado.) Nadie en estos ámbitos académicos reconoce que hay un callejón sin salida en el posmodernismo: Permitimos que los estudiantes adopten sus propios parámetros sobre la verdad, y después nos sorprende que hagan trampa. Es decir, nadie con la excepción de un único profesor que encontré en mi facultad en la Universidad Brown, mi *alma mater*. Regresé a la Universidad Brown para la reunión de su cincuenta aniversario y en parte porque estaba invitado a dar una de las conferencias del fin de curso. Me quedé muy sorprendido cuando esta universidad, que es un bastión del liberalismo de lo que conviene, me autorizó a elegir el tema, cosa que hice inmediatamente: "Por Qué La Liga Ivy No Puede Enseñar Ética".

Cuando el profesor encargado me presentó a una audiencia de estudiantes que llenaba una amplia sala de conferencias, me dijo que le interesaba el tema. Comentó que había enseñado ética en la institución, pero después agregó algo para los estudiantes: "Tal vez al escuchar al señor Colson, entiendan por qué tuve que dejar de enseñar el curso de ética". Luego se sentó. Por fin yo había encontrado una persona sincera.

<hr />

Uno de los más celebrados exponentes del pensamiento medular del posmodernismo (a saber, que cada cual crea su propia realidad), descubrió que esta idea transformó su vida en algo miserable y difícil de soportar. Este gigante del mundo literario fue un rebelde sin causa. Durante los últimos cincuenta años su trabajo ha sido utilizado para inculcar la mentalidad posmodernista a los estudiantes universitarios. Y sin embargo, a mitad de su recorrido, este hombre tuvo que regresar desde los múltiples callejones sin salida a los que lo habían conducido sus propias ideas. Se sorprendió a sí mismo refutando las ideas ilusorias que lo habían lanzado a la fama.

Wallace Stevens nació el 2 de octubre de 1879, en una de las típicas casas de estilo holandés en el estado de Pensilvania. Creció usando "auténticos zapatos de cuero con hebillas de plata en el empeine" para ir a la escuela dominical de la iglesia presbiteriana.[5] Su familia materna, los Zellers, eran pietistas alemanes.

El padre de Wallace, Garrett, fue un abogado que invirtió las ganancias de su trabajo en farmacias, propiedades inmobiliarias y otros negocios. La familia prosperó hasta finales del siglo, cuando una caída de los precios del mercado y un incendio en una fábrica de bicicletas, propiedad de Garrett Stevens, comenzó a resquebrajar su estabilidad. A partir de comienzos del siglo siguiente, Garrett luchó por mantener la posición de la familia en la sociedad de Reading, cosa que cuidaba celosamente.

Wallace, el segundo de cinco hijos, se inscribió en Harvard en 1897. Ya había cultivado su amor por la literatura, y en la universidad había contribuido con sus poemas, cuentos y obras de teatro para las revistas *Harvard Advocate* y *Harvard Monthly*. Sus profesores consideraban que tenía talento. Stevens recibió influencias de los poetas franceses, especialmente de Paul Verlaine, que en su obra explora cómo la mente crea su propio mundo. Stevens fue un francófilo toda su vida; leyó muchísimo sobre París y en algunas ocasiones solicitó envíos de libros y pinturas desde allí. Podía describir, hasta sus mínimos detalles, los cafés de los Campos Elíseos. Sin embargo, nunca fue a Francia. Sólo le interesaba el París de su imaginación. Quería proteger su mundo privado de la realidad.

La familia inmediatamente notó que Harvard había cambiado a Wallace. Las ambiciones sociales de sus padres pronto se transformaron en un pesado esnobismo intelectual en el hijo. "Wallace se fue a estudiar y regresó con el acento de Harvard", decían sus hermanas.[6]

Su padre le aconsejó seguir sus pasos como abogado, pero él prefirió intentar el oficio de escritor. Se fue a vivir a Nueva York en 1900 y trabajó como periodista para el *New York Tribune* y como editor asistente para la revista mensual *World's Work*. Se dio cuenta de que era una manera muy difícil de ganarse la vida, y terminó aceptando el consejo de su padre. Fue a la Escuela de Abogados de Nueva York y obtuvo su título en 1904.

Aquel verano de 1904, durante una visita a Reading, conoció a Elsie Moll. Su madre había pertenecido a una familia pudiente venida a menos; tenía una historia con muchos problemas y se había casado con sucesivos dilapidadores de fortuna que dejaron a la familia sumida en deudas antes de que ella muriera. El padre de Elsie murió cuando ella era todavía una niña, y el nuevo esposo de su mamá no tenía los recursos para seguir pagando sus estudios. Tuvo que abandonar la escuela secundaria a los catorce años para trabajar en una tienda.

Wallace Stevens quedó inmediatamente flechado por Elsie Moll. Era la muchacha más bonita que había visto en su vida. De ahí en adelante ella fue su musa y comenzó a escribir poesías en su honor. Elsie era una joven rubia tan atractiva que ganó un concurso de belleza y fue después la modelo para el rostro de la estatua de la libertad estampado en la moneda de diez centavos de dólar.

Wallace y Elsie cortejaron durante cinco años, mientras él luchaba por instalarse como abogado en Nueva York. En este período se vieron muy poco, pero mantuvieron una intensa correspondencia. Se veían sobre todo en el verano, cuando Stevens regresaba de vacaciones a su casa y estaba tan acaparado por Elsie que su padre decía que el hijo utilizaba la casa como servicio de lavandería.

Al principio, la carrera de Stevens como abogado no anduvo muy bien. No tenía ni el temperamento ni la mentalidad necesaria para instalar un bufete exitoso. Por fin, encontró un cargo estable en el equipo legal de la Compañía Estadounidense de Bonos, donde se hizo experto en bonos garantizados; una forma de asegurar el dinero.

En 1909, Stevens logró la suficiente estabilidad profesional como para casarse con Elsie Moll. Una tarde de verano presentó a la hermosa joven a su familia durante una cena. Conocían a Elsie desde hacía años, primero como compañera de escuela de los hermanos y hermanas menores de Wallace, y después durante los años de noviazgo. Pero pronto quedó claro que los padres de Stevens no aprobaban el casamiento de la pareja.

Después de que Wallace llevara a Elsie a su casa, él y su padre tuvieron una fuerte discusión. Stevens tomó el rechazo de sus padres para con Elsie como una muestra del prejuicio contra el entorno social de ella. Pero incluso sus hermanas, que no tenían razones para preferir a una futura cuñada con un mejor entorno social, se preguntaban cómo podía Wallace haberse interesado en Elsie. Les parecía desabrida y poco original. El padre podía entender sin mayor dificultad que el atractivo sexual de la muchacha relegaba a un plano secundario toda otra consideración e intentó impedir la boda.

En el punto más álgido de la discusión entre padre e hijo, Wallace le gritó que si no aceptaban a Elsie, él nunca volvería a visitarlos.

Elsie y Wallace se casaron poco tiempo después, en una sencilla ceremonia, a la que no asistió ninguno de los miembros de la familia Stevens. Contrariamente a lo que suele ocurrir con las amenazas que se profieren en momentos de furia, la de Wallace se cumplió. Su padre murió dos años después, en 1911, sin que su hijo regresara a visitarlo ni una sola vez.

En Nueva York, Wallace se integró a un grupo de artistas de vanguardia. En Harvard se había hecho amigo de Walter Conrad Arensberg, un joven rico con aspiraciones poéticas. Arensberg organizaba reuniones con pintores experimentales de Nueva York. Allí Stevens conoció a algunos pintores que luego serían famosos, como Man Ray, Francis Picabia y Marcel Duchamp. Nuestro joven poeta tomó conciencia del nacimiento de un movimiento artístico que giraba alrededor de un pilar fundamental, que luego se conoció como modernismo.

El modernismo fue básicamente un intento por instalar al arte sobre premisas puramente humanas y crear obras que no imitaran la vida (porque la vida era impredecible), sino que fueran mundos en sí mismos. El modernismo dependía fuertemente de lo que se consideraban como presupuestos materialistas indestructibles de la ciencia. Stevens afirmaba que "uno tiene que vivir en el mundo de Darwin pero no en el de Platón".[7]

Stevens entró en su madurez poética durante los años de la Primera Guerra Mundial. Sus poemas eran publicados en revistas como *Trend* y el periódico de Harriet Monroe, *Poetry*. Los versos libres de Stevens tenían gran musicalidad, una deliciosa sensualidad y una inteligencia aguda e irónica, todo lo cual comenzó a captar la atención de los lectores.

En 1916, Stevens entró a la Compañía de Seguros de Hartford, como jefe del departamento de bonos garantizados. Él y Elsie se mudaron a Hartford, en el estado de Connecticut.

A partir de ese momento y hasta su muerte, en 1955, la vida de Stevens tuvo dos senderos paralelos. Uno de ellos era el del ejecutivo de seguros muy bien pagado, que pasaba sus días dictando memorandos sobre reclamos de beneficios de bonos asegurados y repartiendo el trabajo legal de la compañía entre firmas regionales. Stevens fue elegido vicepresidente de la Compañía Hartford en 1934. Ganaba 17 mil dólares por año en plena depresión . . . una suma enorme. Doctores y abogados con una buena posición y clientela ganaban en esa misma época 2 mil dólares anuales.

La otra faceta de Stevens correspondía al poeta que se levantaba a las seis cada mañana para leer durante dos horas, con lo que alimentaba las meditaciones de su caminata diaria de cuarenta minutos, desde la casa hasta la oficina. (Stevens nunca aprendió a conducir un automóvil.)

Compuso buena parte de su poesía durante estas caminatas, y le dictaba después a su secretaria los versos que acababa de inventar. A veces robaba tiempo de su trabajo para terminar un poema, aislándose en la biblioteca de la compañía, en la que era asiduo usuario de sus gigantescos diccionarios.

En 1923, cuando Stevens cumplió los 43 años, A. A. Knopf publicó su primera colección importante de poemas, *Harmonium*, que incluye muchas de las poesías que las universidades enseñan habitualmente a los estudiantes. "A high-toned old Christian woman", un poema que denuncia sin rodeos la práctica tradicional de la fe, y "Sunday morning", que celebra el neopaganismo. Este último ensalza la vida voluptuosa del cuerpo como algo mucho más deleitable que el paraíso. El poeta pregunta: "¿Nuestra sangre puede fallarnos? ¿O se convertirá luego / En la sangre del paraíso?"[8]

La crítica reconoció en la publicación de *Harmonium* el nacimiento de un nuevo talento poético. Algunos, sin embargo, encontraron superficial y vacío que Stevens pusiera al arte como la meta más elevada de la vida. Críticos posteriores han defendido sin descanso a Stevens contra estos ataques, pero estos hicieron mella en Stevens. Por motivos muy personales él mismo estaba empezando a admitir que la sangre contiene la semilla de nuestra propia destrucción, así como la posibilidad de la plena satisfacción erótica.

Parece que poco después de su casamiento, Stevens comenzó a reconsiderar las objeciones de su familia para con Elsie Moll. Descubrió que la belleza juvenil con la que se había casado, también era una persona con sus propios gustos y disgustos, muchos de los cuales no coincidían con los de él. A pesar de que Elsie se sentía mejor en Hartford, que era similar a su cuna familiar, Wallace lamentaba haber perdido el encanto de su vida en Nueva York.

En Hartford, Elsie rápidamente condicionó la vida social de la familia. No le caían bien los amigos pretenciosos de Wallace y se sentía mejor si no los tenía cerca. En el fondo, como se sentía incapaz de compartir la vida literaria de su esposo, la despreciaba. No cabe duda que Stevens favoreció con su silencio este estado de ánimo de ella, porque a menudo se comportaba como un excéntrico pedante.

Elsie comenzó a menospreciar la poesía de su esposo, calificándola de "afectada", lo cual en efecto se puede decir de algunos de sus poemas.

Cuando Stevens la instaló en una casa muy grande de Westerly Terrace, uno de los mejores sectores de la ciudad de Hartford, Elsie terminó encerrándose entre sus muros. Los niños del vecindario le decían "bruja". Contraatacó la excelencia que Wallace manifestaba en muchos aspectos con el perfeccionismo que ella tenía en unas pocas cosas. Se transformó en una jardinera obsesiva y convirtió el espacioso jardín del fondo en un espectáculo florido. También demostró ser una excelente cocinera, y su esposo, de gran estatura, llegó a pesar más de 137 kilos. Tal vez estaba tratando de matarlo con sus amabilidades gastronómicas.

En 1924, cuando la pareja tuvo una pequeña, que se llamó Holly Bright Stevens, Elsie crió a la niña excluyendo a Wallace de su relación con ella. Tanto Wallace como su hija sentían necesidad de brindarse afecto, pero aunque sólo vivían tres personas en aquella casa, Holly vio poco a su padre hasta llegar a su juventud. Elsie, por su lado, la hermosa reina juvenil, envejeció lo más rápido que pudo. Se vestía como una solterona, con la ropa más pasada de moda que pudiera encontrar. Las fotografías de familia en la colección de la biblioteca de Huntington muestran la rapidez perversa con la que se produjo este cambio en ella.[9] Parecía estarle diciendo a Wallace: "Te casaste conmigo y te pertenezco. Pero no vas a poseer a la joven belleza de tu fantasía, porque nunca conociste a la que en realidad soy".

En la vida de Stevens, que distaba mucho de ser una orgía neopagana en una isla griega, comenzó a correr un viento oscuro y frío. Elsie y Wallace dormían en aposentos separados en la espaciosa casa de Westerly Terrace. Por la noche cenaban juntos en un silencio sepulcral y luego regresaban a sus respectivas habitaciones.

La lúgubre vida de Stevens se iluminaba en parte con los viajes que hacía al sur en invierno, una vez por año entre 1920 y 1940. Esas escapadas al sur, en las que bebía mucho y salía a cazar y a pescar con amigos, le inyectaban un poco de vida y alguna inspiración para nuevos poemas.

Uno de sus poemas más apreciados, "La Idea del Orden en Key West", nació durante uno de estos viajes. Este poema muestra mucho de su trabajo, especialmente en su búsqueda por entender cómo la mente le da forma a la experiencia. Se imagina a una mujer cantando frente al mar, contrastando la sofisticada composición del canto y la fantasía que despierta en el ser con el fondo monótono y vacío de sentido del sonido del mar.

Ella era la hacedora solitaria del mundo
Con su canto. Y el mar, cuando ella cantaba,
Cualquiera fuera su ser, se volvía el ser
Que era su canto, porque ella era la hacedora.[10]

El problema de ser el cantante, el hacedor de su propio mundo, se hace patente tan pronto como uno intenta vivir en ese mundo idealizado. En mi opinión, lo que hizo que Stevens fuera verdaderamente grande era que descartaba las respuestas que le resultaban demasiado fáciles.

El desencanto del propio Stevens con el punto de vista que le imprimió a *Harmonium*, detuvo su producción poética durante siete años. De vez en cuando se burlaba de su propio estilo afectado. En "El Motivo de la Metáfora", Stevens explica cómo utiliza la poesía para evitar verse a sí mismo con claridad. Su poesía era el lugar "En donde tú mismo no eras exactamente el mismo / Y no querías, ni tenías que serlo".[11]

Poco a poco, ciertos acontecimientos en su vida personal comenzaron a rescatar a Stevens de su desesperación. Permaneció fiel a Elsie, a pesar de su alienación, y logró construir una creciente y nueva relación con su hija. A medida que el padre se iba interesando en el futuro de su hija, comenzó a aceptar que la vida tenía otra faceta, además de las dos que había tenido hasta entonces: Materialismo y esteticismo. Esperaba que Holly estudiara historia e idiomas, ambas portadoras de la tradición.

Con tristeza, Stevens también llegó a comprender el dolor de sus padres, cuando su hija Holly abandonó la Universidad Vassar después de apenas un año de estudios, para casarse con un hombre que reparaba computadoras. El matrimonio resultó ser un fracaso y se separaron poco después del nacimiento de Peter. A raíz de este acontecimiento, el nuevo abuelo y su hija se acercaron más que nunca, y el poeta se deleitaba con su nieto.

La relación de Stevens con Holly finalmente tuvo como resultado que volviera a manifestar interés por su familia de Reading. Cuando falleció su hermano menor, John Bergen Stevens, en 1940, Wallace asistió al funeral. Sólo una de sus cuatro hermanas, Elizabeth, estaba todavía viva. En el entierro, Stevens vio por primera vez a casi todos sus sobrinos y sobrinas. Empezó a enviarles regalos y a ayudarlos de una u otra manera para que avanzaran en sus respectivas carreras profesionales. Ellos llegaron a tenerle tanta estima que le escribieron una carta colectiva llena de agradecimiento por haberse acercado a sus vidas.

Él respondió a esta muestra de afecto diciendo que "el lazo familiar me ha entusiasmado. Es una fuente de fortaleza que la vida me ha regalado".[12] (A solas con sus pensamientos, Stevens habrá comenzado a lamentar el rompimiento con su padre.)

Para esta época, Stevens, ya en los 60 años, había dado un giro de 180 grados en su posición respecto a los vínculos con su familia y la comunidad. Empezó a reconstruir su genealogía. Stevens quería entrar en contacto con las personas que habían participado en hacer de él lo que era, especialmente por la línea materna, los Zellers, cuya fe religiosa le resultaba imposible de olvidar. Cada vez que iba a Nueva York, visitaba la Catedral de San Patricio, y llegó a familiarizarse tanto con su historia que después llevaba a sus amigos en visitas guiadas por él mismo.

En los últimos poemas de Stevens, que se cuentan entre sus mejores, empezó a vislumbrar la obra de la imaginación en el mundo; una imaginación que parecía estar muy por encima de la suya. Stevens siempre había escrito como si el arte poético impusiera el orden en un mundo que de otra manera estaría muerto y sin sentido. Al final pudo entender que la imaginación del poeta sólo rozaba los límites externos de la imaginación de su Creador.[13]

En el poema "No Son Ideas Sobre la Cosa, Sino la Cosa En Sí", el poeta escucha el canto de un pájaro antes de la madrugada, tal como comienza el *Cuarteto para el Fin de los Tiempos* de Messiaen. Al principio el poeta cree que quizás el canto del pájaro pudo haber sido producido por su imaginación, pero después comprende que ese "canto extraño y majestuoso" ha llegado desde afuera de su propio ser y le comunica la idea de un orden creado: El canto del pájaro es parte intrínseca también del amanecer. El "sol que se levanta" ha sido utilizado recurrentemente en la poesía para referirse a la resurrección de Cristo. Stevens describe este canto "como un nuevo conocimiento de la realidad".[14]

—————•◦•—————

El 26 de abril de 1955, a Stevens se le practicó una operación exploratoria del estómago que reveló la existencia de un cáncer inoperable. Como era común en ese tiempo, no se le informó al paciente que se trataba de una situación mortal. Sin embargo, las personas que lo rodeaban sospechaban que él conocía la gravedad de su condición.

Inició conversaciones con el capellán del Hospital San Francisco, el sacerdote Arturo Hanley, sobre convertirse al catolicismo y bautizarse. El padre Hanley se entrevistó con Stevens más de diez veces durante varios meses, antes de bautizarlo y recibirlo como nuevo feligrés de la iglesia católica.

Los temas que el ultra sofisticado poeta Stevens y el padre Hanley abordaron resultaron ser los mismos que preocupan a todo el mundo: Saber si realmente existe el infierno y por qué hay tanto sufrimiento en la tierra. El padre Hanley habló de la necesidad del libre albedrío y de la claridad con que Jesús había hablado del infierno.[15] Al final, Stevens encontró que las respuestas del padre Hanley lo liberaban.

Después de su bautismo, Stevens, según la versión del padre Hanley, parecía estar mucho más en armonía consigo mismo. Hanley cita algo que Stevens habría dicho: "Ahora volví al redil".[16] No queda duda que dijo esto con un toque de ironía, admitiendo su pasado de rebeldía y la escasa posibilidad de que se le confundiera con un corderito, pero también con la comprensión superior de que su destino final y su felicidad subyacían en el reconocimiento de una verdad común. Al fin, Stevens entendió que el objetivo de la vida no es inventarnos a nosotros mismos, sino encontrar "el centro", ese lugar en el mundo de Dios donde estamos seguros.[17]

———•·•———

Decidí relatar la historia de Stevens porque no muchas personas la conocen o si la conocen, aceptarían volver a leerla. *The Norton Anthology of World Literature* [*La Antología Norton de Literatura Mundial*], un texto básico en muchas universidades, describe la poesía de Stevens de la siguiente manera: "Stevens propone como el valor humano más preciado, que el artista tenga la libertad de imaginar el mundo de nuevo en una 'ficción suprema'. Una transformación artística cuya creación es suficiente para darle contenido a lo que de otra manera sería un universo sin sentido".[18] Ése es un excelente resumen del trabajo inicial de Stevens, pero es la única parte de la historia de Stevens que la mayoría de la gente conoce, lo cual deja la impresión de que terminó su vida satisfecho de este punto de vista. En realidad, la vida de Stevens en su conjunto, y la totalidad de su producción, ponen de manifiesto el carácter inoperante y autorrefutable del posmodernismo.

Stevens creía que podía vivir la vida únicamente con sus propios parámetros y fue anunciado pomposamente como el que le pondría fin a la era cristiana, por lo menos en la literatura. Y en efecto, utilizó su poderoso talento intelectual para tratar de lograrlo.

Sin embargo, lo que descubrió es lo que todos vamos a descubrir; es decir, que el punto de vista que adoptó, contrario a la visión cristiana de la realidad, sencillamente no es viable. No es veraz porque no coincide con la realidad. Hacia el final de su vida, Wallace Stevens entendió que la humanidad es idea de Dios, y no Dios una idea de la humanidad. Finalmente pudo reconciliarse con el Autor de la realidad.

Mientras se desenvolvía en ambas facetas de su carrera profesional, Stevens debe haber tenido dudas sobre su visión de la realidad. Durante sus meditaciones matinales y mientras escribía poemas caminando hacia el trabajo, creía que el único orden en la vida surgía de la mente humana. No había ninguna otra verdad por encima de esto, ningún orden natural. La realidad era lo que los seres humanos concebían por sí mismos.

¡Cómo nos enceguece la gran mentira!

A las nueve de la mañana, cuando la gente estaba en sus oficinas, frente a sus escritorios, él se deshacía de sus nociones poéticas y comenzaba a administrar una compañía de seguros. Su negocio, irónicamente, se asentaba sobre la noción contraria: Que el comportamiento humano es predecible en gran manera, un rasgo indiscutible de una realidad *compartida*. No una que nos inventamos, sino una que compartimos. Así, desde que comenzaba su jornada de trabajo como ejecutivo, hasta que salía de su oficina en la noche, adoptaba un punto de vista del mundo contrario al de su visión poética, donde celebraba el triunfo de una humanidad que construye el único orden que supuestamente poseemos. ¡Qué cambiantes pueden ser las corrientes intelectuales! ¡Cómo nos enceguece la gran mentira!

En la historia de Stevens, se ve claramente que su vida estaba aún más compartimentada. Profesionalmente era un hombre distinguido y era el poeta reverenciado con la mirada puesta en el mundo. ¿Qué más podía pedir? Pero por la noche, él y su mujer cenaban en silencio y después cada uno se retiraba a sus habitaciones privadas. El amor de su mujer se deterioró ante sus ojos y nada pudo hacer para impedirlo. La relación con su hija estuvo amenazada desde el primer momento.

A medida que Stevens avanzó en edad, fue comprendiendo que, más que una invención suya, su identidad se había forjado a través de su linaje, de su familia y su comunidad. Finalmente, lo importante no era tanto ser aclamado por los críticos literarios, sino ser amado a través de las relaciones, un tema que hemos abordado repetidamente en este libro. Para Wallace Stevens esto se transformó en lo más valioso de su vida.

Y entonces, claro, pudo construir la relación más importante de todas.

La poesía de Stevens muestra que durante años se había estado encaminando hacia una visión cristiana de la realidad. La decisión de bautizarse probablemente puede haberse precipitado por la perspectiva de su muerte inminente, pero esta conversión prácticamente en el final, era la culminación lógica de las duras lecciones que la experiencia poética le había dejado. El gran poeta finalmente fue lo bastante inteligente y sincero como para dejar de lado sus ilusiones de celebridad y vivir dentro de la verdad. Al arrepentirse de su naturaleza rebelde, pudo entregarse a su familia, a sus sobrinos y sobrinas, y finalmente a Dios. Encontró, por fin, la vida buena.

CAPÍTULO 26

ESPERANZA, LIBERTAD Y FELICIDAD

WALLACE STEVENS descubrió la desesperanza y la disfuncionalidad de la vida posmoderna, pero antes de morir también descubrió dónde se puede encontrar la esperanza. He visto por todo el mundo gente que pasa por esta misma experiencia, como lo pude constatar en una visita a la India.

A mediados de 1980, Ron Nikkel, el presidente de Ministerio a las Prisiones, y yo, viajamos a la India a visitar cárceles. Recorrimos todo el país y nos detuvimos en Trivandrum, la capital de Kerala, la provincia más al sur de la India.

Trivandrum es una ciudad de paradojas. Cuando estuvimos allí, Kerala era el único estado comunista elegido por elecciones. El aeropuerto era una base para los aviones rusos; por todas partes ondeaban banderas rojas. Pero al mismo tiempo, era la ciudad más cristiana del país, con una iglesia sólida que prosperaba bajo la opresión del sistema comunista.

Sentíamos que estábamos en polos opuestos mientras caminábamos por las populosas y peligrosas calles de la ciudad. El aire húmedo y ácido nos llegaba desde los fogones populares donde la gente aderezaba sus comidas con condimentos picantes: Pimentón dulce, macia, pimiento rojo, comino y canela.

Fuimos escoltados a la cárcel por el director del sistema penal, un hindú brahmán de una casta muy elevada. El lugar que albergaba a miles de detenidos había sido construido por los británicos un siglo antes: Una fortaleza de estilo antiguo, con altas murallas de ladrillos que le daba un aspecto amenazante e invulnerable.

En el portón de entrada nos recibieron los guardias hindúes, muy vistosamente uniformados con pantalones cortos color caqui, sus camisas con galones rojos en los hombros y sus bastones reglamentarios colgando del cinturón. Fuimos conducidos al centro del edificio, un sitio que parecía el eje de una rueda, con diferentes corredores que salían desde allí, como rayos de bicicleta. Había una torre de control con una extensa plataforma en el frente, con un estandarte de bienvenida flameando en lo alto. Muchos oficiales del recinto, vestidos con traje y corbata, ya se habían reunido, así como los presos, sentados en el suelo en un enorme patio de tierra. Los reclusos tapaban sus cuerpos oscuros solamente con unos paños blancos. Su piel brillaba por la transpiración en el calor de la media mañana.

Los presos nos dirigieron una mirada fija e inexpresiva mientras subíamos a la plataforma. Se me recibía con la gala de un dignatario visitante; me abrazaban y ponían guirnaldas floridas alrededor de mi cuello. Yo me preguntaba qué pensarían los reclusos. ¿Cuántos habían oído hablar de Richard Nixon y menos aún, de mí? De pronto comencé a transpirar, tratando de pensar en cómo podía ponerme en contacto con los prisioneros, a los que había venido a ver en este lugar.

El programa comenzó con extensos discursos protocolares, presentaciones y agradecimientos que siempre ponen a prueba la paciencia del público. Finalmente, el director del sistema penitenciario me presentó.

Mientras hablaba detrás del atril, uno de nuestros colegas de la organización Ministerio a las Prisiones hacía la traducción al hindi. Siempre es difícil hablar por intermedio de un intérprete, porque hay que pronunciar párrafos cortos y detenerse entre unos y otros para que el intérprete pueda seguir el ritmo. Al comenzar mi discurso, me di cuenta de que no me estaba conectando con el público, porque me miraban con recelo.

Sin embargo, cuando comencé a adentrarme en la historia que les quería contar, y mencioné a Jesús, un hombre con la piel oscura como la de ellos, un hombre que también fue llevado preso, los reclusos comenzaron a prestar atención, estirando el cuello para captar cada palabra. Fueron agrandando los ojos, con sus miradas llenas de asombro. Les dije que Cristo había sido crucificado por el perdón de los pecados de la humanidad, y que ellos podían ser perdonados y comenzar una nueva vida. Cristo les ofrecía esa esperanza, una esperanza real, aun para los que hubieran cometido los peores crímenes.

Jamás había visto antes una multitud súbitamente tan receptiva a mi mensaje.

La esperanza es un bien escaso en las prisiones. En la India, los criminales son expulsados de su casta, es decir, relegados al estrato más bajo en el sistema hindú, por debajo de los "intocables". Una de las razones por las que al director del sistema penal no le incomodaba lo que yo pudiera decirles a estos hombres, era que no tenían ninguna posibilidad de retornar a una vida normal en la sociedad hindú. A nadie le preocupaba lo que escucharan o sintieran estos presos. Cuando salieran de la cárcel, la mayoría de ellos tendría que vivir en las calles porque ni siquiera sus familias los podían recibir.

La desesperanza de estos reclusos trascendía esta vida. En la estructuración religiosa hindú, lo que le sucede a la gente en esta vida, le sucederá en la próxima. Los presos creían que, debido a sus crímenes, quedaban atados a una Rueda del sufrimiento eterna y que reencarnarían como criminales o intocables, y aun en otras formas más bajas de vida.

Entre ellos había hombres que ya nada podían esperar de la vida. Y yo les estaba diciendo que Dios los había creado y que había enviado a su Hijo no sólo para morir en una cruz, sino también para resucitar, y vencer de esa manera al pecado y a la muerte. Jesús los amaba tanto que tomó sobre sí mismo los crímenes que ellos habían cometido, para que pudieran tener esperanza y una vida nueva. Estas eran noticias extraordinarias.

Después los guié a orar. Los hombres inclinaron la cabeza. No les pedí a los que querían recibir a Jesús que se levantaran o acercaran, porque no sabía qué les estaba permitido hacer. Pero sentí por sus expresiones y por el silencio reverente, que aquellos hombres estaban respondiendo con fuerza al llamado.

Cuando terminé de hablar, un guardia se acercó para acompañarme hasta mi sitio en la tarima, pero me detuve. Lo que hice después no fue premeditado. Sólo sentí la necesidad de tocar a aquellos hombres. De modo que salté de la plataforma, lo cual asustó sobremanera a los presos y más aún a los guardias. Caminé directamente al recluso que estaba más cerca y le extendí la mano. Sabía que poca gente que visitara esa cárcel haría una cosa así. Pensé que si le daba la mano a algunos, comprenderían que había venido para ayudarlos.

En un instante, como una bandada de pájaros que alza vuelo, un millar de hombres se lanzó hacia donde yo estaba. Durante todo el tiempo que estuve hablando, habían permanecido en cuclillas, sin aplaudir, sin hacer ningún movimiento. Pero tan pronto como le estreché la mano a uno de ellos, toda esa multitud me rodeó. Miré hacia la tarima y vi a Ron Nikkel tratando de llegar hasta donde me encontraba. Los guardias se mostraban aterrorizados. El director del sistema penitenciario estaba pálido.

Nadie me hizo daño. Al contrario. Fue el procedimiento más ordenado que pueda imaginarse: Estaba rodeado de personas, pero ninguno de ellos se acercó a más de sesenta centímetros de mí. Le di la mano a tantos reclusos como pude, mientras los que estaban en los costados y detrás de mí alargaban los brazos para tocarme los hombros, la espalda y los antebrazos. Los hombres iban negociando los espacios delanteros del círculo, tan calmadamente como les era posible, sin empujarse ni golpearse. Un hombre me tocaba, regresaba atrás y otro ocupaba su lugar. Sólo querían el contacto con otra persona.

No exagero al decir que un número considerable de aquellos hombres estaba llorando. Los pocos que podían hablar inglés decían cosas como: "Gracias por habernos traído a Dios". Todos estábamos muy conmovidos, envueltos por esta inesperada bendición colectiva. Ninguno de los oficiales pudo llegar hasta donde yo estaba, hasta que aquellos hombres y yo terminamos de saludarnos. Estuve allí por lo menos unos veinte minutos.

Los hombres no me estaban estrechando la mano porque yo era una celebridad o porque había sido presentado por los altos oficiales. No sabían quién era yo. Querían tocarme para establecer una conexión, para verificar por sí mismos si el amor del que les había hablado era real.

Regresé a casa renovado. Lo que había visto en los rostros de los reclusos de Trivandrum, sus ojos agrandándose mientras escuchaban hablar de Jesús, sus lágrimas mientras nos estrechábamos en aquel círculo, era *esperanza*. Era lo único que el hinduismo nunca les podría ofrecer. Probablemente por primera vez en sus vidas, estos hombres descubrían que alguien se interesaba por *ellos*, que alguien quería que sus vidas salieran adelante, que alguien los quería. Dios los amaba. Fue el descubrimiento fundamental que un millar de hombres hizo aquel día.

—•◦•—

Mi experiencia en el penal de Trivandrum ilustra la enorme importancia que tiene nuestra visión del mundo, el modo en que lo entendemos y cómo nos integramos a él. Cuando los reclusos de Trivandrum miran al mundo desde la perspectiva del hinduismo, el futuro se les presenta lúgubre: A la vida en las calles le seguiría algo similar, o peor, en su próxima reencarnación. Cuando estos reclusos miraron la vida a partir de un enfoque cristiano, descubrieron una esperanza real. Comprendieron las profundas implicaciones de aquella expresión tan ridiculizada: Nacer de nuevo. Podían comenzar una vida nueva con Dios como compañero, ahora y en la eternidad.

Cuando se comparan cosmovisiones, se observa que la esperanza es una característica exclusiva de la visión cristiana. Ninguna de las grandes religiones, aunque tienen muchas facetas respetables, ofrece el tipo de esperanza que ofrece el cristianismo: La garantía de la reconciliación con Dios para los que le han fallado. Y todos le hemos fallado. Las otras religiones importantes incluyen maneras de llegar a la reconciliación. Los judíos y los musulmanes, por ejemplo, creen en una teología basada en las buenas acciones: Hagan buenas cosas, respeten la ley, y quizá Dios se sienta satisfecho y en el día del juicio no los castigue. Los musulmanes tienen un método seguro para entrar directamente al paraíso y es participar en una guerra santa y morir como mártir. Algunas personas mal aconsejadas han provocado grandes sufrimientos y mucha tristeza en el mundo por creer en esto.

Algunas formas del budismo procuran apartar a sus devotos de la maldad y el sufrimiento, enseñándoles a anular todo deseo, incluso la esperanza. Hay otras formas de budismo que se parecen al hinduismo (y en esos aspectos también al judaísmo y al islam), porque proveen una salida mediante las buenas acciones. Los maestros de las religiones orientales a veces reconocen lo inadecuado de su sistema de creencias. Una vez conocí a un profesor budista que estaba enseñando religión comparada en Japón. Le pregunté qué podía proponerles a los prisioneros, ya que el budismo tiene poco que ofrecer a alguien que ha fallado.

"Oh", dijo un poco en broma, "hemos creado la 'Tierra pura budista', una forma de otorgar perdón". Aceptó con franqueza que la idea del perdón había sido tomada del cristianismo, sencillamente porque el perdón y la esperanza que brinda, son necesidades profundamente humanas. Pero ¿quién quiere adoptar una religión que un profesor puede modificar para adaptarla a alguna necesidad específica?

Si se lo piensa, el humanismo practicado por la mayoría de las élites occidentales tiene su propia teología de las buenas acciones. Los humanistas creen en la solidaridad y su esperanza reside en reformar el mundo mediante acciones humanitarias y políticas. Esto es una utopía. Es una de las razones que hacen que la política sea la religión de los humanistas. Conozco bien esto, porque es precisamente lo que antes me motivaba.

Pero el humanismo, como las otras creencias, no ofrece a las personas que han fallado otra cosa que la posibilidad de recuperarse y probar otra vez. Los humanistas a menudo tienen un sentido muy profundo de las leyes morales (la necesidad de justicia y paz, y la necesidad de corregir los errores). Pero una ley moral sin fe en Dios trae aparejado un sentido de desesperanza total y de futilidad. Recordemos la afirmación de Camus: "El absurdo es el pecado en ausencia de Dios".[1]

Esto hace que muchos profanos bauticen su utopía con las creencias de la Nueva Era. Esta filosofía ofrece un panorama benigno del mundo ("el universo le da al hombre lo que necesita") a la vez que promete una vida nueva y mejor, a través de "la mirada introspectiva" hacia el divino yo. ¿Acaso alguno de los reclusos de Trivandrum habría creído en esto?

La verdad es que sólo la fe cristiana aporta una verdadera esperanza, sin la cual la vida se vuelve oscura e insoportable. Esto lo sé desde que estuve en la cárcel y por la experiencia de los miles de reclusos que conocí y con los que he trabajado. Como lo vimos en la historia de Ernest Gordon, aun en las circunstancias más desesperadas, la esperanza nos mantiene con vida. Es fundamental para la vida buena.

———•◦•———

Hemos comparado la manera en que las diferentes religiones y visiones del mundo proveen esperanza. Hacer estas comparaciones no tiene el objetivo de rebajar a otras religiones; es la manera de poner a prueba lo que es verdad, que es lo que estamos analizando en estos capítulos. Con este ejercicio es posible también verificar cuáles de estas visiones "encajan" con la realidad, cuáles nos permiten vivir en armonía con el orden natural, físico y moral, es decir, la manera en la que el mundo debería funcionar.

Por supuesto, estudiar a fondo las visiones de la realidad es una gran tarea, y es lo que Nancy Pearcey y yo hicimos en el libro *How Now Shall We Live?* [*Y Ahora. . . ¿Cómo Viviremos?*]* En este capítulo sólo estamos indicando unas cuantas categorías entre las más difíciles de comparar, las que tienen más que ver con la vida buena.

La primera categoría es la *esperanza*. Pero sólo podemos verificar plenamente si la promesa de esa esperanza reside en la verdad cuando aceptamos a Dios, o bien cuando Dios se nos presente al final de los tiempos. Aun así, podemos apreciar la evidencia de su verdad en los efectos que la esperanza tiene en las personas y en la vida.

Lo que ocurrió en el penal de Trivandrum tuvo como resultado una transformación cultural, que yo debí haber anticipado, y no lo hice. En el año 2000 hablé ante diez mil evangelistas del Tercer Mundo reunidos en Ámsterdam. En mi exposición, conté la anécdota de Trivandrum. A la mañana siguiente me tocó dirigir un seminario para personas que visitan las cárceles en todo el mundo. Durante la sesión de preguntas, un hombre de piel oscura con un gran bigote y una sonrisa luminosa se puso de pie para decir su historia.

Me quedé totalmente sorprendido al escuchar a este hombre, Reny George, relatar que él había sido uno de aquellos parias del penal de Trivandrum. Dijo que lo que oyó aquella vez y lo que ocurrió, lo había sacudido. Los reclusos habían hablado sobre ese acontecimiento durante semanas; muchos de ellos habían terminado aceptando a Jesús. Reny no se convirtió aquel día, pero lo hizo luego como resultado

---

*Este libro facilita un medio seguro para determinar si el Cristianismo, o cualquier otra forma de pensar, es verdadero. Ofrece una base para comparar opiniones y someterlas a prueba para descubrir qué tanto puede contestar cuatro de las grandes preguntas acerca de la vida. La pregunta sobre nuestro origen: ¿De dónde venimos? La pregunta sobre la maldad y el sufrimiento: ¿Qué hay de malo con este mundo (y posiblemente con nosotros mismos)? La pregunta para remediar el mal, o para salvación: ¿Podemos hacernos salvos y arreglar lo que está mal? La pregunta de propósito: ¿Cuál es el objeto de nuestra existencia?

del trabajo que actualmente hacen los voluntarios de Ministerio a las Prisiones.

Reny estuvo preso durante catorce años. Cuando salió en libertad, naturalmente cayó en la categoría de paria de la sociedad hindú, así como sus hijos. Se mantuvo en contacto con el grupo de Ministerio a las Prisiones. Luego él y su esposa, Teena, se hicieron cargo de la Casa Tesoro Infantil, en Bangalore.

La Casa formaba parte de un conjunto de cinco hogares, un proyecto que había sido iniciado en 1985 por el director de Ministerio a las Prisiones en la India, el doctor Kunjumon Chacko. Debido al sistema de castas hindú, los padres de familia no admiten que sus hijos compartan las clases con los hijos de presos, que son relegados a la vida en la calle. Las Casas proveen a los hijos de los presos una educación elemental, instrucción bíblica y adiestramiento vocacional. Las Casas Tesoro Infantil se ocupan de evitar que los niños sean literalmente abandonados a su suerte.

En el año 2003, Reny George volvió a contar su historia en el Congreso Internacional de Ministerio a las Prisiones, en Toronto. Relató cómo todavía sigue siendo marginado por la sociedad hindú y cómo ésto le dificulta administrar la Casa de la que se ocupa, debido a que los funcionarios del gobierno y la gente de negocios a veces no quieren tratar con él. Pero dijo que de todas maneras todavía logra mantener a flote a los 47 niños y niñas que le han sido confiados y reunir los fondos suficientes para los requerimientos del trabajo.

Poco tiempo después de la conferencia de Toronto, George asumió mayores responsabilidades en el desarrollo y la administración de la Casa Tesoro Infantil de Bangalore. Él experimenta en su vida aquello de lo que hablé en Trivandrum: La esperanza que nos da una nueva vida. Y da a conocer esta esperanza a otras personas.

En todos los lugares a los que ha llegado el cristianismo, ha logrado resultados de esta misma manera: Una persona encuentra esperanza y se la transmite a otra, y así han sido transformadas comunidades enteras. Sólo basta con preguntarles a los miles de niños que han sido atendidos por las Casas de las que se ocupa Reny George. Vale la pena visitar esas comunidades.

La esperanza, el perdón y la reconciliación están en el corazón mismo de la vida buena. Curan las relaciones humanas. Nos dan la posibilidad de vivir en paz con los demás y de restaurarnos. Jesús nos pide amar a Dios con nuestro corazón, ser y mente y también a *nuestro prójimo como a nosotros mismos*.[2] Nos pide que re-distribuyamos el amor con el que Dios nos ama. Esto transforma no sólo a las personas, sino también a la cultura, como vimos en la historia de Ernest Gordon. Los soldados británicos que durante la Primera Guerra Mundial estuvieron dispuestos a dar la vida unos por otros, transformaron las barracas para prisioneros y el Tren de la Muerte en un refugio de vida y de cultura.

Testimonios personales como los de Reny George y de Ernest Gordon se han repetido miles de veces a lo largo de la historia de la civilización occidental. Rodney Stark, cuyo trabajo *For the Glory of God* [*Para la Gloria de Dios*] ya citamos anteriormente, argumenta que no se puede entender la civilización occidental sin hacer referencia a la teología cristiana. Stark muestra que la creencia en un Dios que tiene exigencias morales y que practica un juicio después de la muerte, es un componente esencial en el desarrollo occidental en áreas como la ciencia y la abolición de la esclavitud. "La civilización occidental es un regalo de Dios", concluye Stark.[3] La fuerza transformadora de la cristiandad da testimonio de esta verdad.

———•◆•———

La segunda categoría importante para comparar visiones de la realidad es la posibilidad de la *libertad humana*. La visión cristiana del mundo provee la base más sólida para la libertad, porque sostiene que todo ser humano ha sido creado a imagen y semejanza de Dios y esto le confiere una dignidad inherente. Este sólido cimiento moral condujo a nuestros próceres a escribir en la Declaración de Independencia: "Sostenemos que estas verdades son cosas evidentes en sí mismas, que todos los hombres han sido creados con igualdad, y que están dotados por el Creador con ciertos derechos inalienables".[4]

Recordemos, asimismo, que hombres y mujeres creados a imagen y semejanza de Dios, tienen libre albedrío, cuyo ejercicio pleno requiere de libertades cívicas. Dios ha provisto una guía para el ejercicio del libre albedrío utilizando nuestra conciencia y el orden moral, como lo hemos visto anteriormente. Esto ayuda a garantizar las libertades civiles, lo cual exige tanto la libertad de decidir como el imponerse límites voluntariamente. La manera de garantizar la libertad según el enfoque cristiano de la realidad fue muy bien expresado por John Acton, quien escribió: "La libertad . . . es en sí misma la meta política más elevada".[5] Más tarde agregó: "Ningún país puede ser libre sin una religión. Ésta crea y consolida la noción del deber. Si no se puede controlar a las personas por el sentido del deber, se lo deberá hacer por la intimidación. Cuanto más se controle por medio de la intimidación, menor será la libertad. Cuanto mayor sea el sentido del deber, mayor será la libertad".[6]

Esto explica que la democracia se haya enraizado más en las culturas influenciadas por el cristianismo. El éxito de Gran Bretaña y de los Estados Unidos, en especial, como faros perdurables de libertad, sugiere que la manera en que el cristianismo entiende la libertad concuerda con la realidad. Ningún sistema de gobierno que hace caso omiso de la realidad puede durar mucho, como lo vimos en los casos del nazismo y de la Revolución Cultural China.

———•—•——

La tercera categoría importante para poner a prueba una visión de la realidad es ver en qué medida garantiza la *felicidad*. Además de proveer una esperanza que transforma a los individuos y a las culturas, y de garantizar la libertad individual y la dignidad, el cristianismo ofrece las bases más sólidas para construir la felicidad, cuando se le comprende debidamente. Ya hemos analizado el sentido que se le daba a la felicidad en el pasado. La palabra griega *eudaimonia* se refiere a una vida correctamente vivida, una vida de virtud, y supone una existencia enraizada en la verdad. Los fundadores de Estados Unidos tenían este concepto de felicidad, de la vida buena, cuando declararon que la libertad y la búsqueda de la felicidad son derechos inalienables. No estaban pensando en la felicidad como un placer hedónico; entendían que el hedonismo (la vida como una bacanal) destruye al ser humano y su libertad. La búsqueda del placer por sí mismo, al final conduce a la miseria moral.

La comprensión clásica que se tiene de la felicidad, que también es la visión cristiana, está en franco conflicto con la imagen que tiene de ella la sociedad actual. Todavía estamos viviendo bajo el hechizo de Sigmund Freud, el psiquiatra más influyente del siglo XX.

Armand Nicholi, profesor de psiquiatría de la Universidad de Harvard, escribió *The Question of God* [*La Cuestión de Dios*], un libro brillante (que ahora obtuvo un premio de la *PBS*), que compara los enfoques de Freud y de C. S. Lewis. Estos dos pensadores representan posiciones enfrentadas en cuanto a la naturaleza de la felicidad humana: Freud abrazó los "principios del placer"; Lewis, en cambio, enseña que la virtud y la dignidad están enraizadas en el amor a Dios.

Freud pensaba que la meta principal de la vida es "obtener y conservar la felicidad", e hizo una correlación directa entre la felicidad y el placer, especialmente el placer que resulta de la práctica sexual. El "principio del placer", dijo, "domina el funcionamiento del aparato mental desde el comienzo de la vida".[7] Argumentó que las personas sufren disfunciones psicológicas y son infelices porque las convenciones sociales impiden que hagamos lo que queremos hacer para obtener placer.

Freud sugirió que encontraríamos la felicidad si fuéramos capaces de romper con estas convenciones sociales. El hecho de que no lo hacemos nos infunde un sentimiento de culpa (que él también consideraba como un sentimiento universal). En sus reflexiones más mesuradas, admitía el dilema que su enfoque podía producir. Se preguntaba qué sucedería si los hombres pudieran tomar cualquier mujer que se les antojara. Hacerse esta pregunta lo hizo retroceder, y reconoció que los deseos individuales deben conjugarse con los intereses de la sociedad. Esto daba a la vida su inevitable aspecto trágico.

El placer, reconoció Freud, es algo efímero, así que no puede, al final, procurar felicidad. Esto explica que la visión que Freud tenía de la realidad fuera tan desesperada y por qué él mismo fue tan infeliz en muchos aspectos de su vida.

Freud despreció a la religión porque la consideraba contraria a la ciencia y a la razón, por solamente "satisfacer ilusiones" y ser un intento por "obtener la seguridad de la felicidad . . . transformando ilusoriamente la realidad".[8] Nicholi apunta, sin embargo, que Freud reconoció que las personas religiosas efectivamente encuentran felicidad en esta "ilusión" y que se sienten bien respetando el orden moral, que de todas maneras Freud consideraba como un mito.

En contraste con esto, C. S. Lewis argumenta que el elemento trágico de la vida no proviene del conflicto entre el deseo individual de búsqueda de placer y la necesidad social de conformarse a un determinado orden moral; más bien es el resultado de decisiones inmorales o erróneas. Es el corolario lamentable de nuestro libre albedrío.

¿Renunciaríamos a nuestro libre albedrío para evitar estas desdichas? Por supuesto que no. Es lo único que hace posible el amor y además, lo único que hace posible la vida, si realmente nuestro propósito más elevado es encontrar, como argumenta Lewis, una relación de amor con Aquel que nos puso aquí.[9]

Lewis dice que la felicidad se encuentra en nuestras relaciones con los demás, y no en la gratificación de nuestros deseos. Lo he comprobado en mi propia vida. Las satisfacciones y felicidades más perdurables las encontré en mis relaciones con los demás: Con Dios, con mi esposa, con mis hijos y nietos, con mis colegas y amigos.

Un momento especial que ilustra la manera en que las relaciones con los demás me condujeron a una verdadera felicidad, fue la de mi experiencia como recluso en un penal. Me sentía muy deprimido por la muerte de mi padre y porque mi hijo, estudiante de secundaria, se había metido en problemas por el consumo de marihuana. En ese momento, enero de 1975, los demás acusados, que habían sido condenados por el juez John Sirica, ya habían sido puestos en libertad. Yo era el único que había sido sentenciado por otro juez, Gerhard Gesell, que parecía inconmovible. Me sentía abandonado.

Al Quie, en aquella época miembro del congreso y más tarde gobernador del estado de Minnesota, era miembro de un pequeño grupo de oración que comenzó a acompañarme inmediatamente después de mi conversión al cristianismo. Un día Al me llamó a la cárcel para decirme que tenía la intención de comunicarse con el Presidente para pedirle que le permitiera cumplir el resto de mi sentencia y que yo pudiera regresar a casa para reunirme con mi familia. Como ya relaté en *Nací de Nuevo*, Al Quie no tuvo necesidad de hacer esa llamada telefónica: Cinco días más tarde, el juez Gesell acortó mi sentencia y fui liberado. Sin embargo, sentía que ya había sido liberado dentro de la cárcel, gracias a la llamada de Quie. Ningún amor es mayor que éste: El de un hombre capaz de poner su vida en lugar de la de su hermano. La verdadera felicidad está en estos vínculos.

C. S. Lewis está enfrentado a Freud en casi todos los terrenos. A la vez que dice que nuestra verdadera felicidad está en la relación con Dios, Lewis nos advierte que no podemos llegar a ser completamente felices.

Siempre nos hace falta algo más, algo que está más allá de esta vida, y manifiesta que esto presupone la existencia de algo más para lo cual hemos sido creados: El cielo. Esto es lo que Lewis llama *gozo*.

————◆—————

¿Cómo se presentan en la vida de dos personas estas visiones del mundo, una que ha vivido según los preceptos de Freud, la otra según lo que cree C. S. Lewis? Sus vidas ofrecen una buena demostración empírica de la verdad de cada visión: ¿Cuál de las dos realmente cumple lo que promete?

El primero de estos hombres es Hugh Hefner, modelo que encarna el principio del placer. En 1953, Hefner fundó la revista *Playboy*, que ahora tiene 4,5 millones de lectores. Hefner fue un genio del mercadeo y sacó la pornografía del submundo para llevarla al escenario social. Se presentaba a sí mismo como un caballero victoriano, vestido con *smoking*, disfrutando de las mejores cosas de la vida, sobre todo de la compañía de muchas mujeres hermosas. Él hizo que el sexo fuera un objeto de lujo, una de las tantas cosas que la gente sofisticada sabe cómo disfrutar. Con Hefner, la promiscuidad sexual se transformó en un estilo de vida, una de las muchas opciones que un hombre puede elegir, si es lo bastante inteligente para hacerlo. En esta revista, las páginas principales exhiben fotografías de ensoñadoras mujeres prácticamente desnudas, junto con la atractiva publicidad de equipos de música, automóviles último modelo y colonias para después de afeitarse. "La brillante idea de *Playboy*", según un crítico, "fue darle lujo al sexo y lujuria a los objetos."[10]

Para muchas personas Hugh Hefner aparece como la prueba de que el principio del placer funciona. ¿Quién no desearía llevar esa vida? Él es rico, puede hacer lo que quiere, y aún después de los sesenta las mujeres sexualmente más apetecibles lo asedian. Quizá Freud estaba a la vez acertado y equivocado. Quizás el placer perdura . . . por lo menos hasta la muerte.

Sin embargo, hace poco se pudo conocer la desesperación de Hugh Hefner. En el número de junio de 2001 de la revista *Philadelphia Magazine*, Ben Wallace entrevistó a Sandy Bentley, quien junto a su hermana gemela, Mandy, eran las novias simultáneas de Hefner. Sandy Bentley habla de los límites a los que podía llegar Hefner buscando satisfacción o algo parecido. El ícono heterosexual (Hugh Hefner) . . .

"tenía dificultades para encontrar satisfacción en las relaciones sexuales normales; en cambio, le gustaba que nosotras nos acariciáramos una a la otra, mientras él se masturbaba mirando vídeos de porno gay".[11]

Sobre estas afirmaciones, Read Mercer Schuchardt, otro comentarista, dice que "Hugh Hefner encarna lo que sus detractores han estado diciendo durante todos estos años. . . . Que la pornografía impide el desarrollo de relaciones humanas genuinas. La pornografía es la expresión de un desarrollo detenido. . . . La pornografía, alentada por suficiente tiempo, vacía al sexo hasta que ese viejo lujurioso y repleto de Viagra, es incapaz de experimentar placer con los cuerpos deseables de jóvenes hembras".[12]

Más que un ícono del placer, Hugh Hefner es más bien un viejo patético, una tragedia humana.

Consideremos ahora la vida de un hombre que es mi amigo cercano, Jack Eckerd, que puso en práctica las verdades enseñadas por C. S. Lewis. Eckerd también encarnaba para mucha gente la imagen ideal del éxito. Había sido administrador de Servicios Generales en Washington y se había presentado como candidato a gobernador por Florida. Cuando conocí a Jack, estaba al final de sus sesenta y había logrado desarrollar una cadena de 1.700 sucursales farmacéuticas en todo el sureste, a partir de sólo dos tiendas. Tenía una fortuna cuantiosa.

Jack Eckerd quería vivir cada segundo de la vida, y lo estaba logrando. Cuando era niño había aprendido a manejar aviones. Cuando entró a la Aviación de Guerra de los Estados Unidos, durante la Segunda Guerra Mundial, piloteó aviones a través de las rutas más peligrosas en el Himalaya. Siguió practicando vuelos acrobáticos buena parte de su vida, a la vez que ayudaba a niños necesitados mientras levantaba su imperio comercial gigantesco. Cuando fui a verlo para celebrar sus ochenta años, en su oficina de Clearwater, Florida, acababa de regresar de practicar *rappel* y de trepar por un cable a gran altura que había sido extendido para que practicaran los jóvenes. Impresionante.

Cuando vi a Jack por primera vez, todavía era una persona con mucho empuje, pero estaba comenzando a preguntarse hacia dónde iba su vida. Había manifestado interés por mi trabajo sobre la reforma de la justicia criminal y pronto se convirtió en una pasión para él. Un día él y yo nos subimos a su avión y volamos de una ciudad a otra por todo Florida, dando conferencias y reuniéndonos con líderes locales. El resultado fue que hubo varios cambios interesantes en el sistema de justicia de Florida.

Desde el comienzo de nuestra amistad, Jack Eckerd y yo hablamos mucho sobre mi fe. Me escuchó hablar de mi confinamiento en la cárcel desde el primer día. Empezó a leer mis libros y se interesó por los grandes temas de la vida. En algún punto, no sé exactamente cuál, Jack Eckerd pasó por un proceso de transformación espiritual. Igual que C. S. Lewis, Jack Eckerd aceptó a Jesús en su vida.

Un día me llamó y me anunció: "Ahora que soy un cristiano. . . ." Describió un despertar, un momento en el que por fin entendió lo que significaba ser cristiano. Al parecer no sintió una culpa torturante, ni tuvo un llanto intenso. Su transición hacia la fe fue algo silencioso, pero tuvo efectos verdaderamente fuertes. Como en todas las otras áreas de su vida (piloto de condiciones extremas, navegante de primer nivel o creador de negocios), Jack Eckerd se entregó completamente a su fe. Una de las primeras cosas que hizo al convertirse fue sacar de todas sus tiendas las revistas *Playboy* y *Penthouse*, a pesar de que ésto le costó una pérdida considerable de ingresos. Una vez que tomaba una decisión, Eckerd nunca miraba hacia atrás. Estaba completamente entregado a Dios.

Pude observar que se operó un cambio radical en la vida de este hombre. Juntos visitamos cárceles por todo el mundo. Una vez, al llegar a la cárcel La Modelo, en Colombia, descubrimos que las cloacas estaban dañadas y no había habido agua durante dos semanas. El recinto estaba repleto de muchachos recogidos de las calles de la ciudad de Bogotá. Mientras Jack, nuestro grupo y yo caminábamos por los corredores del penal, casi todos nos tapábamos las narices. Pero Jack nunca pareció sentir el olor nauseabundo. Caminaba por allí con una sonrisa radiante. Se detenía a conversar con los jóvenes. Una de mis fotos preferidas es la de Jack abrazando a un muchacho que tenía cerca de veinte años. Sólo yo puedo valorar ese momento, porque recuerdo lo mal que olía ese muchacho y lo feliz que estaba Jack.

Aun antes de su conversión, Jack solía colaborar apasionadamente para que los jóvenes con problemas encontraran un rumbo para su vida. Había organizado una cadena de campamentos para atender a jóvenes con dificultades. Estos centros juveniles a lo largo de todo el sureste habían tenido un rotundo efecto positivo en la vida de miles de muchachos.

Después de su conversión, su deseo personal de ayudar a la gente se profundizó.

Fuimos juntos a la cárcel de Muntinlupa, en Filipinas, donde eran frecuentes los asesinatos entre los siete mil reclusos. No se puede decir que los guardias trataban de mantener el lugar bajo control, sólo se ocupaban de que los internos permanecieran dentro de los perímetros del recinto, lo que no era una tarea muy complicada, porque el edificio se encontraba en medio de la jungla. Aquella cárcel era verdaderamente un lugar desesperante, y se podía ver a muchos presos acostados sobre sus literas, padeciendo de diferentes enfermedades. En el sitio que servía de hospital del presidio, Eckerd se detenía a hablar con cada uno de los pacientes. Abrazaba a muchos, incluso a los que estaban agonizando a causa del SIDA, una enfermedad sobre la que se sabía poco por aquel entonces. Era como San Francisco de Asís abrazando a los leprosos, siempre con una sonrisa. A los reclusos eso les daba ánimo.

Como siempre, Jack preguntó a los responsables del presidio qué medicinas tenían allí. Descubrimos que no había prácticamente nada en existencia; los estantes estaban vacíos. Esto le partió el corazón a Jack y al regresar a Estados Unidos redobló sus esfuerzos para enviarles cargamentos de medicamentos por barco. Se hizo responsable de enviar medicamentos a Filipinas, a Rusia y a muchos otros lugares en todo el mundo.

Cuando estuvimos fuera de la cárcel, Jack se dio vuelta para mirar el edificio y me dijo: "Algún día encontraremos el sitio y el momento en que no estemos tratando a los seres humanos de esta manera". Tenía una visión personal, una que no era meramente utópica, sino asentada en su deseo de entregarse a los demás.

En efecto, en los últimos años de su vida, Jack Eckerd fue entregando cada vez con mayor desprendimiento su vida, su tiempo y su dinero. Había descubierto en qué consiste la verdadera felicidad. No la que se centra en sí mismo, hedonísticamente, sino una vida entregada a los demás.

———•◦•———

¿A quién se quiere parecer usted: A Jack Eckerd o a Hugh Hefner? ¿Qué visión de la realidad quiere adoptar para su vida?

Capítulo 27

Las Malas Noticias

La realidad de la fe cristiana, la libertad y la felicidad, y sus efectos sobre el mundo, hace que la verdad del cristianismo sea creíble. La evidencia resulta convincente: La fe cristiana tiene la visión de la realidad que más posibilidades da a las personas de vivir en armonía con el orden natural, que es como están destinados a vivir. La mejor manera de verificar cuál de estas visiones es la verdadera, es poniendo en práctica esas creencias para ver hacia dónde conducen. Lamentablemente, la mayoría de las personas descubre la verdad demasiado tarde.

Consideremos nuevamente la vida de Wallace Stevens, el hombre que difundió las posiciones más radicales del posmodernismo. Stevens, que era un humanista convencido, descubrió la verdad cuando se vio confrontado con las realidades de la vida . . . no la realidad que él había imaginado, sino tal como era.

La vida de Wallace Stevens pone en evidencia no sólo que la visión posmoderna es falsa, sino también que hay en nosotros una nostalgia de lo divino, algo que actúa como un acicate para que nos mantengamos siempre buscando la verdad. Uno de los grandes críticos de la fe cristiana, Bertrand Russell, reconoció esta necesidad humana de lo divino, cuando escribió: "Somos un fantasma flotando en el mundo, sin ningún contacto real. Aunque nos sintamos muy cerca de los demás, algo en nosotros parece ansiar obstinadamente pertenecer a Dios y rechaza entrar en la comunión terrenal; al menos así es como yo expresaría este sentimiento si creyera que hay un Dios. Es extraño, ¿verdad? Me preocupa mucho este mundo y muchas cosas y personas que están en él, y sin embargo, ¿de qué se trata? Tiene que haber algo más importante, pensamos, aunque uno no crea que es así".[1] Contrariamente a Stevens, Bertrand Russell dejó de buscar, y eso fue lo que hizo de su vida algo tan trágico.

No haga lo que hizo Bertrand Russell. Siga buscando. El filósofo francés Blas Pascal dijo que los que buscan la verdad podrían encontrarla y que al hacerlo, encontrarían a Dios.

Cuando uno busca, ¿qué es lo que encuentra? El apóstol Pablo afirma que la naturaleza es prueba de la existencia de Dios. En su carta a la iglesia de Roma, Pablo escribió: "Porque desde la creación del mundo las cualidades invisibles de Dios, es decir, su eterno poder y su naturaleza divina, se perciben claramente a través de lo que él creó, de modo que nadie tiene excusa".[2]

En la creación vemos claramente el orden de un Diseñador que desenmascara el "gran mito evolucionista", como lo llama el filósofo Alvin Plantinga.[3] También existe un orden moral natural: La manera en que el comportamiento humano tiene que modelarse para funcionar en armonía con la realidad física y la biológica; a esto se refiere el apóstol Pablo cuando habla de la ley que está grabada en nuestros corazones. Hay una verdad que no puede ser negada, una verdad que no podemos *no* saber.

Esto nos conduce otra vez al gran dilema humano, que es la mala noticia de este capítulo: Sabemos qué es la verdad y qué es lo correcto, pero no podemos o no queremos hacerlo. Esta es una de las grandes paradojas, y la más necesaria de entender para los que buscan. Es la que nos confunde, porque hay algo en nuestra naturaleza que nos impide verla. Esta paradoja, como lo analizamos anteriormente, se conoce en términos teológicos como *pecado*.

Es parte de nuestra naturaleza ser rebeldes. A la raza humana se le concedió el libre albedrío y nuestros primeros padres, Adán y Eva, no eligieron correctamente. Eligieron lo que San Agustín llamó la ausencia de bien. (Aunque se considere al Génesis como una narración mitológica, ése no es mi caso, su

Nuestra naturaleza caída nos lleva a hacer lo incorrecto aun cuando conocemos lo correcto y distorsiona nuestra visión al extremo de que no podemos distinguir la verdad.

punto de vista de que la caída fue una responsabilidad humana y no divina, sigue vigente.) Este pecado original, como bien lo saben los cristianos, ha distorsionado nuestra naturaleza. Nuestra naturaleza caída nos lleva a hacer lo incorrecto aun cuando conocemos lo correcto y distorsiona nuestra visión al extremo de que no podemos distinguir la verdad. Nos dejamos engañar por las mentiras culturales disfrazadas de verdad. Incluso llegamos a abandonarla, lo cual, como dice la Biblia, endurece nuestros corazones. En esta situación, podemos elegir deliberadamente apartarnos de Dios y dejar que el mal entre en nosotros.

Pude ver esto de cerca cuando, a principios de los años '80, David Frost me invitó a Nueva York para participar en su programa de variedades de la cadena de televisión *NBC*, que no se mantuvo mucho tiempo en el aire. El programa se producía en uno de los escenarios más espectaculares de la época: El público se sentaba en gradas como las de un estadio de fútbol; Frost se instalaba en una gran tarima frente al público, entre sus dos invitados contendientes, con un dramático telón de fondo. El programa intercalaba entrevistas con interpretaciones musicales y pequeñas representaciones teatrales. En ese entonces, Frost estaba entre los conductores más célebres del mundo, porque acababa de lanzar las muy publicitadas entrevistas que había mantenido con el depuesto presidente Richard Nixon.

Frost me invitó para lo que él definió como "un debate amplio" con Madalyn Murray O'Hair, la famosa atea que, en 1963, llevó al tribunal de justicia la demanda para que se eliminaran de las escuelas públicas las plegarias matinales. Algunos amigos me aconsejaron no aceptar la invitación, aduciendo que Frost no dejaría que me expresara ni siquiera un segundo y que Madalyn Murray O'Hair era especialista en tergiversaciones. Había logrado mucha fama mediante una serie de debates bien publicitados, con una buena respuesta del público y muy lucrativos, con Bob Harrington, el capellán de la calle Bourbon. Cuando llegué a los edificios centrales de la *NBC*, en la Plaza Rockefeller, fui conducido rápidamente por dos asistentes a la sala de maquillaje y luego introducido velozmente a la sala de espera de los invitados, donde ofrecían canapés y vinos de excelente calidad. (Beber vino no es la mejor manera de conservar las ideas claras, sobre todo cuando se va a un debate frente a las cámaras de televisión.)

Cuando llegó el momento de grabar la parte de la entrevista para el programa, dos ayudantes vestidos de saco y corbata me escoltaron al estudio. Mientras iba entrando, vi que los asistentes estaban adiestrando al público sobre los códigos de las tarjetas de diferentes colores que sirven para indicar cuándo aplaudir, cuándo reír y cuando lanzar exclamaciones. (Se necesita bastante trabajo previo para que estos programas resulten "espontáneos".) Sentada a la izquierda de la tarima de Frost, que se parecía a un trono, estaba Madalyn Murray O'Hair. Frost me dio la bienvenida con su acostumbrada cortesía británica. O'Hair no dijo nada. Me acerqué para darle la mano, pero me rechazó. Tenía una expresión muy triste.

Yo había leído todo lo que había encontrado sobre los debates O'Hair-Harrington y había descubierto que ella siempre había ganado muchos puntos refiriéndose a pasajes de la Biblia. Se había graduado en un colegio evangélico y tenía un buen conocimiento de las Escrituras. En mi opinión, y basándome en información acerca de su juventud, en algún momento ella había estado intelectualmente convencida de las verdades del evangelio. Noté que en los debates con Harrington, ella hacía generalizaciones superficiales y ambiguas sobre lo que decía la Biblia, poniendo incómodo a Harrington, por lo que decidí llevar mi Biblia de cuero debajo del brazo, haciendo todo lo posible para que no la vieran.

Mientras el espectáculo comenzaba a tomar forma, los asistentes habían "calentado" al público creando un clima circense y entusiasta. Las cámaras giraban alrededor de nosotros, apuntándonos con insistencia.

Frost abrió el fuego conmigo, recitando la lista de mis errores durante el caso Watergate, seguidos de repetidos ¡oh! y ¡ah!, e incluso algunos ¡¡buuuuh!! Comencé explicando de qué manera mi nueva fe me había abierto los ojos a la verdadera naturaleza de mis actos. Frost contraatacó: "Pero usted es un criminal convicto, señor Colson. ¿Por qué deberíamos estar escuchándolo hablar sobre este tipo de temas?" Cuando dijo esto, se oyó un prolongado estruendo de ¡¡buuuuh!!

Después Frost me pidió que diera mi testimonio, que explicara de qué manera el "matón" de Nixon había podido abrazar la fe en Dios.

Sólo disponía de unos minutos para relatar la historia completa, pero de todos modos comencé a hablar, mirando directamente a los ojos de Frost. Mientras estaba hablando, la señora O'Hair se inclinó hacia adelante en su asiento y miró hacia su derecha, poniendo sus ojos furiosos sobre mí por encima del hombro de Frost.

Como si aquello no hubiese sido ya desconcertante, de pronto la señora O'Hair comenzó a hacer gestos grotescos, intentando captar la atención de las cámaras. Yo no podía creer que estuviera haciendo algo así. Estiró hacia abajo el labio inferior y mostró todos sus dientes. Sus ojos parecían dos punzones para romper hielo.

Mientras miraba a Frost, desvié ligeramente los ojos hacia la cámara que en ese momento estaba en al aire y vi que a mis espaldas, en el campo de visión, tenía a la señora O'Hair poniendo caras cada vez más histéricas. Ella había desplazado su silla de lugar. Sus gestos pasaron de grotescos a agresivos; agitaba los brazos y profería palabras que opté por hacer como que no las entendía.

A lo largo de mi vida he hablado en muchos lugares ruidosos y hostiles, desde vestuarios de las canchas de básquetbol, hasta cárceles al borde de una rebelión. He sido abucheado en manifestaciones políticas. En el programa de Frost, debí haber sido capaz de pasar por alto el comportamiento extraño de la señora O'Hair, pero no pude. Me resultaba muy difícil concentrarme en lo que estaba diciendo y no estaba seguro de cómo había sido percibido mi mensaje. Al principio minimicé sus actitudes y las comparé con las estrategias de los adolescentes que en los estadios gritan lo más fuerte que pueden para ensordecer al equipo contrario y evitar que escuche las orientaciones del entrenador. Pero me di cuenta de que aquella mujer estaba tratando de impedir que los telespectadores escucharan mi testimonio personal.

Durante el desarrollo del debate, con mucha habilidad, Frost nos llevó a través de un amplia variedad de temas. La mayor parte de las veces el público, tal vez incitado por los asistentes tarjeteros, le daba un amplio apoyo a las respuestas de la señora O'Hair. Pero en un momento dado, Frost citó la Biblia y la señora O'Hair reaccionó inmediatamente: "La Biblia", gritó, "está llena de asesinatos, de odio y de matanzas de niños. Es un libro brutal y horrible".

Ése era precisamente el momento que yo había estado esperando y me incliné hacia adelante, casi frente al conductor, y puse mi Biblia ante los ojos de la señora O'Hair. "Señora O'Hair", le dije, "si usted quiere calificar a la Biblia, es mejor que la cite textualmente. Usted es una conocedora de la Biblia. Aquí tiene, léanos los pasajes a los que se refiere."

O'Hair se apartó de mí como si en lugar de la Biblia le hubiera mostrado un animal ponzoñoso.

Pero volví a insistir y David Frost sintió la obligación de intervenir: "Es justo, señora O'Hair. El señor Colson tiene razón. Si va a hablar de la Biblia, ¿por qué no la cita?"

"¡No, no!", dijo, alejándose aún más, rechazando tomar la Biblia de mis manos. "¡Eso está lleno de odio y de crímenes!" Al final, no quiso tocar la Biblia.

Aquel intercambio cambió completamente el curso del debate. A partir de ese momento, el público estuvo de mi lado, así como David Frost, que le recriminó varias veces el no haber querido aceptar mi propuesta de citar la Biblia.

El debate se prolongó por unos veinte minutos y cuando las cámaras por fin se apagaron, me sentía agotado. David Frost me extendió la mano y agradeció mi sinceridad.

Mientras hablaba con algunas personas del público, miré a un lado y descubrí en una esquina a la señora O'Hair sentada sobre un taburete, sola. Fui a verla, me incliné y le dije: "Señora O'Hair, quiero que sepa que yo, como muchos millones de creyentes, estoy orando para que usted encuentre la verdad".

Me miró enojada y masculló: "Mire, yo no oro, pero si lo hiciera, pediría que usted perdiera. Usted va a perder, señor Colson".

Contesté con la mayor calma posible que aunque yo perdiera el debate, la causa en la que yo creía no podía perder.

¿Por qué una respuesta tan agresiva de su parte? Si la señora O'Hair creía que Dios no existe, ¿por qué combatir tan violentamente en contra de personas como yo? Si ella pensaba que yo predico la superstición, ¿por qué no dejarme tranquilo y reírse de mí? Yo hubiera hecho eso.

Llegué a la conclusión de que la única razón por la que la señora O'Hair no dejaba tranquila a la gente de fe, es porque ella *sabía* cuál es la verdad. Como dije antes, sospecho que la señora O'Hair debe haber experimentado la verdad en su vida, antes de comenzar a enfrentarla agriamente. Quizás al sucumbir entonces al pecado, se dejó ganar por el mal y tuvo que comenzar a tratar de destruir el sistema de fe que ella sabía era verdadero.[4]

Por lo menos, ese fue el mejor análisis que pude hacer en ese momento, y más tarde, cuando me enteré de cómo Madalyn Murray O'Hair había muerto, me di cuenta de que me había enfrentado a una mujer completamente entregada a la destrucción. La historia de la muerte de la señora O'Hair es como un capítulo tomado directamente del *Doctor Fausto*, de Marlowe. En esta clásica obra de teatro, Fausto le vende su alma al diablo a cambio de conocimiento y poder. Hacia el final de la historia, cuando se reúnen los demonios, hay tanta corrupción en las intenciones de Fausto, que le resulta imposible arrepentirse. Sólo puede lanzar un desgarrador grito de horror, mientras lo arrastran al infierno. De un modo similar, la muerte de la señora O'Hair nos muestra a dónde nos puede conducir la práctica deliberada del mal.

Madalyn Murray O'Hair, después de haber ganado el proceso judicial que condujo a la prohibición de las oraciones en las escuelas públicas, fundó la asociación Ateos Estadounidenses, y comenzó una campaña para eliminar toda referencia a Dios en la vida pública.

En la primavera de 1995, cerca de quince años después de haber debatido con ella, la señora O'Hair estaba en San Diego, defendiéndose de una demanda presentada por la organización atea Buscadores de la Verdad, que la acusaba de haber intentado apropiarse por la fuerza de su organización. Sus métodos incluían, según declararon, la emisión de falsos certificados de acciones de la bolsa.

Varias fuentes documentaron los sorprendentes acontecimientos que siguieron. La revista *Crime*, el libro *Ungodly*, de Ted Draco, y las informaciones que dio el propio hijo de Madalyn Murray O'Hair, nos permitieron armar el rompecabezas de los hechos, tal como sucedieron.

La señora O'Hair dejó la oficina central de la asociación Ateos Estadounidenses, en Austin, estado de Texas, en manos de David Waters, un hombre que tenía un profuso historial delictivo que incluía una condena por asesinato. Aún así, había escalado posiciones hasta ocupar el cargo de gerente administrativo de la organización y tenía acceso a las cuentas de banco. Se supone que la señora O'Hair no contrató a David Waters, a pesar de su pasado, como un gesto de solidaridad; ella lo habría contratado debido a su pasado. O'Hair, según se supo, manejaba a *Ateos Estadounidenses* de un modo fraudulento, pidiendo contribuciones por las que nunca hacía informes públicos. Probablemente creía poder contar con el beneplácito de la administración fiscal por el hecho de tener en su asociación a ex convictos como Waters, y que las autoridades cerrarían los ojos a sus obligaciones tributarias.

Mientras la señora O'Hair estaba en San Diego con los otros dos directivos de la asociación, su hijo Jon Garth Murray, de cuarenta años, y su nieta, Robin Murray, Waters despidió al resto del personal, cerró la oficina, y vació las cuentas de banco, llevándose más de 50 mil dólares.[5]

Waters se defendió ante la policía diciendo que Jon Garth lo había llamado desde San Diego, para decirle que el juicio era desfavorable para ellos. Según la declaración jurada, Jon Garth orientó a Waters para que sustrajera una suma de hasta cien mil dólares, retirando lo que hubiera de las contribuciones hechas a la organización. Waters debía tomar quince mil por sus servicios y dejar el resto en la caja fuerte de la oficina a nombre de Jon Garth, para que los retirara a su regreso.[6] La traición de Waters puso furiosa a Madalyn Murray O'Hair. La lentitud de las autoridades locales en llevar a juicio a Waters, la puso más furiosa aún. Pero la sentencia indulgente que le fue aplicada (restitución del dinero y libertad condicional) la puso en un estado todavía más rabiosa. O'Hair decidió hacer pública la naturaleza del hombre que la había traicionado. Según el boletín de Ateos Estadounidenses, cuando David Waters era adolescente colaboró en actos de violencia contra otro muchacho, golpeándolo con una barra hasta darle muerte. Cuando Waters salió de la cárcel, al parecer atacó a su propia madre, golpeándola hasta hacerla perder el conocimiento y luego orinando encima de ella. Había falsificado cheques, cometido robos en los barrios y lo habían arrestado por numerosos actos de violencia. La señora O'Hair afirmó que la indulgencia con la que se había tratado a semejante animal despiadado sólo se podía explicar como una manera de perjudicarla a ella. Dijo que si David Waters hubiese robado la misma cantidad de dinero de una iglesia, hubiese sido enviado a la cárcel de por vida.[7]

David Waters no era de los que están dispuestos a olvidar o a perdonar estas denuncias, ni dejaría que la mala conciencia le impidiera tomar venganza contra O'Hair. Cuando decidió actuar, lo hizo aprovechando el camino abierto por ella, quien había ocultado activos. La gente sabía que la demanda hecha por Buscadores de la Verdad la obligaría a encontrar maneras nuevas para esconder sus activos (especialmente los de su multimillonaria librería), como una manera de prepararse para su fuga una vez que terminara el juicio.

Cuando Madalyn Murray O'Hair, Jon Garth Murray y Robin Murray desaparecieron de su casa de Texas, el 28 de agosto de 1995, casi todo el mundo pensó que se habían dado a la fuga para vivir alejados del público, utilizando las cuentas ilegales abiertas en bancos extranjeros.

Esta fue la conclusión a la que llegó el empleado de Ateos Estadounidenses, David Travis, cuando se presentó a trabajar el 28 de agosto y encontró en la puerta una nota que decía: "La familia Murray O'Hair ha tenido que salir de la ciudad por una emergencia. En el momento de escribir este memorando, no sabemos por cuánto tiempo estaremos afuera".[8] Varios meses antes de esto, Travis había abierto una carta que venía de Nueva Zelanda y había encontrado información sobre una cuenta secreta por más de un millón de dólares. Naturalmente, despertó sus sospechas.

La policía no pudo encontrar huellas de violencia en la casa que ocupaban los Murray-O'Hair. Sin embargo, algunas cosas no encajaban. Los platos del desayuno habían quedado sin lavar. Los medicamentos de la señora O'Hair para la diabetes estaban encima de una mesa de la cocina. Y lo más extraño, los dos cocker spaniel, Shannon y Gannon, habían sido abandonados sin ningún alimento. La gente sabía que Robin amaba mucho más a sus perros que a las personas.

Aún así, la policía no le dio mayor importancia a los indicios. El investigador encargado del caso dijo que en Texas no era un delito desaparecer de su casa.

Dos directivos de Ateos Estadounidenses rápidamente tomaron el control. Ellen Johnson y Spike Tyson volvieron a abrir la oficina central y comenzaron a responder a las solicitudes, al mismo tiempo que negaban públicamente que hubiera algún problema. Tyson ocupó la casa vacía de los Murray-O'Hair. Johnson, la recientemente proclamada presidenta de la organización, dijo a los periodistas: "No sospechamos que haya habido fraude. . . . Y no puedo decirles las razones que nos hacen pensar así. Simplemente no lo creemos".[9] Johnson le aseguró a todo el mundo que no faltaban fondos en las cuentas de la organización.

Al parecer, Spike Tyson había tenido contactos telefónicos con Jon Garth Murray, e insistía en que la familia había sido requerida fuera de la ciudad por razones que no deseaba comentar. Hubo contactos esporádicos por teléfono celular durante varias semanas. Jon Garth y Robin seguían asegurando que no había ningún problema, aunque el tono general indicaba lo contrario. Las últimas palabras de Robin Murray a Ellen Johnson fueron: "Sé que ustedes harán lo correcto".[10]

Sin embargo, ¿qué era lo correcto? Para los nuevos dirigentes de *Ateos Estadounidenses*, lo correcto que debían hacer parece haber sido proteger a toda costa la reputación de la organización y no la vida de los Murray-O'Hair. A medida que Ellen Johnson y Spike Tyson avanzaban con la revisión de los libros de *Ateos Estadounidenses*, encontraron cada vez más motivos para pensar que el trío se había dado a la fuga. Los libros de contabilidad mostraban que los Murray-O'Hair habían utilizado a *Ateos Estadounidenses* como su alcancía personal.

A pesar de esto, Johnson y Tyson siguieron negando en público que algo estuviera mal. Tyson defendía especialmente a los Murray-O'Hair de los rumores que decían que habían robado dinero. "Conocemos el estado de cada cuenta de banco", decía. "Cada centavo está registrado."[11]

La única persona que parecía sospechar que los Murray-O'Hair podían haber sido víctimas de un crimen era William J. Murray III, el hijo que Madalyn Murray O'Hair había tenido en un matrimonio anterior. En 1980, Bill Murray anunció que había aceptado a Jesús en su vida, y después de este anuncio su madre no quiso tener nada más que ver con él. Lo repudió públicamente. "Supongo que a esto podríamos llamarlo un aborto posnatal voluntario. Lo repudio entera y completamente, ahora y para siempre. . . . Él está más allá del perdón humano."[12]

Un año después de la desaparición de los Murray-O'Hair, Bill Murray presentó ante la policía de Austin una demanda de búsqueda de personas desaparecidas. Esto provocó las protestas de los nuevos directivos de *Ateos Estadounidenses*. Spike Tyson acusó a Bill Murray de haber hecho la solicitud de búsqueda para hacerle publicidad a su propia actividad ministerial evangélica.[13]

Más o menos en esa misma época, el verano de 1996, el periodista de San Antonio, John MacCormack, se interesó en el caso. MacCormack y el investigador privado Tim Young habían comenzado a seguirle los pasos a los Murray-O'Hair, a partir del mes de septiembre del año anterior, utilizando los registros de las llamadas de Jon Garth Murray desde su teléfono celular. Los artículos de MacCormack lograron alentar algunas comunicaciones anónimas que daban nuevos indicios y conducían a nuevas hipótesis, hasta que por fin la policía decidió intervenir. La historia de los últimos días de Madalyn Murray O'Hair, Jon Garth Murray y Robin Murray es realmente horrible.

Waters, el empleado denunciado por la señora O'Hair, contrató a dos de sus antiguos compañeros de celda, Danny Fry y Garry Karr, para incorporarlos a su plan, que consistía en secuestrar a los tres miembros de la familia Murray-O'Hair y extorsionarlos. Los hombres llevaron al trío Murray-O'Hair desde Austin hasta San Antonio, ocultándolos en un hotel de baja categoría, el Warren Inn. Mientras mantenían encerradas bajo llave a Madalyn y a su nieta, Waters le exigió a Jon Garth que colaborara con ellos para el robo de 600 mil dólares.

Se alega que Karr voló con Jon Garth a Nueva Jersey para organizar un envío electrónico de fondos a una joyería de San Antonio. Jon Garth fue luego forzado a solicitar al joyero de San Antonio, Cory Ticknor, que convirtiera los 600 mil dólares en monedas de oro. Mientras este plan se iba desarrollando, los ladrones estaban haciendo enormes retiros de dinero en efectivo de las tarjetas de crédito de los Murray-O'Hair.[14]

A pesar de que Jon Garth tuvo repetidas oportunidades de escapar de sus secuestradores y ponerse en contacto con las autoridades, al parecer nunca lo intentó. El razonamiento de Bill Murray es que su hermano, al que su madre siempre tildaba de idiota, pudo haber querido probarle lo contrario si se convertía en el artífice de la liberación. También hay otra posibilidad, que es la que pienso más acertada: Así como los Murray-O'Hair sabían que sus vidas estaban en peligro, también sabían que su futuro como líderes del movimiento ateo estadounidense estaría terminado si permitían que se investigara su vida privada. Esperaban poder pagar el botín que exigían sus secuestradores y salir del problema lo antes posible, para poder realmente darse a la fuga y vivir en la clandestinidad, utilizando los fondos adicionales de activos que, efectivamente, los secuestradores nunca lograron descubrir.[15]

Naturalmente, una vez que el dinero había sido lavado por medio de la fabricación de monedas de oro, David Waters, Gary Karr y Danny Fry ya no tenían necesidad de los Murray-O'Hair. Después de haber violado a Robin, asesinaron a los tres, probablemente por estrangulación a manos de David Waters. Los cuerpos fueron luego transportados a un depósito alquilado por otro asociado de Waters, "Chico" Osborne. En ese sitio cerrado, los cuerpos fueron despedazados con una sierra circular y luego colocados en barriles de aceite. Algunas partes de los cuerpos fueron quemadas. Por fin, los criminales transportaron a las víctimas a unos 200 kilómetros de allí, hasta un rancho aislado, donde los enterraron, sin el conocimiento del propietario, en tumbas poco profundas.[16]

Al parecer, uno o dos días después, los servicios que prestaba Danny Fry ya no eran necesarios para sus colegas criminales, y lo asesinaron. Su cuerpo desnudo y sin cabeza fue arrojado a un costado de una desolada autopista de Texas.

Después de estos crímenes, Waters limpió el depósito que habían alquilado, lavándolo con agua y cloro. Luego, Waters, Karr y sus novias, invirtieron 80 mil dólares de las monedas de oro para festejar a lo grande. El resto de las monedas lo escondieron en otro depósito, alquilado por la novia de Waters.

Después de recuperarse de las fiestas, Waters fue al escondite del depósito para sacar más monedas de oro y cambiarlas por dinero fresco, y para su sorpresa, todo el oro restante había desaparecido. La suerte les había jugado una mala pasada: Otra banda de ladrones, con una llave maestra similar a la que utilizaba la novia de Waters, había encontrado y vaciado el cofre del tesoro. Al final, la policía sólo pudo recuperar una sola moneda de oro; a las demás se las tragaron las francachelas y la estupidez.

"Sé que ustedes harán lo correcto", había dicho Robin Murray pidiendo auxilio. David Waters contaba con el hecho de que la abuela Madalyn Murray O'Hair ya había descartado "lo correcto" mucho tiempo atrás.

———•◦•———

La triste y sórdida historia de la vida de Madalyn Murray O'Hair es una parábola contemporánea de lo que sucede cuando una persona conoce la verdad y se entrega a la tarea de negarla. Esa persona se vuelve intrínsecamente mala y no puede ni vivir bien, ni morir bien.

El caso de la señora O'Hair parece extremo y poco común, pero en realidad todos nos parecemos a ella más de lo que pensamos. Todos somos culpables de negar la verdad y de vivir desafiando el bien.

Haga el siguiente experimento. Cuando se levante por la mañana, elija uno de sus pecados favoritos (no uno de los visibles, sino uno de esos con los que tiene fantasías), ya sea la lujuria, la glotonería o el materialismo (la codicia), el que le parezca más tentador. Después propóngase no volver a cometer ese pecado en su pensamiento, porque sabemos que el pecado que se piensa conduce a la larga a acciones pecaminosas. Comience el día con la absoluta determinación de que no sentirá, por ejemplo, codicia, que no deseará más de lo que debe, pase lo que pase.

Me imagino que algunas estrategias para evitar ceder a la tentación de la codicia o de cualquier pecado que haya elegido, será mantener la televisión apagada, no leer ciertas revistas, quedarse encerrado en la casa. Quizá pase todo el día repitiéndose a sí mismo: "No voy a codiciar". Pero en el transcurso normal de la vida, no pasará un solo día sin pensar en aquello en lo que ha decidido no pensar. Puede adiestrarse para pensar de una determinada manera; incluso puede controlar sus emociones con disciplina férrea, aunque eso será aún más difícil. Pero sus deseos íntimos no podrán ser modificados por medio de sus más genuinos esfuerzos. Desde su nacimiento, sus deseos están distorsionados. Para corregir los "defectos de fábrica" es necesaria una fuerza mayor, el infinito Dios, en la persona de Jesucristo, en el que yo creo.

Afortunadamente, la gente puede escuchar la verdad, aceptarla y hacerla suya. O lamentablemente, puede detenerse antes de hacerlo, porque sus pecados le impiden aceptar lo que sospechan ser la verdad. Estas son las personas que más piedad necesitan. Pueden ver a Dios en el diseño del universo y tienen certidumbres éticas porque la ley moral ha sido registrada en sus corazones. Pero no pueden domar a su naturaleza rebelde, aun cuando saben que deberían hacerlo. Las personas que se encuentran en esta categoría están condenadas a vivir, cuando menos, una vida disfuncional. Saber la verdad y hacer lo contrario, es la definición más exacta de la disfuncionalidad.

Es fácil identificar la disfunción de Madalyn Murray O'Hair, pero todos somos de alguna manera disfuncionales. Conocemos la verdad pero vivimos negándola. Queremos vivir bien pero constantemente hacemos lo contrario.

Algunos de nosotros vamos más lejos aún: Dejamos de resistir a las fuerzas del mal y nos entregamos a él. Esto sucede cuando una persona que conoce la verdad y está convencida, de manera voluntaria y perversa se rebela contra ella. El pecado se ha instalado tan hondamente en su corazón, que lo seca y endurece su conciencia. Estos son los casos más trágicos porque estos individuos se vuelven profundamente malos y llevan la existencia más desolada que se pueda imaginar.

Entonces se puede observar la siguiente progresión: La negación persistente de la verdad conduce al desafío enérgico del bien. Es una perspectiva horrorosa y por eso hemos contado la historia de Madalyn Murray O'Hair como un relato preventivo.

— • —

Pero aunque la voluntad humana es muy obstinada, no hay motivos para desesperarse. Una de las preguntas que con mayor frecuencia les lanzan a los cristianos es: ¿Por qué no interviene Dios en la historia? La verdad es que sí lo hace. No estamos solos en el mundo frente a nuestras opciones destructivas.

Hace años estaba dando una conferencia en la Universidad de William y Mary. Cuando llegó el momento de las preguntas, un hombre que se presentó como director del departamento de filosofía tomó el micrófono y se explayó en un extenso monólogo sobre el positivismo lógico. En un determinado momento dijo: "Entonces, señor Colson, usted no puede probar que Dios existe. Pero ahora mismo le daré la oportunidad. Pídale a su Dios que haga un milagro. Queremos verlo en este lugar". Hubo muchas risas entre el público y algunos aplausos celebrando que me hubiera lanzado un desafío semejante.

Probablemente el público pensó por un instante que aquel profesor me había atrapado. No recuerdo todo lo que desfilaba por mi cabeza en ese momento, pero supongo que estaba revisando las diferentes refutaciones lógicas a las que podía echar mano. Pero de repente, algo mucho más sencillo me iluminó el pensamiento.

Le dije que si quería ver un milagro, sólo tenía que mirarme a mí. Si él pudiera tener una idea de cuán profundamente Dios había transformado mi corazón y mi voluntad, no necesitaría andar buscando otros milagros.

Como veremos en el próximo capítulo, Dios actúa en nuestra historia y en nuestras vidas. Los cristianos llaman a esto *providencia*.

VIVIR

la

VIDA BUENA

CAPÍTULO 28

LA PROVIDENCIA

UN DOMINGO mostraron en mi iglesia una serie de entrevistas al azar, hechas a la entrada de una escalera mecánica de un centro comercial. El entrevistador preguntaba a la gente si creía que sus vidas estaban dirigidas por algún poder superior.

Al parecer el entrevistador no se topó con ningún darwinista, porque para mi sorpresa, ninguno respondió que no. Por el contrario, casi todos los entrevistados dijeron que confiaban en algún tipo de fuerza que guiaba sus destinos. Una persona mencionó a Dios, otros a la suerte o a la fatalidad. Uno de los hombres entrevistados dijo que solía pensar que tenía su vida bajo control, pero que ahora se daba cuenta de que no era así. Este hombre espera señales que le indiquen cuándo y cómo tomar decisiones importantes. Agregó que, al mirar hacia atrás, reconocía muchas señales a lo largo de su vida, aunque no las había advertido entonces. No se preguntaba quién las había puesto allí.

Los seres humanos tenemos un sentido innato que nos indica que nuestra vida está gobernada por algo que está por encima de nosotros. Creo que ese sentido está instalado en nosotros por un Diseñador que tiene un propósito. Por esta razón, todas las religiones y la mayoría de los sistemas filosóficos tratan de explicar la conexión entre la voluntad individual y la universal. La explicación que tienen los cristianos es que Dios no solamente nos creó, sino que también nos alienta y nos guía. En definitiva, Dios le da forma a la historia y a la parte que nos toca jugar a cada uno de nosotros dentro de ella, todo según sus designios. Eso es la providencia.

Aun aquellas personas que hablan como si creyeran en algo menos importante que un Dios personal, terminan atribuyendo a sus propias concepciones características del Dios de los cristianos. Recordemos a Heather Mills McCartney, cuya historia y su campaña contra las minas personales hemos analizado en el capítulo 3. Cuando perdió una pierna en el accidente dijo: *"Parece que el destino me está diciendo que hay algo más reservado para mí"*.[1]

¿Acaso *el destino* puede "decirnos" algo? Los antiguos estoicos creían que cada acontecimiento está marcado por la fatalidad. Pero el destino de los estoicos no hacía sugerencias. Se suponía que el destino gobernaba la vida humana igual que la ley de la gravedad. Sin embargo, la afirmación de Heather Mills McCartney sugiere que la fuerza que gobierna su vida, de alguna manera se preocupa por ella. Sin embargo, el destino no puede operar de esa manera; sencillamente, se trata de cómo suceden las cosas. Lo que afirma la señora McCartney es que hay una fuerza más personal detrás del destino, que controla el curso de los acontecimientos.

La creencia generalizada de que la vida está gobernada por un propósito mayor que la propia voluntad, contradice la creencia en un universo aleatorio. Si el mundo está gobernado por el azar, entonces la vida es un asunto de suerte y conceptos como el destino no tienen ningún valor. La vida, en realidad, es "sonido y furia, que nada significan".[2] Pero algo en nosotros se resiste y esto sugiere que el diseño de nuestra vida *tiene* sus razones.

El crítico cinematográfico Brian Godawa utiliza la película *Cast Away* [*Náufrago*] para ilustrar cómo la cultura trata de sustituir con el destino a un Dios soberano. Tom Hanks hace el papel de un empleado de FedEx cuyo avión naufraga en el Pacífico y termina en una isla desierta. Vemos a Hanks construyendo un refugio, confeccionando herramientas y tratando de encontrar compañía en una cara que pinta sobre una pelota de voleibol, con su propia sangre. Al final, construye una barca, sale a mar abierto y una mañana es rescatado por un barco que con su poderosa bocina lo despierta de la semi-inconsciencia que lo tiene postrado.

Cuando Hanks regresa al mundo civilizado, descubre que ha perdido a su novia. Pero no importa, porque el único paquete de FedEx que ha logrado conservar, lo lleva a conocer a otra hermosa muchacha. La

película termina abriéndose a la esperanza, con Hanks ante una encruci-
jada, mirando unas señales que apuntan en direcciones opuestas. Mira
hacia ambos lados, abre grandes los ojos, analiza, reflexiona, sacude los
hombros, y por fin se levanta y camina en una dirección, rumbo a lo que
el destino le depare.[3] (Quizá sin esperanza alguna, porque si da lo
mismo una dirección que la otra, la elección no tiene mayor
consecuencia.)

El teólogo puritano Jonathan Edwards decía que no podemos vivir
librados al azar y a la nada. La idea de que estamos viviendo en este planeta que gira sobre sí mismo sin algún propósito específico, sin algún
plan, sin algún futuro, es sencillamente insostenible. Por eso los que
rechazan a Dios como el guía de su vida, a menudo aceptan cualquier
otro sustituto para llenar el vacío. Es así que una cuarta parte de los estadounidenses lee y cree en los horóscopos que salen en los periódicos.
Nancy Reagan, mientras estaba en la Casa Blanca, creía a tal punto en la
astrología, que le aconsejaba a su esposo que organizara su agenda en
función de la configuración de las estrellas.

¿Las personas inteligentes verdaderamente creen que las estrellas
tienen alguna influencia en nuestra realidad? En lo que sí creen es que
entre la voluntad individual y la voluntad universal debe de haber una
conexión y quisieran que esa conexión no estuviera amarrada por ninguna atadura moral. C. S. Lewis escribió: "Es bonito poder imaginar a
esta Fuerza enorme y misteriosa rodando a través de los siglos y cargán-
donos en su cresta . . . [con la condición] de que fuera sólo una fuerza
ciega, sin moral ni inteligencia, [y] que nunca interfiriera en nuestra
vida como ese problemático Dios que nos enseñaron cuando éramos
niños".[4]

La gente se esconde de Dios porque, a diferencia de una fuerza
misteriosa, el Dios de la Biblia tiene exigencias morales que muchos no
quieren enfrentar. Pero nunca dejan de tener nostalgia de esa seguridad
que sólo Dios puede ofrecer, aunque al mismo tiempo consulten el
horóscopo. Encontramos esta seguridad si abrimos los ojos. Una y otra
vez vemos las evidencias de que Dios guía a los individuos y a las
naciones.

El impetuoso profesor de derecho de la Universidad de Berkeley,
Phillip Johnson, que ya conocimos en páginas anteriores, tuvo un
inconfundible encuentro personal con la providencia. Johnson y yo

habíamos trabajado juntos por más de una década. Pude verlo tomar de manera magistral el mando general del gran movimiento científico e intelectual que está trayendo a la palestra las evidencias de un diseño inteligente, como lo vimos en el capítulo 20. ¡Qué tarea importante y estratégica ha llevado adelante Johnson!

A los sesenta y tantos, y en la cima de su carrera, Johnson tuvo un repentino accidente cerebro-vascular que lo dejó paralizado y postrado en cama. Recuerdo cómo me deprimió la noticia. Los informes que me llegaban sobre él por medio de sus amigos más cercanos y de su familia eran sombríos; probablemente no recuperaría sus facultades. ¿Cómo podía Dios haber permitido una cosa semejante? Dios tenía que saber que el papel de Johnson era indispensable.

Con una excelente atención médica y el cuidado amoroso de su familia, Johnson recuperó lentamente la mayoría de sus capacidades físicas. Felizmente su cerebro no había sufrido lesiones. Hombre disciplinado, de mucha determinación, trabajó enérgicamente para recuperar el habla, haciendo terapias físicas hasta que pudo nuevamente funcionar, por lo menos con la ayuda de otros.

Johnson escribió un relato muy impactante sobre aquellos momentos.[5] Confesó que lo que más había temido siempre eran las lesiones en el cerebro; la muerte le resultaba mucho menos aterradora que "la vergüenza de la impotencia". Durante su estadía en el hospital había momentos en los que, acostado, deprimido y confundido, con la parte izquierda de su cuerpo paralizada, lo único que quería era morir. Lo dominaba la autoconmiseración y junto con ella, recuerda, "los dragones de la imaginación", es decir, los miedos agigantados.

Johnson describe momentos de su convalecencia en el hospital, en un cuarto generalmente lleno de amigos que oraban por él. En una visita, un amigo de su iglesia simplemente cantó un himno: "Sobre Cristo, roca sólida, estoy; todo lo demás es arena movediza".[6] La letra de ese himno llegó a lo más profundo de Johnson. Pensó que, en efecto, él había construido su vida sobre arenas movedizas y no sobre roca sólida. Sí, claro, era cristiano . . . al menos se consideraba como tal. Sin embargo, había creído en el evangelio porque era "un escéptico de todo lo demás". Era un "racionalista recuperado" que había visto todas las debilidades del mundo lógico, y que nunca le había verdaderamente entregado su vida a Jesús. Una fe tan íntimamente personal "resultaba algo demasiado sentimental como para soportar el peso de toda una vida en su momento más desesperado".[7] Pero mientras permanecía indefenso en el hospital, con las palabras de aquel himno resonando en su cabeza, comprendió que sólo Jesús podía ser su roca sólida. A partir de ese momento pasó de ser un cristiano intelectual, alguien que podía argumentar sobre su fe, a ser un creyente genuinamente pleno del Espíritu de Dios.

A pesar de que Johnson todavía tiene problemas de salud y sufre las secuelas del derrame cerebral, ahora es un abogado mucho más eficaz, tremendamente decidido. También es una persona muy diferente, más tranquila y gentil.

¿Dios permitió un derrame cerebral en la vida de Johnson para que le prestara más atención? No creo en eso ni por un momento. La enfermedad afecta a todos los mortales. Vamos declinando a medida que avanza el tiempo. Del polvo al polvo. No, no creo que Dios distribuya estos ataques casi fatales para castigarnos o enseñarnos, pero sí permite que ocurran, y cuando ocurren, los utiliza para sus propósitos.

— • —

La providencia es algo que a menudo sólo entendemos retrospectivamente. Miro hacia atrás y puedo ver claramente su mano invisible guiándome en momentos difíciles, aun antes de comenzar a ser creyente. Asumí muchas cosas en mi vida como resultados de mi propia voluntad: El tiempo que pasé como infante de marina de los Estados Unidos, mi carrera como abogado, el trabajo con el gobierno. Pero ahora considero todo eso como una especie de preparación para algo mucho más grande.

Si usted tuviera que diseñar un prototipo de líder en el ministerio carcelario, alguien que pudiera relacionarse con los reclusos y evangelizarlos, podría tomar como modelo a alguien como yo. En primer lugar, estuve preso. En una oportunidad estaba visitando un penal con muy mala reputación y me encontraba rodeado de reclusos; uno de ellos me dijo burlonamente: "Oye, Colson, tú vivías en una de esas residencias lujosas, ¿por qué demonios vienes aquí a hablar con nosotros?" Fue una de las pocas ocasiones en las que un recluso me desafió. Había unos cien internos en aquella sala y antes de que pudiera contestar, otros presidiarios le gritaron al revoltoso: "¡Cállate! Él estuvo en el mismo lugar que nosotros. Sabe lo que es una cárcel. ¡Es uno de los nuestros!"

En segundo lugar, tengo la reputación de ser un tipo duro. Desdichadamente, en la mayoría de los penales se vive la ley de la selva; sólo los más duros sobreviven. Hoy suelo llegar a una cárcel vestido como un ejecutivo, con saco y corbata, pero los reclusos saben que también he sido un oficial de la marina y en las cárceles no hay ninguna profesión más respetada que esa. Además, era conocido como el muchacho duro de Nixon, un epíteto que no me gustaba en aquella época, pero que me sirvió bastante en mis años en la cárcel.

Por último, fui abogado y alto funcionario del gobierno. Los reclusos están en un permanente tira y afloja con el sistema legal, y tienen que lidiar con los problemas que crean las normas y las decisiones gubernamentales.

Siempre me sorprende lo atentos que son los reclusos cuando les hablo del evangelio (y he estado en centenares de cárceles y ministrado la Palabra miles de veces). Los presidiarios más jóvenes no tienen idea de lo que fue Watergate o quién fue el presidente Nixon, pero aún así les intriga lo que yo tenga para decirles. ¿Por qué? Por la manera en que Dios me preparó y por supuesto, porque no he dejado de visitarlos en todos estos años.

¿Acaso Dios manifestó cuál era su propósito para mi vida en los meses posteriores a mi liberación en que me estaba preguntando qué haría en el futuro? Recibí ofertas bastante tentadoras para regresar a los negocios y a la abogacía. Pero yo quería hacer algo mucho menos público. Quería estar con mis hijos y tratar de reorganizar mi vida. Pero sentía una insistente necesidad de hacer algo por los reclusos. No es que me entusiasmara hacerlo: No es una ocupación muy atractiva. Una persona conocida que me había apoyado durante este período y había organizado un pequeño grupo de oración en mi favor, quería que yo trabajara con líderes políticos en grupos de estudio bíblico. Esto hubiera sido razonable, por supuesto.

A pesar de esto, no me podía sacar de encima la convicción de que estaba llamado a trabajar en las cárceles. Como Jacob en el Antiguo Testamento, luché con Dios hasta el amanecer. Jacob terminó con una renguera; yo terminé convencido de que tenía que ir a trabajar a las cárceles.

¿Fue la providencia? Queda claro que no fue mi voluntad personal.

Hace algunos años, cuando sufrí una de las enfermedades más graves de mi vida, tan grave que pude apreciar de cerca lo que es la muerte, pude sentir cómo Dios le da forma a los acontecimientos para que coincidan con sus propósitos. Me encontraba en Filipinas, donde tenía que dar una conferencia, cuando de repente mi estómago comenzó a retorcerse. Era mucho más desagradable que los habituales desarreglos de vientre que ocurren durante los viajes. Pronto supe que tenía una hemorragia a causa de una úlcera en el estómago. Sin embargo, seguí adelante y di la conferencia, lo cual fue un grave error; el dolor empezó a golpearme cada vez con más fuerza.

De regreso a mi cuarto en el hotel analicé las opciones que tenía. Estar enfermo en un país del Tercer Mundo le agrega un poco de pánico a la situación. ¿Encontraría la asistencia médica adecuada? ¿Sobreviviría a esta crisis?

Un amigo convenció a un urólogo para que me revisara (no era exactamente el especialista que necesitaba, pero era lo único disponible en ese momento). El urólogo me prescribió Zantac y algunos otros medicamentos. Decidí pasar la noche en el hotel y resolver por la mañana si me internaba o no en un hospital. Cuando me desperté al día siguiente, tomé la decisión de regresar a casa. El médico me dijo que no era aconsejable viajar, ya que él no podía asegurar que la hemorragia estuviera controlada. Aún así, tomé el avión.

El vuelo duró catorce horas y supe después que si la hemorragia no se hubiese detenido espontáneamente, yo hubiera muerto durante el vuelo.

Una vez en mi casa, fui a hacerme exámenes al hospital. El radiólogo miró las placas y diagnosticó una úlcera. Me dijo que ya no estaba sangrando y pensaba que con un buen tratamiento andaría bien. Sin embargo, mi médico de cabecera, Joe Spano, no se quedó conforme. No le parecía normal que la úlcera hubiera sangrado y que luego hubiera cesado de hacerlo espontáneamente. Me indicó una endoscopia y tal como sospechaba, descubrió un tumor. En realidad ni siquiera tenía una úlcera. El tumor, había irritado las paredes del estómago, lo cual había provocado el sangrado y daba la apariencia de una úlcera. La biopsia indicó que el tumor era benigno.

Yo tenía la agenda de ese año completa, de manera que decidí esperar hasta el próximo año para operarme. Pero Joe Bailey, un cirujano especialista del estómago que nos apoya en el ministerio, me aconsejó que no esperara. "Quítate ese tumor ahora", me dijo. Él sabía que si un tumor gástrico benigno se vuelve cancerígeno y comienza a perforar el tejido estomacal, puede ser mortal.

Mis amigos de Washington me recomendaron que fuera al Hospital de la Universidad de Georgetown. Cuando me entrevisté con el cirujano de ese hospital le dije que mi médico personal de Florida me había dicho que, como se trataba de un tumor benigno, la intervención sólo consistiría en extraerlo, sin necesidad de hacer cirugía del estómago.

"¿Usted quiere poner en peligro la operación?", me preguntó el cirujano. "No puedo saber con certeza qué tipo de tumor es hasta que lo saque y lo analice. Por lo que sé, señor Colson, usted tiene cáncer".

Pude detectar bastante arrogancia en su actitud y debería haber salido de allí en ese momento. Pero acepté la intervención quirúrgica.

Estuve en la sala de operaciones durante cuatro horas. En ese lapso el cirujano extrajo el tumor y todos los nódulos linfáticos que había alrededor. Realizó una cirugía importante, en la que participaron todos los médicos residentes como parte de su adiestramiento.

Cuando salí de los efectos de la anestesia, vi a Patty y a Emily que me estaban observando.

—¿Era cáncer? —les pregunté.

—Sí —contestaron.

—¿Sacaron todo?

—Sí.

—¡Qué bueno! —exclamé y realmente estaba expresando lo que sentía. Puse todo en las manos de Dios. De verdad, no tenía ningún temor.[8]

Durante los próximos cinco días mi situación fue agravándose, hasta que se volvió insoportable. El tubo que me drenaba no estaba bien instalado y el estómago se hinchó, desgarrando la costura. Tuve una infección tan fuerte que la fiebre subió mucho y empecé a delirar.

El cirujano vino a resolver el problema de la infección. Redujo la dosis de calmantes, porque me harían delirar aún más. Por alguna razón, para resolver el problema, el cirujano prescindió de la anestesia. Sencillamente, tomó su escalpelo, se inclinó sobre mi cuerpo (todavía recuerdo el olor a cigarrillo que tenía), hizo una incisión en la herida suturada e insertó un nuevo tubo de drenaje. Creo que nunca grité tan fuerte como aquella vez.

Al siguiente sábado, la fiebre estaba altísima y casi no podía razonar. La enfermera pensó que me estaba muriendo y llamó a Patty y a Emily. Recuerdo que por instantes salía de las profundidades de mi delirio a la superficie racional. En uno de esos momentos pensé que ése podía ser el fin de mi vida. Sabía que mi cuerpo luchaba por recuperarse, pero parecía que estaba perdiendo la batalla. Sin embargo, yo me sentía en paz, porque sabía que estaba en las manos de Dios.

Perdí cerca de 14 kilos en los 28 días de convalecencia. Mis heridas tenían que permanecer abiertas, para que sanaran desde afuera hacia adentro. Cada cuatro horas había que limpiar las heridas, lo que significaba quitar las vendas, frotar para hacer una buena limpieza, y volver a ponerlas. Soporté el dolor aferrándome a los barrotes de la cama y tensando todos los músculos. El dolor seguía siendo insoportable y no se podía tratar con morfina porque es una droga que disminuye las funciones de todo el cuerpo, incluyendo las del estómago. Si quería recuperarme, tenía que aguantar estoicamente.

Después de haber pasado tres semanas y media en el hospital, todavía tenía conectados los tubos intravenosos, pero podía moverme. Podía ir y venir por el hospital, lo cual era un enorme consuelo.

El administrador del hospital vino un día a preguntarme cómo estaba. Mencionó que acababa de impedir el paso al reportero Bob Woodward, que estaba tratando de introducirse subrepticiamente al cuarto donde convalecía el ex director de la CIA, Bill Casey. Acababan de practicarle una importante cirugía cerebral. Al parecer Woodward se había comportado con su habitual agresividad, porque el administrador dijo: "No me había dado cuenta hasta este momento de todo lo que usted había pasado con el caso Watergate".

—¿Dónde está Bill? —le pregunté. Casey había sido un buen amigo mío y sentí preocupación por él.

—Su habitación está justo encima de la suya. Cuando se oyen esos ruidos de sillas que se arrastran, son los guardaespaldas que se están acomodando.

Le dije al administrador que me gustaría visitar a mi amigo Bill. Me respondió que el equipo de seguridad de Casey no dejaba entrar a nadie con excepción del vicepresidente Bush, el consejero general de la CIA y los miembros de la familia Casey. De todas maneras, preguntaría.

Veinte minutos después, Sofía, la esposa de Bill Casey, llamó a mi habitación. Si quería ver a Bill, podía subir. Así que, gracias a la inapreciable ayuda de Patty, y con mis tubos intravenosos colgando por todos lados, tomamos el ascensor.

Había dos guardias de seguridad frente a la puerta de la habitación. Cuando Bill me vio entrar, sonrió. Estaba rodeado de almohadas que le permitían mantenerse sentado. Tenía la expresión de las personas que han sufrido un derrame cerebral, con una mitad de la cara inexpresiva y la boca torcida hacia abajo. El lado derecho de su cabeza, donde le habían practicado la operación, estaba hundida y producía un efecto grotesco. Cuando me vio, comenzó a lagrimear.

Le conté lo que me había pasado y por qué venía a verlo en pijama y con mis aparatosos tubos intravenosos. No podía contestar, sólo sonreía y emitía sonidos roncos. Ninguna palabra inteligible (un detalle importante por lo que voy a decir más adelante).

Le pregunté si quería que orara con él. Rápidamente asintió con un movimiento de la cabeza. Le pregunté: "¿Conoces al Señor? ¿Estás en paz con Jesús?"

Me miró con curiosidad, como si dijera: ¿Por qué me preguntas una cosa así? Yo sabía que era católico devoto y no tenía intención de juzgar su fe; sencillamente quería asegurarme que podía enfrentar la posibilidad de la muerte con la misma seguridad que yo sentía. "¿Ves ese crucifijo en la pared?", le pregunté. "Tú sabes cuál es su significado: Que Jesús murió por tus pecados. De eso se trata. Lo demás no tiene importancia. ¿Quisieras orar?"

Asintió con entusiasmo. Sofía, Bill y yo nos tomamos de la mano. Oramos y al terminar, corrían algunas lágrimas por las mejillas de Bill Casey. No sé que ocurrió en la mente de Bill aquel día. Por lo menos creo que su fe se profundizó y se fortaleció. Lo único que sé es que yo estaba en aquel hospital en ese momento para poder orar con él. Dios utilizó mi enfermedad, mis decisiones sobre los tratamientos, y hasta mi propia lucha con la muerte, para llevarme hasta esa habitación y sensibilizarme con lo que estaba viviendo y sintiendo mi amigo, a fin de hacerle las preguntas que debía escuchar y darle la seguridad que necesitaba sentir. Luego Sofía me dijo que mi visita había sido lo más importante que le había pasado a Bill estando en el hospital. Murió dos meses más tarde.

Dos años después, Bob Woodward publicó un libro donde decía que Casey había "confesado" haber aprobado la operación ilegal de venta de armas a Irán para financiar a los Contras en Nicaragua. El libro de Woodward describe que Casey hizo esta revelación sentado en su cama del hospital, en un estado normal. Yo sabía por la visita que le había hecho a Bill, en las horas en las que supuestamente Woodward lo había visitado, que esa confesión jamás había podido ocurrir. En primer lugar, los guardias de Casey no hubieran permitido que Woodward entrara. Además, aunque lo hubiera logrado, Casey no podía hablar. Cuando las supuestas confesiones de Casey salieron en las primeras planas de los periódicos, yo estaba en condiciones de refutarlas. Esa es otra de las cosas positivas que fueron posibles gracias a mi enfermedad. Yo tenía los elementos para corregir esa parte de la historia y defender el honor de una excelente persona.

En una segunda biopsia se confirmó que mi tumor era benigno. Si lo hubieran sabido durante la operación, simplemente lo hubieran sacado sin tocar otras partes de mi estómago. Pero entonces, por supuesto, no hubiera pasado un mes en el hospital y no hubiera visto a Bill Casey. Así que, a veces, la providencia nos puede costar un poco.

Obviamente, se puede leer todo lo anterior como algo casual o se puede reconocer la mano de Dios. Para ver el modo de obrar de la providencia se necesitan los ojos de la fe, porque la realidad siempre puede ser interpretada de diferentes maneras. La experiencia de la gracia que vi en el rostro y en las lágrimas de Bill Casey me confiere la seguridad de que Dios había obrado en medio de la dificultad para producir algo bueno.

Al mirar hacia atrás, me doy cuenta de que he vivido muchas experiencias como la visita a Bill Casey: Momentos en los que Dios puso en evidencia sus propósitos. La presencia de Dios ha sido evidente también en las pequeñas cosas. He escrito más de veinte libros, y muchas veces he sentido que estaba sumido en dificultades, temas difíciles, buscando la mejor manera de presentar las cosas, hasta que me topaba con otro libro o un artículo que exponía con claridad el asunto. Mientras escribía este libro y me concentraba en la parte que narra la experiencia de Nien Cheng con la araña que construye su tela, me detuve por un momento para almorzar y me puse a revolver libros que estaban en una caja que me había enviado uno de los miembros de mi equipo. El primer libro que levanté había sido publicado en Alemania y traducido al inglés. Nunca había escuchado hablar del libro. Lo abrí precisamente en la página donde se hace una descripción de la laboriosa manera en la que una araña construye su tela. Por supuesto que podría haber sido una simple coincidencia, salvo que en mi carrera de escritor este tipo de "coincidencias" ocurren a menudo. Al gran escritor y disidente soviético Aleksandr Solzhenitsyn le pasaba lo mismo, y lo cuenta en su libro *El Roble y el Ternero*. Narra que en muchas oportunidades se sentaba a escribir y sentía que una mano invisible tomaba la suya y la guiaba a través de la página, mientras las palabras fluían unas tras otras.

—•—

También he visto la marca de la providencia en las grandes decisiones. En una visita a Europa en 1996, me sentía particularmente cansado y sin energía. En ese tiempo, además de la presidencia del Ministerio a las Prisiones en los Estados Unidos, tenía a mi cargo la del Ministerio a las Prisiones Internacional, que supone un trabajo ministerial independiente y cubre más de cien países en todo el mundo. En ese viaje, mi misión era visitar cárceles y también voluntarios para nuestra organización en Rusia, Rumania, Bulgaria y la República Checa. Fue una experiencia deslumbrante, sobre todo andar por los corredores de las cárceles rusas y constatar el enorme trabajo ministerial que se estaba haciendo con reclusos que se encontraban casi sin esperanza. Sin embargo, mientras me encontraba sentado y solo en mi habitación del hotel en Moscú, llegué a la conclusión de que era el momento de dejarle a otra persona la dirección general del Ministerio a las Prisiones Internacional. El presidente de la organización, Ron Nikkel, es una persona que tiene muchos dones, sensible a diferentes culturas. Estaba seguro de que podíamos encontrar un director general que dedicara más tiempo en apoyar a Ron. Yo había dado lo que podía dar. Oré y le pedí a Dios que me dijera qué debía hacer.

En la siguiente reunión del consejo de administración del Ministerio a las Prisiones Internacional en París, anuncié a los directivos, que se quedaron perplejos, que dejaría el cargo de director general y le pediría a Tom Pratt, el presidente del Ministerio en Estados Unidos, que lo asumiera temporalmente mientras el consejo realizaba una búsqueda de candidatos para ocupar el puesto. A pesar de la reacción del consejo, sentí que estaba haciendo lo correcto. Si lo hubiera pospuesto indefinidamente, el consejo jamás hubiera tomado la iniciativa.

Después, algunos miembros del consejo se reunieron conmigo y todos estuvimos de acuerdo en que el candidato ideal sería Mike Timmis, un hombre de negocios estadounidense y miembro del directorio del Ministerio a las Prisiones de Estados Unidos. Mike tenía muchos intereses en el extranjero y además era un cristiano consagrado. Sospeché que no iba a poder asumir un trabajo voluntario que le exigiera más de la mitad de su tiempo. Aún así, hicimos una llamada desde la habitación del hotel en París y le preguntamos si le interesaría asumir la función. Él nos preguntó si no habíamos estado pasando demasiado tiempo en las legendarias viñas francesas.

Durante los seis meses que siguieron, Mike y su esposa, Nancy, reflexionaron sobre la propuesta que les habíamos hecho, oraron y nos hicieron visitas a Patty y a mí en repetidas oportunidades. Era un compromiso enorme, y Mike tenía que pensarlo bien y orar mucho.

Un día recibí una llamada de Mike, muy entusiasmado, que me decía: "Chuck, mi esposa no es de los que ven visiones o detectan las señales de Dios. Es una persona muy reservada, una creyente con los pies bien puestos en la tierra. Pero durante uno de mis viajes, ella tuvo una experiencia increíble. Cree que Dios le dijo, con una voz audible, que tengo que aceptar el cargo. Voy a aceptar".

Mike Timmis resultó ser mucho mejor líder del movimiento internacional que yo, y los alcances del ministerio se han duplicado desde que él es director general.

La experiencia providencial que tuvimos cuando buscábamos a la persona que me reemplazaría en el ministerio estadounidense del Ministerio a las Prisiones, fue todavía más dramática. Cuando cumplí los sesenta y dos años, el Ministerio a las Prisiones pensó que había que encontrar a alguien a quien adiestrar para que ocupara mi puesto. Ken Wessner, uno de los miembros del consejo nacional, dijo: "Ha llegado el momento. Ya sabes que un buen líder siempre planifica su sucesión".

Así que formamos un comité *ad-hoc*. Decidimos cuál debía ser la imagen de nuestro ministerio y el tipo de persona que podría llevar adelante esa visión. Contratamos los servicios de un experto en seleccionar personal especial. Se sentó una noche alrededor de una mesa con los miembros del consejo y dijo: "Díganme quién sería la persona que ustedes consideran ideal para ocupar el cargo. Si pudieran escoger a una persona que respondiera a todas las exigencias del trabajo, ¿quién sería?"

Yo contesté: "Mark Early".

Casi no conocía personalmente a Mark, sólo lo había visto una vez, pero había leído mucho sobre este joven y entusiasta político. Había prestado servicios en el Senado de Virginia y recientemente había sido electo ministro de justicia por el mayor margen electoral de la historia de ese estado. Era una persona muy respetada. Yo había escrito sobre él, citándolo como un ejemplo elogiable de un cristiano comprometido en la política.

"Sería perfecto, pero no aceptará", le dije al seleccionador, "porque es el nuevo ministro de justicia del estado de Virginia. Tiene un pasado misionero y es increíblemente inteligente, un hombre joven, de unos cuarenta años. Pero como le digo, es improbable que acepte el trabajo."

El profesional y varios miembros del comité, fueron a ver a Mark Early. Luego me informó: "Usted tenía toda la razón. Sería la persona ideal. Cumple con los requisitos, tiene la personalidad adecuada, todo. Pero como usted dijo, tiene la intención de cumplir con su mandato de ministro de justicia. Hubiera accedido, de no haber tenido ese compromiso".

Podríamos haber esperado a que Mark terminara su mandato, pero sospeché que sería candidato a gobernador, que es el camino habitual que sigue un ministro de justicia en el estado de Virginia. Como ese estado es republicano y Mark Early era un republicano increíblemente popular, pensé que para él sería como un juego de niños ganar la elección. De modo que nos pareció que había que quitarlo de nuestro plan.

Seguimos buscando durante cuatro años, de 1997 al 2001. En este período entrevistamos a veinticinco candidatos y estuvimos a punto de dar el cargo a varios de ellos.

En un momento dado, prácticamente nos habíamos decidido por un hombre que tenía un pasado tremendamente exitoso en el campo de los negocios y las finanzas. Había dejado esa ocupación para dedicarse a reunir fondos para otro ministerio. Algunos de los miembros pusieron en tela de juicio su madurez espiritual, pero para mí, era el candidato (a esta altura, yo estaba dispuesto a pasar por alto algunas cosas). El consejo ya estaba a punto de hacerle un ofrecimiento a este hombre, y podríamos decir que el tren ya estaba saliendo de la estación y se iba por las vías. Pero entonces, durante una gira por California con unos voluntarios del Ministerio a las Prisiones, me puse a hablar sobre este candidato con otro líder del ministerio. Uno de los voluntarios escuchó algo de nuestra conversación y sugirió que debíamos hacer más averiguaciones. Llamé al líder del ministerio en el que el candidato había estado trabajando y manifestó bastantes reservas.

Estuve a punto de abandonar la búsqueda. ¿Acaso nunca íbamos a encontrar a la persona adecuada?

Esto ocurría en el mes de octubre del 2001, dos semanas antes de las elecciones para gobernador del estado de Virginia. Como yo lo sospechaba, Mark Early había ganado las internas de los republicanos y ahora era el candidato favorito. Sin embargo, su oponente tenía un arsenal de recursos. El demócrata Mark Warner era un capitalista aventurero que había amasado una cuantiosa fortuna durante el *boom* de los negocios de tecnología de punta en la década del '90. Según las informaciones sobre sus cuentas personales, estaba gastando una fortuna de su propio dinero para la campaña política.[9] Bombardeó a los electores con su campaña de publicidad.

La campaña de Early no lograba levantar vuelo. Todo lo que podía fallar, fallaba. El presidente Bush habría venido a apoyarlo, pero a causa de los ataques terroristas, nunca vino. El Comité Nacional Republicano dio por sentado que Early iba a ganar y no le prestó mucha atención.

En contra de todas las predicciones, incluida la mía, Mark Early perdió las elecciones.

Una semana más tarde lo llamé. "¿Todavía te interesa el cargo?" le pregunté. "Sí", me contestó. Después de la campaña, Mark había sentido que Dios tenía otro propósito para él. En sus momentos de devoción matinal, leía sobre la situación de la justicia y los reclusos en las cárceles.

Vino a almorzar conmigo e inmediatamente supe que era la persona idónea para el cargo. Unas semanas más tarde, después de haber hecho los informes que correspondían a mi mandato y que Mark se hubiera reunido con el consejo, lo contratamos.

Mark Early ha demostrado ser un líder excepcional. En todos los aspectos nuestro trabajo ministerial ha avanzado mejor bajo su responsabilidad que bajo la mía: Contribuciones, presupuesto, resultados ministeriales y estado de ánimo. Eso es la providencia.

— • • —

Creemos que Dios tiene un propósito para la historia y que Él lo cumple a través de las vidas de las personas.

El concepto de providencia es la respuesta cristiana a la fatalidad, el destino o la suerte. Creemos que Dios tiene un propósito para la historia y que Él lo cumple a través de las vidas de las personas.

En la época colonial de Jonathan Edwards, los pensadores del Siglo de las Luces desafiaron las bases históricas de las enseñanzas bíblicas con la declaración de que la historia es un marco poco confiable para llegar a alguna verdad universal. Desde su punto de vista, la historia es demasiado específica y sujeta a la idiosincrasia.

Edwards y algunos otros respondieron diciendo que la historia había sido guiada por la mano invisible de Dios, y que revela un orden providencial del que Dios es el principal actor.[10] Si la historia fuera el resultado de procesos aleatorios, no tendríamos ninguna manera de encontrar la verdad universal, porque nadie, excepto Cristo, ha podido observar la historia desde afuera. A esto se debe que la historia y la teología siempre hayan estado muy relacionadas entre sí.

Las Escrituras también nos dicen que Dios establece el tiempo para las naciones y los individuos además de las situaciones que vivirán.[11] Esto significa que la providencia no sólo se aplica a los individuos, sino también a los asuntos de Estado. Los fundadores del país seguramente entendieron esto. En las palabras finales de la Declaración de Independencia, los autores expresaron su "sólida confianza en la divina providencia". Los próceres de Estados Unidos se refirieron repetidamente a este concepto en las Actas federales.

Ningún personaje estadounidense manejó con más elocuencia y sentido el concepto de la providencia que Abraham Lincoln. Se han escrito muchos libros sobre la vida espiritual de Abraham Lincoln y ninguno ha definido claramente si era teísta o si creía en un Dios cristiano.

Una cosa, sin embargo, queda clara: Lincoln entendía y confiaba en la providencia. "Me asumo en mi posición actual y con la autoridad que se me confiere, como un instrumento de la providencia", le escribió a un amigo.[12] Su famosa "Proclama en Defensa del Día Nacional de Ayuno" está repleta de referencias a la firmeza con la que Dios conduce los asuntos de la nación.

El pensamiento privado de Lincoln es idéntico al de sus textos; su invocación de la providencia no era simple retórica política. En una conversación que tuvo con un capellán que trabajaba con los soldados durante la Guerra de Secesión afirmó: "Si no fuera por mi firme creencia en que existe una providencia por encima de todas estas cosas, sería difícil para mí, en medio de tantas complicaciones gubernamentales, conservar un pensamiento racional. Pero tengo confianza en que el Todopoderoso tiene sus planes y los llevará a cabo; y, sea que los veamos o no, serán lo mejor para nosotros".[13] En 1862 le dijo a una congregación de cuáqueros que Dios "permite la guerra por algún sabio motivo que sólo Él conoce, y que nos es misterioso y desconocido. . . . Sólo nos resta creer que Él, quien hizo este mundo, todavía lo gobierna".[14]

***

Si Dios está con nosotros, si los pasos que damos en la vida no están determinados por el destino o por la suerte sino por la divina providencia, entonces, de igual manera, los acontecimientos de nuestra muerte están bajo su soberanía. Una verdadera vida de calidad apunta a un final de gracia, a una buena muerte. ¿Existe algo así? ¿Qué revela la muerte acerca de la manera en que hemos vivido?

CAPÍTULO 29

UNA BUENA MUERTE

Uno de los hombres más interesantes que he conocido fue Bill Bright. Cuando era un hombre de negocios todavía joven, sintió el llamado de Dios para que dejara su negocio (Confecciones Bright de California) y se dedicara a la evangelización. En 1951, él y su señora, Vonette, comenzaron el ministerio Cruzada Estudiantil para Cristo. Empezó con un puñado de amigos que se juntaron para una reunión. Hoy la base del ministerio en Orlando tiene más de 26 mil empleados y ocupa a más de 550 mil voluntarios que trabajan en más de 190 países. Además de estar bien administrado, es un ministerio muy entusiasta.

Durante más de cincuenta años Bill y Vonette se entregaron completamente al trabajo ministerial, sin mirar jamás hacia atrás. Bill tenía una energía inagotable, hasta en sus últimos días, y tenía una agenda de viajes que hubiera resultado agotadora para cualquier hombre con la mitad de sus años. Era un hombre de humildad asombrosa, con un estilo sencillo, pero con un objetivo muy claro: Evangelizar el mundo.

Cuando Bill estaba llegando a los 80 años, le diagnosticaron fibrosis pulmonar, una enfermedad que casi siempre termina en una lenta agonía. A medida que los tejidos se vuelven rígidos, los pulmones pierden su capacidad de procesar el oxígeno. Si la persona no muere antes por un ataque cardíaco, el enfermo acaba asfixiándose. Muchas personas que conocí, afectadas por fibrosis pulmonar, se sentían tan débiles que preferían poner fin a sus vidas. La enfermedad roba la energía del enfermo y la persona permanece en un estado de permanente agotamiento.

Cuando Bill me comunicó el pronóstico de los médicos, lo hizo sin apiadarse de sí mismo. Su voz en el teléfono tenía la misma efervescencia de siempre, comunicaba muchas ganas y entusiasmo con relación a los diferentes proyectos que estaba administrando, aunque sabía que había entrado a un proceso que en dos o tres años lo llevaría a la muerte.

El médico de Bill consideraba que su actitud era inexplicable. Cuando le dijo a Bill que una fibrosis pulmonar era peor que un ataque cardíaco o que un cáncer, concluyó diciéndole lisa y llanamente: "Vas a morir asfixiado".

Entonces Bill dijo: "Gracias, Señor".

El profesional volvió a la carga: "No entiendes", y le repitió la horrible muerte que tendría. Le afligía que Bill hiciera una negación de su estado.

Bill le explicó que sólo estaba reafirmando su fe: "Creo en la Biblia y allí dice que los cristianos tienen que agradecer por todas las cosas y alegrarse ante cualquier eventualidad".[1]

La vida buena implica aceptar que, definitivamente, nuestras vidas le pertenecen a Dios.

Visité a Bill muchas veces durante los tres años que transcurrieron entre el diagnóstico y su muerte. Por momentos tenía muchas dificultades para caminar, porque debía llevar a todas partes un cilindro de oxígeno y mantener los tubos en sus fosas nasales. A pesar de eso, siempre parecía entusiasta. En una de esas reuniones que tuvimos, pasó más de una hora sugiriéndome cosas que se podrían hacer para que el programa del Ministerio a las Prisiones fuera más eficaz, muchas de las cuales hemos puesto en práctica y han dado muy buenos resultados.

A lo largo de este período, Bill me enviaba manuscritos de libros, artículos y guiones radiales que escribió cuando ya no podía levantarse de la cama. Entre el 2001 y el 2002, trabajó en más de ochenta proyectos, según los registros de uno de sus ayudantes.[2] Organizó conferencias, consiguió oradores y también hizo montajes de vídeos como parte de su legado educativo.

Dos semanas antes de su muerte, Bill y yo tuvimos nuestra última conversación telefónica. Yo quería que supiera lo que iba a decir en su funeral. No tuvo en absoluto el carácter de una conversación mórbida. Le dije: "Bill, quiero que escuches lo que voy a decir cuando te hayas ido, pero quiero que lo escuches ahora que estás vivo y no sólo cuando nos estés mirando desde el cielo". Le dije a él, como lo dije luego en el servicio del funeral, que nunca olvidaría aquella vez que estuvimos, él y otros líderes, sentados alrededor de una mesa discutiendo sobre temas teológicos. De pronto Bill interrumpió el debate y dijo: "No estoy tan interesado en la teología como lo estoy de poder estar frente al Señor un día y no tener que confesar que no conduje a los pies de Cristo a cada persona posible". ¡Qué persona valiente y franca!

En nuestras conversaciones durante esos tres últimos años, jamás detecté el menor sentimiento de autoconmiseración o desaliento. Debió haber tenido esos momentos, pero sólo Vonette, que estaba a su lado permanentemente, podría saberlo. Bill había nacido para ser líder y jamás se mostraría desalentado o decepcionado ante los que se ocupaban de acompañarlo. Al final de su vida, siempre estaba buscando la manera de ayudar a los demás.

En sus últimos días, Bill Bright convocó a su personal y expresó las siguientes palabras: "Por la fe en Dios, caminen en su luz, disfruten en su presencia, amen con su amor y alégrense de que no estarán nunca solos. ¡Él estará con ustedes siempre, bendiciéndolos!"[3] Bill Bright había entendido que la vida buena implica aceptar que, definitivamente, nuestras vidas le pertenecen a Dios. Se negó a tomar medicamentos que habrían acelerado su muerte. También habló con Vonette de lo importante que era entregarse al último llamado de Dios. Tal vez como resultado de su actitud (y también, creo, debido a su piedad), sus últimos minutos no fueron los insoportables horrores que le habían pronosticado. Momentos antes de que expirara, Vonette se inclinó sobre él y le dijo: "Quiero que vayas a estar con Jesús, y Jesús quiere que vayas a estar con Él. ¿Por qué no lo dejas que te lleve al cielo?" Se dio vuelta un momento y cuando volvió a mirarlo, ya había dejado de respirar. Ella pudo ver el último pulso en su cuello y después, ya se había ido. Recordó aquel Salmo que dice: "Mucho valor tiene a los ojos del Señor la muerte de sus fieles", y la oración de San Francisco de Asís: "Es cuando morimos, que nacemos a la vida eterna".[4]

Vivir la vida buena no es sólo vivirla hasta el último momento en plena capacidad,

> *Vivir la vida buena no es sólo vivirla hasta el último momento en plena capacidad, sino también ser capaz de enfrentar la muerte de manera ecuánime y de morir dignamente.*

sino también ser capaz de enfrentar la muerte de manera ecuánime y de morir dignamente. Mucha gente no entiende este asunto. Piensan que hay que vivir la vida a fondo y disfrutar hasta el último momento todo lo que se pueda, y cuando llega la muerte, hay que aceptarla como algo doloroso. Lo bueno se acabó. Se terminó la vida.

No es la mejor manera de verlo.

He descubierto que algunas de las personas mejor adaptadas a la realidad de la vida y al tema de la muerte son las condenadas a la pena capital, particularmente si son cristianas. A lo largo de tantos años, he visitado en las cárceles a miles de mujeres y hombres condenados a muerte. Tal vez pensemos que una persona sentenciada a muerte, confinada en una celda fría, que sólo tiene una hora diaria para hacer gimnasia en un patio cercado con alambre de púas, perdería el deseo de vivir. No es así en todos los casos. Ya mencioné a Sam, un recluso que no quería perder su tiempo mirando televisión y prefería dedicarse a estudiar para ser ministro de la Palabra.

Algo acerca de la certeza de la muerte nos fuerza a enfocar mejor la vida.

Algo acerca de la certeza de la muerte nos fuerza a enfocar mejor la vida. Samuel Johnson dijo una vez: "Cuando una persona sabe que en quince días la van a colgar, adquiere una formidable capacidad de concentración".[5] Me parece que esta afirmación contiene algo más que humor negro. En un sentido, es algo muy saludable vivir con conciencia de la muerte. Por eso, los santos de la antigüedad solían tener sobre sus mesas calaveras que les recordaran permanentemente su condición mortal. Si creemos que nuestra vida le pertenece a Dios, como lo creía Bill Bright, entonces podemos decir, con el apóstol Pablo: "Para mí el vivir es Cristo y el morir es ganancia" y creer lo que decimos.[6] Podemos *disfrutar* de cada momento de la vida, incluso la vejez y las enfermedades mortales, si entregamos nuestra vida al cuidado de Dios. Necesitamos aceptar las estaciones de la vida y apreciar lo que Dios tenga para enseñarnos en cada una de ellas.

Es muy difícil que esta actitud pueda ser la del que no tiene fe. La cultura occidental está obsesionada por retrasar la vejez y el momento de la muerte. La gente se esfuerza por demorar estas citas naturales, usando desde muy temprana edad fajas abdominales, tinturas para el cabello, implantes artificiales y consumo exagerado de vitaminas y otros complementos nutricionales. En esta era de gran desarrollo biotecnológico, estamos tentados por la posibilidad de prolongar la vida, cuantitativa y cualitativamente. Quizá los implantes genéticos nos permitan en el futuro concebir hijos hasta la edad de cien años. Ahora, con la posibilidad de tantos transplantes de órganos, la gente se pregunta por qué deberíamos morir. Hay tanta fascinación por estos avances, que somos incapaces de pensar en términos éticos sobre los límites de la investigación biotecnológica. Nuestra civilización cree estar al borde de haber encontrado, por fin, la mítica Fuente de la Juventud.

Sin embargo, pensar de esta manera es no tomar en cuenta seriamente nuestra humanidad ni la sabiduría de Dios. Los cristianos tienen una visión estereoscópica de la muerte, un enfoque desde dos ángulos ligeramente diferentes. Primero, la muerte se presenta como un enemigo temible, el juicio de Dios para con los pecados de la humanidad. Pero también creemos que Jesús, con su muerte en la cruz, venció al pecado y a la muerte.[7] La resurrección corporal de Cristo es la garantía para los creyentes de que "si morimos en Cristo, también viviremos con él".[8]

Pero desde otra perspectiva, el juicio de Dios es también su misericordia respecto de la muerte, pero también de todo lo demás. Esto es lo que quiero decir: Se dice popularmente que envejecer es un asunto de hombría. Antes solía levantarme de un brinco. Ahora también lo hago, pero siento los tirones en los ligamentos y a veces el dolor en la espalda. A medida que fui envejeciendo, he notado otros cambios también y algunos me resultan más difíciles de aceptar que otros. Siempre me jacté de tener una memoria fotográfica. Aún la conservo, pero es verdad que ahora me cuesta más enfocar la lente. De modo que vamos pagando un precio a medida que el cuerpo pierde vigor. Uno empieza a morir en medio de la vida.

Sin embargo, estos avisos de la muerte nos ayudan a enfocarnos en las cosas de la vida que son realmente importantes. Una conciencia saludable de la muerte nos incita a disfrutar plenamente nuestras relaciones con la familia y con los amigos. ¿Por qué será, si no, que los hombres son más pacientes como abuelos que como padres? Mirar de frente la muerte es algo saludable.

En mi caso, la edad me ha permitido apreciar la belleza natural. Ya tenía la capacidad de hacerlo, pero ahora, al llegar al otoño de mi vida, se ha intensificado. El mundo me resulta más apreciable.

Las punzadas y los dolores de la vejez hacen que la perspectiva de la muerte resulte mucho menos temible. Como dice el pensador francés Montaigne: "Vamos de la mano de la naturaleza, bajando lenta y casi imperceptiblemente; poco a poco nos va familiarizando con nuestro miserable estado; por eso no nos conmueve tanto cuando la juventud muere en nosotros para siempre, lo cual en el fondo es una muerte más cruel que la muerte completa de una vida que se extingue o el morirse de viejo".[9]

El hecho de que somos criaturas imperfectas hace que la idea de ser inmortales sea una absoluta irresponsabilidad. Si viviéramos para siempre, no nos preocuparíamos por nuestros hijos, porque podríamos vivir tanto como ellos. No sentiríamos la responsabilidad de transmitir el conocimiento que hemos adquirido a lo largo de nuestra vida. Nuestra presuntuosa victoria sobre la muerte nos haría insoportables. La historia nos ha mostrado lo que sucede con las personas que creen tener un poder ilimitado. ¿Y cuánto más poder creeríamos tener si supiéramos que podemos vivir para siempre? Por eso el juicio de Dios sobre la humanidad también muestra su misericordia; la muerte impide que suframos una interminable vida de orgullo y aislamiento.

El plazo fatal de la muerte también está relacionado con la insatisfacción de la vida. Las limitaciones nos obligan a esforzarnos por encontrar dónde está la eternidad. El poeta Wallace Stevens muy apropiadamente apuntó que "el no tener es el comienzo del desear".[10] Lo que quería decir es que, paradójicamente, la satisfacción comienza por la insatisfacción. León Kass, director del Consejo Presidencial de Bioética, considera que la corta duración de nuestra vida nos obliga a desarrollar nuestras capacidades. La verdadera felicidad, según Kass, viene cuando "nuestra alma llega a la plenitud de un ejercicio espiritual sin barreras".[11]

La certeza de encontrarnos con la muerte aguijonea nuestras aspiraciones, el deseo de conseguir lo máximo posible mientras podemos. Cuando nos guía nuestra ambición natural y hacemos uso de los dones que Dios nos dio, sentimos que Él se complace con su creación y sus criaturas. Muchas de mis satisfacciones fueron el resultado de haber intentado concretar mis aspiraciones por conseguir mayores logros, sobre todo cuando estos objetivos habían sido definidos más por la voluntad de Dios que por mi ego. Tener presente la meta final de la muerte nos fuerza a hacer una evaluación de nuestra vida: ¿Qué hicimos bien y qué hicimos mal? Esto es lo que debe haber inspirado a James Ryan cuando a los setenta años fue a buscar la tumba de la persona que le había salvado la vida cuando él tenía veinte. En cierto sentido, todos nos vamos preparando para lo que sospechamos será un balance de cuentas, y a su vez, ésto nos conduce a encontrar al único Dios que puede liberarnos de la muerte.

En los últimos momentos de nuestra vida, también podemos experimentar mucha satisfacción si podemos vernos reflejados en una vida bien vivida, lo cual también requiere nuestra aceptación del número de años de vida que Dios nos asignó. Esto nos concierne a todos, cuando pensamos en nuestras familias, nuestros amigos y las cosas bien hechas que hemos logrado. Y cuando reflexionamos en un sol que responde al llamado del canto de los pájaros, como fue el caso del compositor Messiaen. Cuando nos alegramos por todos los regalos de la creación de Dios. Cuando hemos trabajado fuerte y bien. Y al final, cuando somos capaces de hacer inscribir en la lápida de nuestra tumba, como Bill Bright: "Esclavo de Cristo".

La muerte nos lleva a preguntarnos para qué es la vida, aun cuando nuestro anhelo de eternidad nos sugiere que una vida mortal es la necesaria preparación para la eternidad. Por eso al cristiano le resulta menos inquietante el natural temor a la muerte; la muerte es solamente un paso para ir desde la vida con la que hemos sido privilegiados hacia el mundo prometido que nos espera. Por eso los creyentes pueden enfrentar la muerte con entereza y hasta con alegría.

Ken Wessner, un hombre que me formó para el ministerio y fue uno de mis mejores amigos, enfermó de cáncer al hígado cuando tenía setenta y un años. Soportó con gran estoicismo los dolorosos tratamientos y momentos difíciles de las cirugías, las radiaciones y la quimioterapia. Igual que Bill Bright, Ken nunca pareció desesperar.

Cuando fui a ver a Ken al hospital se le veía muy despierto y dinámico. Había sido el exitoso ejecutivo máximo de *ServiceMaster* y después había dedicado los años de su jubilación a los ministerios que amaba. El día que lo visité no tenía idea de que estaba tan cerca de su muerte. Mirándolo era imposible saberlo. Pero él sí lo sabía, porque se preparaba deliberada y cuidadosamente, dándole una serie de instrucciones a su esposa Norma sobre una amplia gama de asuntos.

Norma me dijo que dos días después de aquella visita, Ken Wessner habló con su amigo Ken Hansen, la persona a la que Wessner había reemplazado como jefe de *ServiceMaster*. Hansen, un cristiano muy consagrado, estaba agonizando en otro hospital. Norma relató que la conversación entre los dos amigos fue extraordinaria; los dos estaban llenos de alegría, imaginando el momento en el que se encontrarían en el cielo. No hubo lágrimas, ni remordimientos, solamente alegría. Ambos comenzaron a hablar de las promesas de Jesús acerca de la resurrección y de cómo se verían en sus nuevos cuerpos. Ambos habían sufrido bastante en el transcurso de sus enfermedades mortales y la idea de tener un cuerpo nuevo los entusiasmaba. ¡Se acabarían todos los achaques!

¿Acaso no es esta la manera en la que todos quisiéramos morir, celebrando la vida con la mirada puesta en lo que Dios nos tiene reservado, sin animosidad, sin amargura, sin sentirnos abatidos y sobre todo, sin temor? Pensemos en el contraste con la muerte de Madalyn Murray O'Hair, mi oponente de aquel debate, quien declaró: "Espero vivir de tal manera que cuando muera, alguien se conmueva, aunque sólo sean mis perros. Me gustaría que algún ser humano, en algún lugar, deje caer una lágrima por mí".[12] Si consideramos la manera trágica y solitaria en la que en realidad murió, es difícil que alguien haya llorado por ella.

Una de las afirmaciones más audaces acerca de la fe en el momento de la muerte la hizo uno de los grandes abogados y agente con mucha influencia política en Washington de nuestra época, Edward Bennett Williams. Cualquiera que haya visto alguna vez a Williams durante un juicio pudo apreciar los extraordinarios talentos de los que estaba dotado. Durante toda una generación fue el hombre al que había que buscar en situaciones de vida o muerte. Su lista de clientes es una galería de celebridades a lo largo de tres o cuatro décadas, comenzando por Joe McCarthy y Jimmy Hoffa, siguiendo con Frank Sinatra y una serie de senadores y altos funcionarios de gobierno.

Williams era bastante reservado en cuanto a su fe, era un hombre profundamente religioso que comulgaba a diario en la Iglesia Católica

Romana. Su lucha contra el cáncer fue prolongada y valiente. Mientras sufría en su cama de hospital y cuando era evidente que estaba perdiendo la batalla, su hijo le mostró un artículo que lo calificaba como uno de los hombres más poderosos de Washington. El *Washington Post*, del que Williams había sido asesor, publicó que él le había dado la espalda. Williams respondió: "No saben lo que es realmente el poder. . . . Luchar contra la muerte es un acto egoísta. Ha llegado la hora de rendirse y ver de qué se trata el verdadero poder".[13] Williams murió en paz, con la misma convicción invencible acerca de la resurrección que la firmeza que mostraba cuando defendía los casos tan brillantemente en el tribunal.

Claro que éstas son sólo ilustraciones de personas que dieron muestras de haber vivido una existencia plenamente exitosa y productiva. Es relativamente fácil sentirse optimista en esas circunstancias. Pero ¿qué podemos decir de aquellas personas a las que la muerte se las lleva cuando están en lo mejor de la vida?

Obviamente, nadie puede dar una explicación de por qué alguien, desde nuestra perspectiva, muere prematuramente. No comprendemos el cómo y el porqué de algo que a simple vista nos parece injusto. Por lo menos los que creen en Cristo tienen el aliciente de saber que esta vida no es el final, excepto en el sentido de que es nuestro último paso por la tierra. A veces una muerte puede resultar mucho más importante que todo lo que se haya hecho en vida.

Tomemos, por ejemplo, el caso de la historia de David Bloom, el periodista tremendamente popular de la *NBC*. Conocí a David cuando estaba convirtiéndose en la estrella de los círculos de la *NBC*. Algunos decían que podía ser el próximo conductor de *Today* o ser el presentador del informativo nocturno. En una oportunidad compartimos un desayuno de hombres de negocio cristianos, organizado por Jim Lane. La fe de David había ido creciendo, algo de lo que muy pocos estaban al tanto en los círculos profesionales o entre sus amistades. De inmediato me sentí en confianza con David, en parte porque mi libro *Nací de Nuevo*, mi autobiografía espiritual, había tenido un fuerte impacto en él, según me dijo, y me consideraba como su mentor y amigo.

Cuando comenzó la segunda guerra con Irak, David se presentó
como candidato voluntario para cubrir los acontecimientos. Se trataba
de una decisión riesgosa. Tanto él como su esposa eran muy conscientes
de los peligros a los que se enfrentaría como periodista al acompañar a
las tropas en el momento de la invasión. Sin embargo, era su profesión,
la manera en que consideraba que servía a la gente.

Algunos meses antes de viajar a Irak, David se hizo la costumbre de
llamar todos los días a Jim Lane. Juntos estudiaban el libro de Oswald
Chamber, *My Utmost for His Highest* [*En Pos de Lo Supremo*], un clásico
entre los devocionales cristianos. Según Jim, David siempre le comen-
taba de la alegría que le producía ser creyente. Se sentía perdonado y
libre: Libre como persona, como padre, como esposo y como el periodista que Dios lo había llamado a ser.

David y Jim mantuvieron un contacto estrecho mientras el primero estuvo en Kuwait, preparándose para entrar en Irak. En su última
conversación telefónica con Jim, le dijo en tono casual que si por algún
motivo no regresaba, quería que le transmitiera un mensaje a su esposa
y a sus tres hijas: Que supieran lo mucho que las quería, más que a su
vida.

Leamos lo que David le dice a Melanie en sus propias palabras, en
uno de sus últimos correos electrónicos:

No se puede sondear, ni siquiera comenzar a vislumbrar, la
enormidad de los cambios por los que paso y seguiré
pasando. Dios te lleva hasta las profundidades de tu ser, hasta
que tocas el fondo y después, si te entregas a Él con fe ciega y
absoluta, y decides que vas a caminar sólo con Él y hacia Él, te
levanta en vilo y te lleva a casa. Espero y oro para que todos
los que están trabajando conmigo regresen a casa intactos.
Pero te digo, Mel, estoy tranquilo. Muy triste por las visiones
de muerte y destrucción que he presenciado, pero en paz con
mi Dios y contigo. Sólo sé que mi manera de entender la vida
ha tenido un giro de 180 grados; aquí estoy, en la cúspide del
éxito de mi carrera profesional, y sinceramente me importa
poco. Por supuesto que estoy orgulloso del trabajo que estamos haciendo desde aquí, pero poniendo las cosas en perspectiva, todo esto importa poco comparado con la relación

contigo, con las niñas y con Jesús. Hay algo aquí que está mucho más allá de mi comprensión o entendimiento humano, algo parecido al metal forjado por el fuego.[14]

Durante la invasión a Irak, estuve pegado a la *NBC*, porque quería estar lo más al tanto posible de lo que estaba haciendo David. Constaté que estaba por todos lados, transmitiendo desde los tanques, los búnkers y las trincheras, caminando entre las tropas.

Después llegó la trágica noticia. David Bloom, treinta y nueve años, había fallecido de una embolia, posiblemente provocada por haber pasado demasiado tiempo sentado en uno de los tanques.

Al funeral de Bloom, en la catedral de San Patricio en Nueva York, asistieron la totalidad de los miembros del directorio de la *NBC*, centenares de periodistas que lo conocían, importantes funcionarios públicos y ejecutivos de toda Nueva York. La catedral estaba totalmente llena, y la multitud permaneció en un silencio reverencial y dolido, mientras Jim Lane hacía un emotivo recuento de su relación con David, y de la relación de David con Jesús. Jim leyó algunos correos electrónicos de David y citó frases de los himnos y pasajes devocionales preferidos por David. Concluyó citando a Jesús, de un pasaje del Evangelio según San Juan: "ahora están tristes, pero cuando vuelva a verlos se alegrarán, y nadie les va a quitar esa alegría".[15] Las personas que asistieron a aquel servicio funeral estaban muy conmovidas. Fue un momento de mucha emoción y fuerte testimonio. La muerte de David Bloom tuvo en la gente un efecto mayor del que podría haber logrado si hubiera vivido cincuenta años más.

Naturalmente, esto no puede atenuar el hondo dolor de su mujer, sus hijas y sus amigos. Su enorme contribución a la difusión de noticias llegó a su fin y ahora están guardadas en nuestro recuerdo. No es fácil explicar la muerte porque ella no se deja encasillar fácilmente.

La muerte de David Bloom sin duda fue la confirmación de que había vivido una vida buena. Vivió una vida buena magnífica. Y su muerte inspiró, imprimió valentía y dio

La muerte, como siempre, llegó como enemiga, pero su aguijón se transformó en un paradójico testimonio gracias a la vida que David había logrado.

esperanza a la vida de miles, tal vez millones, debido a la verdadera buena calidad de su vida. ¿Cuántas personas tienen una oportunidad como esta? La muerte, como siempre, llegó como enemiga, pero su aguijón se transformó en un paradójico testimonio gracias a la vida que David había logrado.

* * *

> *Cada ser humano ha sido creado y está sustentado por el Verbo que nos conoce desde antes de la fundación del mundo.*

La percepción de una persona que ha estado muy cerca de la muerte nos puede brindar con exactitud la manera de enfrentarnos a ella. Hace diez años, el padre Richard Neuhaus, mi amigo, padeció una obstrucción intestinal y fue internado en un hospital de Nueva York, donde le practicaron una intervención de urgencia. Hubo complicaciones y sus amistades fueron convocadas para acompañarlo. Los médicos pensaban que había esperado demasiado tiempo antes de venir al hospital. Sus signos vitales se estaban debilitando.

Sobrevivió a la primera crisis, pero luego vinieron otras. Le practicaron una segunda operación (una colostomía), la que provocó un nuevo foco infeccioso. Sus amigos pensaron más de una vez que estaba al borde de la muerte.

La recuperación de Richard Neuhaus tomó más de un año, porque se le aplicó quimioterapia y radiación, y luego otra intervención para revertir la colostomía. Pasó por un largo período de debilidad, pero su vibrante y fértil inteligencia casi no decayó. Comenzó a analizar lo que había aprendido de aquel encuentro cercano con la muerte, y escribió un libro pequeño pero muy profundo titulado *As I Lay Dying: Meditations upon Returning* [*Mientras Estuve Yaciendo en el Lecho de Muerte: Meditaciones Acerca del Retorno*].

Después de algunos capítulos de profundas cuestiones filosóficas, Neuhaus llega a una conclusión muy sencilla en las páginas finales. Se refiere a la famosa fórmula de Descartes, *cogito, ergo sum*: "Pienso, luego existo". Cuando Neuhaus estuvo tan cerca de la muerte, pensó que aquella frase en realidad debería formularse así: *cogitor, ergo sum*: "Soy pensado, luego existo".[16] Esta idea hace eco con la de Wallace Stevens, cuando al final de su vida considera que él es el producto de la imaginación de Dios y no Dios de la de él. No existimos a partir de nuestro pensamiento, observó Richard Neuhaus, sino que cada ser humano ha sido creado y está sustentado por el Verbo que nos conoce desde antes de la fundación del mundo.

Neuhaus escribió: "En el destino de Cristo está mi destino; así ha sido siempre y así será por siempre. También quedó claro esto en mí: Que cuando muera, en este Cuerpo, la iglesia de la que soy parte, y en la eucaristía, que recibí en incontables ocasiones, cuerpo y alma ya están reunidos, aunque imperfectamente. Lo que hoy es imperfecto será perfeccionado en la resurrección. Los gusanos podrán regocijarse conmigo por un tiempo; pero no tendrán la última palabra. El polvo de la muerte ya se agita con el anhelo de ese gran encuentro".

Neuhaus concluye: "Así lo prometió, y así lo llegué a creer con más fuerza de la que nunca había sido capaz".[17]

¿Una vida buena? ¿Una vida que valga la pena ser vivida? Claro que sí. Pero la vida buena sólo es posible si tenemos la mirada puesta en una muerte que sea comparable con la vida que hemos tenido, si podemos reírnos de los gusanos y si estamos convencidos que nuestros huesos volverán a tener vida en la resurrección. Si podemos vivir cada día como si fuera el mejor de todos y el último que nos queda. Y cuando llegue el último, poder vivirlo como el mejor de todos.

CAPÍTULO 30

VERDAD INFINITA Y AMOR

HEMOS BUSCADO juntos, a lo largo de estas páginas, el sentido y el propósito de la vida. Confío en que en este proceso haya tocado los temas y las preocupaciones que usted tiene sobre los misterios del universo y del corazón humano.

¿Qué es una vida buena? ¿Qué significa vivir bien? Hemos visto que vivir encerrado en uno mismo sólo trae miseria. Vivir exitosamente es hacerlo para los demás. Pero si lo hace, usted tiene que encontrar la verdad y ser consecuente, de lo contrario puede destruirse a sí mismo y a los que quiere ayudar. Sólo una vida al servicio de la verdad puede ser una vida buena.

Hemos hablado también de la verdad y puesto al descubierto la gran mentira que consiste en decir que la verdad no existe, que nuestro universo no tiene un propósito, que la realidad es aleatoria. Se puede conocer la verdad; la vemos en un universo inteligentemente diseñado, que tiene un propósito. La naturaleza se encarga, de muchas maneras, de sugerir sus propósitos, a tal punto que el orden moral es un complemento del orden natural y físico. Y la verdad es cognoscible si observamos cómo funcionan estas leyes, poniéndolas a prueba y viviendo en armonía con ellas. Nuestra capacidad para apreciar la belleza, sentir las emociones, utilizar nuestro raciocinio, sugieren con fuerza la existencia de Dios y su cuidado para con nosotros.

Todo lo que hemos descubierto apunta a que la visión cristiana del mundo es la única que "calza" con la manera en la que funciona el universo, la única que satisface las exigencias del alma humana. Todo lo demás, como he intentado dejar en claro, al final termina fallando en algún punto clave. Se puede ver claramente que la generación posmoderna está bajo el dominio de un marco filosófico que hace que la vida resulte casi insoportable. Aquel que busca con inteligencia, tiene razones de peso para rechazar la gran mentira del mundo posmoderno y buscar la fuente de renovación que ofrece el cristianismo.

He invertido más de veinticinco años estudiando seriamente estas propuestas. Si estuviera defendiendo este caso en los juzgados sentiría que he presentado argumentos irrefutables. Después de todo, ¿acaso no he demostrado que la razón, la más profunda intuición humana y hasta la evidencia empírica, están de mi lado?

No se puede encontrar la vida buena por sí mismo. Necesitamos, primer, que Dios nos encuentre.

Pero todavía tenemos que enfrentar una última, sorprendente y paradójica verdad: No se puede encontrar la vida buena por sí mismo. Necesitamos, primero, que Dios nos encuentre. Al fin de cuentas, los que buscan descubren que mientras ellos estaban buscando a Dios, Dios los estaba buscando a ellos. Él nos anhela para sí y se ocupa de nosotros.

A esto se debe que la razón no sea suficiente. El pecado implícito en nuestra naturaleza corrompe nuestra voluntad, así como muchas otras facultades, incluso la razón, y nos paraliza. Sólo Dios transforma la voluntad. Abordamos este problema en el capítulo dedicado a las grandes paradojas, y luego lo exploramos en detalle al considerar la vida de Madalyn Murray O'Hair.

Así pues, ¿ha sido en vano nuestra búsqueda? ¿Se fundamenta este libro en una premisa falsa y finalmente se revela como un ejercicio inútil? En absoluto. La búsqueda prepara el corazón para aceptar el verdadero objeto de su anhelo: Dios, por cuyo amor clama el corazón humano. La búsqueda también revela nuestra íntima rebelión; nos muestra la necesidad que tenemos de entregarnos a los poderosos brazos de Dios. Tenemos que entregarnos a Él mediante el don de la fe.

Mucha gente se decepciona al llegar a este punto. Hace algunos años conocí a un abogado entusiasta que tenía su vida mejor organizada que la mayoría de las personas que he encontrado. Tenía una mujer y unos hijos espléndidos, una buena casa, un bufete de abogados con buena clientela y una excelente reputación. Era un hombre atractivo, con una forma de expresarse clara y muy inteligente. En las oportunidades en las que nos encontramos, habíamos hablado de teología, de filosofía y de historia. A todas luces, este hombre había leído mucho y había reflexionado profundamente. Podíamos hablar del orden natural, de Aristóteles, de la prueba de Anselmo sobre la existencia de Dios y de la síntesis medieval de Tomás de Aquino. Mi amigo también había leído a los grandes pensadores de la Reforma, incluyendo a Calvino, y tenía sólidas bases teológicas.

Durante un retiro espiritual, mientras descansábamos sentados en el vestíbulo de un hotel, mi amigo me dijo que le alegraba que su mujer lo hubiera invitado a asistir a la conferencia. Me explicó que en realidad ella era la cristiana de la familia, no él.

Casi me caigo de la silla. ¿Cómo podía una persona saber tanto acerca de la fe y de los argumentos apologéticos que la sostienen, y a pesar de ello describirse a sí mismo como no creyente? Pensé que estaba bromeando.

Pero no era así. Siendo joven había aceptado a Jesús en una campaña de evangelización y luego se decepcionó con la iglesia. Al no encontrar en los miembros de la iglesia respuestas a sus interrogantes, comenzó un exhaustivo estudio individual. ¿Era la teología una guía segura para llegar a Dios? ¿Encontraría realmente la evidencia y los argumentos para probar que Dios existe?

La búsqueda prepara el corazón para aceptar el verdadero objeto de su anhelo: Dios, por cuyo amor clama el corazón humano.

Le pregunté a qué conclusión había llegado. "¡No parece haber ninguna duda de que todo es verdad!", dijo. "Pero no puedo dar el último paso. No tengo una fe personal".

Pude entender su experiencia mejor de lo que él imaginaba. Casi veinticinco años atrás yo me había enamorado de los escritos de algunos de los teólogos y apologistas serios. Empecé estudiando autores como Francis Schaeffer y R. C. Sproul, y luego continué con los peso-pesados, como Abraham Kuyper, Calvino y San Agustín. Comenzó a formarse en mi universo mental una clara visión de la realidad. Sorprendentemente, cuanto más estudiaba, más confirmaba mi fe.

Luego, en 1996, firmé un contrato para escribir un libro sobre la visión de la realidad. El resultado fue la publicación de *How Now Shall We Live?* [*Y Ahora. . . ¿Cómo Viviremos?*]. El libro, escrito con Nancy Pearcey, es un estudio exhaustivo de los argumentos que defienden la visión de la realidad desde una perspectiva bíblica. Había llegado al punto en que creía plenamente en la veracidad de la visión bíblica de la realidad, y la evidencia que sostenía esta verdad me resultaba subyugante. Sin duda, se le podía probar.

Por fin, durante una de mis sesiones matinales de oración, comencé a darle vueltas al asunto. *Sé que todo esto es verdad*, me dije. Para mi satisfacción personal, había confirmado que nada tenía tanto sentido como la visión cristiana de la realidad. Creía que podía demostrarla racionalmente, pero no podía llegar al último paso. ¿Cómo saber con certeza que un día, efectivamente, me encontraría en la presencia de Dios?

Esta dificultad me produjo un sentimiento que se puede caracterizar como malestar espiritual. Pasé meses de reflexión; no estaba poniendo en duda mi fe, pues la tenía ya muy enraizada. Lo que me preguntaba era: ¿Por qué no podía completar toda la secuencia a través de un razonamiento lógico? ¿Por qué no podía pensar mi fe a mi manera? Ahora me doy cuenta de que mi verdadero problema en ese momento era el que siempre fue el mayor obstáculo en mi vida: El orgullo. Estaba tan imbuido de mi propia capacidad de lograr entenderlo todo por mí mismo, que no podía concebir que algo pudiera estar fuera de mi alcance. Por eso pude comprender qué era lo que estaba frenando a mi amigo abogado.

En mi caso, un día la respuesta me golpeó con la fuerza de un rayo. Recordé que Pascal había dicho que Dios nos había dado la suficiente luz como para entender y también la suficiente oscuridad como para negar la verdad, si lo deseáramos. Ahí estaba la respuesta. Obviamente, Dios no puede revelarse a sí mismo de una manera racionalmente irrefutable. Como lo expresó un gran teólogo: Si Dios fuera algo tan evidente como el árbol que está del otro lado de la ventana, entonces no necesitaríamos de la fe. Si pudiéramos conocer la verdadera identidad de Dios, en todo su esplendor, de la misma manera en la que percibimos el mundo que nos rodea, nuestro libre albedrío no tendría razón de ser. No tendríamos más remedio que aceptar la existencia de Dios, porque no podríamos ponerlo en duda. No tendríamos la posibilidad de *elegir* tener fe y con ello, implícitamente, la posibilidad de amar, porque el amor no se puede imponer. No podemos amar a Dios si no se nos da la posibilidad de rechazarlo. Recordemos que Dios nos ha dado suficiente entendimiento para ser capaces de percibir, pero no el suficiente como para poder prescindir de la visión que da la fe. Para esto, nuestro orgullo tiene que dejar libre el camino y tenemos que aceptar que la fe no es tal si no va acompañada de la duda, o por lo menos, como diría la devoción católica, de experimentar dificultades. La duda le da sentido a la fe, a pesar de lo mucho que pueda costarle aceptar esta idea a las personas que razonan mucho, a los pensadores analíticos. Éste era precisamente el problema que tenía mi amigo abogado. Le parecía imposible creer sin antes demostrar el argumento. Pero aunque pudiera demostrarlo, no lograba creer, era incapaz de tener fe. Estaba en un callejón sin salida, en un círculo vicioso. (Al final, mi amigo terminó aclarando sus dudas y hoy se siente seguro de su fe.)

Recordemos también lo que le ocurrió a Phillip Johnson en el hospital. Con toda su enorme capacidad intelectual, había reflexionado cuidadosamente acerca del evangelio. Todo era coherente. Todas las piezas encajaban. Pero fue necesario que un día se encontrara en la cama de un hospital y escuchar la letra del himno "Sobre Cristo, roca sólida, estoy; todo lo demás es arena movediza", para aceptar el don de Dios de la fe. Hasta ese momento su experiencia como cristiano había sido un ejercicio demasiado intelectual. Necesitaba esa base para tener un compromiso personal profundo. Le faltaba recibir con los brazos abiertos el regalo de Jesús, cuyo sacrificio en la cruz nos limpia del pecado y nos reconcilia con Dios. Hay una gran diferencia entre las dos posiciones.

Los que somos orgullosos tenemos muchas dificultades para aceptar a Dios. Queremos a Dios, pero según nuestras condiciones y nuestro entendimiento. Esto es sencillamente imposible. Él nos quiere de su lado, como dice la Biblia, pero según *sus* condiciones. Quiere que lo aceptemos con la fe de un niño. El Buen Pastor sale a buscar aquellas ovejas que, finalmente, aceptan que sin su ayuda están perdidas. Eso es precisamente lo que yo experimenté.

Cuando abandoné la Casa Blanca en la primavera de 1973, pensé que era más inteligente que los otros muchachos atrapados en el caso Watergate. Después de todo, yo no había estado presente en las reuniones que luego fueron tomadas como el argumento principal para las acusaciones de asociación ilícita. Tampoco quise implicarme en las reuniones que pudieran obstruir a la justicia. El primer grupo de fiscales me dijo que yo no estaba entre los procesados. Desde el comienzo me habían dado el visto bueno.

Sin embargo, algo estaba funcionando mal en mi vida. No sentía alegría ni satisfacción. Estaba preocupado por los ataques en las primeras planas contra mi amigo el presidente Nixon; pero de todas maneras, Watergate no era la fuente principal de mi malestar. Tenía cuarenta y un años, estaba en la cúspide de la vida, con tres años y medio en la Casa Blanca, de donde saldría para regresar a una firma de abogados donde me haría rico. Y aún así, me sentía miserable. *¿Qué sentido tiene todo esto?*, me preguntaba. *¿De esto se trata la vida? ¿Esto es lo máximo que se puede esperar? ¿Cuál es el próximo paso?*

En ese momento pensé que mi depresión era el resultado de un período prolongado de trabajo bajo muchísima presión. Pero el descanso no disipaba el malestar. Ahora sé que estuve muy cerca de la desesperación.

A medida que avanzaba aquel verano, el escándalo de Watergate aumentaba. Todavía no me tenían en la mira, pero me veía obligado a participar en la investigación como testigo en las audiencias y los medios me atacaban a diario. Despertarse por la mañana y encontrar el nombre de uno en las primeras planas de los periódicos es una forma especial de tortura, sobre todo cuando yo sabía que la mitad de los cargos eran falsos.

Patty y yo decidimos ir de vacaciones a la costa de Maine y aprovechamos para compartir unos días con mis padres en las afueras de Boston. Mientras estábamos allí llamé a Tom Phillips, el presidente de *Raytheon*, la corporación más grande de Nueva Inglaterra. Le pregunté si podía ir a verlo. Había hablado con Tom cuatro meses antes, preguntando por la posibilidad de trabajar nuevamente como asesor en *Raytheon*. Aquella vez me había llamado mucho la atención el cambio en su persona. Era distinto del que yo conocía antes de incorporarme a la Casa Blanca. Tom tenía el aspecto de alguien que está en perfecta armonía consigo mismo. Le pregunté qué le había pasado. Puedo recordar hasta el día de hoy las palabras exactas con las que contestó: "Chuck, he recibido a Jesús en mi corazón y le he entregado mi vida". Recuerdo que nerviosamente cambié de tema. Nunca antes había oído hablar de esa manera. Para mí, Jesús era sólo una antigua imagen histórica. Pero en los meses que siguieron, no podía sacarme de la cabeza las palabras de Tom.

De modo que, durante la visita a mis padres en Boston, me encontré con Tom en su casa. Quería que me explicara qué había pasado en su vida. *Tal vez, sólo tal vez, podría ayudarme.*

En aquel cálido mes de agosto pasamos una tarde sofocante sentados en el corredor exterior. Me describió lo que le había ocurrido. Algunos años atrás había asistido a una cruzada de evangelización de Billy Graham en Nueva York y había sentido algo extraño al escuchar el mensaje. Al final, cuando Graham invitó a los que quisieran aceptar a Jesús a que pasaran adelante para entregarse personalmente a su Señor y Salvador, Tom Phillips bajó las escalinatas junto a centenares de personas y recibió a Cristo. Después explicó cuán radicalmente había cambiado su vida desde ese momento.

Mientras me contaba su historia, extendió el brazo y me alcanzó una edición en rústica de un libro que estaba sobre una mesa contigua y me preguntó si le permitía leerme un capítulo. El título del libro era *Cristianismo . . . y Nada Más*, un clásico de C. S. Lewis, y el capítulo que leyó Phillips se llamaba "El Gran Pecado". El orgullo.

La lectura que hizo Tom de aquel capítulo fue un momento demoledor. Me vi a mí mismo descrito por la increíble exactitud de las palabras con las que Lewis hablaba de aquel enorme pecado que muy fácilmente identificamos en los demás y casi nunca en nosotros mismos: La actitud arrogante y despectiva con la que construimos nuestra vida en torno a nosotros mismos.

Mientras Phillips leía, yo sentía correr la transpiración bajo la camisa y por mi frente, y no sólo por el calor de la noche. Las experiencias de mi vida iban desfilando por mi mente, como ven pasar las imágenes de su pasado los personajes de las películas, pocos instantes antes de morir. Ahora me doy cuenta de que, en un sentido, yo iba a morir.

Pensé en mi insoportable arrogancia. Sí, por supuesto, había hecho buenas acciones y me había solidarizado con algunas personas necesitadas. Había hecho tareas sociales cuando realizaba mis prácticas de abogacía. Había hecho donaciones de caridad. Era una persona bastante decente, pensaba yo. En verdad, mi engreído sentimiento de rectitud escondía una total obsesión por mí mismo.

Aunque hice naufragar mi primer matrimonio, todo me parecía justificable en los años en que quería crecer como abogado y como político. Me decía a mí mismo que lo hacía por mi familia y el país, por la seguridad nacional. Estaba convencido de que lo hacía sin mezquindad alguna. Aquella noche, en la casa de Tom, me di cuenta de que había vivido sólo para mí mismo.

A medida que Tom leía el texto de Lewis, algunos pasajes me impresionaron más que otros y derrumbaron los mecanismos de defensa que había construido a lo largo de todos esos años: El clásico tipo duro por fuera. Repentinamente, la verdad cobró sentido. Como dice C. S. Lewis, alguien que es tan orgulloso y se protege con una coraza muy sólida, alguien capaz de racionalizar todas las cosas, es incapaz de percibir a Dios, que es inmensamente más grande.

Me sentía tan incómodo conmigo mismo que no veía el momento de salir de la casa de Tom. Me preguntó si podía orar por mí y lo hizo de una manera como no había escuchado jamás en la iglesia ni en ningún otro lugar. Eran palabras cálidas, emotivas y llenas de amor. Y lo que más me impresionó fue que Tom Phillips, uno de los hombres de negocios más exitosos y ocupado de Estados Unidos, se interesara genuinamente por Chuck Colson. No por el otrora poderoso operador político de la Casa Blanca, sino por el ser humano Chuck Colson.

Le dije adiós a Tom y fui hacia mi vehículo, pero mientras caminaba en medio de la noche sentí un repentino y desesperado deseo de regresar y volver a orar con Tom Phillips. Me di vuelta y miré la casa, pero las luces de la planta baja se habían apagado. Demasiado tarde. De modo que me metí en el auto, lo encendí y partí. Sin embargo, no pude alejarme más de cien metros de su casa porque el llanto no me permitía conducir. El ex capitán de infantes de marina, "el tipo duro" de la Casa Blanca, el que pensaba que era tan o más bueno que los otros, se sentía demolido.

Por primera vez había mirado al fondo de mi corazón y me había horrorizado de lo que había visto. Todo estaba corrompido. Pensé en la gente a la que le había hecho daño, en lo frío y egoísta que era. Por primera vez en mi vida me sentía verdaderamente pecador. Me sentía sucio, avergonzado, terriblemente solo y terriblemente perdido. Las palabras de Tom sobre la necesidad de que me acercara a Dios y que tomara la decisión de entregarme a Él seguían flotando alrededor de mí. Me encontré exclamando involuntariamente: "Dios, no sé qué palabras usar, y sé que no soy gran cosa, pero por favor, acéptame. Acéptame tal como soy". Me quedé sentado allí por media hora más, quizás una hora, a solas con mis pensamientos, mientras las lágrimas rodaban libremente por mi rostro, como nunca antes. Sentí el alivio de una rendición total. En ese momento supe que Dios era real, personal y que había escuchado mi oración.

Pensé que me levantaría al día siguiente con una sensación de incomodidad. No era el tipo de persona que llora fácilmente, y menos que alguien se enterara. Era una persona sólida, dura, aguerrida, independiente y orgullosa. Pero no fue así aquella mañana. Por primera vez en mi vida me sentí libre. Las circunstancias de mi vida no habían cambiado. Mi nombre volvió a aparecer en los titulares de aquella mañana de agosto. Pero al mismo tiempo, nada era igual. Y nunca más lo sería.

La semana siguiente devoré mi ejemplar de *Cristianismo . . . y Nada Más.* Todo lo que leí confirmó la experiencia que había tenido, y todo lo que sentí confirmaba lo que dijo Pascal: "El corazón tiene razones, que la razón desconoce".[1] Estaba seguro de que tenía una nueva relación con Dios. Oré aquella semana y le pedí a Jesucristo que tomara en sus manos mi vida. Entonces comenzó la mejor etapa de mi vida, el camino más extraordinario que alguien puede emprender. He experimentado la plenitud de una de las mayores paradojas: Sólo nos encontramos cuando somos capaces de perdernos, en Dios.

¿Y usted? ¿Se siente convencido por los argumentos racionales y por la evidencia que hemos presentado en este libro? ¿Qué le impide entregar su vida a Dios en Jesucristo?

Vuelva al comienzo de este libro. Regrese al momento en que el soldado Ryan camina con pasos inseguros hasta el lugar donde reposa el cuerpo del hombre que le salvó la vida. La escena es una de las que más me han sobrecogido en alguna película. Ahí está Ryan, con los labios temblorosos, las lágrimas surcando su rostro mientras mira la lápida y se pregunta si valía la pena el sacrificio del capitán Miller y los demás, que murieron para que él pudiera vivir. Mientras el anciano Ryan le habla a su mujer frente a la tumba, lo acosan las preguntas que nos hacemos todos: ¿Valgo la pena? ¿He sido una buena persona? ¿He vivido una vida buena?

La lápida es una sencilla cruz blanca, de modo que lo que vemos es a un hombre de rodillas, temblando y llorando frente a la cruz. Ese hombre es cada uno de nosotros, porque en verdad, todos estamos frente a la cruz. En algún momento de su vida, todo ser humano, ella o él, tiene que mirar a esa cruz y lo que representa, y preguntarse: ¿Valió la pena?

Recordemos el evangelio que hemos explicado. Es tan sencillo que *parece* una locura. Demasiado bueno para ser verdad, como habíamos sugerido. Dios nos ama tanto que nos creó y nos dio el libre albedrío. Hemos pecado y lo sabemos cada vez que miramos en nuestro corazón. Tenemos una deuda que pagar. Pero Dios, por amor a nosotros, envió a su Hijo Jesús, a morir en la cruz y pagar por nuestros pecados, para que fuéramos perdonados. El sacrificio de Cristo nos permite reconciliarnos con Dios, porque nos reincorpora a la vida de Dios. No es sorprendente entonces que John Newton la haya llamado "gracia sublime".

Tal vez en su corazón sienta un último deseo de rebelión. Usted se resiste a dejarse convencer por la luz que Dios le ha dado para reconocer su existencia y su amor. En efecto, muchos de ustedes ven el mal que hay en el mundo y llegan a la conclusión de que Dios no puede existir o que si existe, es un monstruo.

La cruz responde también a esta última objeción. La existencia del mal podría hacer que todo lo que hemos estado argumentando aquí se derrumbe . . . si no fuera por la muerte de Jesucristo en la cruz. Él abre sus brazos y desarma nuestra objeción al amor de Dios. Nos invita a deponer cualquier cargo contra nuestro Padre celestial. Ese odio hacia Dios es la fuerza que hizo traspasar los clavos por las manos de Jesús. Él aceptó recibir nuestro odio a Dios, para poder demostrar la inocencia de Dios. Cuando miramos a Cristo crucificado, entendemos quién es responsable del mal en el mundo. La culpa es nuestra, no de Dios, que estuvo dispuesto a que su Hijo único fuera ejecutado como un criminal, para que comprendiéramos la naturaleza de nuestro corazón y su amor.

¿Qué es lo que Dios espera de cada uno de nosotros? Que miremos a esa cruz y nos hagamos la misma pregunta que se hizo Ryan: ¿Merecí esto? La respuesta, obviamente, es que ningún ser humano merece un sacrificio como ese. Ante los ojos de Dios, jamás podremos hacer suficientes obras para equilibrar la balanza de su justicia. Lo único que Dios espera de nosotros es que nos acerquemos a esa cruz y nos entreguemos. Dígale no a las mentiras. Abrace la verdad. Acepte la magnífica invitación que le hace Dios para acercarse a Él con la confianza de un niño. Póngale fin a su búsqueda: Déjese encontrar.

Lo que motivó al soldado Ryan a llegar hasta la tumba de su capitán fue el desbordante agradecimiento que sentía por la acción de Miller. Pero ¿cómo expresar gratitud por el extraordinario sacrificio de Cristo, el acontecimiento más decisivo de toda la historia? Podemos hacerlo entregándonos a Cristo y siguiéndole. Confesamos nuestra culpa y le pedimos a Dios que nos reciba en su amor.

Nuestra búsqueda termina en la cruz. La verdad que tanto hemos buscado la encontramos encarnada en Cristo. Yo soy *La Verdad*, nos dice Jesús.[2] *La Verdad* quiere decir la realidad final. Jesús es identificado en la Biblia con la palabra griega *logos*, que significa la razón o plan de la creación. Luego las Escrituras nos dicen que todas las cosas fueron creadas por Él y para Él, y en Él todas las cosas subsisten.[3] Puedo estar más seguro de la realidad de Cristo que de mi propia realidad, porque la mía depende de la suya. El sentido, propósito y realidad esencial los encontramos en la paradoja de la cruz, donde la perversidad humana es transformada en vida y esperanza eternas.

> *El sentido, propósito y realidad esencial los encontramos en la paradoja de la cruz, donde la perversidad humana es transformada en vida y esperanza eternas.*

Aún ahora, mientras redacto estas líneas, aquel momento en que me sentí quebrantado cerca de la casa de Tom Phillips, hace treinta y dos años, sigue manifestándose con la misma nitidez y poder que en aquel momento. Mi fe en Cristo es la realidad más importante de mi vida actual. Si no tuviera la seguridad de que Jesús murió por mis pecados, hoy no estaría vivo. Me hubiera ahogado en la podredumbre de mi propio pecado. Jesús es la vida. El breve momento de mi crisis de fe, por el que pasé habiendo estudiado tanto del cristianismo, se disipó como un vapor en el aire cuanto reconocí mi orgullo y recordé aquel primer momento en el que me entregué como un niño.

Vivir una vida llena de gratitud hacia Dios abre las puertas de un mundo nuevo, en el cual la vida sigue teniendo un sentido profundo, que crece cada día que pasa. Al describir esta nueva vida, Jesús usó la expresión *nacer de nuevo*, que es el título que utilicé para mi autobiografía espiritual.[4] Esa expresión no es, como dicen algunos, un cliché gastado. Designa la realidad que se encuentra del otro lado de la cruz: Una nueva vida.

Esta nueva vida la encuentro en la relación con mi familia. Siempre los he querido, aun en aquellos años en los que el trabajo me absorbía tanto. Pero de pronto, se transformaron en lo más importante del mundo, después de mi relación con Dios. Mi matrimonio se consolidó y pude entenderlo como un pacto hecho ante Dios, no como un contrato al que uno puede entrar y salir según su conveniencia.

Comencé a ver a los demás de otra manera, a sentir una identificación más profunda con personas menos privilegiadas. En la cárcel me di cuenta de que no era diferente de los otros reclusos.

Con el tiempo, toda mi vida fue cambiando. Tuve nuevos amigos que conservé de mi primer grupo de estudio bíblico, y luego Dios me dio un magnífico ministerio gracias a la experiencia de la cárcel.

Dios también transformó mi mente.[5] Fui un buen estudiante y me gradué con las mejores calificaciones en la facultad de derecho. Pero aquello era sólo una preparación, un anticipo de lo que es abrir la mente a las cosas de Dios. Desde mi conversión, mi apetito por aprender ha sido insaciable: Estudié historia, teología y todo lo que caía en mis manos. Cada día algo nuevo y reciente que descubro en la creación de Dios incentiva mi curiosidad.

Mientras estudiaba la Biblia y la manera en la que funciona el mundo, hice lo que constituye para mí un descubrimiento importante: No hay disparidad entre la fe y la razón o lo que podemos descubrir acerca del orden natural. No hay nada en uno que contradiga al otro. Lo que Dios revela de sí mismo en la Biblia, estimula tanto a la razón como a la imaginación. La revelación permite que nuestras facultades humanas accedan a un entendimiento que les estaría vedado si no tuvieran acceso a la información complementaria que sólo Dios puede proveer.

Esto me permitió responder a una pregunta con la que cargué durante cierto tiempo: ¿Es verdad porque lo dice la Biblia (los cristianos aceptan por fe que la Biblia es la Palabra inspirada y autorizada de Dios), o la Biblia dice que algo es verdad porque *es* verdad? Terminé entendiendo que las dos ideas son acertadas. La fuente de ambas, las Escrituras y la verdad, es la misma: Cristo. Toda verdad, como decimos, es la verdad de Dios.

Entonces comencé a estudiar la historicidad de las Escrituras y los registros arqueológicos, que también confirman contundentemente la autenticidad de la Biblia. Mi deseo más genuino hoy es entender mejor la Palabra de Dios.

Dije al principio de este libro que estuve buscando durante toda mi vida, como lo hacen todos los seres humanos, y hoy todavía sigo buscando. Lo hermoso de la vida cristiana es que nunca agotamos las riquezas que contiene la Biblia. Cada vez que la leemos, podemos encontrar algo profundo para aprender sobre la creación de Dios, sobre su carácter y sus propósitos para con nosotros.

Todos los creyentes desean una relación cada vez más profunda con Jesús, nuestro Señor. Esto es lo que realmente está del otro lado de la cruz: Los beneficios de la gracia de Dios. Una vez que aceptamos la oferta de la salvación de Dios, descubrimos que Él comienza a moldearnos para que poco a poco nos parezcamos a Cristo.

¿Quién es Dios? Según la comprensión de los cristianos, Él es el amor infinito. Esta es su verdadera naturaleza, su característica principal. Muchas religiones en el mundo se equivocan en este punto, porque creen que Dios es una fuerza poderosa en sí misma, en una sola persona. Pero la teología cristiana nos instruye acerca de la Trinidad: Un Dios que existe en tres personas, el Padre, el Hijo y el Espíritu Santo. Es algo difícil de comprender, un misterio. Sin embargo, este misterio nos ayuda a entender por qué la característica principal de Dios es el amor. En el seno de la divinidad hay una relación de amor entre las tres personas: Padre, Hijo y

Espíritu Santo. Cuando nos entregamos al Señor, Él nos incluye en ese mismo amor. Así, participamos en la comunión del Padre, del Hijo y del Espíritu Santo. Con nuestras limitadas capacidades humanas, compartimos el infinito amor de Dios, algo que es aún más grandioso que el mismo universo. Por esta razón, la enseñanza básica del cristianismo apunta a menudo a que la meta de la vida es amar a Dios y gozar de Él para siempre.

La vida buena es una vida consagrada a Cristo, desde ahora y para siempre.

¿Qué le impide a usted abrirse al amor de Dios mediante una sencilla oración? "Jesús, perdóname y sálvame." La historia más extraordinaria jamás contada nos da la más extraordinaria de las noticias: Que por la muerte de Jesús y su resurrección podemos alcanzar aquello para lo que estábamos destinados: una relación con Dios. Lo que Cristo logró, hace posible lo que la imaginación y la conciencia anticipan, y lo que nuestro corazón necesita. La vida buena es una vida consagrada a Cristo, desde ahora y para siempre. Es lo que más deseamos: Propósito, sentido, relación, verdad y amor.

———— • ◦ • ————

Si mi experiencia personal puede servir como una guía, la vida en Cristo también representa una aventura. Nos lleva a lugares inimaginables, a un mundo que es al mismo tiempo igual, pero profundamente transformado. Permítame decir una palabra más acerca de cómo un hombre que había perdido la esperanza de volver a vivir una vida con sentido al fin se encontró haciendo algo por lo cual valía la pena vivir.

REGRESAR AL COMIENZO

EL SALÓN ROOSEVELT, 18 DE JUNIO DE 2003

Lo primero que pensé fue: *Nada ha cambiado.* Las puertas de panel a cada lado de la chimenea, la de la derecha más cerca de la Oficina Oval; aquel cuadro de Teddy Roosevelt, que aparece como Jinete Rudo; la mesa estilo Chippendale y sus sillas con botones de cuero. A pesar de que habían pasado casi treinta años, la única diferencia que noté fue que el paso del tiempo había oscurecido los muebles.

Me encontraba en la Casa Blanca otra vez, de pie en el Salón Roosevelt, donde todo había comenzado aquel lunes después de la primera publicación de los Documentos del Pentágono en el *New York Times*, con Kissinger profetizando las catastróficas implicaciones del caso y el resto del equipo presidencial de Nixon, incluido yo mismo, exigiendo venganza contra nuestros enemigos. Aquí fue donde comenzó mi propia cruzada contra Daniel Ellsberg, una cruzada que me vio descender desde las cimas del poder, a las profundidades de una celda de la cárcel.

Nada había cambiado. Y sin embargo, todo era diferente.

En la primavera del 2003 dirigí a un grupo de personas que visitó la Casa Blanca, invitadas por George W. Bush. En la fiesta de Navidad del año anterior en la Casa Blanca, le había mencionado al presidente que el Ministerio a las Prisiones estaba haciendo una investigación a través de *InnerChange Freedom Iniciative* (*Iniciativa para la Liberación y para el Desarrollo Espiritual:* programa dedicado a promover la libertad interior basada en un cambio espiritual entre los presos) en la Unidad Carol Vance del sistema penitenciario del estado de Texas, cerca de Houston. El presidente se había mostrado interesado. Su contacto con el grupo del programa nos había dejado para el recuerdo una fotografía memorable. De las miles y miles de fotografías que se le han tomado, sólo una muestra a George Bush pasando el brazo sobre el hombro de un criminal convicto y cantando "Gracia sublime". En aquella época Bush era gobernador de Texas, y la fotografía apareció en la primera plana del *Houston Chronicle*, el viernes 17 de octubre de 1997.[1]

———•◦•———

Al regresar de un viaje a América del Sur, en 1996, adonde había ido a visitar dos programas exitosos del Ministerio a las Prisiones, en Brasil y Ecuador, el oficial correccional Carol Vance le recomendó al entonces gobernador del estado de Texas, George W. Bush, que autorizara un programa para la cárcel de Texas que estuviera basado en la fe. Vance, de unos sesenta años, era un hombre alto y atlético, y sus anteojos con marcos gruesos le daban el aspecto de gran lector. Había sido fiscal de distrito del condado de Harris, que abarca gran parte de Houston, hasta que la predecesora de Bush en el cargo de gobernador, Ann Richards, lo designó para un alto cargo del Departamento de Justicia Criminal de Texas. Vance era una persona en la que George Bush tenía confianza.

Aún así, yo dudaba poder lograr que la vida interna de alguna prisión de Texas fuera administrada por el Ministerio a las Prisiones, como había sucedido en Brasil y Ecuador. Habíamos intentado iniciar programas similares en algunos lugares de Estados Unidos, pero las objeciones, tanto del gobierno como de la iglesia, siempre nos cerraban el paso.

Vance le llevó la idea al gobernador Bush, quien había estado pensando en soluciones basadas en algo así. Poco tiempo después, el gobernador llamó para decir que quería darle curso a nuestra propuesta. El Ministerio a las Prisiones rápidamente diseñó un contrato con el estado de Texas para que nuestro ministerio organizara las actividades cotidianas de aproximadamente la mitad de lo que en ese momento se conocía como Cárcel de Jester II.

La *InnerChange Freedom Iniciative-Iniciativa para la Liberación y para el Desarrollo Espiritual*, como decidimos llamarla en la cárcel Jester II (que luego sería rebautizada en honor a Carol Vance), comenzó a trabajar con unos cincuenta reclusos que iban a ser liberados en alrededor de doce a dieciocho meses. (El número de prisioneros que están hoy en ese programa llega casi a trescientos.) Durante ese tiempo, los reclusos recibieron un "seminario intensivo de Biblia", que incluía cursos de responsabilidad personal, control de la ira, responsabilidad paterna y finanzas personales. No se admitían televisores en nuestra unidad. El programa *InnerChange-Desarrollo Espiritual* requería de un intenso estudio de la Biblia. Para poder estar al día con las solicitudes de estudio del programa, muchos internos tenían que levantarse muy temprano, como a las cuatro de la mañana, y quedarse estudiando hasta que se apagaban las luces, a las diez de la noche.

El programa *InnerChange-Desarrollo Espiritual* conduce a los presos a través de un viaje espiritual con temas asombrosamente parecidos a los que hemos analizado en este libro. Los participantes tienen que enfrentarse a las decisiones que han tomado a lo largo de su vida. La "gente del mundo libre", como llaman los reclusos a las personas que viven fuera del penal, tal vez piensa que todas las mujeres y hombres que están presos tienen conciencia de su culpabilidad. Pero en realidad la mayoría de ellos culpa a las circunstancias de su entorno, a las personas que los engañaron, y a la sociedad, por no cumplir con sus promesas. El ambiente espiritual extremadamente pobre de las prisiones, el "código carcelario", incrementa esa resistencia a asumir responsabilidades. Nadie habla de arrepentimiento, por temor a dar muestras de debilidad. Los reclusos que bajan la guardia pueden ser tratados con violencia o ser traicionados por aquellos en quienes confían. Admitir su parte de responsabilidad en el hecho que los llevó a caer presos es un paso enorme, tan difícil como lo es para la gente del mundo libre.

Sin embargo, una asombrosa transformación comienza cuando los participantes del programa *InnerChange-Desarrollo Espiritual* analizan sin rodeos los hechos de su vida pasada. Comienzan entonces a ver de diferente manera a los empleados del programa y a los voluntarios. En lugar de poner en tela de juicio la participación de unos y otros, los reclusos comienzan a agradecer la contribución que cada una de estas personas está haciendo a su vida. Por primera vez, son capaces de aceptar el amor de otros como algo real. Su actitud hacia sí mismos también cambia, y una vez que reconocen su culpa, se quitan un peso de encima. Comienzan a percibirse como posibles sujetos de amor. Tienen una experiencia profunda y real de lo que es la gracia cristiana.

Cuando comenzamos con el proyecto en la prisión, el gobernador Bush asistió al evento. Hicimos una tarima improvisada para que el gobernador diera una conferencia de prensa. Uno de nuestros hombres tuvo la idea de reunir a los reclusos en una formación de escuadra y hacerlos marchar hasta el patio donde iba a tener lugar la ceremonia. Los reclusos comenzaron a cantar "Gracia sublime" mientras caminaban ordenadamente hacia el lugar donde los esperaba el público. Me quedé sorprendido cuando el gobernador Bush se acercó al grupo de reclusos que estaba de pie y cantando, se mezcló con ellos y puso sus brazos sobre los hombros de los dos prisioneros a ambos lados de él. El gobernador se puso a cantar con ellos. El periódico *Houston Chronicle* informó: "El gobernador George W. Bush pone su brazo sobre los hombros de George Mason, 46 años, prisionero convicto por asesinato, y se une a él y a otros 55 internos de la prisión de Texas, en una inusual mezcla de estado e iglesia".[2]

Políticamente quizá no era lo más apropiado para un gobernador que iba a presentarse a su reelección. Pero era una muestra del dulce sonido de la "Gracia sublime" de Dios. . . .

———————

Esta es la historia que está detrás de mi visita al Salón Roosevelt. El presidente Bush, naturalmente, estaba interesado en la marcha de nuestra iniciativa *InnerChange*. El presidente me había pedido que llevara un grupo variado de miembros del equipo, incluyendo al investigador, el doctor Byron Johnson, de la Universidad de Pensilvania; varios empleados que conocían el ministerio en sus aspectos básicos; y tres reclusos graduados del programa *InnerChange*. Me sorprendió la solicitud de llevar reclusos graduados. En el pasado, cuando había trabajado para el presidente Nixon, había querido traer a la Casa Blanca a algunos líderes sindicales para que se reuniera con ellos. Pero como tenían antecedentes delictivos, el Servicio Secreto no los había dejado entrar. ¡Ahora en cambio se me estaba solicitando que llevara criminales peligrosos a la Casa Blanca! Ni en mis sueños más extraños hubiera podido imaginar algo así, treinta años antes, y tampoco después de haber iniciado el ministerio.

Entramos en el salón, donde ya estaban presentes el procurador general John Ashcroft y la secretaria de trabajo, Elaine Chao. Los presenté a mi grupo, el cual incluía varias personas claves. La idea original para la realización del estudio venía del brillante psiquiatra e investigador David Larson. Había fallecido antes de que la investigación llegara a término, pero su esposa, Susan, estaba conmigo. También me enorgullecía haber llevado a Mark Early, el nuevo presidente del Ministerio a las Prisiones de Estados Unidos y ex fiscal general del estado de Virginia. Entre nuestros graduados del programa *InnerChange* estaban James Peterson, un recluso que había decidido abandonar un permiso bajo palabra para terminar el programa; Bernard Veal, un afroamericano y ex hombre de negocios; y George Mason, también afroamericano, el mismo al que George Bush había abrazado mientras cantaba "Gracia sublime" en la cárcel de Texas.

George Mason, un hombre alto y guapo, con el cabello corto y luciendo el cuerpo macizo de un defensa de fútbol, salió bien en la foto, pero su historia personal no era tan buena. Distaba mucho de ser un criminal de un solo delito cometido por error, que había pagado su deuda a la sociedad y regresaba limpio a una vida de la que nunca se había separado totalmente. George Mason era otra cosa.

Las circunstancias del asesinato por el cual Mason le dio muerte en 1985 a su concubina, Francine Jackson, eran oscuras. La pareja tenía un historial de peleas continuas que requerían la intervención constante de la policía. En aquella oportunidad fatal estaban discutiendo y George empezó a jugar con su pistola. La apuntó hacia Francine. Y la pistola se disparó.

Mason argumentó que no había tenido la intención de dispararle y la policía le creyó a medias. El motivo por el que recibió una sentencia de treinta y cinco años de reclusión tenía que ver con su vida delictiva anterior a la del disparo fatal de aquel día. Era conocido en el vecindario por la pistola recortada que llevaba siempre. Se podía desarmar en dos partes, que podía meter en cada una de sus botas, de manera que podía armarla rápidamente cuando necesitaba dispararla. George Mason era el tipo de delincuente endurecido que, por lo general, lo único que desea la sociedad es que lo encierren en una celda por el resto de sus días. Si no quedara la posibilidad de una verdadera transformación espiritual, yo estaría de acuerdo.

Mason era tan conocido, que cuando salió de la cárcel decidió cambiar de nombre y se puso Robert Sutton, para que todo, incluso su nombre, fuera nuevo en su vida. Hoy día, Robert Sutton trabaja como conserje de su iglesia, dirige un estudio bíblico para hombres y hace las veces de mentor para los reclusos que salen del programa *InnerChange*. Robert Sutton es una nueva persona.

Cuando el presidente entró al Salón Roosevelt y caminó hacia la derecha, donde estaba la chimenea, todo el mundo se puso de pie y aplaudió. Me hizo ese rápido gesto de la mano que todos los tejanos apreciamos. Después fue directamente a donde estaba Robert Sutton, lo abrazó y le dijo: "Estoy verdaderamente complacido de encontrarte aquí". Luego agregó: "Estaba seguro de que un día estarías aquí conmigo. Eres un buen hombre". El presidente tomó por los hombros a Robert Sutton remarcando lo que había dicho, le dio una palmada en la espalda y después se sentó en el centro de la mesa. ¡Sutton estaba tan impresionado, que durante el resto del día no supo dónde estaba!

El presidente inició la reunión y le pidió a Byron Johnson que hiciera un resumen de los resultados de la investigación. El doctor Johnson explicó que 171 participantes del programa *InnerChange* habían sido objeto de un estudio comparativo con otro grupo de 1,754 reclusos de la población general del penal. El estudio demostró que sólo el 8 por ciento de los reclusos que habían participado en el programa reincidían a los dos años de haber salido de la cárcel, comparado con un 20.3 por ciento en el caso del grupo de referencia.[3]

—¿Entonces el programa reduce la tasa de reincidencia a casi un tercio? —preguntó el Presidente.

—Así es —confirmó el doctor Johnson—, pero sólo en los que completan el programa. Los que son excluidos por motivos disciplinarios, o abandonan voluntariamente, o son liberados bajo palabra antes de completar la condena, tienen un índice de reincidencia y encarcelamiento comparable al grupo de referencia.

—Entonces es vital completar el programa.

—Así es. Si miramos más detenidamente en las subcategorías de los grupos de control. . . .

—Me gustaría escuchar todos los detalles, doctor Johnson, pero el presidente Putin está esperando que le conteste una llamada —el Presidente miró hacia donde yo estaba y agregó—: ¿Le han entregado al personal el informe completo?

—Sí, señor Presidente —respondí.

—¿Qué opinas de todo esto?

Le dije cuánto nos alegraba que él hubiera autorizado e inaugurado nuestro programa. El presidente se refirió extensamente a su compromiso personal para poner en marcha programas basados en la fe cristiana. Preguntó por otras personas del grupo y manifestó estar fascinado por los cambios que habían estado ocurriendo en las cárceles. De pronto me di cuenta de que la llamada telefónica había vuelto a apremiarlo.

—Señor Presidente —dije—, antes de separarnos, ¿podríamos orar juntos?

—Por supuesto —contestó—. Pero cuando oramos alrededor de esta mesa, nos tomamos las manos. Dirígenos, Chuck.

Observé el momento en que el presidente tomaba la mano del doctor Johnson a un lado y al otro la de Susan Larson. A su vez, cada uno de ellos tomó las manos de dos ex reclusos, James Peterson y Robert Sutton, que estrechaban las suyas con el fiscal general y la secretaria de trabajo y así, hasta que la cadena que se extendía alrededor de la mesa llegó a mí.

Cuando terminé de orar, pensé en la enorme diferencia del motivo que nos reunía en ese salón presidencial, comparado con los motivos que nos habían reunido después de la publicación de los Documentos del Pentágono. Me emocionó profundamente pensar en esa paradoja de mi vida: Cómo Dios había producido algo bueno a partir de aquel desastre.

Yo había querido vengarme de Daniel Ellsberg y nunca me di cuenta del momento en que mi fariseísmo me traicionó. Otros alrededor de mí quisieron vengarse de la misma forma y la presidencia se derrumbó. Pensé en las palabras del Nuevo Testamento: "Pero Dios escogió lo insensato del mundo para avergonzar a los sabios, y escogió lo débil del mundo para avergonzar a los poderosos".[4] Dios utilizó mi propia estupidez para avergonzarme de mi supuesta sabiduría mundana.

Cuando fui encarcelado, mi mayor temor era no tener la posibilidad de volver a hacer algo que valiera la pena. Ahora puedo entender que no hubiese podido hacer algo que valiera la pena, *si no hubiese sido encarcelado*. Mi derrumbe fue lo que permitió comenzar mi vida y mi trabajo desde los cimientos. Tal como el Señor le dijo al apóstol Pablo: "Te basta con mi gracia, pues mi poder se perfecciona en la debilidad".[5] Nada había cambiado en el Salón Roosevelt, pero todo era diferente porque yo había cambiado. Y mucho. Como Robert Sutton. Él y yo somos exactamente iguales. Nuestras experiencias espirituales son muy similares. Habíamos estado orando con el hombre más poderoso del mundo, pero todos éramos iguales, porque al pie de la cruz, *todos* estamos en el mismo nivel.

Por eso le puedo decir a usted, tomando como referencia mi vida y lo que de ella he aprendido, que la gracia de Dios está muy cerca. Es a la vez el propósito de Dios para su vida y el regalo para usted. No importa que sea joven o viejo, rico o pobre, en plena posesión de sus facultades o perdiéndolas, porque la vida buena es la vida de Dios en Cristo. El Señor nos conduce desde donde estamos hacia un futuro sin límites.

AGRADECIMIENTOS

DESPUÉS DE la publicación de *How Now Shall We Live?* [*Y Ahora . . . ¿Cómo Viviremos?*] en 1999, que llegó a ser un éxito de ventas, me encontré con muchos amigos que me dijeron que si bien lo consideraban una gran obra, la redacción era densa; algunos comprobaron que era difícil aplicar a su vida lo que el libro enseñaba. Sin embargo, en el curso de muchas conversaciones descubrí que la gente estaba hambrienta, en la búsqueda, procurando encontrar un propósito y un sentido, algo que le diera coherencia a la vida. Me di cuenta de que había necesidad de algo más. Un querido amigo, Wally Zellmer, me encaró un día en mi oficina. "Chuck", dijo, "debes escribir un libro sencillo y directo. Simplemente háblale al lector de lo que más importa en la vida". Siempre sentí aprecio por Wally, una persona que tiene percepciones poco frecuentes y da sabios consejos. Su recomendación me motivó y pasé de pensar en un libro a escribirlo.

Uno de los profesores que me alentó con el trabajo de este libro es R. C. Sproul, con quien tengo una gran deuda. Al principio de mi vida cristiana, estudié bajo su tutela, para suerte mía. Cuando consideré la posibilidad de escribir este libro, lo discutí extensamente con él. Él me dio la confianza y el valor para abordar el tema de este libro como lo he hecho y ésta es otra razón más para estar agradecido a R. C. Sproul y su ministerio.

Escribir este libro me ha enriquecido de muchas maneras. A lo largo de los años he trabajado con algunos escritores muy capaces en la preparación de más de veinte libros publicados, pero ninguno ha sido tan simpático y compatible en lo intelectual como Harold Fickett. Le pedí que me acompañara en este libro en particular porque es un excelente narrador (él hizo el borrador de varios de los capítulos con historias en mi libro *How Now Shall We Live?* [*Y Ahora . . . ¿Cómo Viviremos?*]) y porque es un agudo pensador. Pronto comprobamos que no sólo nos une el corazón, sino también nuestra manera de pensar.

Más allá del éxito que pudiera alcanzar el producto final, ambos nos beneficiamos con algunas discusiones prolongadas y estimulantes. Creo que como fruto de nuestro trabajo en conjunto ahora tengo una mejor comprensión del mundo. Si trabajar hasta doce horas por día, garabatear apuntes durante los viajes en avión, dictar memos de las ideas surgidas durante la noche, y pulir borrador tras borrador de cada capítulo puede considerarse algo placentero, sin duda lo fue en el caso de este libro.

A pesar de lo buena que es la relación ente nosotros, Harold y yo no hubiéramos podido completar este libro sin la extraordinaria ayuda de mi equipo del Ministerio a las Prisiones. En primer lugar, Nancy Niemeyer, quien trabajó conmigo durante veinticinco años y fue una valiosa asistente en este y en otros libros. Cuando Nancy tomó otro trabajo, en la providencia de Dios fue reemplazada por Sherrie Irving. Sherrie trabajó pacientemente con cada borrador durante los últimos doce meses. Espero que tanto Nancy como Sherrie se sientan complacidas, lo cual es por lo menos una retribución parcial por las largas horas frente a la pantalla de la computadora.

También estoy agradecido a mi asistente Val Merrill, quien se ocupó de mi agenda y mantuvo la oficina funcionando sin problemas, lo cual me permitió el tiempo para trabajar con el libro. Agradezco a Kim Robbins Moreland, quien durante los últimos quince años me ha ayudado con la investigación, rastreando información sin descanso en bibliotecas y en la Internet. Kim se ocupó de escarbar los detalles difíciles para *La Vida Buena*. Agradezco a mi amiga y colega de mucho tiempo, Ellen Vaughn, una distinguida escritora que aportó algunas interesantes sugerencias para este libro.

Todos los escritores tienen una relación de amor y odio con su editor. Uno ama a su editor porque no puede vivir sin él, pero lo odia cuando ve su prosa inmortal en la mesa de cirugía. He tenido la verdadera bendición de contar con Ken Petersen como editor, quien acompañó a este libro desde su estado conceptual hasta el producto final. Se ocupó tanto de la figura completa como de los pequeños detalles. A lo largo del proceso llegamos a ser colegas y grandes amigos. Aunque extraño la ayuda de Judith Markham, quien editó mis libros durante veinte años, ella tuvo la oportunidad de leer uno de los primeros borradores y luego la versión final, y de ofrecer sus sugerencias. Ella sabía que no hubiera podido terminar este libro sin su ayuda.

Ken recibió la eficiente asistencia de Lynn Vanderzalm, quien hizo buena parte de la edición pesada del manuscrito. Estoy agradecido a

Lynn por su precisión, su cuidadoso control y repaso de los datos, y por su comentario crítico acerca de la fluidez del manuscrito.

Me siento en deuda con T. M. Moore, pastor y maestro de la iglesia presbiteriana Cedar Springs, en Knoxville, Tennessee, y compañero en el Foro Wilberforce. Él me brindó su conocimiento teológico y de esa manera impidió que nos fuéramos a la cuneta de un lado u otro del camino.

Neal Plantinga, presidente del Seminario Teológico Calvin, colaboró con la lectura de alguno de estos capítulos y con la inspiración de otros. Considero que es uno de los intelectuales más profundos del mundo cristiano contemporáneo y sin duda tiene amplio dominio de los temas sobre cosmovisión que se plantean en *La Vida Buena*.

Siento enorme gratitud hacia mi mentor de muchos años, Jim Packer, quien leyó y criticó el manuscrito. También Joni Eareckson Tada y Richard John Neuhaus leyeron el manuscrito y dieron valiosas indicaciones. Finalmente Rick Warren, autor de *La Vida con Propósito*, uno de los fenómenos editoriales y espirituales más notables de nuestro tiempo, me inspiró de muchas maneras y también leyó el manuscrito.

Por último, aunque no por eso menos importante, tanto Harold como yo estamos profundamente agradecidos a nuestras fieles esposas. Patty ha vivido el proceso completo de estos libros, lo cual es una hazaña. No sé si hay premios para este servicio aquí en la tierra, pero sin duda los habrá en el cielo. Karen Fickett, quien es una escritora capaz, dio apoyo intelectual a Harold a lo largo del proceso.

El libro, como ya vieron, está dedicado a mis hijos. Lo hice así porque son mi mayor herencia, por supuesto. Cuando tomé esa decisión también pensé en el maravilloso legado, en los monumentos vivos que describí en este libro, hombres y mujeres cuyas vidas han sido transformadas, y ahora viven en la verdad. Deseo que todos ellos sepan el estímulo que son para mí.

Finalmente, doy gracias a Aquel que hace que todo esto sea posible, al Autor de la verdad, quien una y otra vez a lo largo de este proyecto dejó caer sobre mi escritorio alguna investigación, me inspiró una idea, o acercó a la pantalla de la computadora o de mi mente alguna referencia que era imprescindible para este trabajo. En estas páginas he escrito acerca de la providencia, y en el proceso de escribir, la he experimentado. La gloria sea para Él.

Harold también quiere agradecer a su secretaria administrativa, Meredith Patterson, quien lo ayudó a mantenerse organizado y a mantener el rumbo. Meredith organizó cuatro archivos, más de mil correos electrónicos y numerosos borradores de cada capítulo. Harold hace llegar nuestro agradecimiento a las autoridades y a los investigadores que lo ayudaron con varias historias, especialmente a la doctora Janet McCann de la Universidad Texas A&M, al doctor Alan Filreis de la Universidad de Pensilvania, al doctor Michael R. Linton de la Universidad Estatal de Middle Tennessee, al doctor Joseph Nicolosi de *NARTH*, al doctor Philip Mango del Instituto St. Michael, a Alan Chambers de *Exodus International*, a Richard Cohen de *International Healing Foundation*, y a Melissa Fryear de Enfoque a la Familia. El doctor Mark Simmons y el doctor Dillard Tinsley fueron para Harold compañeros intelectuales invaluables durante esta travesía.

Introducción: La Vida Buena

1. T. S. Eliot, "The Four Quartets: East Coker", *The Complete Poems and Plays 1909–1950*, Brace & World, Nueva York, 1962, p. 129.

Capítulo 1: La Pregunta Inevitable

1. Esta y otras citas en esta historia fueron tomadas de *Saving Private Ryan*, la película escrita por Robert Rodat, dirigida por Steven Spielberg y producida por Dream Works SKG, Paramount Pictures Corporation, con Amblin Entertainment, Inc., 1998.
2. *Planned Parenthood v. Casey*, 112 S. Ct. 2791, 1992.
3. *Planned Parenthood v. Casey* confirmó la decisión del caso *Roe v. Wade*, legalizando el aborto por solicitud. De alguna manera, desplazó los fundamentos de la legalización del "derecho de privacidad" hacia el carácter de la libertad individual. Si bien cada uno de nosotros está "condenado a la libertad", en el sentido de tomar nuestras propias decisiones respecto a las grandes preguntas, creo que, al aplicar la ley, la democracia debería descansar en la teoría de la ley natural y en la tradición judeocristiana que inspira la Declaración de Independencia, la Constitución y la Declaración de Derechos. Los gobiernos y sus tribunales judiciales deben tener algún consenso en cuanto al sentido de la vida, a fin de poder hacer cumplir las normas básicas de la ley en contra del robo, del asesinato, etc. Si se le permitiera a las personas la libertad total de definir el sentido que quieren darle al universo, entonces, teóricamente, el nazi que cree que la vida de un judío no vale nada, estaría habilitado para llevar a cabo su "solución final" contra cualquier judío con el que se cruzara. En la práctica, los tribunales actuales se apoyan ya sea en la teoría de la ley natural o en su intuición (o preferencia personal) acerca de cuál es o debería ser el consenso de la comunidad sobre algún asunto. El paso desde la teoría de la ley natural a la percepción del consenso de la comunidad es uno de los grandes divisores de aguas en la cultura contemporánea.
4. Emmanuel Mounier, citado en Lorenzo Albacete, "The Cry of Suffering", *God at the Ritz: Attraction to Infinity*, Crossroad, Nueva York, 2002, http://www.godspy.com/faith/The-Cry-of-Suffering.cfm.
5. Juan Pablo II, *Fides et Ratio*, carta encíclica de Juan Pablo II a los obispos, sobre la relación entre fe y razón, capítulo 3, sección 28, http://www.vatican.va/edocs/ENG0216/_P8.HTM.

Capítulo 2: Una Vida Destruida

1. Finalmente 60,000 personas perderían la vida y más de 300,000 sufrirían heridas.

Capítulo 3: Las Grandes Paradojas

1. G. K. Chesterton, "When Doctors Disagree", en *The Paradoxes of Mr. Pond*, Dover, Nueva York, 1990.

2. Los fusilamientos interrumpidos eran parte de la tortura mental que el Zar Nicolás aplicaba con frecuencia a los prisioneros. Quería que creyeran que los iban a ejecutar, aunque en realidad ya había dado instrucciones a los guardias para que no lo hicieran. El zar quería que la gente sintiera a la vez su poder y su misericordia. Vea Joseph Frank, *Dostoyevsky: Years of Ordeal (1850–1859)*, Princeton University Press, Nueva York, 1983, p. 50.
3. Fyodor Dostoyevsky, citado en Frank, *Dostoyevsky: Years of Ordeal*, p. 62.
4. Este relato se basa en Francis Hartigan, *Bill W: A Biography of Alcoholics Anonymous Cofounder Bill Wilson*, Sr. Martin's, Nueva York, 2000, p. 38.
5. *Ibíd.*, p. 61.
6. Vea el sitio *Adopt-A-Minefield* en la Internet en http://www.landmines.org.
7. Hebreos 2:11.
8. Dostoyevsky, en *Diary of a Writer*, citado en Frank, *Dostoyevsky: Years of Ordeal*, p. 123.
9. *Ibíd.*, p. 88.
10. Esta cita de Pierre Bezukhov está tomada de *War and Peace*, película con guión adaptado por Bridget Boland y Mario Camerini, dirigida por King Vidor y producida por Paramount Pictures, 1956.
11. "Egil Krogh: A Nixon White House 'Plumber' Crusades for Integrity", *Christian Science Sentinel*, 103, n° 19, 7 de mayo de 2001, p. 12.

CAPÍTULO 4: UNA FIESTA AGRADABLE, CON MUCHA GENTE SIMPÁTICA

1. Por los detalles del vídeo de la fiesta estoy en deuda con Dan Ackman, "L. Dennis Koslowski Is Not Fabulous", *Forbes*, 29 de octubre de 2003, http://www.forbes.com/2003/10/29/cx_da_1029topnews_print.html.
2. John L. Fort III, citado en Anthony Bianco y otros, "The Rise and Fall of Dennis Koslowski", *Business Week Online*, 23 de diciembre de 2002, http://businessweek.com/magazine/content/02_51/b3813001.htm.
3. R. Jerry Conklin, citado en Bianco y otros, "The Rise and Fall of Dennis Koslowski".
4. Melanie Warner, "Exorcism at Tyco", *Fortune*, 14 de abril de 2003, p. 106.
5. *Tyco International Ltd. and Tyco International (US) Inc. v. L. Dennis Koslowski*, par. 23b y par. 23d (S.D. N.Y. 2002). Al parecer Tyco sí había hecho constar el departamento en sus libros como activo.
6. *Business Week* posicionó a Kozlowski en segundo lugar, después de Computer Associates' Charles Wang, cuyo paquete de compensaciones alcanzó en 1999 la fenomenal suma de 655.4 millones de dólares. Vea Michael Hennigan, "U. S. Corporate Scandals and the Laws of Unintended Consequences", http://wwww.finfacts.com/usscandals.htm.
7. Laura Italiano, "Defense Fights to Bar Tyco Tell-All", *New York Post*, 5 de febrero de 2004, p. 29.

8. L. Dennis Koslowski, citado en "The Most Aggressive CEO", *Business Week Online*, 28 de mayo de 2001, http://www.businessweek.com/magazine/content/01_22/b3734001.htm.

9. La información acerca del papel que jugó Irwin Nack se basa en Nanette Byrnes, "The Hunch That Led to Tyco's Tumble", *Business Week Online*, 23 de diciembre de 2002, http://www.businessweek.com/magazine/content/02_51/b3813013.htm.

10. La primera denuncia contra Koslowski y Swartz terminó en un juicio nulo. Su defensa consistió básicamente en el argumento de que Tyco estaba al tanto y aprobaba la compensación que recibían. En realidad no era tanto el hecho lo que se cuestionaba, sino la autoridad de estos hombres de dar y de recibir esas compensaciones.

11. Hasta la fecha (23 de febrero del 2004), Tyco discute hasta qué punto pudieron ser destructivas estas acciones y en su juicio contra Koslowski argumenta que, a pesar de las enormes sumas no autorizadas que éste se asignó a sí mismo y a otros, las pérdidas no tuvieron ningún "efecto material" sobre la compañía. Sea esto cierto o no, es una indicación de lo grande y lucrativa que era la operación comercial de Tyco.

12. Tyco vendió el CIT Group en 2002, con pérdida, por 7 billones de dólares.

13. L. Dennis Koslowski, citado en Bianco y otros, "The Rise and Fall of Dennis Koslowski".

14. Cita tomada de *Groundhog Day*, película escrita por Danny Rubin, dirigida por Harold Ramis y producida por Columbia / Tristar Studios en 1993.

CAPÍTULO 5: COMPRANDO EL SANTO GRIAL

1. Kate Berry, "Home Prices May Expose Economy to Credit Peril", *Los Angeles Business Journal* 26, n° 25, 21 de junio de 2004, p. 1

2. April Witt, "Acquiring Minds: Inside America's All-Consuming Passion", *Washington Post*, 14 de diciembre de 2003, W14, http://www.washington-post.com/wp-dyn/articles/A53732-2003Dec10.html.

3. *Ibíd.*

4. *Ibíd.*

5. *Ibíd.*

6. *Ibíd.*

7. Laura Berman Fortgang, *Living Your Best Life*, citada en Stephanie Armour: "After 9/11 Some Workers Turn Their Lives Upside Down", *USA Today*, 8 de mayo de 2002.

8. Estudio conducido por George Barna, citado en Douglas Groothuis, *Truth Decay*, InterVarsity, Downers Grove, Ill., 2000, p. 22.

9. Phillip Kennicott, "Rich with Irony: When Golden CEO Jack Welch Stepped Down, It Was into the Mud", *Washington Post*, 14 de octubre de 2002, C1.

10. Vea 1 Timoteo 6:10.

11. George Will analiza las conclusiones de Easterbrook en "Afflicted by Comfort", *Washington Post*, 11 de enero de 2004, http://www.washingtonpost.com/ac2/wp-dyn?pagename=article&contentId=A4928-2004Jan9&notFound=true.

12. "Go Figure", artículo especial en *Christianity Today* 48, nº 3, marzo de 2004, p. 22.

13. John Gertner, "The Futile Pursuit of Happiness", *New York Times Magazine*, 7 de septiembre de 2003.

14. *Ibíd.*, énfasis añadido.

CAPÍTULO 6: RIÉNDOSE DE LA MUERTE

1. El relato de la heroica vida de Nien Cheng durante la Revolución Cultural China está tomada de su notable e importante libro *Life and Death in Shanghai*, que constituye un documento clave para la comprensión del gobierno de Mao en China y de la naturaleza del totalitarismo.

2. Nien Cheng, *Life and Death in Shanghai*, Grove Press, Nueva York, 1986, p. 71.

3. *Ibíd.*, p. 76

4. *Ibíd.*, pp. 76–77.

5. *Ibíd.*, p. 86.

6. *Ibíd.*, p. 120.

7. *Ibíd.*, p. 122.

8. *Ibíd.*, p. 132.

9. *Ibíd.*, p. 136.

10. *Ibíd.*, p. 130.

11. *Ibíd.*, p. 146.

12. *Ibíd.*, pp. 147–148.

13. *Ibíd.*, pp. 149–150.

14. *Ibíd.*, p. 235.

15. *Ibíd.*, p. 256.

16. *Ibíd.*, p. 307.

17. *Ibíd.*, p. 308.

18. *Ibíd.*, pp. 308–309.

19. *Ibíd.*, p. 314.

20. *Ibíd.*, p. 324.

21. *Ibíd.*, p. 347.

22. Es probable que la infame Banda de los Cuatro: Jiang Qing (la cuarta esposa de Mao), Zhang Chunqiao, Yao Wenyuan y Wang Hongwen, o algún oficial aliado con este grupo, sea responsable por el arresto de Nien Cheng.

23. Cheng, *Life and Death in Shanghai*, pp. 353–354.

CAPÍTULO 7: MÁS IMPORTANTE QUE LA VIDA MISMA

1. Dorothy L. Sayers, *Creed or Chaos?*, Sophia Institute Press, Manchester, N. H., 1974, p. 44.

2. Citado en Joe Loconte, "Human Rights and Wrongs", *Weekly Standard* 9, n° 27, 22 de marzo de 2004, p. 27.
3. Joseph Biden, citado en Michael Potemra, "Shelf Life: Defending the Human", *National Review*, 19 de mayo de 2003.

CAPÍTULO 8: UNA VIDA TRASCENDENTE
1. Richard Bernstein, "Modern German Duty: The Obligation to Play", *New York Times*, 2 de julio de 2003.
2. Los detalles y las citas de estas historias se encuentran en "The Age Wave", *60 Minutes*, CBS News, 10 de agosto de 2003, http://www.cbsnews.com/stories/2003/08/08/60minutes/main567331.shtml.
3. Howard Butt (h.), citado en Matt Curry, "Texas Businessman Wants Christians to Carry Faith from Church to Workplace", *Abilene Reporter-News*, 15 de noviembre de 2002; vea http://www.texnews.com/1998/2002/texas/texas/Texas_bus1115.html.
4. Dorothy L. Sayers, *Creed or Chaos?*, Sophia Institute Press, Manchester, N. H., 1974, p. 72.
5. *Ibíd.*, p. 73.

CAPÍTULO 9: UN SILENCIOSO ADIÓS
1. John Ehrlichman, "Live from the Oval Office", *Newsweek*, 2 de diciembre de 1996, p. 37.
2. John Ehrlichman, "Nixon's 'It'", *New York Times*, 17 de junio de 1982, p. 27.

CAPÍTULO 10: ES MI FELICIDAD, SEA BUENO O MALO
1. Ésta y otras citas han sido tomadas de *The Hours*, película escrita por David Hare, dirigida por Stephen Daldry y producida por Miramax Films, 2002.
2. Gloria Steinem, "Self-discovery: A Noble Journey", *Los Angeles Times*, 12 de enero de 2003.

CAPÍTULO 11: ¿DE QUIÉN ES LA VIDA?
1. *Hardwired to Connect: The New Scientific Case for Authoritative Communities*, auspiciado por la YMCA de los Estados Unidos, Dartmouth Medical School, el Institute for American Values (2003). Puede verse un resumen que acompaña al informe en http://www.ymca.net/hardwired_report/HW_companion.summ.pdf.
2. Kenneth Boa, "Forming an Authentic Self in an Inauthentic World: Part 2", carta instructiva de Reflections, agosto de 2004, http://reflections.gospelcom.net/newsletters.php?id=1&newsletter_id=305&year=2004.
3. Russell Kirk, *The Conservative Mind: From Burke to Eliot*, Regnery, Washington, D.C., 1995, p. 23.
4. *Ibíd.*, p. 17.

5. Alexis de Tocqueville, *Democracy in America*, Washington Square, Nueva York, 1964, bk. 1, cap. 2.
6. La historia sobre el sargento Dustin Tuller fue trasmitida por *Scarborough Country* el 24 de mayo de 2004. Los guionistas del programa fueron Kerry Sanders, Wayne Downing, Peggy Noonan y Joe Scarborough.

CAPÍTULO 12: UN HOMBRE MILLONARIO

1. La historia de Warren Schmidt y las citas en este capítulo están basadas en la película *About Schmidt*, escrita y dirigida por Alexander Payne y producida por New Line Home Entertainment, 2002.

CAPÍTULO 13: DEJAR LEGADOS

1. Para leer el relato completo de esta asombrosa historia de amor vea Robertson McQuilkin, *A Promise Kept*, Tyndale, Carol Stream, Ill., 1998.
2. Se puede obtener más información sobre Angel Tree en el sitio de la Internet http://www.pfm.org/AM/Template.cfm?Section=Angel_Tree1.

CAPÍTULO 14: NADIE TIENE MAYOR AMOR QUE ÉSTE

1. La información sobre las campañas japonesas al comienzo de la Segunda Guerra Mundial fue tomada principalmente de *TheBritannica.com*.
2. Ernest Gordon, *To End All Wars*, Zondervan, Grand Rapids, 2002, p. 48.
3. Juan 15:13, citado en Gordon, *To End All Wars*, pp. 100–101.
4. Gordon, *To End All Wars*, p. 126.
5. *Ibíd.*, pp. 118–119.
6. *Ibíd.*, p. 110, énfasis añadido.

CAPÍTULO 16: VIAJE HACIA LA ILUSIÓN

1. Albert Speer, citado en Joachim Fest, *Speer: The Final Veredict*, traducido al inglés Ewald Osers y Alexandra Dring, Harcourt, Nueva York, 2001, p. 319.
2. *Ibíd.*, p. 320.
3. *Ibíd.*, p. 22.
4. John Milton, "Lycidas", *The Complete Poetical Works of John Milton*, ed. Douglas Bush, Houghton Mifflin, Boston, 1965, p. 144.
5. Fest, Speer: The Final Verdict, pp. 9–10.
6. *Ibíd.*
7. *Ibíd.*, p. 51.
8. *Ibíd.*, p. 116.
9. Hermann Friedrich Grabe, *IMT*, vol. xxxi, 433ff, citada en *Ibíd.*, p. 304.
10. *Ibíd.*, pp. 347–348.

CAPÍTULO 17: VIVIR SEGÚN LA VERDAD

1. El episodio que aquí se describe condujo luego a la acusación de que yo había ordenado el bombardeo de la Brookings Institution. El cargo era falso, pero

nunca pude demostrarlo. Como todo lo demás en el caso Watergate, quedé adherido a esa acusación. En el trigésimo aniversario del caso Watergate, John Dean condujo un seminario en la Escuela Kennedy en Harvard y se explayó sobre mi "enfermizo" plan de bombardear Brookings. En el 2003, recibí una llamada telefónica de Jack Caulfield, que había sido uno de los investigadores principales que John Dean y John Ehrlichman habían contratado. Jack se disculpó conmigo y me dijo que antes de morir quería ponerse a cuenta con aquellos a quienes había lastimado. Lo que en realidad ocurrió, como le dijo luego a mi biógrafo, es que se había cometido perjurio en torno a la denuncia de que yo había ordenado bombardear Brookings. No le pregunté quién lo hizo. Podrá ser un asunto menor, quizá, pero es parte de la historia. Por lo menos me dio cierto consuelo.

2. En aquella época parte del dinero reservado estaba a su nombre.
3. Albert Speer, citado en Joachim Fest, *Speer: The Final Verdict*, traducido al inglés Ewald Osers y Alexandra Dring, Harcourt, Nueva York, 2001, p. 287.
4. *Ibíd.*, p. 18.
5. Albert Speer, citado en Charles W. Colson, *Who Speaks for God?*, Crossway, Westchester, Ill., 1985, p. 75.
6. Uno de los elementos fascinantes del extraordinario libro de Speer, *Inside the Third Reich*, es la descripción del estilo tremendamente destructivo que tenía Hitler. Contaba con muchas ventajas estratégicas durante la Segunda Guerra Mundial. Encontró poca resistencia efectiva antes de llegar al frente ruso, y aun entonces la resistencia fue más el resultado del clima y de los problemas de aprovisionamiento que de la capacidad militar del rival. Los aliados debieron montar una contraofensiva por aire y por mar. Los problemas de transporte eran enormes. El autoendiosamiento de Hitler lo llevó a diseñar una estructura burocrática cuyo propósito principal era garantizar su poder mediante el recurso de poner a los subalternos unos contra otros. Las responsabilidades que se superponían y la manera perversa con la que generaba animosidad entre ellos volvían imposible una administración eficiente. Si Speer no hubiera sido un tecnócrata ingenioso que aportó alguna medida de racionalidad a la máquina de guerra nazi, la contienda podría haber durado la mitad de lo que duró. Las perspectivas que no concuerdan con la realidad, a la larga simplemente no funcionan. Los puntos de vista de Hitler eran tan erróneos que el Tercer Reich sobrevivió por un tiempo sólo merced a la violencia desenfrenada que practicaba. Su caída era segura.
7. El título de la carta proviene de la fecha de su publicación: 7 de enero de 1977.
8. Václav Havel, "The Power of the Powerless", en Václav Havel y otros, *The Power of the Powerless: Citizens against the State in Central-Eastern Europe*, ed. John Keane, M. E. Sharpe, Armonk, N.Y., 1985, p. 41.
9. *Ibíd.*, p. 43.

10. Jerzy Popieluszko, citado en Grazyna Sikorska, *Jerzy Popieluszko: A Martyr for the Truth*, Eerdmans, Grand Rapids, 1985, p. 56.

Capítulo 18: ¿Podemos Conocer la Verdad?

1. La frase "La prisión del lenguaje" fue usada por Fredric Jameson, *The Prison-House of Language*, Princeton University Press, Princeton, N.J., 1972.

2. Rod Dreher, "Losing Lutherans", *National Review*, 21 de febrero de 2002, y George Barna, "How America's Faith Has Changed Since 9-11", 26 de noviembre de 2001, http://www.barna.org/FlexPage.aspx?Page=BarnaUpdate&BarnaUpdateID=102.

3. La historia se relata en Phillip E. Johnson, *The Right Questions: Truth, Meaning, and Public Debate*, InterVarsity Press, Downers Grove, Ill., 2002, p. 128.

4. George W. Bush, discurso del 9/11 en el funeral en la Catedral Nacional de Washington, 14 de septiembre de 2001.

5. Stanley Fish, *New York Times*, 15 de octubre de 2001, citado en Henry F. Schaefer III, *Science and Christianity: Conflict or Coherence?*, The Apollos Trust, Watkinsville, Ga., 2004, p. 109.

6. Paul Marshall, "Fundamentalists and Other Fun People: To Know Them Is Not to Despise Them", *Weekly Standard* 10, nº 10, 22 de noviembre de 2004.

7. Kofi Annan, discurso en el trigésimo quinto conferencia nacional del Intituto Trinity, "Naming Evil", 2 de mayo de 2001, http://www.un.org/News/Press/docs/2004/sgsm9286.doc.htm.

8. Dorothy L. Sayers, *Creed or Chaos?*, Sophia Institute Press, Manchester, N.J., 1974, p. 108.

9. *Lee v. Weisman*, 505 U.S. 577, 1992.

10. *Ibíd.* ¿Está el posmodernismo escrito en la ley? La tolerancia ya no significa libertad, ahora significa represión.

11. Vea Juan 14:6.

Capítulo 19: ¿Cuánto Vale la Vida?

1. Resultados de la encuesta Melmark New England School Services Motivation, enero de 2004.

2. Michael Specter, "The Dangerous Philosopher", *New Yorker*, 6 de septiembre de 1999, http://www.michaelspecter.com/ny/1999/1999_09_06_philosopher.html.

3. Johann Hari, "Some People Are More Equal Than Other", *Independent*, 1º de julio de 2004, 2–3, http://news.independent.co.uk/people/profiles/story.jsp?story=536906.

4. ¿Qué es un defecto? Esta es sin duda una palabra resbaladiza. ¿Es un defecto que nazca una niña cuando usted quería tener un varón? En China se considera un problema; allí se practica el infanticidio para liberarse de los bebés menos

deseables (las niñas) y para acatar la política del gobierno en cuanto a no tener más de dos hijos. La gente también lo considera así en la India, donde se práctica libremente el aborto con el propósito de seleccionar los bebés según el género.

5. Singer, citado en Hari, "Some People Are More Equal Than Others".

6. Leo Alexander, "Medical Science under Dictatorship", *New England Journal of Medicine* 241, n° 2, 14 de julio de 1949, p. 39.

7. *Ibíd.*

8. *Ibíd.*

9. *Ibíd.*

10. Tanis Doe, "The New Reproductive Technologies: Discriminating Misconceptions of Choice", *Horizons* 8, n° 1, primavera de 1994, p. 44.

11. Amy Richards, citado en Amy Barrett, "Lives: When One Is Enough", *New York Times*, Magazine Desk, 18 de julio de 2004, p. 58.

12. Rebecca Allison, "Does a Cleft Palate Justify an Abortion? Curate Wins Right to Challenge Doctors", *Guardian*, 2 de diciembre de 2003, p. 3.

13. En un artículo reciente en el *New York Times*, Barbara Ehrenreich pregunta: "¿Qué determina que sea más aceptable matar a un feto 'defectuoso' que matar a cualquier feto, frente a las mismas oportunidades?" Admite: "Tuve dos abortos durante mis años intensamente fértiles. Podrían decirme que soy una mala mujer, pero no una mala madre. Yo era una escritora independiente y mi esposo trabajaba en un depósito, de modo que era lo único que podíamos hacer para mantener los niños que ya teníamos en un nivel de clase media baja". Ehrenreich no ve ninguna diferencia entre un aborto para mantener el nivel de vida y un aborto por razones de salud. (Vea Barbara Ehrenreich, "Owning Up to Abortion", *New York Times,* 22 de julio del 2004.)
¿Cuál es la diferencia? Definitivamente hay una diferencia en el sacrificio potencial que se requiere de los padres y de la sociedad en general. Pero ¿hay alguna diferencia entre la posición moral respecto a un niño no nacido que tiene problemas de salud y respecto a un niño normal?

14. "Annual Report of Medicare and Social Security Transfers", presentado en *Congressional Quarterly*, 23 de marzo de 2001.

15. Hari, "Some People Are More Equal Than Others", énfasis añadido.

16. Las citas en este relato han sido tomadas de Harriet McBryde Johnson, "Should I Have Been Killed at Birth? The Case for My Life", *New York Times Magazine*, 16 de febrero de 2003.

17. *Ibíd.*

CAPÍTULO 20: LA IDENTIDAD DE DIOS

1. Todas las citas de esta anécdota sobre la araña han sido tomadas de Nien Cheng, *Life and Death in Shanghai*, Grove Press, Nueva York, 1986, p. 143.

2. Werner UIT, *In the Beginning Was Information*, Hanssler, Neuhausen-Stuttgart, Alemania, 1994, p. 12.
3. "NABT Unveils New Statement on Teaching Evolution", *The American Biological Teacher* 68, nº 1, enero de 1996, p. 61. La primera declaración de la NABT produjo tanto disturbio que la organización decidió eliminar las palabras *sin supervisión* e *impersonal*. Sin embargo el cambio fue mayormente cosmético, ya que las palabras que se incluyeron (*impredecible* y *natural*) querían decir esencialmente lo mismo.
4. Las personas que se consideran evolucionistas teístas sugieren que Dios usó la evolución pero guió sus resultados con el propósito de producir la creación. El problema es que la teoría darwiniana excluye la premisa de una evolución teísta. Por su naturaleza esencial, el darwinismo requiere que la evolución sea casual, que sus resultados no estén orientados hacia un propósito final. De otra manera, la teoría no se cumple; la combinación entre mutación y selección natural deja de ser "natural" si el curso de la evolución está gobernado por otra cosa que no sea el azar. Para que la teoría darwiniana tenga poder de argumentación requiere necesariamente que el tiempo y el puro azar hayan sido suficientes para producir todo lo que nos rodea. Las personas que realmente entienden esta teoría consideran que cualquier agregado "teísta" es peor que un simple agregado, es algo antitético al sistema. Muchos cristianos creen que la evolución teísta les evitará la burla de los darwinianos rígidos y no parecerán personas intelectualmente inferiores. Es una especie de matrimonio. Sin embargo, el problema es que, mientras el cristiano que cree en Dios se siente casado con el evolucionista, el evolucionista no comparte el mismo sentimiento, ni puede hacerlo. Es un matrimonio unilateral.
5. El movimiento ha entrado en las diversas disciplinas y ha fracturado las alianzas tradicionales. Por ejemplo, David Berlinski, un distinguido matemático y escritor popular, publicó en *Commentary,* la respetable revista intelectual judía, un artículo titulado "The Deniable Darwin".
6. A menos que se haga otra mención, las citas de Michael Behe corresponden a una entrevista telefónica del 10 de agosto de 2004.
7. Percival Davis y Dean H. Kenyon, *Of Pandas and People: The Central Question of Biological Origins,* Haughton, Dallas, 1993.
8. Behe usa la cilia (pelos como latiguillos sobre la superficie de la célula) como otro ejemplo de la complejidad irreductible. La cilia que alcanza a 200 en una sola célula, se mueve en forma fluida sobre la superficie de la célula, oscilando hacia atrás y adelante y manteniendo coordinación entre sí. Por ejemplo, la cilia sobre las células en el fondo de la garganta limpian el moco; la cilia impide que nos ahoguemos con nuestras propias secreciones. Cada cilio es una micromáquina biológica conformada por alrededor de 200 elementos proteicos que dan lugar a tres componentes básicos: varas, enlaces y motores. Si se retira uno de estos componentes, la cilia deja de funcionar. No es que se vuelven menos

eficientes; no funcionan en absoluto. Esta cilia no puede ser el resultado de un proceso gradual.

9. Michael J. Behe, "Rube Goldberg in the Blood", *Darwin's Black Box: The Biochemical Challenge of Evolution*, Free Press, Nueva York, 1996, pp. 74–97.

10. *Ibíd.*

11. T. H. Bugge y otros, "Loss of Fibrinogen Rescues Mice from the Pleiotropic Effects of Plasminogen Deficiency", *Cell* 87, 15 de noviembre de 1996, pp. 709–719.

12. Russell F. Doolittle, "A Delicate Balance", *Boston Review*, febrero–marzo de 1997, http://www.bostonreview.net/BR22.1/doolittle.html.

13. Richard Dawkins, citado en Mary Wakefield, "The Mystery of the Missing Links", *The Spectator*, 25 de octubre de 2003, http://www.spectator.co.uk/article.php?table=old&section=current&issue=2004-08-21&id=4051&searchText=Mary%20Wakefield.

14. La obra de Behe es solo un ejemplo del volumen creciente de evidencias que respaldan el Diseño Inteligente. Para un análisis más detallado sobre este tema, vea el libro que escribí con Nancy Pearcey, *How Now Shall We Live?* [*Y Ahora . . . ¿Cómo Viviremos?*].

15. Rodney Stark, For the Glory of God: How Monotheism Led to Reformations, Science, Witch-Hunts, and the End of Slavery, Princeton University Press, Princeton. N.J., 2003, p. 176.

16. Julián Huxley, *The Evolution of Life*, vol. 1, de *Evolution after Darwin*, Universidad de Chicago, Chicago, 1960, p. 2.

17. Stark, *For the Glory of God*, p. 185.

18. Richard Dawkins, *The Blind Watchmaker: Why the Evidence of Evolution Reveals a Universe without Design,* W. W. Norton, Nueva York, 1986, p. 286, citado en Stark, *For the Glory of God,* p. 176.

19. Charles Darwin, *The Origin of Species*, Modern Library, Nueva York, 1993, p. 316, citado en Stark, *For the Glory of God*, p. 179.

20. Stark, *For the Glory of God*, p. 184.

21. *Ibíd.*, p. 191.

22. Richard Dawkins, *The Blind Watchmaker*, 6, citado en *Ibíd.*, p. 185.

23. Annie Besant, citada en Stark, *For the Glory of God*, p. 186.

24. Stark, *For the Glory of God*, p. 186.

25. *Ibíd.*

26. *Scientist*, 19 de mayo de 2003, citado en Henry F. Schaefer, *Science and Christianity: Conflict or Coherence?*, Apollos Trust, Watkinsville, Ga., 2003, p. 12.

27. Charles Townes, citado en Schaefer, *Science and Christianity*, p. 102.

28. Associated Press, "Famous Atheist Now Believes in God", 9 de diciembre de 2004, http://abcnews.go.com/US/wireStory?id=315976.

29. Esta cita está tomada del vídeo de Flew, "Has Sciencie Discovered God?", citado en *Ibíd.*

Capítulo 21: La Moralidad y el Orden Natural

1. Esta historia se relata en Cornelius Plantinga (h), *Not the Way It's Supposed to Be: A Breviary of Sin.* Eerdmans, Grand Rapids, 1995, pp. 118–119.
2. Stephen Covey, "Ethical Vertigo", *Executive Excellence* 14, nº 6, junio de 1997, pp. 3–4.
3. Si desea más información sobre la naturaleza de la atracción hacia personas del mismo sexo o sobre terapia reparadora, puede ponerse en contacto con Exodus International, http://www.exodus.to; The National for Research and Therapy of Homosexuality (NARTH), http://www.narth.com/; James Dobson, Enfoque a la Familia, http://www.family.org/cforum/fosi/homosexuality/. Enfoque a la Familia brinda valiosas conferencias (Love Won Out) sobre las causas y la cura de la atracción hacia el mismo sexo; vea http://www.lovewonout.com/.
4. Como miembro de la directiva de Exodus International, Randy Thomas ahora ofrece ayuda a quienes desean encontrar la misma libertad que él encontró.

Capítulo 22: El Don de Reconocer Lo Correcto de Lo Incorrecto

1. Citado en Cornelius Plantinga (h.), *Not the Way It's Supposed to Be: A Breviary of Sin,* Eerdmans, Grand Rapids, 1995, p. 7.
2. *Ibíd.*, p. 8.
3. Etienne Gilson, *The Unity of Philosophical Experience*, St. Ignatius, San Francisco, 1999, p. 274.
4. C. S. Lewis, *Mere Christianity,* Touchstone, Nueva York, 1996, p. 21.
5. *Ibíd.*, p. 19.
6. Ilustración basada en una que presenta Lewis en *Ibíd.*, p. 17.
7. *Ibíd.*, p. 19.
8. *Ibíd.*, p. 18, énfasis añadido.
9. Las encuestas indican que sólo el 6 por ciento de los adolescentes cree que hay una verdad moral absoluta; el 73 por ciento de los graduados universitarios, cuando se les pregunta qué han aprendido acerca de la ética, elige la siguiente respuesta: "Lo correcto y lo incorrecto dependen de las diferencias entre los individuos y de la diversidad cultural". (Y los estudiantes creían que habían entendido de qué se trataba la ética.) Citado en John Leo, "Professors Who See No Evil", *U.S. News & World Report*, 22 de julio de 2002, p. 14.
10. Este incidente fue confirmado por George Weigel en un correo electrónico del 3 de agosto de 2004.
11. F. H. Buckley, "Are Emotions Moral?" *The New Criterion* 22, nº 5, enero de 2004, http://www.newcriterion.com/archive/22/jan04/emotion.htm.
12. Greg Koukl, "A Ten-Minute Witness", http://www.lifeway.com/lwc/article_main_page/0,1703,A%253D153981%2526M%253D200165,00.html.
13. J. Budziszewski analiza el tema de la conciencia y el orden natural en su libro *What We Can't Not Know*, Spence, Dallas, 2003, énfasis añadido.

14. Vea Romanos 2:14–15.
15. Graham Greene, *The Quiet American*, Viking, Nueva York, 1956, p. 249.
16. Vea Albert Camus, El Extranjero y El Mito de Sísifo.
17. Neal Plantinga (h.), "Fashions and Folly: Sin and Character in the 90s", presentado en la serie de conferencias de enero, Seminario Teológico Calvin, Grand Rapids, Michigan, 15 de enero de 1993, pp. 14–15.
18. San Agustín, citado en Juan Pablo II, *Fides et Ratio*, carta encíclica de Juan Pablo II a los obispos sobre la relación entre fe y razón, capítulo 1, sección 15, http://www.vatican.va(edocs/ENG0216/_P4.HTM.

CAPÍTULO 23: LA BELLEZA ES LA MARCA DEL AMOR DE DIOS
1. El gobierno colaboracionista de Vichy y los alemanes ya habían firmado un armisticio que hacía innecesario el cuidado y la alimentación del elevado número de prisioneros de guerra.
2. Apocalipsis 10:1–7, citado en Rebecca Rischin, *For the End of Time: The Story of the Messiaen Quartet*, Cornell University Press, Ithaca, N.Y., 2003, p. 129.
3. La descripción de esta presentación está tomada indirectamente de las palabras de Messiaen ("Composers Preface"), en Rischin, *For the End of Time*, p. 129.
4. Rischin, *For the End of Time*, p. 130.
5. Esta afirmación se basa en las conclusiones de Marcel Haedrich, uno de los prisioneros, quien publicó el relato del estreno del *Quartet for the End of Time* en *Le Figaro*, en 1942. La cita completa se encuentra en *Ibíd.*, p. 70.
6. Rischin, *For the End of Time*, p. 70.
7. Calvin Tomkins, *The Bride and the Bachelors: The Heretical Courtship in Modern Art*, Viking, Nueva York, 1965, p. 119.
8. Citado en David Revill, *The Roaring Silence: John Cage: A Life*, Arcade, Nueva York, 1992, pp. 165–166.
9. Peter Yates, citado en Tomkins, *The Bride and the Bachelors*, p. 85.
10. Ananda K. Coomaraswamy, énfasis añadido, citado en Tomkins, *The Bride and the Bachelors*, p. 100.
11. Tomkins, *The Bride and the Bachelors*, p. 74.
12. Richard Lippold, citado en *Ibíd.*
13. En esencia, por supuesto, el *I Ching* no es una cuestión de azar. Es un método de adivinación, de estar en contacto con fuerzas más grandes y tal vez más tenebrosas de lo que la persona puede discernir.
14. Revill, *The Roaring Silence*, p. 167.
15. Lorenzo Albacete, "The Cry of Suffering", *God at the Ritz: Attraction to Infinity*, Crossroad, Nueva York, 2002, http://www.godpsy.com/faith/The-Cry-of-Suffering.cfm.
16. Paul Griffiths, *Olivier Messiaen and the Music of Time*, Cornell University Press, Ithaca, Nueva York, 1985, pp. 21–22.

17. *Ibíd.*, p. 50.
18. Hans Urs von Balthasar, *The Glory of the Lord: A Theological Aesthetics*, traducido al inglés Erasmo Leiva-Merikakis, ed. Joseph Fessio y John Riches, St. Ignatius, San Francisco, 1983, p. 18.
19. William Blake, "The Tiger", *Eighteenth Century Poetry and Prose*, ed. Louis I, Bredvold et al., Ronald Press, Nueva York, 1956, 1060.
20. Jesús nos dice que la belleza de la creación es una señal del cuidado del Padre celestial: "Fíjense cómo crecen los lirios. No trabajan ni hilan; sin embargo, les digo que ni siquiera Salomón, con todo su esplendor, se vestía como uno de ellos. Si así viste Dios a la hierba que hoy está en el campo y mañana es arrojada al horno, ¡cuánto más hará por ustedes, gente de poca fe!" (Lucas 12:27–28).

CAPÍTULO 24: GRABADO EN EL CORAZÓN
1. Frank Gaebelein, *The Christian, the Arts, and Truth: Regaining the Vision of Greatness,* Multnomah, Portland, Ore., 1985, p. 95.
2. Jacques Maritain, *The Degrees of Knowledge*, traducido al inglés Gerald B. Phelan, Notre Dame Press, Notre Dame, Ind., 1995, p. 264.
3. Lorenzo Albacete, "The Cry of Suffering", *God at the Ritz: Attraction to Infinity,* Crossroad, Nueva York, 2002, http://www.Godspy.com/faith/The-Cry-of-Suffering.cfm.
4. Blas Pascal, *Pensées*, sección IV, párrafo 277, http://www.classicallibrary.org/pascal/pensees/index.htm.
5. El obispo Anselmo, citado en Juan Pablo II, *Fides et Ratio*, carta encíclica de Juan Pablo II a los obispos sobre la relación entre fe y razón, capítulo 1, sección 14, http://www.vatican.va/edocs/ENG0216/_P4.HTM.
6. Jonathan Edwards, *Of Being*, 1721, http://www.jonathanedwards.com/text/Of%20Being.htm.

CAPÍTULO 25: POSMODERNISTAS EN RECUPERACIÓN
1. Cole Porter, "Let's Do It (Let's Fall in Love)", Warner Bros., Inc., 1995.
2. *Ibíd.*
3. La historia sobre la preñez de Hua Mei se basa en "Sexy Videos Help Panda Get Pregnant", *Orlando Sentinel*, 17 de junio de 2004. La información general sobre el Centro de Wolong, de Protección del Panda Gigante, está tomada de Roberto Rivera, "Pan Man: Do They Want to Be Extinct?" *BreakPoint Worldview,* junio de 2004, pp. 6–8.
4. M. D. Harmond, "March for Women's Lives Leaves Some Women on the Sidelines: Those Would Be the Women There to Support Life and the Women Who Could Never Attend", *Portland (Maine) Press Herald*, 3 de mayo de 2004, p. 9.
5. Joan Richardson, *Wallace Stevens: The Early Years 1879–1923*, William Morris, Nueva York, 1986, p. 56.

6. Holly Stevens, *Souvenirs and Prophecies: The Young Wallace Stevens*, Knopf, Nueva York, 1977, p. 16. Esta es la fuente del sentimiento; la cita en sí misma es una ficción que representa ese sentimiento.
7. Charles M. Murphy, *Wallace Stevens: A Spiritual Poet in a Secular Age*, Paulist, Nueva York, p. 10.
8. Wallace Stevens, *The Collected Poems of Wallace Stevens*, Knopf, Nueva York, p. 68.
9. Janet McCann, *Wallace Stevens Revisited: "The Celestial Possible"*, Twayne, Nueva York, 1995, p. 25.
10. Stevens, *Collected Poems*, p. 129.
11. *Ibíd.* p.288
12. McCann, *Wallace Stevens Revisited*, p. 77.
13. Esta es una idea tentativa pero indudable.
14. Stevens, *Collected Poems*, p. 534.
15. Peter Brazeau, *Parts of a World: Wallace Stevens Remembered*, Random House, Nueva York, 1977, p. 294.
16. *Ibíd.*, p. 295.
17. A pesar de la paz que Stevens encontró semanas antes de su muerte, su conversión puso a todos nerviosos, incluido al sacerdote. Stevens le pidió al padre Hanley, a la hermana Bernetta Quinn, y a otros que estaban al tanto de su conversión, que no se lo contaran a su familia. Tenía miedo de que su esposa viniera al hospital y se pusiera histérica. Esto refleja un prejuicio de clase. Que un patricio de Hartford se convirtiera al catolicismo era como volverse un irlandés "honorario". Era algo que *no podía ser*. Podía significar que lo expulsaran del country club. El obispo del padre Hanley también quería mantener reserva sobre el asunto porque no quería que la población protestante de Hartford tuviera miedo de que los sacerdotes los molestaran cuando vinieran a St. Francis. El hospital quería mantener la imagen de una institución que no hacía proselitismo.

Posteriormente, cuando la hija de Stevens se enteró a través del padre Hanley, negó abiertamente que hubiera podido suceder. Si bien los hechos eran contundentes, y habían sido atestiguados no sólo por el padre Hanley, sino por otras personas que asistieron al bautismo de Stevens, el desagrado de Holly Stevens con la conversión de su padre disuadió a muchos estudiosos de tomarla en serio o de hablar de ella. Aunque Holly vendió los papeles de su padre a la biblioteca Huntington en Pasadena, en los años '70, siguió controlando su uso hasta su muerte en 1992. Los investigadores tenían la impresión de que les limitaría el derecho a citar los escritos de Stevens si prestaban demasiada atención a su conversión. Al parecer, fue por esta razón que Peter Brazeau, quien escribió una biografía de Stevens e hizo una larga entrevista al padre Hanley, sólo usó una pequeña porción del material que obtuvo sobre la conversión de Stevens; la grabación de las entrevistas que Brazeau tuvo con el padre Hanley ahora forman parte de la colección de la biblioteca Huntington, y cualquiera que todavía tenga dudas sobre la conversión de Stevens, puede escuchar las cintas.

18. Maynard Mack, ed., *The Norton Anthology of World Masterpieces*, vol. 2, 5ª ed., W. W. Norton, 1985, p. 1529.

Capítulo 26: Esperanza, Libertad y Felicidad

1. Albert Camus, citado en Rob Roy McGregor, "Camus's 'The Silent Men' and 'The Guest': Depictions of Absurd Awareness", *Studies in Short Fiction*, verano de 1997.
2. Vea Mateo 22:37–39, énfasis añadido.
3. Rodney Stark, *For the Glory of God: How Monotheism Led to Reformations, Science, Witch-Hunts, and the End of Slavery*, Princeton University Press, Princeton. N.J., 2003, p. 376.
4. Declaración de Independencia, http://www.archives.gov/national_archives_experiencie/charters/declaration.html.
5. John Emerich Edward Dalberg Acton, *The History of Freedom*, Acton Institute, Grand Rapids, 1993, p. 45.
6. John Emerich Edward Dalberg Acton, *Selected Writings of Lord Acton*, ed. J. Rufus Fears, LibertyClassics, Indianápolis, 1985, p. 650.
7. Sigmund Freud, *Civilization and Its Discontents,* traducido al inglés Joan Riviere, Hogarth Press, Londres, 1953, p. 27, citado en Armand Nicholi, *The Question of God: C. S. Lewis and Sigmund Freud Debate God, Love, Sex, and the Meaning of Life,* Free Press, Nueva York, 2002, pp. 99–100.
8. Freud, *Civilization and Its Discontents,* p. 35.
9. Nicholi, *The Question of God*, p. 104.
10. Citado en Read Mercer Schuchardt, "The Cultural Victory of Hugh Hefner", 1 de octubre de 2003, http://www.godspy.com/issues/The-Cultural-Victory-of-Hugh-Hefner.cfm.
11. Ben Wallace, "The Prodigy and the Playmate", *Philadelphia Magazine*, junio de 2001, http://www.phillymag.com/Archives/2001June/prodigy.html.
12. Schuchardt, "The Cultural Victory of Hugh Hefner".

Capítulo 27: Las Malas Noticias

1. Bertrand Russell, citado en Ray Monk, *Bertrand Russell: The Spirit of Solitude, 1872–1921*, Free Press, Nueva York, 1996, p. 530.
2. Romanos 1:20.
3. Alvin Plantinga, "Methodological Naturalism?", *Origins & Design*, http://www.arn.org/docs/design/od181/methnat181.htm.
4. William Murray, uno de los hijos de Madalyn Murray O'Hair, dio a conocer esta perspectiva. Dice así: "Mi madre no era solamente Madalyn Murray O'Hair, la líder atea. Era una persona malvada. . . . Me resulta difícil decirlo de

mi propia madre, pero es la verdad". William J. Murray, "May 1999, Statement of William J. Murray on the Kidnapping and Murder of Family Members" http://dunamai.com/articles/atheist/statement_of_bill_murray.htm.
5. Lona Manning, "The Murder of Madalyn Murray O'Hair: America's Most Hated Woman", *Crime Magazine*, 11 de junio de 2001, http://crimemagazine.com/ohair.htm.
6. Carta circular de Madalyn Murray O'Hair, citada en *Ibíd.*
7. Manning, "The Murder of Madalyn Murray O'Hair".
8. Ellen Johnson, citada en Manning, "The Murder of Madalyn Murray O'Hair".
9. *Ibíd.*
10. Robin Murray, citado en Ted Dracos, *UnGodly: The Passions, Torments, and Murder of Atheist Madalyn Murray O'Hair*, Berkley Books, Nueva York, 2004, p. 201.
11. Spike Tyson, citado en Manning, "The Murder of Madalyn Murray O'Hair".
12. Madalyn Murray O'Hair, citada en Dracos, *UnGodly*, p. 142.
13. Manning, "The Murder of Madalyn Murray O'Hair.
14. *Ibíd.*
15. *Ibíd.*
16. *Ibíd.* y William Murray, http://www.wjmurray.com.

CAPÍTULO 28: LA PROVIDENCIA
1. Vea el sitio en la Internet *Adopt-A-Minefield* en http://www.landmines.org.
2. William Shakespeare, *Macbeth*, acto 5, escena 5, líneas 27 y 28, *The Riverside Shakespeare*, Houghton Mifflin, Boston, 1974, p. 1337.
3. Brian Godawa, *Hollywood Worldviews: Watching Films with Wisdom and Discernment*, InterVarsity, Downers Grove, Ill., p. 108–109.
4. C. S. Lewis, *Mere Christianity*, Touchstone, Nueva York, 1996, p. 35.
5. Phillip E. Johnson, *The Right Questions: Truth, Meaning and Public Debate*, InterVarsity, Downers Grove, Ill., 2002, pp. 85–86.
6. "My Hope Is Built", palabras por Edward Mote, 1834.
7. Johnson, *The Right Questions*, p. 87.
8. Años más tarde supe que el tumor era precanceroso. Los médicos en Georgetown nunca me dieron el informe completo de la biopsia. El cirujano había hecho una llamada durante la cirugía, sobre la base de un estudio patológico preliminar hecho en la sala de operaciones.
9. Tyler Whitney, "Warner Wins: Democrat Breaks GOP Hold on Executive Mansion with 5-Point Win over Earley", *Richmond Times Dispatch*, 7 de noviembre de 2001, A1.
10. George M. Marsden, *Jonathan Edwards: A Life*, Yale University Press, New Haven, 2003, p. 487.
11. Vea Hechos 17:26.

12. Abraham Lincoln, citado en *America's God and Country Encyclopedia of Quotations*, compilado por William J. Federer, Fame, Coppell, Tex., 1996, p. 382.
13. *Ibíd.*, p. 387.
14. *Ibíd.*, p. 381.

CAPÍTULO 29: UNA BUENA MUERTE

1. Bill Bright, *The Journey Home: Finishing with Joy*, Nelson, Nashville, 2003, p. 7.
2. *Ibíd.*, p. 164.
3. *Ibíd.*, p. 167.
4. Salmo 116:15 y la oración de San Francisco están citadas en *Ibíd.*, pp. 164, 171.
5. James Boswell, *Boswell's Life of Johnson*, Oxford University Press, Nueva York, 1933, entrada del 19 de septiembre de 1777.
6. Vea Filipenses 1:21.
7. El apóstol Pablo proclama que Cristo debe destruir "todo dominio, autoridad y poder. Porque es necesario que Cristo reine hasta poner a todos sus enemigos debajo de sus pies. El último enemigo que será destruido es la muerte" (1 Corintios 15:24–26).
8. Romanos 6:8.
9. Michel de Montaigne, citado en Leon Kass, "Ageless Bodies, Happy Souls: Biotechnology and the Pursuit of Perfection", *The New Atlantis*, primavera de 2003, http://www.thenewatlantis.com/archive/1/kas.htm.
10. Wallace Stevens, citado en *Ibíd.*
11. *Ibíd.*
12. Madalyn Murray O'Hair citada en Lona Manning, "The Murder of Madalyn Murray O'Hair: America's Most Hated Woman", *Crime Magazine*, http://www.crimemagazine.com/ohair.htm.
13. Edward Bennett Williams, citado en Christopher Buckley, "The Case of Edward Bennett Williams", *Washington Post*, 3 de noviembre de 1991, X1.
14. Último correo electrónico de David Bloom a su esposa Melanie, reproducido con permiso por el pastor David L. Matson en *The Cathedral Messenger*, 62, nº 33, 17 de agosto de 2003, http://home.earthlink.net/-whccoffice/new/messenger/Messenger%2033-03.pdf.
15. Juan 16:22.
16. Richard John Neuhaus, *As I Lay Dying: Meditation upon Returning*, Basic Books, Nueva York 2002, p. 150.
17. *Ibíd.*

CAPÍTULO 30: VERDAD INFINITA Y AMOR

1. Blas Pascal, *Pensées*, traducido al inglés A. J. Krailsheimer, Penguin Classics, Londres, 1966, p. 423.
2. Vea Juan 14:6.

3. Vea Colosenses 1:16–17.
4. Vea el relato en Juan 3:1–21.
5. Experimenté la renovación de la que habla el apóstol Pablo en su carta a los cristianos en Roma: "No se amolden al mundo actual sino sean transformados mediante la renovación de su mente. Así podrán comprobar cuál es la voluntad de Dios, buena, agradable y perfecta" (Romanos 12:2).

Epílogo: Regresar al Comienzo

1. Patti Muck, "The Freedom of Singing: Bush Lends Voice to Prison Chorus: Governor, Inmates Seek a State of Grace", *Houston Chronicle*, 17 de octubre de 1997, A1.
2. *Ibíd.*
3. "Jesus Saves", *Wall Street Journal*, 20 de junio de 2003, W15.
4. 1 Corintios 1:27.
5. 2 Corintios 12:9.

LECTURAS RECOMENDADAS

NOTA DE LOS AUTORES: Para su búsqueda de la verdad, recomendamos la siguiente lista de libros; algunos de éstos son de lectura ligera y otros son algo más complejos. Ésta no es una lista completa y total, solamente se sugiere como punto inicial.

Balthasar, Hans Urs von. *The Glory of the Lord: A Theological Aesthetics*, vol. 1, *Seeing the Form*. Traducido al inglés por Erasmo Leiva-Merikakis. Ignatius Press, San Francisco, 1991.

Behe, Michael. *Darwin's Black Box: The Biochemical Challenge to Evolution*. Free Press, Nueva York, 1996.

Blamires, Harry. *The Christian Mind*. Servant, Ann Arbor, 1978.

Bright, Bill. *The Journey Home: Finishing with Joy*. Nelson, Nashville, 2003.

Budziszewski, J. *What We Can't Not Know: A Guide*. Spence, Dallas, 2003.

Butt, Howard E., hijo. *Who Can You Trust? Overcoming Betrayal and Fear*. WaterBrook, Colorado Springs, Colo., 2004.

Cheng, Nien. *Life and Death in Shanghai*. Grove Press, Nueva York, 1986.

Chesterton, G. K. *Orthodoxy*. Dover, Mineola, N.Y., 2004.

Colson, Charles, y Nancy Pearcey. *How Now Shall We Live?* Tyndale, Carol Stream, Ill., 1999. [*Y Ahora . . . ¿Cómo Viviremos?*].

———, con Ellen Santilli Vaughn. *Kingdoms in Conflict*. Zondervan, Grand Rapids, 1987.

———, y Ellen Vaughn. *Being the Body*. W, Nashville, 2003. [*El Cuerpo*.]

———. *Loving God*. Zondervan, Grand Rapids, 1996.

Fickett, Harold. *Dancing with the Divine*. Cook Communications Ministries, Colorado Springs, Colo., 2004.

Gaebelein, Frank E. *The Christian, the Arts, and Truth: Regaining the Vision of Greatness*. Multnomah, Portland, Ore., 1985.

Gilson, Etienne. *The Unity of Philosophical Experience*. Ignatius, San Francisco, 1999.

Gordon, Ernest. *To End All Wars*. Zondervan, Grand Rapids, 2002.

Groothius, Douglas. *Truth Decay: Defending Christianity against the Challenges of Postmodernism*. InterVarsity, Downers Grove, Ill., 2000.

Guinness, Os. *The Long Journey Home: A Guide to Your Search for the Meaning of Life*. Doubleday, Nueva York, 2001.

Hudson, Deal W. *Happiness and the Limits Satisfaction*. Rowman & Littlefield, Lanham, Md., 1996.

Johnson, Phillip E. *Darwin on Trial*. InterVarsity, Downers Grove, Ill., 1993.

———. *The Right Questions: Truth, Meaning, and Public Debate*. InterVarsity, Downers Grove, Ill., 2002.

Kirk, Russell. *The Conservative Mind: From Burke to Eliot.* Regnery, Washington, D.C., 1995.

Kuyper, Abraham. *Christianity: A Total World and Life System.* Plymouth Rock Foundation, Marlborough, N.H., 1996.

Lewis C. S. *God in the Dock: Essays on Theology.* Collins, Londres, 1979

———. *Mere Christianity.* Touchstone, Nueva York, 1996. [*Cristianismo . . . ¡y Nada Más!*]

———. *That Hideous Strength.* HarperCollins, Nueva York, 2002.

Maritain, Jacques. *Art and Scholasticism, with Others Essays.* Traducido al inglés por J. F. Scanlan. Books for Libraries Press, Freeport, N.Y., 1971.

———. *Distinguish to Unite, or, The Degrees of Knowledge.* Traducido al inglés de la cuarta edición francesa bajo la supervisión de Gerald B. Phelan. University of Notre Dame Press, Notre Dame, Ind., 1995.

Neuhaus, Richard John. *As I Lay Dying: Meditations upon Returning.* Basic Books, Nueva York, 2002.

———. *Death on a Friday Afternoon: Meditations on the Last Words of Jesus from the Cross.* Basic Books, Nueva York, 2000.

Nicholi, Armand. *The Question of God: C. S Lewis and Sigmund Freud Debate God, Love, Sex, and the Meaning of Life.* Free Press, Nueva York, 2002.

Pascal, Blas. *Pensées:* Traducido al inglés por A. J. Krailsheimer. Penguin, Nueva York, 1995.

Plantinga, Cornelius hijo. *Engaging God's Will: A Christian Vision of Faith, Learning, and Living.* Eerdmans, Grand Rapids, 2002.

———. *Not the Way It's Supposed to Be: A Breviary of Sin.* Eerdmans, Grand Rapids, 1995.

San Agustín, Obispo de Hipona. *City of God.* Traducido al inglés por Marcus Dods, Modern Library, Nueva York, 1993.

———. *Confessions.* Mineola, Dover, N.Y., 2002.

Sayers, Dorothy L. *Creed or Chaos?* Sophia Institute Press, Manchester, N.H., 1995.

Schaefer, Henry F. *Science and Christianity: Conflict or Coherence?* Apollos Trust, Watkinsville, Ga., 2003.

Schaeffer, Francis, *Escape from Reason.* InterVarsity, Downers Grove, Ill., 1968.

———. *He Is There and He Is Not Silent.* Tyndale, Carol Stream, Ill., 1972.

———. *The God Who Is There.* Tyndale, Carol Stream, Ill., 1972.

Sire, James W. *The Universe Next Door: A Basic Worldview Catalog,* 4ª edición. InterVarsity, Downers Grove, Ill., 2004.

Sproul, R. C. *The Consequences of Ideas: Understanding the Concepts That Shaped Our World.* Crossway, Wheaton, Ill., 2000.

———. *The Invisible Hand: Do All Things Work for Good?* Word, Dallas, 1996.

———. *The Psychology of Atheism.* Bethany Fellowship, Minneapolis, 1974.

Stark, Rodney. *For the Glory of God: How Monotheism Led to Reformations, Science,*

Witch-Hunts, and the Ends of Slavery. Princeton University Press, Princeton, N.J., 2003.

Strobel, Lee. *The Case of Creator: A Journalist Investigates Scientific Evidence That Points toward God.* Zondervan, Grand Rapids, 2004.

Valladares, Armando. *Against All Hope: A Memories of Life in Castro's Gulag.* Traducido al inglés por Andrew Hurley. Encounter Books, San Francisco, 2001.

Warren, Rick. *The Purpose Driven Life.* Zondervan, Grand Rapids, 2002. [*Una Vida con Propósito.*]

Wright, N. T. *Jesus and the Victory of God.* Vol. 2, *Christian Origins and the Question of God.* Fortress, Minneapolis, 1996.

ACERCA DE LOS AUTORES

Charles W. Colson se graduó con honores en la Universidad Brown y recibió su doctorado en la Universidad George Washington. Entre 1969 y 1973 se desempeñó como consejero especial del presidente Richard Nixon. En 1974 se reconoció culpable de los cargos relacionados con el caso Watergate y cumplió siete meses en una prisión federal.

Antes de ir a la prisión, Charles Colson se convirtió a Cristo, como relató en *Nací de Nuevo*. Es autor de *How Now Shall We Live?* [*Y Ahora . . . ¿Cómo Viviremos?*] (con Nancy Pearcey), *Justice that Restores, Answers to Your Kids' Questions* (con Harold Fickett), *How Now Shall We Live? Devotional* (con Anne Morse), *Lies That Go Unchallenged in Popular Culture, Burden of Truth* (con Anne Morse), *Life Sentence, Crime and the Responsible Community, Who Speaks for God, Kingdoms in Conflict, Against the Night, Convicted* (con Dan Van Ness), *The God of Stones and Spiders, Why America Doesn't Work* (con Jack Eckerd), *Being the Body* (con Ellen Vaughn), *A Dance with Deception* (con Nancy Pearcey), *A Dangerous Grace* (con Nancy Pearcey), *Gideon's Torch* (con Ellen Vaughn) y *Loving God*, el libro que muchas personas consideran como un clásico contemporáneo.

Colson fundó *Prison Fellowship Ministries* [Ministerio a las Prisiones], una organización interdenominacional que mediante Ministerio a las Prisiones Internacional está presente en 108 países. Este ministerio carcelario es el más grande en el mundo y coordina la labor de más de cincuenta mil voluntarios en los Estados Unidos y miles más en el exterior. El ministerio provee estudios bíblicos en más de mil cárceles, conduce más de dos mil seminarios intracarcelarios por año, organiza misiones evangelísticas de gran envergadura y alcanza a más de medio millón de niños con regalos navideños y con el amor de Cristo. También forma parte del ministerio el Foro Wilberforce, que provee materiales sobre cosmovisión a la comunidad cristiana e incluye el programa radial diario de Colson, *BreakPoint*, que se escucha en mil centros de ventas. El ministerio patrocina esfuerzos de reforma de la justicia por medio de *Justice Fellowship*.

Colson ha recibido quince doctorados honorarios y en 1993 recibió el premio Templeton, que es el premio en efectivo más grande del mundo (más de un millón de dólares), que se otorga cada año a una persona en el mundo que haya hecho la mayor contribución a la causa de la religión. El señor Colson donó este premio, como hace con todos sus honorarios por conferencias y sus regalías, a favor de la obra de Ministerio a las Prisiones.

Harold Fickett es un escritor profesional y autor de novelas, biografías y libros de espiritualidad entre los que se cuentan *The Holy Fool, The Living Christ, Dancing with the Divine,* y próximamente la biografía de Alberto Schweitzer. Fickett ha colaborado con Colson en varios libros que incluyen clásicos contemporáneos como *Loving God* y *How Now Shall We Live?* [*Y Ahora . . . ¿Cómo Viviremos?*]. También es editor colaborador de *Godspy* (www.godspy.com), donde escribe la columna sobre el cristianismo en el mundo y la espiritualidad. Se puede comunicar con él escribiéndole a hfickett@excite.com.